KB270114

미국인의 역사 2

끝없는 변형의 이야기

미국인의 역사 2

끝없는 변형의 이야기

앨런 브링클리 (Alan Brinkley) 저
황혜성 · 조지형 · 이영효 · 손세호 · 김연진 · 김덕호 공역

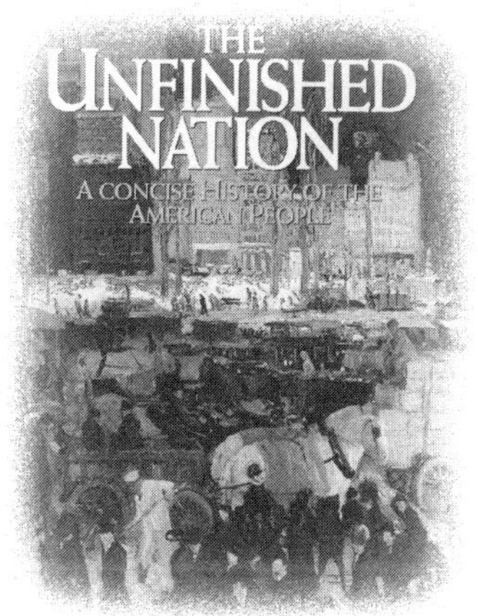

比峰出版社

THE UNFINISHED NATION

A Concise History of the American People

by

Alan Brinkley

북극 해 제 도
북극권
배핀 섬
배핀 만
데이비스 해협
페어웰 곶
래브라도 해
래브라도 반도
래브라도 고원
허드슨 만
사우샘프턴 섬
유빙의 한계
아문센 만
코퍼마인
그레이트베어 호
노먼웰스
포트레이디엄
웨이저베이
포트버웰
세펄빌
처칠
포트넬슨
나
다
뉴펀들랜드 섬
세인트존스
퀘벡
핼리팩스
몬트리올
오타와
서드베리
수세인트마리
토론토
버펄로
보스턴
뉴욕
필라델피아
볼티모어
워싱턴
클리블랜드
피츠버그
디트로이트
애팔래치아
앨러게니
밀워키
시카고
인디애나폴리스
신시내티
세인트루이스
세인트폴
미니애폴리스
뎀로스
비즈마크
위니펙
리자이나
윈니펙 호
매니토바 호
새스커툰
슈피리어 호
휴런 호
온타리오 호
이리 호
애서배스카 호
레인디어 호
그레이트슬레이브 호
엘로나이프
헤이리버
도슨크리크
에드먼턴
로브슨 산 3954
밴쿠버 섬
밴쿠버
캘거리
스포캔
시애틀
포틀랜드
후드 산 3427
붓트
캔자스시티
덴버
오마하
샤이엔
솔트레이크시티
대분지
새크라멘토
샌프란시스코
라스베이거스
블랑카 봉 3924
프 레 리
중 앙 평 원
미
국
로키 산맥
시에라네바다
로스앤젤레스
롱비치
샌디에이고
피닉스
엘패소
오클라호마시티
그레이트프레인스
댈러스
리틀록
버밍햄
애틀랜타
셜럿
서배너
잭슨빌
몽고메리
모빌
샌안토니오
휴스턴
뉴올리언스
플로리다 반도
탬파
케네디 우주 센터
마이애미
플로리다 해협
바하마 제도
나소
아바나
산타클라라
쿠바
시우다드 후아레스
치와와
과달루페 섬
퀸 샬럿 제도
프린스루퍼트
싯카
멕시코 고원
몬테레이
토레온
마사틀란
라파스
캘리포니아 만
시에라마드레 산맥
멕시코
과달라하라
레온 멕시코시티
탐피코
베라크루스
포포카테페틀 산 5452
아카풀코
레비아히에도 제도
메리다
유카탄 반도
캄페체 만
멕시코 만
버뮤다 제도(영)
대
양
유빙의 한계
서인도 제도
도미니카 공화국
자메이카
킹스턴
산토도밍고
푸에르토리코 섬(미)
카마구에이
관타나모
세인트존스앤티가바부다
포트오브프랭스
산후안
벨리즈
엘모판
평
양
알래스카 반도
우날라스카
앵커리지
앵커리지
매킨리 산 6194
로건 산 6050
포트심프슨
열 도
스코
터미오
유빙의 한계

서문

이 책의 주제인 미국의 역사는 언제나 그랬듯이 오늘날에도 경쟁적이다. 미국의 인구가 더욱 다양해지고, 한때 연구의 대상에서 제외되었던 그룹의 사람들이 중심으로 뛰어들자, 역사가들은 최근까지도 제대로 이해되지 않았던 미국 역사의 이루 헤아릴 수 없이 복잡한 성격을 노출시키고 있다. 그 결과 더욱 풍성하고 자세한 미국의 역사가 드러날 뿐만 아니라 분파적이고 경쟁적인 역사도 서서히 드러나고 있다. 이러한 추세 속에서 미국의 역사는 매우 다양한 사람들의 모습을 제시함과 동시에 위대한 나라의 면모 또한 보여준다.

오늘날 학자들과 독자들 모두가 많은 것들을 요구하고 있으며, 그 요구들은 때로는 서로 상충된다. 이러한 요구들을 헤쳐 나가며 길을 찾는 일이란 쉽지 않다. 그러나 나는 이 책에서 다양성에 대한 요구와 통합에 대한 요구 사이에 존재하는 수용 가능한 중간 지점을 발견하고자 노력하였다. 미국은 참으로 많은 문화로 형성된 나라이다. 우리는 미국 사회를 형성한 다양한 그룹들의 경험을 이해하지 않고서는, 그리고 인종, 성, 민족, 종교, 계급 또는 지역에 기초하여 내부에서 발전된 독특한 세계를 이해하지 않고서는 미국의 역사를 이해할 수 없다.

그러나 미국은 서로 다른 문화들의 단순한 집합체 이상이다. 미국은 하나의 국가이다. 미국이 지닌 다양성에도 불구하고 미국이 하나로 뭉치고, 존속하고, 번영할 수 있도록 만든 힘들을 이해하는 것이 미국의 다양성을 이해하는 것만큼 중요하다. 미국은 국민들의 생활 전반에 영향을 미치는 놀라울 정도로 안정되고 영속적인 정치제도를 만들었고, 거의 모든 사람들의 일과 소비에 관련되는 거대하고 생산성 높은 국가경제를 발달시켰다. 게다가 미국 국민들뿐만 아니라 전세계의 많은 사람들의 경험과 가설의 특성을 결정짓는 대중문화를 만들어냈다. 이와 같이 미국을 통합하는 힘에 대하여, 한편으로는 미국이 성공적인 국가로 성장하는 데 공헌한 요인으로 찬사를 보낼 수도 있고, 또 다른 한편으로는 불평등, 불의, 실패를 가져오는 데 일조하였다고 비난할 수도 있다. 그러나 미국 역사를 이해하고자 하는 사람이라면 아무도 이러한 통합적인 힘들을 무시할 수는 없다.

19세기와 20세기 초의 거대한 역사 서술에서 미국의 이야기는, 국가제도의 흥기를 추적하면서 위대한 사건들과 인물들에 초점을 맞추는 가운데, 명확하게 규명된 시대에서 또 다른 시대로 서서히, 성공적으로 이동하였다. 20세기 말에 접어들자 때로는 초점과 방향이 놀라웁게 변화된 새로운 이야기가 자주 등장하고 있다. 이 새로운 이야기는 공적인 사건뿐만 아니라 개인적인 사건을 다루고, 성공과 더불어 실패를 이야기하고, 통합과 더불어 차이에 주목한다. 미국의 역사는 결국 한때 우리를 피해 갔던 역사적 경험의 다양한 세계를 이해함으로써 복잡해진 이야기의 서술로 남는다. 그러나 미국의 역사는 이러한 복잡함에 비하여 남다

르거나 강제적이지 않다.

이 책은 역사학도들과 일반 독자 모두에게 새로와진 이야기를 간결하게 책 한권으로 이야기해 주려는 노력의 일환이다. 이 책은 앨런 브링클리(Alan Brinkley), 리차드 커런트(Richard N. Current), 프랭크 프라이델(Frank Freidel), 해리 윌리암스(T. Harry Williams)가 공저한 방대한 *American History: A Survey*에 기초하였다. 그러나 단순히 이 긴 책을 줄인 요약본은 아니다. 나는 이 책에서 보다 넓은 컨텍스트 안에서 핵심들을 다루면서 동시에 명확하고 접근하기 쉬운 주제 중심의 선택적 기술을 시도하였다. 이 책에서 독자들은 본문과 지도, 삽화 이외에 학자들간의 해석을 둘러싼 논쟁을 검토하는 글들을 접할 수 있을 것이다. 또한 중요하거나 상징적인 전기, 학술지, 회고록 등으로부터 발췌한 글들을 읽을 수 있을 것이다. 이 모든 것들이 독자들로 하여금 미국 역사에 대한 다양한 해석들과 더불어 여러 분야의 미국 역사를 접하고, 미국 역사의 엄청난 풍부함과 다양함을 깨닫는 데 도움이 되기를 바란다. 그리고 독자들이 미국인들과 경험을 공유한다는 느낌을 지닐 수 있기를 희망한다.

이 책의 원제목인 *The Unfinished Nation*은 여러 가지 의미를 지닌다. 이는 미국이 지닌 독특한 다양성을 상기시킨다. 즉, 미국에 대하여 하나의 통합된 정의를 내리려는 모든 노력에도 불구하고 미국이라는 나라가 지니는 경쟁적이고 다양한 의미를 상기시키고자 한다. 이는 또한 미국 역사 변화의 핵심에 대한 언급이다. 다시 말해서, 미국이 끊임없이 자신을 변형시켜 나가는 방법과 우리 시대에도 어떻게 변형을 계속하는지에 대한 언급이다. 그리고 이는 미국 역사 자체에 대한 묘사이며, 과거에 대하여 새로운 질문을 묻는 끝없는 과정에 역사가들이 어떻게 관여하는가에 대한 설명이다.

나는 이 책이 나오기까지 많은 분들의 도움을 받았다. 우선 맥그로우힐 사의 크리스 로저스(Chris Rogers), 데이비드 폴머(David Follmer), 닐스 애보(Niels Aaboe), 레리 골드버그(Larry Goldberg), 로스 윌코프스키(Roth Wilkofsky), 피터 라벨라(Peter Labella)를 비롯해서, 크노프 사의 애쉬벨 그린(Ashbel Green), 콜럼비아 대학의 내 조교 얀크 이에코브스키(Yanck Mieczkowski), 그리고 원고를 읽고, 충고하고, 잘못을 지적해 주고, 문체를 다듬어 준 많은 사람들 모두에게 감사드린다. 또한 이 책의 개정판이 준비중에 있으므로 누구든지 책을 읽고, 의견을 말해 주고, 비판하고, 수정해 주는 분이 있다면 감사드릴 것이다. 그러한 지적은 다음 주소로 보내주기 바란다: the Department of History, Columbia University, New York, NY 10027. 나는 그분들께 가능한 정성스럽고 긍정적으로 답할 것이다.

앨런 브링클리

역자 서문

　　미국은 우리에게 가깝고도 먼 나라이다. 우리나라와 정치, 경제, 외교상 밀접한 관계를 맺고 있으나 그 관계에 비해 볼 때 우리가 미국을 너무나도 적게 알고 있다는 뜻이다. 미국에 대한 우리의 지식은 우리나라와 관련된 분야에 한정되거나 젊은이들의 문화를 통해 미국 문화를 어느 정도 짐작해 볼 뿐이다. 그런데도 대부분의 사람들이 미국에 대하여 다 알고 있는 것처럼 생각하고 판단한다. 이러한 근거없는 친근감이 결국 미국을 제대로 알지 못하고 피상적인 지식으로도 다 알고 있다고 착각하게 만드는 것이 아닐까?

　　역자들은 미국이 역사가 짧은 나라이기에 이해하기 쉽고 단순한 나라가 결코 아님을 미국 역사를 공부하는 가운데 절실히 깨달았다. 오히려 미국 사회는 자유롭고 다양성을 인정하는 사회임과 동시에 청교도적인 가치관을 보존하고 원칙을 고수하는 보수적인 사회이며, 매우 복잡한 여러 요소들이 공존하는 사회이다. 따라서 다양성과 복잡성을 연구하고 이해하지 않고서는 미국을 바로 알기 어려우며 미국과 균형잡힌 관계를 정립하기 어려울 것이다. 이러한 우려 가운데 미국의 역사를 자세히 알려줌과 동시에 미국을 이해하는 데 있어서 지침이 되는 책이 번역되어야 한다는 생각을 지니게 되었다.

　　이 책은 미국 학자 앨런 브링클리(Alan Brinkley)의 *The Unfinished Nation: A concise History of the*

American People(McGraw Hill, Inc., 1993)을 완역한 책이다. 앨런 브링클리는 1971년에 프린스턴 대학교를 졸업하였고 하바드 대학에서 1979년에 박사학위를 받았다. 그는 하바드 대학교 교수(1982~1988), 뉴욕 시립대학교 대학원 교수(1988~1991)를 거쳐 1991년 이후 콜럼비아 대학교 사학과 교수로 재직중이다. 그리고 최근에 역사학의 앨런 네빈스 교수(Allan Nevins Professor of History)로 지명되는 영광을 차지하기도 하였다.

앨런 브링클리는 활발한 저술을 통하여 미국의 진보주의 전통과 그 변형을 꾸준히 연구하여 왔다. 그의 주요 관심사는 미국 현대사로서 특히 뉴딜에 관하여 많은 연구를 하였다. 그 중에서『개혁의 종말: 공황기와 전쟁 중의 뉴딜 진보주의』(*The End of Reform: New Deal Liberalism in Recession and War*, 1995), 1983년에 역사 분야에서 가장 우수한 저서에 대하여 수상하는 American Book Award를 받은『저항의 목소리: 휴이 롱, 코글린 신부, 그리고 대공황』(*Voices of Protest: Huey Long, Fa- ther Coughlin, and the Great Depression*, 1982) 등이 대표적인 저서들이다. 그리고 하바드 대학교 출판부에서 근자에 출간한『진보주의와 반대자들: 정치의 역사학과 역사의 정치학』(*Liberalism and Its Discontents: Essays on the History of Politics and the Politics of History*)에서 브링클리는 제1차 대전 이후의 진보주의에 대하여 고찰하는 가운데 프랭클린 루즈벨트와 뉴딜에 대한 통찰로부터 진보주의 전통을 근본부터 침식한 경제적·사회적·문화적 변화에 대한 분석까지 담고 있다. 그리고 현재는 타임지의 창립자이자 발행인인 헨리 루스(Henry R. Luce)의 전기를 집필하고 있다.

*The Unfinished Nation*은 저자가 서문에서 밝히고 있는 것처럼 미국 역사의 정수들을 이해하기 쉽게 설명하고 있을 뿐만 아니라 미국 역사에 대한 새로운 해석들을 가하여 미국에 대한 균형잡힌 이해를 돕고 있다. 더욱이 저자는 다양성을 가장 두드러지는 미국의 성격으로 파악하고 자칫 백인 위주의 단순한 역사 서술로 흐르기 쉬운 미국의 역사를 흥미롭고 다채로운 이야기로 들려주고 있다. 따라서 미국 역사 전체를 한 권의 책으로 개관하는 가운데 간과하기 쉬운 미국의 다양성과 갈등이 충분히 강조되고 있다.

역자들은 이 책의 제목을 한글로 바꾸는 데서 많은 고민을 하였다. 원제목을 그대로 표현하여 『미완(未完)의 나라, 미국』으로 하자는 의견도 상당히 있었으나 그럴 경우에 이 책을 역사책으로 생각하지 않을 수도 있다는 우려가 매우 컸다. 그리하여 제목만 보고도 이 책은 미국의 역사를 자세하면서도 지루하지 않게 이야기해 줄 뿐만 아니라, 주요 논점들을 알기 쉽게, 그리고 다채롭게 해석해 준 미국사 책이라는 점을 알 수 있도록 『미국인의 역사』라고 붙였다. 그리고 '끝없는 변형의 이야기'를 부제로 부쳤다. 따라서 부제가 원제목을 잘 표현하고 있다고 생각한다. 왜냐하면 앨런 브링클리는 이 책에서 미국의 역사를 되돌아보면서 진단하고, 21세기의 미국을 조심스럽게 예측하고자 했기 때문이다.

이 책을 번역하는 데 있어서 미국사를 연구해 온 여섯 사람이 힘을 합하였다. 그 중 1장부터 5장까지 황혜성, 6장부터 11장까지 조지형, 12장부터 16장까지 이영효, 17장부터 22장까지 손세호, 23장부터 28장까지 김연진, 29장부터 33장까지 김덕호가 각각 맡아 번역하였다. 그러나 역자들이 여러 차례의 논의를 거치며 용어와 번역상의 어려움을 함께 풀어나갔고, 마지막으로 전체를 다시 한번 살펴보았기에 이 역서가 한 사람의 글처럼 일관성이 있으리라고 생각한다.

어느 때보다도 미국에 대한 이해가 필요함에도 불구하고 미국 역사를 체계적으로 상술한 저술이 거의 없는 현실에서 이 책이 미국 역사 이해에 출발점을 제공하리라 기대해 본다. 끝으로 이 책을 선정하는 과정에서부터 책이 나오기까지 정성과 열의로 도움을 주신 한국미국사학회 회장 이주영 선생님, 비봉출판사의 여러분들, 그리고 미국공보원에게 감사드린다.

1998년 7월
옮긴이 씀

2권

제12장 개혁의 시대

제13장 임박한 위기

제14장 남북전쟁

제15장 국가의 재건

제16장 신남부와 극서부

제17장 최고의 산업국

제22장 국가 개혁을 위한 투쟁

제7장 제퍼슨 시대

제8장 전쟁과 팽창

제9장 국민주의의 부활

제10장 잭슨 시대의 미국

제11장 북부와 남부: 반목하는 사회

3권

제26장 뉴딜

제27장 세계적 위기, 1921~1941

제28장 세계대전 중의 미국

제32장 권위의 위기

제33장 미완의 국가

미국의 소리

2권

1권

3권

과거를 논하며

개혁의 시대

　미국은 19세기 중반에 영토가 확장되고 인구의 규모도 커지고 구성이 다양해졌으며 경제 영역 또한 확대되고 복잡해지면서 급속한 성장을 경험하였다. 그처럼 급격하고 중요한 변화에 직면했던 다른 국민들이 그랬던 것처럼 미국인들의 반응도 양면적이었다. 한편에서 그들은 경제성장에 따른 새로운 기회들을 환영하면서도, 다른 한편에서는 경제성장이 초래한 혼란을 뼈아프게 느끼고 있었다. 즉 그들은 전통적인 가치와 제도에 대한 도전, 사회적 불안정, 미래에 대한 불안감 등을 갖고 있었다.

　이처럼 서로 상반되는 태도 속에서 나라를 '개혁'하려는 운동들이 등장하였다. 개혁운동은 매우 다양하였지만 대부분 기본적인 두 가지 정서 중의 하나, 혹은 두 가지 모두를 반영하고 있었다. 어떤 사람들은 인간의 본성에 대한 낙관적인 믿음을 가지고 있었다. 즉 모든 인간은 기본적으로 선한 정신을 가지고 있으며 따라서 사회는 그 정신을 해방시키기 위해 노력해야 한다고 믿었다. 유럽과 미국에서 낭만주의(Romanticism)로 알려진 운동을 일으킨 이러한 생각은, 인간의 욕망과 본능은 죄에 물들어 있으며 억제될 필요가 있다는 전통적인 캘빈주의(Calvinism)와 완전히 반대되는 것이었다.

두번째 정서는 질서와 통제를 향한 열망이었다. 전통적인 가치와 제도가 도전받고 침식되는 급격한 사회 변화를 보면서, 많은 미국인들은 무엇보다도 그들 국가에 안정과 기강이 회복되기를 열망했다. 이러한 생각은 더 단순하고 살기 좋았던 시대에 대한 보수적인 향수를 내포하고 있기도 하였다. 그러나 동시에 그것은 새로운 현실에 부응하여 새로운 사회통제 제도를 만들기 위한 노력을 고취시켰다.

개혁의 시도는 다양했으며 국가의 전 영역에 걸쳐서 일어났다. 그러나 1840년대 말에 노예제 문제가 다른 모든 이슈들보다 가장 중요하게 되었다. 그리고 노예제 폐지론자들이라는 일단의 개혁가들이 가장 영향력 있는 개혁집단이 되었다. 그 시점에서 개혁운동은 북부와 남부 사이의 또 다른 장애가 되었다.

1. 낭만주의적 정서

영국의 만담가인 시드니 스미스(Sydney Smith)는 1820년에, "지구상에서 누가 미국 책을 읽거나 미국 연극을 보러 가겠는가? 혹은 누가 미국 그림이나 조각을 보겠는가?"라고 썼다. 그 답은 확실히 아무도 없다는 뜻이었다.

미국의 지성인들은 유럽인들이 미국 문화를 낮게 평가한다는 것을 괴롭지만 인식하고 있었고, 19세기 중엽에는 미국의 독특한 미덕을 표현할 미국적 예술을 창조하기 위해 노력하였다. 동시에 다수의 문화적 지도자들은 다른 종류의 해방을 추구하고 있었는데, 역설적이게도 그것은 유럽에서 수입한 낭만주의 정신이었다. 문학, 철학, 예술, 심지어 정치와 경제에서도 미국 지성인들은 인간 정신의 해방에 몰두하였다.

미국적 문학

독특한 미국 문학을 창조하려는 노력은 19세기 초에 워싱턴 어빙

(Washington Irving)을 비롯한 문인들에 의해 시작되었으며, 그것은 1820년대 최초의 위대한 미국 소설가 제임스 페니모어 쿠퍼(James Fenimore Cooper)의 작품을 통해 중요한 성과를 거두었다. 그의 소설의 가장 독특한 점은 미국 서부를 환기시킨 것이었다. 쿠퍼는 평생 동안 인간과 자연의 관계와 미국 서부 팽창이라는 도전과 그에 따른 위험에 매료되었다. 『모히간족의 최후』(*The Last of the Mohicans*, 1826), 『사슴사냥꾼』(*The Deerslayer*, 1841) 등 중요한 그의 작품들은 투박한 백인 개척민들이 인디언들, 탐험가들, 폭력, 법에 대해 경험한 것을 탐색하였다. 쿠퍼는 미국 정신과 미국적 풍경을 예찬하였을 뿐만 아니라 내티 범포(Natty Bumppo)라는 인물을 통해 타고난 내적 선(善)을 지닌 독립적인 인간의 전형을 만들어냈다. 많은 미국인들은 그러한 이상형이 동부 산업사회의 팽창으로 위기에 처했다고 염려하였다.

조금 늦게 출현한 또 다른 미국 작가 집단은 미국의 예술가들과 지성인들에게 보다 확실히 낭만주의의 매력을 보여주었다. 1855년에 월트 휘트먼(Walt Whitman)은 첫번째 시집인 『풀잎』(*Leaves of Grass*)을 출판하면서 미국의 가장 중요한 작가의 한 사람으로 떠올랐다. 그의 시들은 민주주의, 개인 정신의 해방, 육체의 쾌락을 예찬하였다. 휘트먼은 전통적이고 제약적인 관행으로부터 시를 해방하는 데 기여하였다. 그는 또한 감정과 육체의 해방 및 개인적 성취에 대한 열망을 표현했는데, 그것은 아마도 비정상적인 성생활을 용납하지 않는 사회에 살았던 동성연애자로서의 자신의 경험에서 일부 기인한 것이었다.

아마도 그 시대 최고의 미국 작가였던 허먼 멀빌(Herman Melville)은 휘트먼보다는 덜 열정적이었다. 그의 소설 중에서 가장 중요한 작품인 『모비 딕』(*Moby Dick*)은 1851년에 출판되었는데, 그것은 과거에 자신을 불구로 만들었던 큰 백색 고래인 모비 딕을 찾는데 사로잡힌 끈질기고 강인한 고래선 선장 아합(Ahab)의 이야기이다. 그러나 그것은 동시에 자존심과 복수에 대한 비극적 이야기이며, 19세기 미국의 거칠고 개인주의적이며 성취 지향적인 문화를 비유한 것이었다.

월트 휘트먼: 턱수염을 기른 젊고 말쑥한
시인을 그린 이 그림은 『풀잎』
초판의 첫 페이지에 실렸다.
이것은 19세기 중엽 가장 성공적인
초상화가 중의 한 사람인
프랜시스 카펜터(Francis B. Carpenter)의
그림을 판화로 찍은 것이다.

초월주의자들

미국에서 낭만주의 사조를 뚜렷이 표현한 집단의 하나는 초월주의
자들(Transcendentalists)로 알려진 뉴잉글랜드 작가들과 철학자들이었
다. 주로 독일과 영국의 작가들 및 철학자들로부터 이론을 빌어 온 초월
주의자들은, '이성'(reason)과 '오성'(悟性: understanding)을 구분하는
개인주의 이론을 받아들였다. 이성은 인간의 최고의 능력으로서, 본능과
감정을 충분히 표현함으로써 진리와 아름다움을 깨닫는 천부적인 능력
이다. 오성은 그와 대조적으로 사회가 요구하는 협소하고 인위적인 방식
으로 지성을 사용하는 것이다. 그것은 본능을 억제하고 외적으로 주어진
관습을 따르는 것이다. 따라서 모든 사람의 목표는 '오성'의 한계로부터
의 해방이며 '이성'을 계발시키는 것이다. 각 개인은 지성의 한계를 '초
월하기' 위해 노력해야 하며 감정, 즉 '영혼'이 '우주와 독특한 관계'를

맺도록 해야 한다.

초월주의 철학은 처음에 매사추세츠 주의 콩코드(Concord)에서 랄프 에머슨(Ralph Waldo Emerson)이 이끄는 소규모 지식인 집단에서 생겨났다. 젊었을 때 유니태리언교의 목사였던 에머슨은 1832년에 목사직을 그만두고 저술, 교육, 강연에 몰두하였다. 『자연』(*Nature*, 1836)이라는 글에서 에머슨은, 자기 완성을 추구하는 데 있어서 개인은 자연세계와의 영적인 교류를 위해 노력해야 한다고 썼다. "숲속에서 우리는 이성과 신념으로 돌아간다. (…) 맨 땅 위에 서서, 내 머리는 상쾌한 공기로 씻겨지며 무한한 공간으로 들어 올려진다. (…) 모든 천박한 이기심은 사라지고 (…) 나는 신의 일부이자 신의 티끌이 된다." 다른 글에서 그는 인간의 내적 역량을 총체적으로 탐구하는 일에 몰두할 것을 보다 더 분명하게 주장하였다. 에머슨의 가장 유명한 에세이인 『자립』(*Self-Reliance*, 1841)이라는 글에서, 그는 "당신 마음의 고결함보다 더 성스러운 것은 없다"고 하였다.

에머슨만큼 영향력이 있었던 또 다른 콩코드 초월주의자는 헨리 소로우(Henry David Thoreau)였다. 그는 '조용한 절망의 삶'(lives of quiet desperation)을 양산해 낸 사회적 억압을, 친구인 에머슨보다 훨씬 더 강하게 거부하였다. 각 개인이 자기 자신의 본능보다 사회의 기대에 순응할 것을 요구하는 압력에 저항함으로써 자기실현을 위해 노력해야 한다는 것이다. 자신을 해방시키려 했던 소로우 자신은, 불후의 명작 『월든』(*Walden*, 1854)에 묘사한 것처럼 월든 호수 가장자리에 있는 콩코드 숲에 조그만 오두막집을 짓고 매우 소박하게 2년간을 홀로 살았다. 그는 억압적인 관습과 물질적 안락을 지나치게 중시하는 사회로부터 자신을 해방시키려고 노력했다. 그는, "나는 신중하게 살고 싶었고 삶의 본질에만 직면하여 살고 싶었기 때문에 숲으로 갔다. 그리고 삶이 나에게 가르쳐준 것 중에 내가 배우지 못한 것은 없는지, 내가 죽게 됐을 때 제대로 살지 못했음을 모르고 죽는 것은 아닌지를 알고 싶어서 숲으로 갔다"고 설명했다. 사회의 인위적인 제약을 거부하는 소로우의 태도는 그 자신과 정부와의 관계로 확대되었다. 1846년에 그는 인두세 납부를 거부하여 잠깐동안 감옥살이를 했다. 1849년에 쓴 에세이 『정부에 대한 저항』(*Resistance to Civil Government*)이라는 글에서, 그는 한 개인으로 하여금 자신의 도덕성에 어긋나게 행동할 것을 강요하는 정부는 합법적인 권위를 갖지 못한다고 주장하면서 자신의 행위를 정당화했다. 그러한 정부에 대한 합당한 반응은 '시민 불복종'(civil disobedience) 혹은 '소극적인 저항'(passive resistance)이며 그것은 곧 불공정한 법을 따르지 않는 시민의 저항을 뜻하였다.

유토피아에 대한 비전

초월주의의 본질은 개인주의적인 철학이었지만, 19세기의 가장 유명한 공동생활 실험인 브룩 농장(Brook Farm)을 탄생시키는 데 기여했다. 보스턴 초월주의자인 조지 리플리(George Ripley)의 꿈이었던 브룩 농장은 1841년에 매사추세츠의 웨스트록스베리(West Roxbury)에 실험적인 공동체로 세워졌다. 리플리에 의하면, 사회구성원 각자의 자기실현 기회를 충분히 허용하는 새로운 사회의 건설을 위해 사람들이 그곳에 모였다고 한다. 모든 주민은 공동체 노동을 똑같이 분담하며, 따라서 모든 사람이 자기수양에 필수적인 여가에도 동등하게 참여할 수 있도록 하였다(리플리는 여가의 개념에 긍정적인 의미를 부여한 최초의 미국인 중 한 사람이다. 이 시대 대부분의 사람들은 여가를 게으름, 나태와 동일시하였다). 그러나 개인의 자유라는 이상과 공동체 사회의 요구 사이에 생긴 갈등 문제로 브룩 농장은 무너졌다. 많은 구성원들이 환상에서 깨어나 공동체를 떠났으며, 1847년에 공동체의 중앙 건물이 불타 버리자 실험도 막을 내리게 되었다.

브룩 농장의 초기 구성원의 한 사람이었던 작가 너새니얼 호손(Nathaniel Hawthorne)은 공동체 실험에 대한 환멸감을 나타냈으며, 동시대 작가인 멀빌과 동일한 주장을 표명했던 자신의 소설에서는 초월주의에 대해서도 약간의 실망을 표현했다. 특히 『블라이드데일 로맨스』(*Blithedale Romance*, 1852)에서 그는 브룩 농장을 통렬하게 비판했다.

다른 소설들 특히 『주홍글씨』(*The Scarlet Letter*, 1850)와 『일곱 박공의 집』(*The House of the Seven Gables*, 1851)에서 그는, 개인이 사회로부터 자신을 격리시키는 데 지불해야 했던 대가에 대해서도 똑같이 열변을 토하였다. 그는 (자아에 대한 초월주의적 신념을 간접적으로 비판하면서) 이기심은 인간 불행의 심장부에 위치한 '사탄'(serpent)이라고 주장했다.

그러나 브룩 농장의 실패에도 불구하고 다른 실험 공동체들이 형성되었다. 스코틀랜드의 산업가이자 박애주의자인 로버트 오웬(Robert Owen)은 1825년에 인디애나 주에 실험 공동체를 세우고 그 이름을 '뉴 하모니'(New Harmony)라고 하였다. 모든 사람이 완전히 평등하게 일하고 생활하는 '협동 마을'(village of cooperation)을 세운 것이다. 그 공동체는 경제적으로 실패작이었지만 그 이상은 미국인들을 계속 사로잡았다. 이후에도 12개 정도의 다른 '오웬식(式)' 실험이 다른 지역에서 전개되었다.

성 역할의 재정의

새로운 유토피아 공동체(그리고 그 공동체들이 기초하였던 새로운 사회철학)의 대부분은 남성과 여성의 관계에 관심을 가졌다. 일부 공동체는 성 역할의 급진적인 재정립을 실험하기도 하였다.

그러한 실험은 오네이다(Oneida) 공동체에서 중점적으로 이루어졌다. 오네이다는 1848년에 존 노이스(John Humphrey Noyes)에 의해 뉴욕 주에 세워진 후 19세기의 유토피아 공동체 중에서 가장 오래 지속되었다. 공동체 주민들이 스스로 지칭한 것처럼 오네이다 '완전주의자들'(Perfectionists)은 가족과 결혼에 대한 전통적인 개념을 거부하였다. 노이스는, 모든 공동체 주민들은 모두 다른 주민들과 '결혼'한 것이며 영속적인 부부관계는 없다고 공언했다. 그러나 놀란 비판자들이 주장한 것처럼 오네이다가 무제한적인 '자유로운 사랑'(free love)의 실험장은 아니었다. 공동체는 성행위를 세심히 감시했으며, 여성들은 원하지 않는 임신으로부터 보호되었고, 아이들은 자신의 부모는 거의 보지 못한 채 공동으로 양육되었다. 오네이다 사람들은 여성을 전통적인 가족의 속박과 남성의 '탐욕적' 요구로부터 해방시켰다고 여기고 그 점에 자부심을 가졌다.

셰이커 교도(Shakers)의 공동체에서도 전통적인 성 역할을 다시 정의하는 것이 매우 중요하였다. 1770년대에 '어머니' 앤 리(Ann Lee)에 의해 세워진 셰이커 교단은 20세기까지 존재했다(오늘날은 소수의 추종자만이 남아 있다). 셰이커교는 19세기 중반에 많은 수의 추종자들을 이끌었으며, 1840년대에 북동부와 북서부 지역에 걸쳐 20여 개 이상의 공동체를 건립하였다. 이 교단의 이름은 독특한 종교 의식에서 따온 것인데, 그것은 집회 구성원들이 큰 소리로 성가를 부르면서 죄를 털 듯이 몸을 흔드는 일종의 춤을 묘사한 것이었다.

그러나 셰이커교의 가장 독특한 점은 완전한 독신생활에 있었다. 물론 누구도 태어나면서부터 셰이커교를 신봉할 수는 없었고 모든 교도들은 자발적으로 독신주의 신앙을 선택해야 했다. 셰이커 공동체는 1840년대에 약 6천 명의 구성원을 모았으며 남자보다는 여자가 더 많았다. 그들 공동체는 남녀간의 접촉을 엄격히 제한하고 남녀평등을 지지하였다. 셰이커 사회 내에서는 여성들이 가장 많은 권력을 행사했다. 1840년대에 한 관찰자는, 셰이커교는 '결혼의 악용'(perversions of marriage)으로부터 그리고 '결혼을 타락시키는 총체적인 악습'으로부터의 피난처였다고 전하였다.

그러나 셰이커 교도들은 전통적인 성 역할의 부담을 피하려는 목적만으로 몰려든 사람들은 아니었다. 그들은 미국 생활 전체의 특징이 되어버린 무질서와 혼란에서 벗어나 보호받을 수 있는 사회를 창조하려 하였다. 그 점에서 그들은 다른 비판적인 종교 집단이나 유토피아 공동체들과 매우 유사하였다.

몰몬 교도

아마도 기성 사회 내에 보다 질서있는 새로운 사회를 건설하려 시도한 가장 중요한 노력은, 몰몬교로 알려진 말일성도 예수그리스도교회(Church of Jesus Christ of Latter Day Saints)의 시도였다. 몰몬교(Mormonism)는 조셉 스미스(Joseph Smith)의 노력으로 뉴욕 주에서 시작되었는데, 스미스는 열정적이었지만 경제적으로는 성공하지 못하여 24세가 될 때까지 뉴잉글랜드와 북동부 지역을 계속 돌아다니며 보냈다. 그러다 1830년에 그는 『몰몬경』(*Book of Mormon*)이라는 중요한 기록을 출판했는데, 그는 신의 천사의 계시를 받아 뉴욕의 언덕에서 금색 서판을 한 세트 발견했고 그것을 번역한 것이라고 주장했다. 그 책은 아메리카에 있었던 고대 문명을 이야기하면서 지금은 사라진 그 왕국이 미국의 새롭고 성스러운 공동체의 모델이 될 수 있다고 하였다.

자신의 주위에 일단의 추종자들을 모으면서 스미스는 1831년에 새로운 '성도'(saints) 공동체를 위한 성역을 찾기 시작했는데 20여 년 이상 동안 실패를 거듭하였다. 몰몬 교도들은 그들의 '새 예루살렘'(New Jerusalem)을 건설하려고 계속 시도하였다. 하지만 그들은 일부다처제, 엄격한 사회조직 형태, 극도의 비밀주의 등 그들의 급진적인 종교 교리를 의심하는 주변 사회로부터 계속 박해를 당했다. 특히 비밀주의는 몰몬 교도들의 음모와 부패에 관한 엉뚱한 소문을 비판자들 사이에 불러일으켰다.

원래 정착지였던 미주리 주의 인디펜던스와 오하이 주의 커틀랜드(Kirtland)에서 쫓겨난 몰몬 교도들은, 일리노이 주의 나우부(Nauvoo)에 정착하여 1840년대 초에 경제적으로 성공을 거둔 당당한 공동체가 되었다. 그러나 1844년에 스미스는 반란죄(미국 남서부에 외국의 도움을 받아 새 몰몬 식민지를 세우려고 미국 정부에 대한 음모를 꾸민 죄)로 체포되었으며 근처의 카티지(Carthage)에 수감되었다. 분노한 군중들은 감옥을 공격하고 그를 감방에서 끌어내 총을 쏴 죽였다. 이제 몰몬 교도들은 나우부를 버리고 스미스의 후계자인 브리검 영(Brigham Young)의 지휘 하에, 사막을 가로질러 지금의 솔트레이크시티인 유타에 새로운 정착지를 건설하였다. 마침내 그곳에서 몰몬 교도들은 영구적인 정착지를 건설할 수 있었다.

새로운 사회조직을 시도했던 당시의 다른 실험들처럼 몰몬교는 인간이 완벽할 수 있다는 신념에 토대하였다. 교회는 가르치기를, 신도 한때는 인간이었으며 따라서 모든 남자와 여자는 스미스가 그랬듯이 궁극에는 신이 되기를 열망할 수 있다고 하였다. 그러나 몰몬 교도는 개인적인 자유를 예찬하지 않았다. 대신 그들은 세속 세계의 무질서와 불확실성에 대항하는 피난처로서, 고도로 조직화되고 중앙집권적이며 거의 군대화된 사회구조를 창조하였다. 그들은 특히 가족구조를 강조하였다. 초기 몰몬 교도의 대부분은 급변하는 사회에서 소외되었다고 느끼거나 당시의 물질적 성장과 사회 발전에서 뒤쳐진 경제적 하층계급이었다. 그들은 새로운 종교에서 안정과 질서를 발견하였다.

2. 사회 개조

개혁적 정서는 주류 사회를 개조하려는 새로운 운동들을 태동시켰으며, 그의 지도층과 구성원에 있어서 여성들이 상당한 정도로 자리를 차지하고 있었다. 1830년대에는 체계화된 개혁 공동체의 형태를 취하게 되면서 새로운 조직들이 형성되었고, 금주, 교육, 평화, 빈민, 신체장애자, 정신장애자의 보호, 범죄자 치료, 여성의 권리 등 광범한 목표를 위해 노력하였다. 미국 역사상 이처럼 광범한 개혁운동이 일어난 시대는 거의 없었다. 그리고 미국인들이 그처럼 개인의 자유와 사회의 질서라는 두 가지 이념 모두를 동시에 추구했던 시대도 거의 없었다.

신앙부흥 운동, 도덕성, 그리고 질서

개혁의 철학은, 개인의 신성함을 설교한 초월주의자들과 같은 사람들의 낙관적인 시각에서 비롯된 부분도 있다. 그러나 여러 면에서 보다 중요한 영향을 미친 것은 바로 개신교 신앙부흥 운동이었다. 그것은 19세기 초에 제2차 대각성운동(Second Great Awakening)과 함께 시작하여 1820년대에는 사회 개혁의 강력한 힘으로 발전하였다.

'새로운 빛'(New Light) 복음주의자들은 모든 인간이 자신의 노력을 통해 구제받을 수 있다는 낙관적인 신념을 갖고 있었다. 따라서 일부는 '자유의지 침례교도'(Free Will Baptists)라는 말로 자신들을 묘사하기도 하였다. 그 결과 신앙부흥 운동은 개인 구제의 수단이 되었을 뿐 아니라 사회개혁의 강령이 되었다. 특히 신앙부흥 운동은 개인의 비도덕성을 타파하는 개혁운동을 탄생시켰다. 당시 부흥 지도자였던 찰스 핀니(Charles Grandison Finney)는, "교회가 금주 운동(Temperance), 도덕개혁(Moral Reform)운동, 그리고 여러 시점에서 결정해야 할 현실의 모든 도덕적 문제에 대하여 올바른 입장을 취해야 한다"고 하였다.

즉 복음주의적 개신교는 당시 가장 강력한 개혁운동의 하나인 금주운동에 상당한 힘을 실어주었다. 금주주의자들은 어떤 사회적 악덕보다도 알콜의 과다한 섭취가 범죄, 무질서, 빈곤을 초래한다고 주장했다. 금주 운동에 특히 열심이었던 여성들은, 가족에게 필요한 돈을 낭비하며

술고래의 추락 과정: 너새니얼 쿠리어(Nathaniel Currier)가 1846년에 그린 이 석판화는, 금주주의자들이 바로 알콜 소비의 필연적 결과를 강조하고자 하였다는 것을 보여준다. 순수하게 '친구와 술 한 잔'을 하는 것에서 시작한 젊은이가 점차 술취한 환락의 정점으로 올라가고, 드디어 절망으로 추락하여 자신이 버린 아내와 아이들이 슬퍼하는 가운데 자살하게 된다는 내용이다.

술에 취해 아내를 구타하고 학대하는 남자들을 비난했다. 금주 운동은 이민들을 경계하는 사람들에게도 호소력을 가졌다. 많은 토착주의자들(nativists)은 이민 공동체의 폭력과 무질서가 음주 때문이며 금주 운동은 그들을 수양시키는 한 방법이라고 믿었다. 1840년경에는 백만 명 이상의 추종자들이 독주를 끊겠다고 공식적으로 서약서에 서명하고 강력한 조직체를 갖추면서 금주 운동은 전국적인 운동이 되었다.

운동의 역량이 점차 증가하면서 그 목적에 대한 의견이 분열되었다. 일부는 알콜의 판매와 소비를 제한하는 입법을 요구했고(메인 주는 1851년에 그러한 법률을 통과시켰다), 다른 사람들은 금주는 개인의 양심에 맡겨야 한다고 주장했다. 그러나 그들의 의견차이에도 불구하고 대부분의 금주주의자들은 유사한 동기를 가지고 있었다. 즉 금주주의 개혁가들은 절제심을 함양함으로써 개인의 도덕적 자기발전을 도모하려 하였으며, 또한 무질서한 사회를 단련시키고자 하였던 것이다.

교육과 재활운동

19세기 중반의 가장 중요한 개혁운동 중의 하나는 보편적인 공교육 체제를 수립하려는 노력이었다. 1830년 당시 어떤 주에도 그러한 체제는 없었으며, 매사추세츠 주 등 일부 주에서만 제한적이나마 공교육을 지원하고 있었다. 그러나 이제 공교육에 대한 관심이 급속히 증가하였다.

가장 위대한 교육개혁가는 호레이스 만(Horace Mann)이었는데, 그는 1837년에 세워진 매사추세츠 교육청(Massachusetts Board of Education)의 최초 책임자였다. 만과 그의 추종자들은 "자본의 지배와 노동의 굴종 추세에 대항할" 유일한 방법이 교육이라고 여겼다. 교육은 또한 민주주의를 보호하는 유일한 방법인데, 왜냐하면 교육받은 선거인은 자유 정치체제를 운영하는 데 필수적이기 때문이다. 만은 매사추세츠 학교체제를 재조직하고 학업 기한을 6개월 연장했으며, 교사들의 봉급을 2배로 올리고(남교사와 여교사 봉급의 큰 격차는 해소하지 않았다), 교과과정을 확대 개편하고, 교사들의 전문적 훈련을 위한 새로운 방법을 도입하였다. 다른 주들도 유사한 방향으로 그 뒤를 따랐다. 새 학교를 짓고, 사범대학을 만들고, 많은 아이들에게 처음으로 교육을 접할 기회를 제공하였다. 1850년대에, 아직 실현되지는 않았지만, 초등학교는 세금 지원을 받아야 한다는 원칙이 모든 주에 세워졌다.

하지만 공교육의 질은 계속해서 그 격차가 심하였다. 예를 들어 매사추세츠와 같은 지역의 교육자들은 높은 수준의 교육을 받은 능력있는 사람들로서 대체로 자신들을 전문인으로 새롭게 인식하였다. 그러나 다른 주의 교사들은 겨우 글을 읽을 수 있는 사람들인 경우가 많았고, 교육에 대한 주의 재정 지원도 매우 제한적이었다. 또한 인구가 매우 분산되어 있는 서부 대부분 지역의 아이들은 학교 교육의 기회를 전혀 갖지 못했다. 남부의 모든 흑인들에게는 교육 기회가 주어지지 않았고(그들 중의 약 10%는 어떻게든 겨우 글을 읽을 수 있었지만), 1860년 당시 학교 취학연령에 속한 남부 백인 아동 중에서도 약 3분의 1만이 실제로 학교에 등록하였다. 하지만 그들 다수는 등록하고도 가끔씩 수업에 참석하거나 짧은 기간 동안만 학교에 다녔을 뿐이다.

교육과 교육을 통해 개인의 자질을 해방시키는 데 대한 관심은 남북전쟁 이전 미국 인디언에 대한 교육 운동의 성장에서도 드러났다. 일부 개혁가들, 심지어 흑인이 열등하며 구제불능이라고 여겼던 많은 사람들도, 인디언이 백인 세계의 방식으로 교육을 받는다면 '문명화'(civilized)될 수 있다고 믿었다. 인디언들을 교육하고 그들을 동화시키려 한 선교사들과 그 외 사람들의 노력은 특히 오리건과 같은 극서부 지역에서 두드러졌다. 오리건에는 상당수의 백인들이 1840년대에 정착하기 시작했으며 토착 인디언들과의 갈등이 아직 심각하지 않은 곳이었다. 그러나 미국 인디언의 다수는 자신이 원해서건 상황에 의해서건, 혹은 양쪽 다 때문이든 간에 교육개혁의 영향을 받지 못한 채로 남아 있었다.

학교 개혁의 성과는 이처럼 제한적이고 불평등하였지만 그럼에도 불구하고 대단한 것이었다. 남북전쟁이 시작될 무렵, 미국은 전세계 국가들 중에서 가장 문맹률이 낮은 나라 중의 하나였는데, 북부 인구의 94%와 남부 백인의 83%(남부 전체의 58%)가 글을 읽을 수 있었다.

학교 개혁 운동을 뒷받침하였던 정신은 다른 교육제도의 등장을 가져왔다. 개인의 잠재력에 대한 신념에 토대하여 장애자를 돕는 새 교육 기관들이 조직되었으며, 그 기관들은 자선제국(Benevolent Empire)으로 알려진 거대한 자선 활동망을 형성했다. 그 중에는 미국 최초의 맹인학교인 보스톤의 퍼킨스 맹인학교(Perkins School for the Blind)가 있었다. 퍼킨스 학교를 건립한 사람들은 사회에서 가장 홀대받는 사람들인 맹인과 장애자들도 자신의 내적 역량과 지혜를 발견하도록 도움을 받을 수 있다고 믿었으며, 그러한 믿음은 당시의 낭만주의 정신을 가장 잘 보여준 것이었다.

그러나 교육개혁의 보다 전형적인 모습은, 개혁가들이 새로운 산업 사회에 적절하다고 판단된 사회 가치들을 아이들에게 주입하는 도구로 학교를 활용하려 한 것이었다. 그 가치들은 절약, 질서, 규율, 정확성, 권위 존중 등이었다. 예를 들어 호레이스 만은 민주주의를 확대하고 개인의 기회를 확장시키는 데 있어서 공립학교의 역할을 강조하였다. 그러나 그는 학교가 사회질서를 창조하는 데도 기여할 수 있다고 말하였다. "인간의 무절제한 욕망은 살인적이며 자기 치명적이다. (…) 아이들을 그가 나아가야 할 방향으로 훈련시키면 늙어서도 그 방향에서 이탈하지 않을 것이다."

또 다른 강력한 개혁운동은 범죄자와 정신장애자를 위한 '보호소'(asylums) 건설이었다. 미국인들은 교도소와 병원 시설의 개선을 주장함으로써 미국 사회에서 가장 눈에 띄는 병폐 중의 하나를 비판하였다. 오래된 감옥과 정신병원의 수용자들은 거의 비인간적인 조건에서 살고 있었던 것이다. 1820년대부터 많은 주들이 새 교도소와 정신병자 보호소를 건립하였다. 뉴욕 주는 1821년에 최초의 교도소를 어번(Auburn)에 세웠고, 매사추세츠에서는 개혁가 도로시아 딕스(Dorothea Dix)가 정신장애자들에 대한 새로운 치료를 요구하는 전국적인 운동을 시작하였다.

그러나 사회 일탈자들을 위한 보호소의 건립은 단순히 구체계의 폐해를 저지하기 위한 것만은 아니었다. 그것은 동시에 수용자들을 교정하고 갱생시키려는 시도였다. 범죄자들을 사회에서 일탈하게 한 '방종'한 생활태도를 고치기 위해 새로운 형태의 교도소 훈련이 고안되었다. 1820년대에 펜실베니아와 뉴욕 주에서 시작된 교도소 벌칙인 독방 수감과 침묵 부과는, 죄수들에게 자신의 잘못을 깊이 생각해보고 '참회'(penitence)할 기회를 주고자 함이었다(그래서 교도소를 penitentiary라고 부르게 되었다). 일부 개혁가들은 그러한 훈육 방식을 무질서해질 가능성이 높은 환경인 공장과 학교에서도 사용할 수 있다고 주장하였다. 그러나 오래지 않아 교도소와 정신병원들은 과밀 문제에 직면했으며 원래의 개혁 이상은 점차 사라져갔다. 결국 대부분의 교도소와 정신병원들은 수감자들의 창고만도 못한 상태로 전락하였으며 갱생은 거의 생각할 수 없었다.

교도소 건립 운동과 같은 개혁 정서는, 1840년대와 1850년대에 미국 인디언 문제에 대한 새로운 '개혁적' 시도로 보호구역(reservation)이라는 개념을 등장시켰다. 수십 년 동안, 백인 정착지에 살고 있는 인디언들에 대한 미국 정부 정책의 주류는 인디언을 재배치하는 것이었다. 재배치 정책의 주요 동기는 인디언 부족을 백인 문명사회에서 쫓아낸다는 단순한 것이었다. 그러나 일부 백인들은 부차적이긴 하지만 다른 의도를 갖고 있었다. 즉 인디언들을 백인들로부터 보호받을 수 있는 장소로 이동시키고 동화가 가능한 선까지 개화하도록 허용한다는 것이다. 심지어 인디언에 대한 대단한 증오심을 가지고 있었던 앤드루 잭슨 대통령도, 인디언 이주를 "인디언을 보호하고 가능하다면 흩어진 인디언 종족의 일부라도 보존하고 영속시키기 위한 국가의 도덕적 의무"로 묘사하기도 하였다.

재배치 정책에서 보호구역 지정으로의 변화, 즉 인디언들이 백인사회와 격리되어 살 수 있는 폐쇄구역을 설치한다는 생각은 작은 진전이었다. 하지만 인디언 보호구역도, 백인 정착자들이 원하는 좋은 땅으로부터 인디언들을 이주시키는 것이었으므로 무엇보다 백인들의 경제적 목적에 공헌하였다. 그러나 동시에 개혁적 목적도 있었다. 교도소와 보호소, 고아원이 백인 사회 내에서의 부적응자와 불행한 자들을 교육시키고 고양시키는 기회를 제공한 것처럼, 인디언 보호구역도 소위 '인디언 종족을 재건시키는 위대한 사업'의 한 방법이 될 수 있었다.

페미니즘의 등장

19세기 전반의 개혁 열기는 미국 여성들에게 특별한 의미가 있었다. 여성이 개혁운동에서 중심적인 역할을 하면서 그들 스스로가 남성 지배사회에서 직면한 문제들에 대항하기 시작했고, 그 결과는 최초의 중요한 미국 페미니즘(feminism)의 등장이었다.

1820년대와 1830년대에 개혁운동에 동참하게 된 여성의 대부분은 그들의 참여를 제한하는 사회적·법적 제약에 분노하게 되었는데, 일부 여성들은 그러한 제약을 무시해 버렸다. 사우스캐롤라이나 출신의 자매인 사라와 안젤리나 그림키(Sarah and Angelina Grimke)는 용감하고 열성적인 노예제 폐지론자들로서, 그들의 활동이 여성에게는 부적절한 것이라는 남성들의 공격을 무시하였다. 그들은 "남자와 여자는 동등하게 창조되었다"고 주장하였다. 그들은 "여자들은 모두 도덕적이며 책임감 있는 존재이고 남자가 하는 일은 무엇이라도 할 수 있다"고 하였다. 캐더린 비처(Catharine Beecher), 그의 언니 해리엇 스토우(Harriet Beecher Stowe), 그리고 루크러시아 모트(Lucretia Mott), 엘리자베스 스탠톤(Elizabeth Cady Stanton), 도로시아 딕스 등 다른 개혁가들도 남성이 여성에게 부과한 제약에 분노하면서 "받아들여질 수 있는" 여성 행동의 경계를 허물어 갔다.

1840년에 미국 여성 대표단은 런던에서 열린 세계 반(反)노예제 회의에 도착했지만, 회의를 통제하는 남자들에 의해 되돌아와야 했다. 이 거부에 분노한 대표들 중에 특히 모트와 스탠톤은, 개혁가로서 그들의 첫번째 임무는 여성의 지위를 고양시키는 것이라고 확신하게 되었다. 그 후 수년 동안 모트와 스탠톤, 다른 여성들은 여성의 곤경과 노예의 곤경 사이의 유사성을 끄집어내기 시작했다. 1848년에 뉴욕의 세네카폴즈(Seneca Falls)에서 그들은 여성권리 문제를 논의하기 위한 협의회를 조직하였다. 회의 후 그들은, "모든 남자와 여자는 동등하게 창조되었으며" 여성도 남성과 똑같이 양도할 수 없는 권리를 부여받았다는 '주장과 신념의 선언'을 공표하였는데, 이는 미국 독립선언을 본뜬 것이었다. 그들은 선거권을 요구하며 여성참정권 운동을 시작했으며 1920년에 승리할 때까지 계속하였다. 세네카폴즈의 선언서는 남성과 여성이 사회에서 별개의 '영역'을 부여받아야 한다는 대명제를 거부한 점에서 참정권 운동만큼 중요한 것이었다.

그런데 페미니즘에 참여한 여성의 다수는 퀘이커 교도였다. 퀘이커주의는 오랫동안 남녀평등 이념을 지지해 왔으며 여성이 목회자와 공동체 지도자로서 활동하는 것을 인정하고 장려하였다. 퀘이커 교도 중에는 노예제 폐지 운동의 지도자들도 있었고 여성 교도들이 그 운동의 지도적 역할을 수행했다. 모든 퀘이커 교도가 미국 사회에서의 완전한 성적 평등을 지지할 정도까지는 아니었지만, 다수의 퀘이커 여성들이 그러한 요구에 하나로 단결하여 1848년 뉴욕 제네시(Genesee)에서 열린 퀘이커 교도 연례모임에서 하나의 분파를 형성하였다. 그들이 바로 세네카폴즈 협의회를 조직한 핵심 집단이었다. 세네카폴즈 선언의 초안을 작성한 여성들 중에서 스탠튼만 제외하고 모두 퀘이커 교도였다. 스탠튼은 2년 후에 합류한 수잔 앤소니(Susan B. Anthony)와 함께 1850년대부터 세네카폴즈의 결의를 실현하기 위한 운동을 이끌었다. 그들은 함께 그 결의를 토대로 변화를 향한 강력한 세력을 형성하였다.

여성해방이라는 목표 달성을 향한 진전은 남북전쟁 이전에는 미미하였다. 그러나 일부 여성들은 사회적 장벽을 부수고 전진해나가는 데 성공했다. 영국에서 태어난 엘리자베스 블랙웰(Elizabeth Blackwell)은 내과의사로 승인받고 명성을 얻었다. 그의 시누이인 앤토이넷 블랙웰(Antoinette Brown Blackwell)은 미국에서 최초로 서품받은 여성 목사가 되었다. 또 다른 시누이인 루시 스톤(Lucy Stone)은 결혼한 후에도 자신의 처녀 때 이름을 그대로 유지하는 혁명적인 시도를 하였다. 그녀는 여성의 권리를 강연하는 영향력 있고 성공적인 연사가 되었다. 1821년에 트로이 여성신학교(Troy Female Seminary)를 설립한 엠마 윌러드(Emma Willard), 1823년에 하트포드 여성신학교(Hartford Female Seminary)를 세운 캐더린 비처는 여성교육을 위해 일하였다.

여권론자들은 다른 개혁운동, 특히 노예제 폐지 운동과의 연합으로 큰 도움을 받았지만 동시에 손해도 입었다. 여성들의 요구는 훨씬 중요한 문제로 여겨지던 노예의 권리보다 부차적인 것으로 받아들여졌으며, 심지어 일부 여성들도 그렇게 생각했다.

3. 노예제 폐지 운동

노예제 폐지 운동은 19세기 중반에 새삼스러운 것이 아니었다. 그러나 1830년에 비로소 모든 다른 사회적 개혁운동을 압도할 만한 힘을 모으기 시작했다.

노예제 반대의 초기 단계

19세기 초에 노예제를 반대한 사람들은 대부분 도덕적인 비난 이상은 하지 않는 조용하고 점잖은 사람들이었다. 조직적인 노예제 폐지 운동으로는 미국 흑인들을 카리브 지역이나 아프리카로 이주시키려는 식민화의 시도가 있었다. 1817년에 명망있는 버지니아 백인들이 미국 식민협회(American Colonization Society)를 조직하였으며, 그 단체는 남부인들의 감정이나 재산권을 건드리지 않고 노예제만을 공격하려 하였다. 식민협회는 노예 주인들에게 보상금을 주면서 점진적으로 노예를 해방할 것을 제안하였다. 그러면 해방된 흑인들은 미국 밖으로 수송되어 그들 자신의 새로운 사회를 건설하게 될 것이라고 하였다. 이 단체는 영향력이 없지 않았다. 개인 기부자들, 국회, 버지니아와 메릴랜드 의회로부터 약간의 자금 지원을 받은 이 단체는, 상당수의 흑인을 미국 밖으로 수송하고 그 일부는 아프리카 서부 해안으로 가도록 조치했다. 1830년에 그 흑인들은 라이베리아(Liberia)라는 나라를 세웠다. 1846년에 라이베리아는 흑인 독립 공화국이 되었으며 수도는 몬로비아였는데, 그 도시의 이름은 초기 정착을 주도했던 미국 대통령의 이름을 딴 것이다. 그러나 식민협회는 결국 미미한 세력으로 추락했다. 사적인 지원이나 공적인 재정 지원 그 어느 것도, 지지자들이 계획했던 거대한 사업을 수행할 만큼 충분하지 못했기 때문이다. 10여 년간 그들은 한 달 동안 미국에서 태어나는 노예들보다 더 적은 수를 겨우 '식민화'(colonize)하는 데 그쳤다. 사실 어떤 방법도 성공할 수 없었다. 왜냐하면 어떤 방안을 사용한다 하더라도 19세기 미국에는 아프리카로 수송될 흑인들이 너무 많았기 때문이다. 그리고 식민협회는 흑인들 자체의 반대에 부딪쳤는데, 흑인들의 다수는 이미 아프리카에서 이주한 지 서너 세대가 지난 사람들로서 노예제를 증오하기는 하였지만 다른 곳으로 이주할 생각은 없었던 것이다.

1830년경, 특히 남부 심장부에서의 면화 붐으로 인해 농장주들이 노예제 노동체계에 점차 의존하게 되면서 식민화 사업은 급격히 약화되었다. 그리고 노예제에 반대하던 사람들은 막다른 길에 부닥쳤다.

게리슨과 노예제 폐지론

노예제 폐지 운동이 붕괴될 것처럼 보인 이 중요한 시점에서 새로운 인물이 등장하여 흐름을 바꾸어 놓았는데, 그가 윌리엄 로이드 게리슨(William Lloyd Garrison)이다. 1805년에 매사추세츠에서 태어난 게리슨은, 1820년대에 당시 선도적인 노예제 폐지 신문을 출판하던 뉴저지의 퀘이커 교도 벤저민 런디(Benjamin Lundy)의 조수로 일하였다. 그러나 게리슨은 고용주 런디의 온건한 입장과 유순한 개혁안을 참을 수 없었고, 1831년에 자신의 주간지인 「해방자」(*Liberator*)를 발간하기 위해 보스턴에 돌아왔다.

게리슨의 철학은 매우 간단하고 참으로 혁명적이었다. 노예제 반대자들은 앞선 개혁가들이 했던 것처럼 노예제가 백인 사회에 미치는 해악이 아니라 노예제가 흑인들에게 가하는 폐해를 지적해야 한다고 그는 말하였다. 그리고 '점진주의'(gradualism)를 거부하고 즉각적이고 무조건적인 완전한 노예제 폐지를 요구해야 하며, 미국 시민이 누리는 모든 권리를 흑인들에게 확대할 것을 요구해야 한다고 하였다. 게리슨은 「해방자」의 창간호에서 완고하고 타협할 수 없는 어조로 다음과 같이 썼다. "나는 많은 사람들이 내 과격한 어조에 반대한다는 것을 알고 있다. 그러나 가혹한 표현에는 이유가 있지 않은가? 나는 진리처럼 엄정하고 정의처럼 굽히지 않을 것이다. (…) 나는 진실하며, 얼버무리지 않을 것이며, 변명하지 않을 것이며, 단 한 발짝도 물러서지 않을 것이며, 그리고 나는 해방의 소리를 들을 것이다."

게리슨은 곧 북부 전역에서 대규모의 추종자들을 모을 수 있었으며, 1832년에 뉴잉글랜드 노예제 폐지 협회(New England Antislavery Society)를 조직하고 1년 후에 필라델피아에서의 총회 이후 미국 노예제 폐지 협회(American Antislavery Society)를 창립하였다. 이 조직은 1835년에 400개 이상의 지회를 거느렸고, 1838년에는 1,350개의 지회에 25만 명의 회원을 조직하였다.

노예제 폐지주의자들은 당시의 광범한 개혁정신의 한 부분을 공유하였다. 다른 개혁가들처럼 그들은 개개인의 인간 정신을 해방시킬 것과, 자아실현에 방해가 되는 인위적인 사회적 장벽을 제거할 것을 요구하였다. 그들은 결국 흑인노예들보다 개인의 잠재력을 실현하는 데 있어서 더 도움을 필요로 하는 사람은 없다고 보았다.

흑인 노예제 폐지론자들

노예제 폐지론은 북부의 자유 흑인들에게 특별한 호소력을 지녔다. 대부분 도시에 모여 살았으며 1850년에 약 25만 명 정도였던 이 자유 흑인들은, 남부 노예들보다 더 열악한 가난과 억압 속에서 생활하기도 하였으며 종종 폭도들의 폭력의 희생자들이었다. 그들은 사실상 교육을 받을 수 없었고 극소수의 주에서만 투표권을 부여받았으며 가장 천한 직업에 종사하였다. 대부분 가내 하인이나 미국 상선의 선원으로 일하였고 임금은 너무 낮아서 누추하게 살았다. 어떤 사람들은 백인들에 의해

프레드릭 더글라스:
더글라스는 19세기의 가장 유명한
미국 흑인이었다. 메릴랜드에서
이름을 모르는 백인 아버지와
노예 어머니 사이에서 태어난 그는,
1838년에 노예제를 탈출하여
북부로 도망하였다. 그는 즉시
노예제 폐지 운동의 기수가 되었다.

납치되어 강제로 노예 농장에 보내지기도 하였다.

그러나 그 모든 어려움에도 불구하고, 북부 흑인들은 자신의 자유에 대해 매우 자랑스러워했으며 아직 사슬에 매여있는 같은 종족의 고난을 안타까워했다. 그들은 노예제가 존재하는 한 미국 사회에서 자신들의 지위는 계속 불안정할 것임을 알고 있었다. 북부 흑인의 다수는 1830년대에 게리슨을 지지하였으며 동시에 동족인 흑인 지도자들도 추종하였다.

노예제 폐지 운동의 대표적인 흑인 지도자는 그 시대 가장 훌륭한 웅변가 중의 한 사람이었던 프레드릭 더글라스(Frederick Douglass)였다. 메릴랜드에서 노예로 태어난 더글라스는 1838년에 매사추세츠로 도망하여 노예제 폐지 운동의 열성 지도자가 되었으며 영국에서도 2년 동안 강연하였다. 영국에서 그는 열렬한 노예제 폐지 운동가들에 의해 떠받들어졌다. 1847년에 미국으로 돌아온 더글라스는, 메릴랜드의 자기 주인에게서 자유를 샀으며 반(反)노예제 신문인 「북극성」(*North Star*)을 뉴욕 주의 로체스터에서 창간했다. 그는 노예제의 파괴적인 해악을 그린 자신의 자서전 『더글라스의 일생 이야기』(*Narratives of the Life of*

Frederick Douglas, 1845)를 통해서도 광범한 명성을 얻었다. 더글라스는 자유만이 아니라 완전한 사회·경제적 평등을 요구했다.

노예제 지지 운동

노예제 폐지론의 등장은 대단한 것이었지만 동시에 상당한 반대를 불러일으켰다. 그 운동에 가장 적대적이었던 사람들은 물론 대부분의 남부 백인들이었다. 그러나 북부에서도 그들은 소수의 비판세력이었으며, 다수의 북부 백인들은 노예제 폐지론자들을 위험한 과격분자들로 여겼다. 어떤 사람들은 노예제 폐지론이 남부와 북부 사이에 파멸적인 전쟁을 초래할 것을 두려워하였으며, 또 다른 사람들은 노예제 폐지론이 엄청난 수의 자유 흑인들을 북부로 유입시킬 것을 두려워했다.

그러한 두려움의 결과는 1830년대에 노예제 폐지론자들에게 가해진 폭력의 증가 추세로 나타났다. 필라델피아의 한 폭도는 1834년에 노예제 폐지론자들의 본부를 공격하여 완전히 불태워 버렸고 피비린내 나는 인종 폭동을 시작하였다. 또 다른 폭도는 1835년에 보스턴 거리에서 게리슨을 붙잡아 그를 목매달겠다고 위협했다. 게리슨은 감옥에 갇힘으로써 죽음을 면할 수 있었다. 일리노이 주 알톤(Alton)에서 노예제 폐지론을 표방한 신문의 편집장인 일라이자 러브조이(Elijah Lovejoy)는 폭도들의 폭력에 계속 시달렸으며, 그들의 공격으로부터 신문사를 방어하려고 노력하다가 결국 살해당했다.

자신의 공동체로부터 그처럼 심한 반대에 부딪치면서도 많은 사람들이 노예제 폐지를 계속 주장했다는 사실은, 노예제 폐지론자들이 무심코 혹은 가볍게 자신들의 정치적 입장을 결정한 사람들이 아니라는 것을 말해준다. 그들은 엄청난 용기와 도덕적 강인함을 보여주었으며, 많은 동시대인들과 후세 일부 역사가들이 불온하다고 보았을 정도로 과격하기도 하였던 강한 의지의 열정적인 개혁가들이었다. 폭도들은 노예제 폐지론에 대한 다수 미국 백인들의 적개심을 가장 폭력적으로 표현한 사람들이었다.

노예제 폐지론의 분열

1830년대 중반에 노예제 폐지론은 심각한 내적 갈등과 분열을 경험하기 시작했다. 그 한 이유는 노예제 지지자들의 폭력 때문이었으며, 그것은 일부 노예제 폐지론자들에게 보다 온건한 방법이 필요하다는 것을 설득시켰다. 또 다른 이유는, 노예제뿐만 아니라 미국 정부 자체를 공격함으로써 더글라스를 포함한 다수 동료들마저 놀라게 한 게리슨의 과격주의가 심해졌기 때문이다. 게리슨은 미국 헌법이 "죽음과의 계약이며 지옥과의 협정"이라고 하였으며, 미국 교회들이 노예제를 수호하는 보루라고 주장했다. 1840년에는, 미국 노예제 폐지 협회에서 항상 중추적인 역할을 수행한 여성들이 완전한 평등권을 가지고 운동에 참여하도록 허용되어야 한다고 주장함으로써, 미국 노예제 폐지 협회의 공식적인 분열을 촉진시켰다. 그는 1840년 이후에도 계속해서 새롭고 보다 급진적인 입장으로 논란을 불러일으켰다. 즉 방어적인 전쟁마저 거부하는 극단적 평화주의, 노예제뿐만 아니라 교도소와 보호소 등 모든 형태의 억압에 대한 반대, 그리고 1843년에 북부와 남부의 결별을 촉구한 것 등이었다. 그는 연방에서 노예주들을 추방시킴으로써 미국이 노예제의 죄를 씻을 수 있다고 제안했다.

그리하여 1840년 이후 노예제 폐지론은 다양한 입장을 표명하며 여러 가지 방법을 취하는 방향으로 나아갔다. 게리슨주의자들은 급진적이고 비타협적인 도덕적 입장을 고수하면서 계속 영향력을 발휘하였다. 다른 폐지론자들은, 장기간의 끈질긴 평화적 투쟁에 의해서만 이른바 "점진적으로 성취된 즉각적 노예제 폐지"를 성취할 수 있다고 주장하면서 보다 온건한 방향으로 활동하였다. 처음에 그들은 '도덕적 설득'에 의존하였다. 그들은 노예제가 죄악이라는 것을 노예 주인들에게 설득하면서 그들의 양심에 호소하였다. 그러나 그것이 별 성과를 가져오지 못하자, 그들은 정치적 행동으로 방향을 선회하여 북부 주들과 연방정부가 노예제 폐지를 지지하도록 유도하였다. 그들은 게리슨주의자들과 함께, 소위 지하철도(반(反)노예제 조직, underground railroad)를 통해 도망 노예들이 북부나 캐나다에서 피난처를 찾을 수 있도록 도왔다. 하지만 그들의 노력은 '지하철도'라는 이름만큼 고도로 조직화된 것은 아니었다. 한편, 1842년에 대법원은 프리그 대 펜실베니아(*Prigg v. Pennsylvania*) 판결에서, 도망 노예들을 그 주인에게로 돌려주어야 한다는 1793년 법의 집행에 주들이 협조할 필요가 없다고 판결하였다. 그러자 노예제 폐지론자들은, 주 관리들이 도망 노예를 체포하여 돌려보내는 것을 금지시키는 '개인자유법'(personal liberty laws)을 여러 북부 주들에서 통과시키는 데 성공했다. 그리고 반(反)노예제 조직들은 연방정부가 사법권을 갖는 지역인 준주들(territories) 및 콜럼비아 특별구(District of Columbia)에서 노예제를 폐지할 것과, 주들간의 노예무역을 금지시킬 것을 연방의회에 청원하였다. 그러나 노예제 폐지 운동가들 중에, 의회가 개별 주들 내에서 시행되는 노예제와 같은 '지역적' 제도를 헌법 제정을 통해 개입하여 금지시킬 것이라고 믿는 사람은 거의 없었다.

반(反)노예제 정서는, 켄터키 주의 반(反)노예제 지도자인 제임스 버니(James G. Birney)를 당수로 하는 자유당(Liberty party)을 1840년에 결성시켰다. 그러나 이 정당과 그 지지자들은 결코 철저한 노예제 폐지를 주장하지 않았다. 그것은 '노예제 폐지론'(abolitionism)과 '노예제 반대론'(antislavery)이 항상 동일한 것은 아니었다는 중요한 사실을 보여준다. 그들은 대신 노예제를 미국 영토 밖으로 쫓아내는 '자유토지론'(free soil)을 지지했다. 일부 자유토지론자들은 흑인들의 권익을 걱정하였지만, 다른 사람들은 노예제에는 무관심하였고 다만 서부를 백인의 땅으로 확보하는 것만을 원하였다. 게리슨은 자유토지론을 '백인주의'(whitemanism)라고 무시하였다. 그러나 자유토지론은 노예제 폐지론이 결코 할 수 없었던 것, 즉 북부 백인 인구의 다수 내지는 대부분 사람들의 지지를 끌어내는 데 성공했다.

한편, 정치적으로 노예제 문제를 해결하려는 시도에 좌절한 일부 노예제 비판자들은 좀더 과감한 방식을 지지하였다. 일부는 폭력을 옹호하기 시작했는데, 그 예로서 존 브라운(John Brown)이 캔자스와 버지니아에서 유혈 폭동을 일으킬 때 뉴잉글랜드의 유명한 노예제 폐지론자

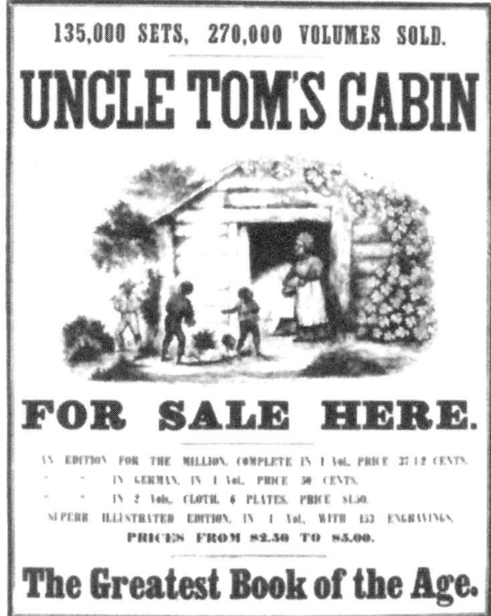

『톰 아저씨의 오두막』:
스토우 여사의 독일어판 소설을
광고하고 있는 이 포스터가,
『톰 아저씨의 오두막』을
"이 시대 최고의 책"이라고
묘사한 것은 전혀 과장이 아니었다.
물론 더 훌륭한 문학작품도 있었다.
그러나 19세기의 어떤 책도
이처럼 심대한 정치적 영향력을
갖지 못했다.

들은 자금과 무기를 대주었다. 다른 사람들은 선전을 통해 대중의 분노를 불러일으키려고 시도했다. 가장 큰 영향력을 미쳤던 반(反)노예제 선전물은 1852년에 출판된 『톰 아저씨의 오두막』(*Uncle Tom's Cabin*)이라는 해리엇 스토우(Harriet Beecher Stowe) 여사의 소설이었다. 이 책은 나라 전체를 뒤흔들었다. 출판된 지 1년도 안 돼 30만 부가 팔렸으며, 그후 계속 재판 인쇄되어 미국 역사상 가장 유명한 베스트셀러의 하나가 되었다. 그것은 책을 읽은 사람들뿐만 아니라 소설을 극화한 연극을 전국의 수많은 극장에서 관람했던 사람들을 포함하여 엄청난 수의 새로운 청중들에게 노예제 폐지라는 메시지를 전달하는 데 성공했다. 스토우 여사는 남부 전역에서 욕설을 들었지만 북부의 많은 사람들에게는 영웅이 되었다. 그리고 그녀의 소설은 북부와 남부의 지역간 갈등에 새로운 격정을 불러일으키는 촉매제가 되었다. 미국 역사상 공적인 사건에 그처럼 엄청난 영향을 미친 책은 거의 없다.

그러므로 분열되기는 했지만 노예제 폐지론은 미국인들의 삶에 강력한 영향력을 미치고 있었다. 노예제가 한번에 완전히 사라져야 한다는 노예제 폐지론을 받아들인 사람들은 남북전쟁 전에는 단지 소수에 불과했다. 그러나 게리슨이 시작하고 수천 명의 신념을 가진 사람들이 30여 년 동안 지속시킨 노예제 폐지 운동은, 노예제라는 제도가 얼마나 철저히 미국을 갈라놓고 있는가를 분명하고도 끊임없이 상기시켜 주었다.

제13장

임박한 위기

1840년대까지 북부와 남부간의 갈등은 대체로 억제되어 있었다. 새로운 지역적 이슈가 등장하지 않았다면, 미국은 남북전쟁을 피하고 두 지역은 시간을 두고 평화적으로 그 차이를 해결할 수 있었을 것이다. 그러나 노예제의 확산을 둘러싼 새로운 문제가 발생했다. 북부에서는 비판적이고 보다 강력해진 노예제 폐지 운동이 대중들에게 계속 노예제 문제를 인식시키고 지역간의 증오심을 증대시켰다. 하지만 결국 허약한 연방을 붕괴시킬 일련의 보다 심각한 갈등은 서부에서 등장했다. 역설적이게도, 어떤 식으로든 미국을 단합시키는 데 기여했던 열렬한 국민주의 또한 나라를 분열시키게 될 영토 확장 열망을 부추기고 있었다.

1. 영토 확장과 전쟁

1840년대에 미국은 백만 평방마일이 넘는 규모의 새 영토를 차지하게 되었다. 그것은 거의 40년 전의 루이지애나 매입(Louisiana Purchase) 이후 최대의 영토 확장이었다. 1840년대 말에 미국은, 알라스카와 하와이, 그리고 후에 국경 조정을 통해 획득한 몇 군데의 작은 지역들을 제외한 현재의 영토 전부를 갖게 되었다. 이처럼 거대한 새 영토의 확장은 여러 요인에서 비롯되었는데, 가장 중요한 요인 중의 하나는 일련의 이념체계, 즉 '명백한 운명'(Manifest Destiny)으로 알려진 이데올로기였다.

명백한 운명

'명백한 운명'은, 19세기 중반 미국 국민주의와 함께 흥기한 자부심, 그리고 당시 상당한 개혁 열기를 자극했던 '완전한 사회'에 대한 이상을 반영하고 있었다. 그것은 미국이 신과 역사에 의해, 거대한 지역으로 그 경계를 확장하라는 운명을 타고났다는 생각에 토대하였다. 미국 영토는 북미 대륙을 포함하되 그곳에 제한될 필요는 없다는 것이다. '명백한 운명'의 지지자들은 미국 영토의 확장이 이기적인 것이 아니라고 주장했다. 그것은 미국적 자유를 새로운 지역으로 확장하려는 박애적인 시도라는 것이다.

1840년대에 '명백한 운명'은 전국가로 확산되었다. 이 이념은, '값싼 신문'(penny press)의 발행으로 과거 어느 때보다도 많은 사람들이 신문을 읽을 수 있게 되면서 확산되었으며 국민주의적 정치가들의 화술로 국민에게 선전되었다. 그러나 '명백한 운명'의 지지자들은, 미국이 영토를 얼마나 넓게 확장할 것이며 어떤 수단을 사용할 것인가에 대해 의견 차이를 보였다. 일부는 상대적으로 제한적인 영토 확장의 목표를 지향했고, 다른 사람들은 캐나다, 멕시코, 카리브해와 태평양 연안 섬들, 그리고 궁극적으로는 나머지 세계의 대부분을 포함하는 거대한 새 '자유제국'(empire of liberty)을 상상하였다. 어떤 사람들은 미국이 그 팽창 목표를 달성하기 위하여 무력을 사용해야 한다고 믿었고, 다른 사람들은 미국이 평화적으로 팽창하든지 아니면 영토를 확장하지 않아야 한다고 믿었다.

그러나 모든 사람이 '명백한 운명'을 지지한 것은 아니었다. 헨리 클레이(Henry Clay)와 다른 유명 정치인들은, 영토 팽창이 노예제에 대한 골치아픈 논란을 재개시키고 연방의 안정을 위협할 것을 두려워하였는데 그들의 염려는 옳았다고 판명되었다. 그러나 그들의 목소리는 텍사스와 오리건 문제로 시작된 1840년대의 팽창의 열기 속에서 완전히 가라앉아 버렸다.

텍사스와 오리건

미국은 한때 텍사스를 루이지애나 매입지의 일부라고 주장하였지만 1819년에 그 주장을 철회하였다(텍사스는 1830년대 초 멕시코 공화국의 일부가 되었다). 그후로 미국은 텍사스를 구매하려고 멕시코에 두 번이나 제안했지만 분개한 멕시코에 거절당했다. 그러나 1820년대 초에 멕시코 정부는 잘못된 실험을 시작하였다. 그것은 텍사스 지역의 경제를 강화하고 세금 수입을 증대할 희망으로 미국인들의 텍사스 이주를 장려하기 시작한 것이다. 텍사스의 풍부한 석유자원에 매료된 수천 명의 미국인들이 멕시코의 초대를 이용하였다. 그들 대다수는 남부 백인들과 그들이 데려온 노예들이었다. 1835년에 백인, 흑인을 합하여 약 3만5천 명의 미국인이 텍사스에 살고 있었다.

거의 처음부터 멕시코인들과 새 정착자들 사이에는 갈등이 있었다. 결국 새 정착자들의 위협을 느낀 멕시코 정부는 통제를 가하려 하였다. 새로운 법을 제정하여 주 정부의 권한을 줄이고 멕시코 국가정부의 권한을 증대시켰다. 미국에서 이주한 텍사스인들은 그 법이 특별히 자신들을 목표로 한 것임을 알았고, 1836년에 멕시코로부터의 독립을 과감히 선포하였다.

멕시코의 독재자 안토니오 산타 아나(Antonio de Santa Anna)는 대규모 군대를 이끌고 텍사스로 진군했으며, 미국인 정착민들은 저항 세력을 조직하는 데 어려움을 겪고 있었다. 샌안토니오의 알라모 성당에 있던 그들의 요새는, 텍사스 '애국자들'(patriots)의 그 유명한 저항에도 불구하고 함락되었다. 그 애국자들 중에는 유명한 개척자인 데이비 크로켓(Davy Crockett)도 포함되어 있었다. 골리아드(Goliad)에 있던 또 다른 수비대도 같은 운명으로 상당한 피해를 입었는데, 멕시코인들은 항복한 군인들의 대부분을 살해하였다. 그러나 샘 휴스턴(Sam Houston) 장군이 소규모 군대를 이끌고 1836년 4월 21일 산화킨토(San Jacinto) 전투에서 멕시코 군대를 패배시키고 산타 아나를 포로로 잡았다. 텍사스는 이처럼 매우 효율적으로 그 독립을 획득하였다.

휴스톤을 초대 대통령으로 하는 새로운 텍사스 공화국은 즉시 미국과의 병합을 요구하였다. 그러나 많은 미국 북부인들은 거대한 노예제 영토를 새로 취득하는 것을 반대했으며, 일부는 의회 선거와 선거인단 투표에서 남부 표가 증대할 것에 반대하였다. 잭슨 대통령은 텍사스 병합이 추악한 지역갈등을 초래하고 심지어 멕시코와의 전쟁을 초래할 것을 두려워하였다. 그래서 그는 병합을 지지하지 않았으며 1837년까지 새 공화국을 인정하지 않았다. 마틴 밴뷰런 대통령도 역시 텍사스 병합 문제를 회피하였다.

미국에게 퇴짜맞은 텍사스는 외톨이가 되었고, 그 지도자들은 유럽으로부터 지지와 자금 지원을 구하였다. 그들은 태평양까지 이르는 거대한 남서부 국가를 건설하여 미국과 경쟁할 것을 꿈꾸었다. 그 계획은 미국의 점증하는 힘을 억제하려는 유럽 국가들에게 호소력이 있었다. 영국과 프랑스는 즉시 텍사스를 인정하고 무역조약을 체결했다. 타일러 대통령은 이것을 보고 텍사스를 설득하여, 1844년에 다시 미국과 병합을 신청하게 하였다. 그러나 국무장관 칼훈이 병합 조약의 유일한 목적은 마치 노예제 확장에 있는 것처럼 의회에 제출하자, 북부 상원의원들은 그 조약 승인을 거부하고 무효로 하였다. 텍사스 문제는 곧 1844년 대통령 선거에서 중심 이슈가 되었다.

태평양 북서쪽의 오리건 지역(Oregon Country)으로 알려진 지역의 장악 문제는 1840년대의 또 다른 주요 정치 이슈였다. 50만 평방마일의 그 영토는 지금의 오리건 주, 워싱턴 주, 아이다호 주, 그리고 몬타나와 와이오밍 주의 일부, 브리티쉬 콜럼비아의 절반을 포함한 것이었다. 그런데 영국과 미국 모두 그 지역에 대한 주권을 주장했다. 그들의 주장을 외교적으로 해결할 수 없자, 그들은 양국 국민들의 동등한 권리를 허용했던 1818년 조약에 동의했다. '공동 점령'(joint occupation)으로 알려진 이 협정은 20년간 지속되었으나, 점증하는 이민의 물결에 직면하여 결국 파기되었다.

서부로의 이주

1840년대, 1850년대, 1860년대를 통틀어 수십만 명의 미국 백인과 흑인들이 대륙의 극서 지역으로 이주하여, 과거에는 인디언과 소수의 선교사들만이 살던 곳에 정착하였다. 그들 다수는 남부에서 온 백인 농장주들로서 대부분 텍사스에 정착하였으며 노예들을 함께 데려왔다. 그러나 구(舊)북서부(Old Northwest, 지금의 중서부) 지역으로부터 가장 많은 사람들이 이주해 왔다. 그들은 새로운 기회를 찾아 힘든 여정을 택한 남녀 백인들과 소수의 흑인들이었다. 대규모 금광 발견으로 많은 독신자들이 모이기 시작한 1850년대 초까지는 대부분 가족집단이 이주하였다. 대부분은 젊은이들이었고, 과거에 더 짧은 여정의 이주 경험을 한 사람들이 많았다.

모든 사람들이 새로운 삶을 추구하였지만 그들이 꿈꾼 새로운 생활은 각기 다른 것이었다. 1849년에 캘리포니아에서 금이 발견된 후에는 돈을 빨리 벌려는 희망으로 온 사람들이 있었다. 일부는 농사지을 땅이나 투기할 땅을 얻고자 하였고, 연방정부가 저렴한 가격에 팔고 있는 대규모 공용 토지를 취득할 계획이었다. 일부는 상인으로 성공하여 서부에서 새롭게 성장하고 있는 백인 공동체에서 장사하고자 하였다. 몰몬 교도를 포함한 일부는 종교적 사명감을 갖고 있거나 동부에서의 고난과 억압으로부터 피난하고자 하였다.

대부분의 이주자들은 육로를 따라 서쪽으로 이동했다. 그들은 대체로 아이오와와 미주리에 있는 주요 정류 지점, 즉 인디펜던스, 세인트조셉, 카운슬블러프(Council Bluffs) 중 한 곳에 모여 고용 안내인이 이끄는 마차 부대에 합류한 뒤, 포장마차에 짐을 싣고 뒤에 동물들을 이끌고

오리건 통로: 19세기 초부터 수렵꾼들과 상인들이 극서부로 도달하는 데 오리건 통로를 이용해 왔었다. 그러나 1840년대부터는 포장마차로 이동하는 정착민들이 이 통로를 채우게 되었다. 윌리암 잭슨(William Henry Jackson)이 그린 이 그림은 이동의 거대한 규모와 힘든 여정을 보여준다.

서 출발했다. 주된 서부 통로는 인디펜던스로부터 로키산맥의 사우스패스(South Pass)를 통과해 대평원(Great Plains)을 건너가는 2천 마일의 오리건 통로(Oregon Trail)였다. 그곳에서 이주자들은 북쪽의 오리건으로 가거나 캘리포니아 통로(California Trail)를 따라 남쪽의 북캘리포니아 해안으로 갔다. 다른 이동은 인디펜던스에서 뉴멕시코에 이르는 남서부로 연결된 산타페 통로(Santa Fe Trail)를 따라 이루어졌다.

어느 통로로 여행하든 육로 이주자들은 큰 위험과 고난에 직면하였다. 여행의 후반부에 있는 산과 사막 지역이 특히 힘들었다. 대부분의 이주 여행은 5월부터 11월까지 5, 6개월간 계속되었고, 눈이 오기 전에 로키산맥을 통과해야 한다는 부담이 항상 있었다. 그러나 하루에 15마일 정도를 가는 대부분 포장마차의 매우 느린 속도를 생각할 때 그것은 쉬운 일만은 아니었다. 또한 질병의 위험도 있어서, 많은 사람들이 콜레라에 걸려 죽었다. 그리고 인디언과도 마주치게 되었다.

실제로 인디언들은 백인 이주자들에게 위험이 되기보다는 도움을 주는 경우가 많았다. 그들은 힘든 지역을 통과하는 길잡이 역할을 해주거나 여행자들이 강물을 건너는 것을 도와주고 동물떼를 지켜주었다. 그들은 백인 여행자들에게 말, 옷, 신선한 식료품 등을 파는 대규모 무역을 계속하였다. 그러나 고립된 여행자들이나 소규모 포장마차에 대한 인디언들의 간헐적인 공격은 백인 이주민들을 두렵게 하여 모든 인디언들을 위험한 존재로 생각하게 하였다. 결과적으로는, 이 육로 여행 동안 인디언들이 백인에게 가한 폭력보다는 백인들이 인디언들에게 가한 폭력이 더 많았다. 하지만 이주의 규모에 비교해 볼 때 양쪽 모두 그 사상자 수는 상대적으로 적은 것이었다. 모두 합쳐 천 명도 안 되는 백인과 인디언이 1840년과 1860년 사이에 그러한 갈등으로 사망하였다.

대부분의 이주자들은 재난을 피할 수 있었지만 그럼에도 불구하고 긴 여정의 긴장은 그들의 생활에 중대한 변화를 초래하였다. 관습적인 성 역할이 필요에 의해 변화하였으며, 여자가 소떼를 몰거나 마차에 짐을 싣는 등 전통적인 '남자 일'(male tasks)을 수행하기 시작했다. 서부 이주자들에 대한 전통적인 이미지는 거친 개인주의자의 이미지이지만, 실제로 이주 여행은 매우 강력한 집단적 경험이었다. 사실 여행자들이 재난에 빠지게 된 가장 흔한 경우 중의 하나는 바로 이주 집단에게 필요한 공동체로서의 특성이 붕괴되었을 때였다. 이주 여정을 성공적으로 마친 사람들은 협동의 가치를 배우게 되었다.

포크 대통령과 영토 팽창

1840년대 중반경에 이미 상당수의 미국인들이 태평양 해안의 정착지에 살고 있었으며 5천 명 이상이 오리건에 살고 있었다. 이들은, '명백한 운명'을 지지하는 동부인들과 함께, 논란이 되고 있는 오리건 영토(Oregon Territory)를 미국 정부가 확보할 것을 촉구하였다. 그러한 요구는 곧 미국의 정치 문제로 등장했다.

1844년의 대통령 선거는 오랜 정적인 휘그당의 헨리 클레이와 전임 대통령인 민주당의 밴뷰런 사이의 경쟁이 될 것으로 널리 기대되었다. 두 사람은 모두 텍사스 병합 문제에 대한 입장 표명을 피하였다. 그들이 병합문제에 대해 각자 발표한 입장은 너무 유사해서, 그 성명서를 만드는 데 둘이 합작한 것이 아닌가 하고 많은 사람들이 의심할 정도였다. 그들은 병합에는 찬성하지만 멕시코의 동의하에서만 해야 한다고 하였다. 하지만 그러한 동의는 불가능했으므로 그 성명서들은 사실상 아무 의미가 없었다.

휘그당 내에서는 영토 확장의 정서가 미약하였기 때문에, 클레이는 언질을 회피하는 입장에도 불구하고 어려움 없이 후보 지명을 받을 수 있었다. 그러나 민주당원 중에 특히 남부인들은 병합을 지지하는 사람들이 많았고 그들은 클레이와 같은 입장의 밴뷰런에게 분노하였다. 팽창주의자들은 민주당 전당대회를 장악하고 병합의 강력한 지지자인 제임스 포크(James K. Polk)를 후보로 지명하였다. 포크는 민주당의 대통령 후보 지명전에서 승리한 최초의 '다크호스'(dark horse)였다.

포크는 휘그당의 비판자들이 주장한 것처럼 미미한 인물은 아니었지만, 민주당의 실질적인 주요 인물도 아니었다. 1825년부터 14년간 그는 테네시 주의 하원의원이었으며 그 중 4년간은 하원의장을 지냈다. 그 이후 그는 테네시 주지사를 역임했다. 그러나 1844년 당시 그는 3년 동안 공직에서 물러나 있었으며 대부분 사람들의 기억에서 잊혀져 있었다. 그런 그의 승리를 가능케 한 것은, 그가 민주당 전당대회 연단에서 표명한 것처럼 "미국이 현실적으로 가장 빠른 시간 내에 오리건을 재점유하고 텍사스를 재병합하는 것이 중요하다"는 그의 신념이었다. 민주당은 오리건과 텍사스 문제를 결합시킴으로써 북부와 남부 팽창주의자들 모두의 지지를 얻고자 하였다.

클레이는 선거 캠페인 중반에 텍사스 병합 지지를 선언함으로써 대중의 정서를 따라가려는 때늦은 노력을 하였다. 그러나 그의 더딘 양다리 걸치기로 인해 얻은 표보다 잃은 표가 더 많았다. 포크는 클레이와 전체 유권자 득표차가 4만 명도 안되었지만, 선거인단 투표에서는 170 대 105의 승리를 얻어냈다. 제임스 버니(James G. Birney)가 두번째로 출마한 자유당(Liberty party)은, 주로 클레이에게서 등을 돌려 버린 반

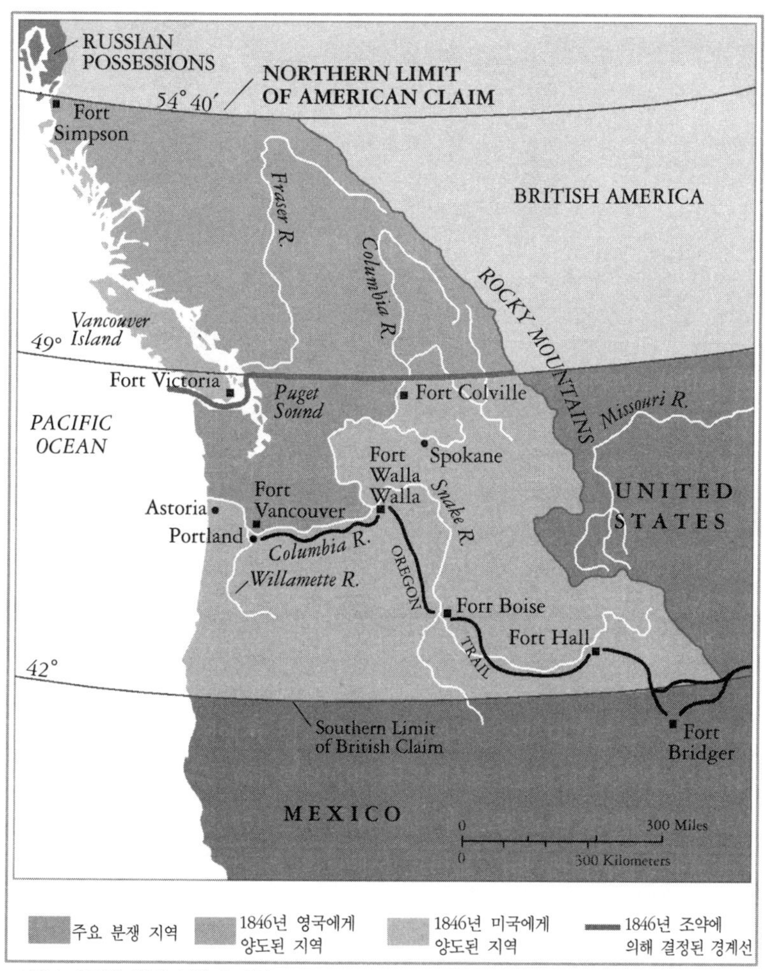

1846년 오리건 경계 분쟁의 해결

(反)노예제 휘그파들로부터 6만2천 표를 얻어냈다(1840년에는 7천 표를 얻었었다).

포크는 유명한 인물은 아니었지만 지적이고 열정적이었다. 그는 명확한 목표와 이를 달성하기 위한 계획을 가지고 대통령에 취임했다. 포크가 달성하고자 한 첫번째 목표를 달성시킨 사람은 임기 말의 대통령

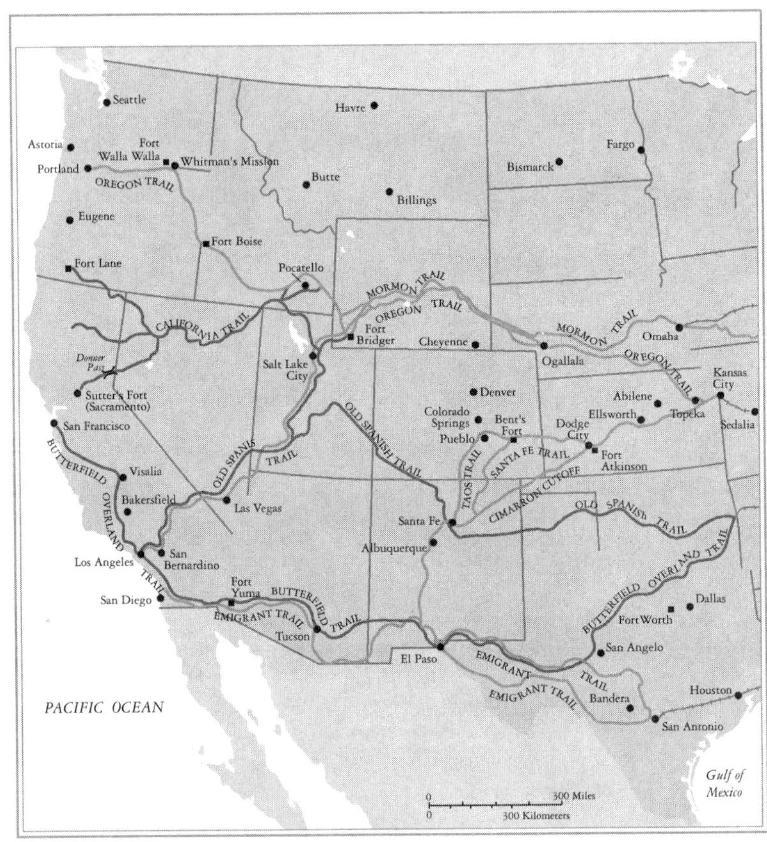

1860년까지의 서부 통로

존 타일러(John Tyler)였다. 대통령 선거 결과를 텍사스 병합 요구로 해석한 타일러 대통령은, 퇴임하기 전 1845년 2월에 병합에 대한 의회 승인을 얻어냈다. 포크는 타일러 대통령이 마련한 해결안을 수용하였고 1845년 12월에 텍사스는 미국의 한 주가 되었다.

오리건 문제에는, 난관도 있었고 일부 지지자들을 실망시키기도 하였지만 포크 대통령 자신이 해결하였다. 그는 공개적으로는 오리건 영토 전부를 미국 영토로 할 것을 지지하는 것으로 보였지만, 사적으로는 49도선을 경계로 하여 타협할 의사가 있었다. 그러나 워싱턴의 영국 공사가 포크 대통령의 제안을 본국에 회부하지도 않고 거부하자, 포크는 다시 오리건 영토 전체에 대한 미국 권리를 주장했다. 양국 모두에서 전쟁 이야기가 흘러 나왔으며, 미국에서는 "54.40도선이 아니면 전쟁을!"이라는 전투적인 슬로건이 종종 등장했다. 54.40도선은 미국인들이 오리건 영토의 북쪽 경계로 삼기를 희망했던 위도 지점이었다. 그러나 양국 모두 실제로 전쟁을 원하지는 않았다. 결국 영국 정부는 포크 대통령의 원래 제안을 받아들여 49도선을 경계로 오리건 영토를 나눌 것을 제안했다. 포크는 더 많은 영토를 원했던 국민주의자들을 실망시킬 수 없어서 영국의 제안을 지지 의사 없이 상원에 회부하였다. 다행히도 상원은 그 제안을 받아들여 1846년 6월 15일에 49도선을 경계로 정한 조약이 체결되었고 그 경계는 오늘날까지 유지되고 있다.

남서부와 캘리포니아

상원과 대통령이 오리건 문제를 해결하기 위한 영국의 제안에 기꺼이 동의했던 이유 중의 하나는, 남서부에서 새로운 갈등이 시작되고 있었기 때문이다. 그 갈등은 멕시코와 전쟁이 초래될 것을 경고하였고 실제로 그렇게 되었다. 미국이 텍사스를 1845년에 주로 승인하자마자, 멕시코 정부는 미국과 외교관계를 단절했다. 상황을 더 악화시킨 것은 텍사스와 멕시코간의 경계를 둘러싼 대립이었다. 텍사스 사람들은 리오그란데(Rio Grande) 강을 그 서부와 남부 국경선으로 주장했는데, 그것은 지금의 뉴멕시코 주의 대부분의 영토를 주장한 것이었다. 멕시코는 여전히 텍사스를 잃은 것을 공식적으로 인정하기를 거부했지만, 그럼에도 불구하고 그 경계는 리오그란데 강의 북쪽에 있는 누이세스(Nueces) 강이어야 한다고 주장했다. 포크 대통령은 텍사스인들의 주장을 인정하고, 1845년 여름 재커리 테일러(Zachary Taylor)장군이 이끄는 소병력을 누이세스 강으로 보내 멕시코의 침입에 대비하여 텍사스를 보호하도록 하였다.

논란이 되고 있던 지역의 일부인 뉴멕시코에는 사람들이 조금밖에 살고 있지 않았다. 그 무역 중심지는 산타페(Santa Fe)라는 마을이었는데, 그곳은 가장 가까운 남쪽 정착지에서 300마일 떨어져 있고 멕시코시티와 베라크루스에서는 천 마일 이상 떨어진 곳이었다. 멕시코 정부는 1820년대에 미국 정착민들을 텍사스로 불러들인 것처럼, 미국 상인들을 그 지역으로 불러들여 지역 발전을 가속화하고자 하였다. 산타페와 미주리 주의 인디펜던스 사이에 곧 상업이 성행하게 되었으며, 산타페 통로를 따라 왕래하는 대상인들은 제조상품을 서부로 실어가고 동부로는 금, 은, 모피, 노새를 싣고 갔다. 소위 산타페 무역은 뉴멕시코에서의 미국의 역할을 더욱 부각시켰고 팽창주의자들에게 그들이 일할 또 다른 방향을 암시하였다.

미국인들은 더 멀리 떨어져 있는 멕시코 영토인 캘리포니아에도 점차 많은 관심을 갖게 되었다. 이 거대한 지역에는 많은 서부 인디언 부족들과 대부분 스페인 식민지인들의 후손인 7천여 명의 멕시코인들이 살고 있었다. 그러나 점차 미국 백인들이 도착하기 시작했다. 처음에는 해상 상인들과 태평양 고래잡이배의 선장들이 물품을 교환하거나 생필품을 사기 위해 들어왔다. 다음에는 상점을 차린 상인들이 물품을 수입하여 멕시코인, 인디언들을 상대로 높은 이윤의 거래를 발전시켰다. 그리고 동부에서 캘리포니아로 들어온 개척 농민들은 토지를 구입하여 새크라멘토 계곡(Sacramento Valley)에 정착하였다. 이들 새 정착자들 중의 일부는 캘리포니아가 미국의 영토로 되기를 희망했다.

포크 대통령은 곧 그들의 희망을 받아들여 뉴멕시코와 캘리포니아를 미국의 영토로 획득하고자 하였다. 그는 테일러 장군 지휘하의 군대를 텍사스의 누이세스로 파견하는 것과 동시에, 태평양 해군 함대 사령관에게 만약 멕시코가 전쟁을 선언하면 캘리포니아 항구들을 장악하라는 비밀 명령을 내렸다. 캘리포니아의 미국인들에게는, 그들이 멕시코 지배에 저항하는 반란을 일으키면 미국은 동조적인 반응을 보일 것이라고 조용히 알렸다.

전쟁을 준비하던 포크 대통령은, 다시 한번 외교적인 방법으로 특별 외교사절인 존 슬라이델(John Slidell)을 보내 멕시코인들을 매수하려 하였다. 그러나 멕시코 지도자들은 논란이 되는 영토를 구매하겠다는 슬라이델의 제안을 거절하였다. 포크 대통령은 1846년 1월 13일에 그 소식을 듣자마자, 텍사스에 있는 테일러 장군의 병력으로 하여금 누이세스 강을 건너 리오그란데로 이동할 것을 명령했다. 하지만 멕시코인들은 몇 달 동안 싸우기를 거부했다. 그러다 마침내, 미국 군 지휘관들의 기록에 따르면 일부 멕시코 병력이 리오그란데 강을 건너 미국 군대를 공격하였다. 군사적 도발이 없었어도 전쟁 선포를 의회에 요구할 계획이었던 포크 대통령은, "멕시코 스스로의 군사 행동에 의해 전쟁이 시작되었다"고 말했다. 1846년 5월 13일에 의회는 상원에서 40 대 2, 하원에서 174 대 14로 전쟁을 선포하였다.

멕시코 전쟁

전쟁은 미국 내에서 전반적인 호응을 받지는 못했다. 휘그당의 비판자들은, 포크 대통령이 의도적으로 계략을 써서 멕시코와의 갈등을 유발했으며 전쟁을 선포하게 한 국경지역 사건도 각색된 것이라고 비난했다. 많은 사람들은 멕시코와의 적대 관계가, 보다 중요한 문제인 태평양 북서부에 대한 관심과 자원을 유출시켰다고 주장했다. 미국이 결국 오리건 문제에 대해 영국과 합의에 도달했을 때, 그 반대자들은 포크 대통령이 멕시코 문제에 몰두하느라고 당연히 얻어냈어야 할 것보다 더 적은 것에 합의했다고 주장했다. 전쟁이 계속되고 미국 일반 대중이 사상자와 전쟁 비용에 대해 알게 되면서 전쟁에 대한 반대는 더욱 거세졌다.

미국 군대는 멕시코 군대와의 전투에서 대체로 성공적이었지만, 포크 대통령이 희망했던 최종적인 승리는 그렇게 빨리 오지 않았다. 포크 대통령은 전쟁 기간 내내 스스로 군사 전략을 짰다. 그는 테일러 장군에게 리오그란데 강을 건너 몬트레이(Monterrey) 도시부터 시작하여 북동 멕시코 지역을 장악할 것을 명령하였다. 그는 테일러 장군이 몬트레이에서 남쪽으로 이동할 수 있으며 필요하다면 멕시코시티 자체를 위협할 수 있다고 생각했다. 테일러는 1846년 9월에 몬트레이를 공격했고 힘든 싸움 끝에 그곳을 점령했다. 그러나 그는 멕시코 주둔군이 철수하는 것을 뒤쫓지 않았다. 그러자 포크 대통령은 멕시코시티를 향해 이동한다는 자신의 계획이 실현될 수 있을지 의심하기 시작했다. 그는 테일러 장군이 전쟁 수행에 필요한 전략적 기술이 부족하다고 의심했으며, 산맥을 따라 남쪽으로 진군할 때 공급 수송이 불가능하다고 확신하게 되었다. 그는 또한 전쟁 확전이 도와줄지도 모를 테일러 장군의 정치적 야심을 경계하였다.

그 동안 포크 대통령은 뉴멕시코와 캘리포니아에 대한 다른 공격을 명령했다. 1846년 여름에 스티픈 커니(Stephen W. Kearny) 대령이 이끄는 소규모 군대는, 산타페까지 장기간의 행진을 하여 아무 저항 없이 그 마을을 점령했다. 그리고 그는 수백 명의 군대와 함께 캘리포니아로 계속 진군했다. 거기서 그는, 존 프리몬트(John C. Fremont)가 이끄는 중무장한 탐험대인 미국 정착민들과 미국 해군이 이미 합동으로 수행중인 전투에 합류하게 되었다. 그것이 바로 소위 곰깃발 혁명(Bear Flag

멕시코시티의 스콧의 군대: 윈필드 스콧 장군은 1847년 9월에 미국 군대를 이끌고 멕시코의 수도에 들어가 멕시코 전쟁에서의 마지막 미국 승리를 기록했다. 뉴올리안즈에서 발행되는 「피카윤」(*Picayune*)지의 조지 켄달(George W. Kendall)은 멕시코시티 공격 내내 스콧 장군을 수행했다.

Revolution)이다. 커니 대령은 그의 휘하에 이질적인 미국 병력을 합류시켜 1846년 가을에는 캘리포니아 정복을 완성했다.

미국은 이제 전쟁을 거쳐 두 영역을 통제하게 되었다. 그러나 멕시코는 아직도 정복당한 영토를 양보하거나 적대 관계를 끝내기를 거부했다. 이 시점에서 포크 대통령과, 군대 총지휘관이자 최고의 군인이었던 윈필드 스콧(Winfield Scott) 장군은, 멕시코에 평화협정을 강요할 수 있는 계획을 고안하였는데 그것은 미국에 더 많은 영토를 가져다 줄 수도 있는 것이었다. 즉 스콧은 탐피코에 군대를 모으고 해군이 그들을 멕시코 해안의 베라크루스로 수송하여 그곳에 공격기지를 건설한 뒤, 베라크루스에서 국도를 따라 서쪽의 멕시코시티로 이동한다는 것이다. 스콧은 훌륭하게 이 공격을 수행했다. 그는 베라크루스를 점령하고 내륙으로 이동하기 시작했다. 1만 4천 명을 넘지 않는 군대를 이끌고 그는 적진의 260마일 전방까지 진격하였다. 그는 전면 공격을 하기보다는 측면 공격을 사용함으로써 사상자를 줄였으며 결국 전쟁에 패하지 않고 그의 목표를 달성했다. 그는 산간 지역인 케로고르도(Cerro Gordo)에서 멕시코 군대에 치명적인 패배를 안겼으며, 멕시코시티 수마일 이내에 도달할 때까지 더 이상의 저항을 받지 않았다. 수도 외곽에서의 격심한 전투 끝에 미국 군대는 도시를 점령했다. 이제 새 멕시코 정부가 들어서고 미국과 평화조약을 협상할 의사를 밝혔다.

그러나 포크 대통령은 점차 자신의 목표에 대해 심히 흔들리고 있었다. 그는 미국이 멕시코 영토의 대부분을 병합해야 한다고 요구하는 사람들을 계속 지지하였다. 그러나 동시에 다가오는 대통령 선거를 의식하여 전쟁을 빨리 끝내기를 점차 조바심 내고 있었다. 그는 해결 협상권을 가진 대통령 특별사절을 군대와 함께 멕시코에 보냈다. 니콜라스 트리스트(Nicholas Trist)는 새 멕시코 정부와 1848년 2월에 과달루페히달고(Guadalupe Hidalgo) 조약을 체결하였다. 멕시코는 캘리포니아와 뉴멕시코를 미국에 양도하고 리오그란데를 텍사스의 경계로 인정하는 데 동의했다. 그 대가로 미국은, 멕시코에 대한 미국 시민들의 배상 요구를 대신 책임질 것과 멕시코에 1천5백만 달러를 지불할 것을 약속했다. 그 조약이 워싱턴에 알려지자 포크 대통령은 딜레마에 빠졌다. 트리스트는 포크 대통령의 원래 요구사항을 대부분 얻어냈지만, 멕시코 만의 영토를 추가로 획득하려 했던 팽창 계획을 만족시키지는 못했다. 포크 대통령은 화가 나서 트리스트가 자신의 지시를 어겼다고 주장했지만, 곧 조약을 받아들일 수밖에 없음을 알았다. 일부 열렬한 팽창주의자들은, 당시 광범하게 퍼뜨려진 구호였던 "멕시코 전체!"의 병합을 위해 조약 체결을 보류할 것을 요구하였다. 또한 반(反)노예제 지도자들은 멕시코 영토 획득을 요구하는 것은 새 영토에 노예제를 확장하려는 남부의 음모라고 비난하였다. 이처럼 격렬하고 파괴적일 수 있는 논란을 잠재우기 위해 포크 대통령은 트리스트 조약을 상원에 제출하였고, 그 조약은 38 대 14로 승인되었다. 이제 전쟁은 끝났고 미국은 거대한 새 영토를 얻었다. 그러나 동시에 국론을 분열시키는 골치아픈 새 문제를 함께 얻었다.

2. 새로운 지역적 위기

제임스 포크는 지역 구분을 뛰어넘는 정책을 펴는 대통령이 되고자 했다. 그러나 지역들을 화해시키는 것은 더욱 더 어려워져 가고 있었다. 특히 남서부에서의 영토 확장에 대한 그의 열정과 정책은, 자기네 지역을 희생시켜 남부를 편든다고 믿은 북부인들과 서부인들의 증오를 점차 사게 되었다.

지역간 논쟁

1846년 8월 멕시코 전쟁이 아직 진행중일 때, 포크 대통령은 멕시코와의 평화협정의 대가인 2백만 불의 지출 승인을 의회에 요청했다. 반(反)노예제 민주당원이었던 펜실베니아 하원의원 데이빗 윌모트(David Wilmot)는, 멕시코로부터 획득한 어떤 영토에서도 노예제를 금지시킨다는 조항을 지출 예산안에 추가하였다. 소위 윌모트 단서조항(Wilmot

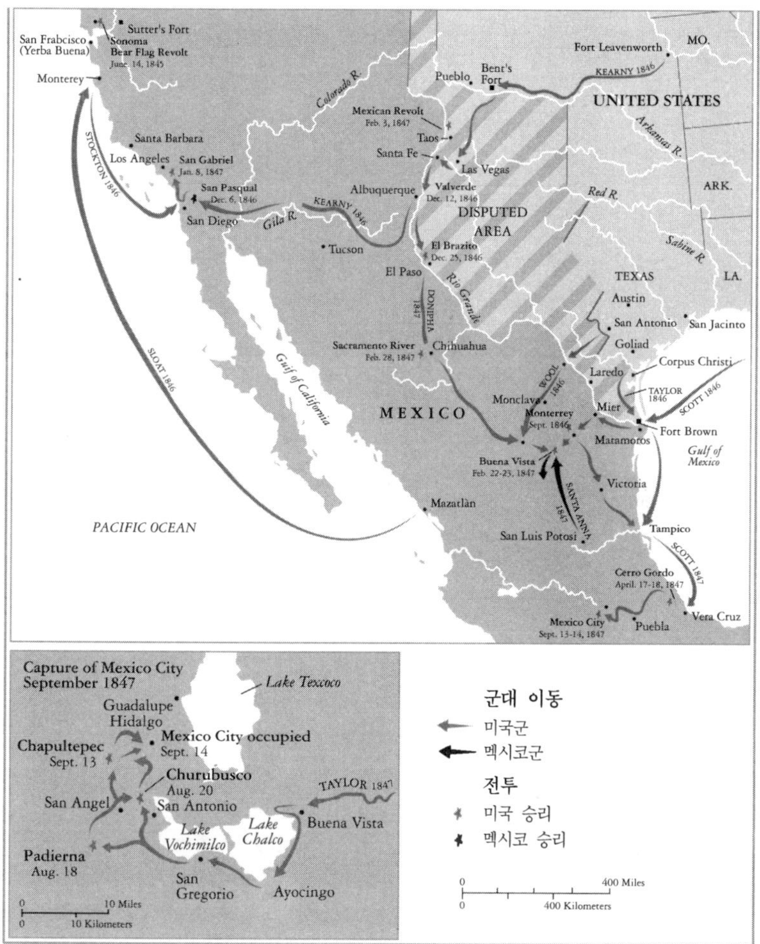

멕시코 전쟁, 1846~1848

Proviso)은 하원에서 통과됐으나 상원에서는 통과되지 않았다. 그것은 여러 해 동안 다시 상정되고 논의되고 반복해서 투표에 부쳐졌다. 그 사이에 남부의 투사들은 자신들만의 계획을 가지고 있었다. 그들은, 멕시코의 영토가 미국에 귀속되었기 때문에 재산인 노예들을 그 지역으로 이동시킬 권리를 포함하여 모든 미국인이 그 지역에서의 동등한 권리를 갖는다고 주장하였다.

포크 대통령은 미주리 타협(Missouri Compromise: 북위 36도 30분)을 새 영토뿐 아니라 태평양 연안까지 확대하여, 그 경계 북쪽 지역에서의 노예제를 금지하고 남쪽 지역에는 그것을 허용하자는 제안을 지지하였다. 다른 사람들은, 원래 '토지점유자 주권'(squatter sovereignty)이라고 불리다가 나중에 더 위엄 있는 명칭인 '주민 주권'(popular sovereignty)으로 지칭된 다른 타협안을 지지하였다. 그것은, 준주의 주민들이 입법과정을 통해 해당 지역에서의 노예제 문제를 결정하도록 허용하자는 것이었다. 이 다양한 제안들을 둘러싼 논쟁은 여러 달 동안 계속되었다. 1849년에 포크가 대통령직을 떠날 때쯤에도 아무것도 해결되지 않았다.

1848년의 대통령 선거전에서는 민주당과 휘그당 모두가 노예제 문제를 피해가려 하면서 얼마 동안 노예제 논쟁이 가라앉았다. 포크가 재출마를 포기하자 민주당은 둔감한 노정객인 미시간 출신의 루이스 카스(Lewis Cass)를 지명하였다. 휘그당은 전혀 정치 경험이 없는 전쟁영웅인 루이지애나 출신의 테일러 장군을 지명하였다. 그러나 노예제 반대자들은 후보자 선정에 만족하지 않았고, 그들의 불만 속에 자유토지당(Free-Soil party)이 등장했다. 그 당은 기존의 자유당 사람들, 휘그당과 민주당의 노예제 폐지 진영, 그리고 윌모트 단서조항을 지지하는 사람들을 규합했다. 자유토지당의 후보는 전(前)대통령인 밴뷰런(Martin Van Buren)이었다.

선거 결과 테일러가 박빙의 승리를 거두었다. 밴뷰런은 단 한 주에서도 성공하지 못했지만 전 국민투표의 10%인 29만1천 명이라는 많은 표를 얻었고, 자유토지당은 10명의 의원을 의회에 진출시켰다. 밴뷰런은 특히 뉴욕 주에서 민주당 표의 상당수를 카스로부터 빼앗아 테일러에게로 몰아주었던 것 같다.

테일러와 준주들

  테일러는 남부인이며 노예소유주였지만 오랜 군대 경험을 통해 나라 전체를 보는 시야를 갖추었다. 그는, 주 정부를 수립하지 못하고 아직 군대 관리들에 의해 관할되고 있는 새로 획득한 영토 문제가 매우 중요하다는 것을 인식하였다. 특히 캘리포니아에 새 정부를 수립해야 한다는 압력이 상당했는데, 그 지역은 엄청난 성장을 경험하고 있었기 때문이었다. 1848년 1월에 우연히 새크라멘토 계곡에서 금이 발견되자, 그 소식은 삽시간에 퍼져 수천 명의 서부인들이 재빨리 돈을 벌 욕심으로 몰려들었다. 1848년 여름이 끝날 무렵에 금광 소식은 미국 동부와 유럽에까지 알려져 더욱 열렬한 금광 열풍을 불러일으켰다. 미국과 세계 곳곳으로부터 수많은 '49년도의 사람들'(forty-niners)이 캘리포니아로 쏟아져

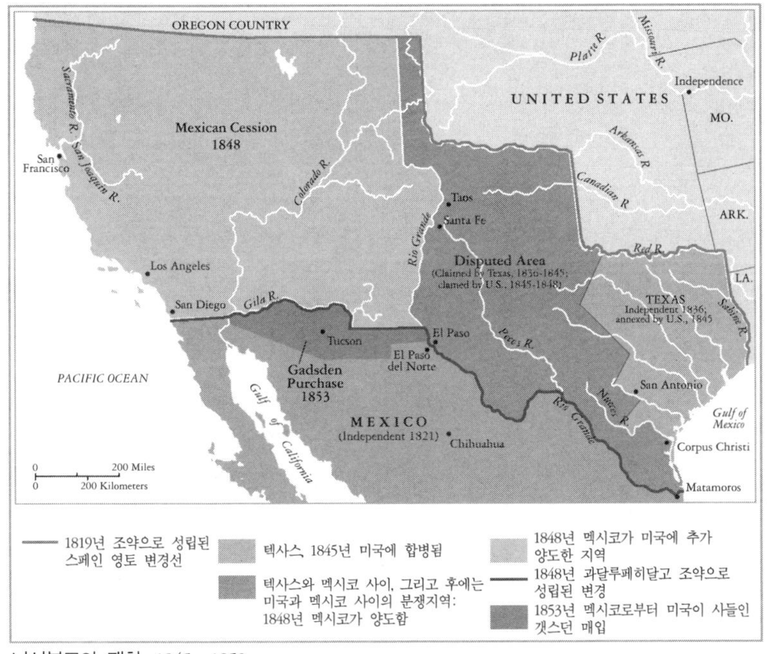

남서부로의 팽창, 1845~1853

들어왔고 그 수는 1849년 한 해에만 8만 명이 넘었다. 1849년 말에 캘리포니아는 하나의 주의 자격을 갖추고도 남을 약 10만 명의 인구를 갖게 되었다.

테일러 대통령은 주의 지위를 부여함으로써 새 영토에서의 노예제 문제를 해결할 수 있다고 믿었다. 새 영토가 준주로 있으면 연방정부가 그 지역의 노예제 운명을 결정할 책임을 지지만, 일단 주가 되면 주 정부가 그 문제를 해결할 수 있었다. 테일러는 캘리포니아와 뉴멕시코의 군대 관리들에게 명령하여 주권 운동에 박차를 가하게 하였다. 캘리포니아는 즉시 노예제를 금지하는 헌법을 채택했고, 1849년 12월에 테일러는 캘리포니아를 자유주로 승인할 것을 의회에 요구하였다. 그는, 뉴멕시코도 준비가 되면 캘리포니아처럼 주의 지위를 부여하고 노예제 문제는 그 주가 원하는 대로 스스로 결정하도록 허용해야 한다고 하였다. 그러나 의회는 제동을 걸었다.

그것은 노예제를 둘러싼 여러 가지 다른 갈등 때문이기도 하였으며 그 갈등은 준주(territories) 문제를 복잡하게 만들었다. 먼저 콜럼비아 특별구(District of Columbia)에서 노예제를 없애려는 노예제 폐지 세력의 운동이 있었는데, 남부인들은 이에 강력히 반대하였다. 그리고 북부 주에서 등장한 개인자유법(personal liberty laws)은 법원이나 경찰이 도망 노예들을 그 주인에게로 돌려보내는 것을 돕지 못하도록 금지하였다. 그러자 남부인들은 이에 대한 대응으로 엄격한 도망 노예 송환법(fugitive slave law)을 연방법으로 제정할 것을 요구했다. 또 다른 논란으로는 텍사스와 뉴멕시코간의 경계선 분쟁이 있었고, 텍사스가 독립공화국 당시 지게 된 빚을 연방정부가 인수하지 않는 데 대한 텍사스인들의 분노가 있었다. 그러나 대통령의 계획을 가장 방해한 것은, 두 개의 새 자유주가 북부에 더해지는 것에 대한 남부 백인의 두려움이었다. 자유주와 노예주의 수는 1849년에 각각 15개로 같았다. 그러나 캘리포니아가 연방에 가입하면 그 균형이 깨지게 되었다. 뉴멕시코와 오리건, 유타의 가입은, 하원에서처럼 상원에서도 남부를 과반수 의석 미만으로 전락시키고 그 균형을 훨씬 더 깨뜨릴 것이었다.

미국민의 심기는 이제 위험 수위에 다다르고 있었다. 심지어 온건파 남부 지도자들도 연방으로부터의 탈퇴를 말하기 시작했다. 북부에서는 한 주만 제외하고 모든 주가 노예제 금지를 요구하는 법안을 채택하였다.

1850년의 타협안

이러한 전례 없는 위기에 직면하여 온건주의자들과 연방주의자들은 대(大)타협을 구상하면서 1849년과 1850년 사이의 겨울을 보냈다. 그 노력의 선봉에 섰던 고령의 헨리 클레이는, 지역간의 분쟁이 되고 있는 모든 이슈를 해결하지 않는 한 어떤 타협도 오래 지속될 수 없다고 믿었다. 그래서 그는 분리 제안되었던 여러 개의 해결책을 취합하여 한 개의 단일 법안으로 작성한 뒤에 그것을 1850년 1월 29일에 상원에 제출했다. 그 법안은 5개의 조항을 가지고 있었다. 그것은 (1) 캘리포니아는 자유주로 편입될 것, (2) 멕시코로부터 취득한 나머지 지역에는 노예제를 금지하지 않는 주 정부가 건립될 것, (3) 텍사스는 뉴멕시코와의 경계 분쟁에서 양보하고 연방정부는 그 대가로 텍사스 주의 빚을 대신 인수할 것, (4) 콜럼비아 지구에서는 노예제 자체가 아니라 노예무역을 금지할 것, (5) 보다 효과적인 새 도망 노예 송환법을 통과시킬 것 등이었다. 이 제안들은 의회에서 그리고 나라 전체에서 7개월간 격렬한 논쟁을 불러일으켰다. 논쟁은 두 단계로 전개되었는데, 그 두 단계의 차이는 미국 정치가 1850년대에 어떻게 변하고 있었는가를 잘 드러내 보여준다.

논쟁의 첫번째 단계에서, 의회를 지배한 세력은 큰 이상에 토대하여 타협안을 찬성하거나 반대했던 나이든 사람들이었다. 그들은 제퍼슨, 애덤스, 그리고 다른 건국의 아버지들을 아직도 기억하는 국가 지도자들이었다. 1850년에 73세였던 클레이 자신도 이 세력 중에 가장 유력한 사람이었다. 그는 지역간의 타협을 광범하게 호소했으며 국민주의에 호소하였다.

3월 초에 구(舊)지도자의 또 한 사람인 존 칼훈(John C. Calhoun)

이 이 논쟁에 합류하였다. 그는 68세였으며 병환중이어서 그의 동료가 대신 원고를 읽는 동안 의연하게 의자에 앉아 있었다. 그는 북부가, 남부에 동등한 영토권을 부여해야 하며, 도망 노예 송환법을 지킬 것에 동의하고, 노예제에 대한 비난을 멈추며, 두 지역간의 권력 균형을 보장하는 헌법수정조항을 받아들여야 한다고 주장했다. 헌법수정조항은 거부권을 가진 각각의 대통령을 남부와 북부에서 1명씩 2명 선출하는 것이었다. 칼훈은 상원에서 통과되기 불가능한 급진적인 요구를 하고 있었다. 그러나 그는 연방을 구제하는 것이 중요하다는 자신의 신념을 표현하였다. 클레이처럼 칼훈도 지역 갈등에 대한 종합적이고 영구적인 해결책이라고 생각한 것을 제시하였으나, 그 제안은 북부의 비참한 항복을 요구하는 것이었다.

칼훈의 뒤를 이어서 노령의 정치가들 중에 세번째로 68세의 대니얼 웹스터(Daniel Webster)가 나왔다. 그의 '3월 7일 연설'(Seventh of March Address)은 그의 전 생애를 통틀어 아마도 가장 웅변적인 것이었다. 아직 대통령의 야망을 품고 있었던 그는, 북부인들의 분노의 감정을 가라앉히고 북부 온건주의자들로 하여금 클레이의 타협안을 지지하게 하려고 시도하였다.

그러나 건국의 아버지들에 대한 기억, 국민주의, 이상주의(idealism) 등에 계속 호소하였던 6개월간의 토론은 타협안을 승인받는 데 실패했다. 의회는 7월에 클레이 타협안을 좌절시켰다. 그리고 그와 함께 논쟁은 두번째 단계로 넘어갔으며 거기서는 매우 다른 인물들이 주도권을 잡았다. 병들고 노쇠한 클레이는 산에서 쉬며 여름을 보내기 위해 워싱턴을 떠났다. 그는 돌아온 후에도 예전의 열정을 회복하지 못하고 1852년에 사망하였다. 칼훈은 7월 투표 전에 사망하였다. 그리고 웹스터는 여름에 새 국무장관 자리를 수락하면서 상원에서 탈퇴하고 논쟁에서도 빠졌다.

이 지도자들의 자리에 젊은 새 그룹이 등장했다. 뉴욕 주의 윌리암 슈워드(William H. Seward)는 49세로서 클레이 타협안을 강하게 반대했던 꾀많은 정치 책략가였다. 그에게는 연방을 유지하는 것보다 노예제를 없애는 문제가 더 중요했다. 미시시피 주의 제퍼슨 데이비스(Jefferson Davis)는 42세로서, 귀족주의적인 옛 남부의 대변인이었던 칼훈과 달리, 새로 정착되어 견고하게 급속히 성장하는 면화 재배 지역인 남부를 대변하였다. 그에게 있어서 노예제 문제는 이념과 원칙의 문제였을 뿐만 아니라 경제적 이해관계의 문제였다.

누구보다 가장 중요한 사람은 일리노이 출신의 37세의 민주당 상원의원인 스티픈 더글라스(Stephen A. Douglas)였다. 급속히 성장하는 주 출신의 서부인이었던 그는 자기 지역의 경제적 필요, 특히 철도 건설의 대변자였다. 그의 생애는 어떤 광범한 국가적 목표에 헌신한 것이 아니라, 클레이나 웹스터, 심지어 칼훈도 종종 그랬던 것처럼, 드러내 놓고 지역의 이익과 개인의 출세에 헌신한 삶이었다.

상원의 이들 새 지도자들은 구(舊)지도자들이 실패했던 타협안을 1850년에 만들어낼 수 있었다. 1850년대 초의 큰 경제호황도 타협안의 성사를 도운 한 요소였다. 경제 번영은 외국무역의 확대, 캘리포니아로부

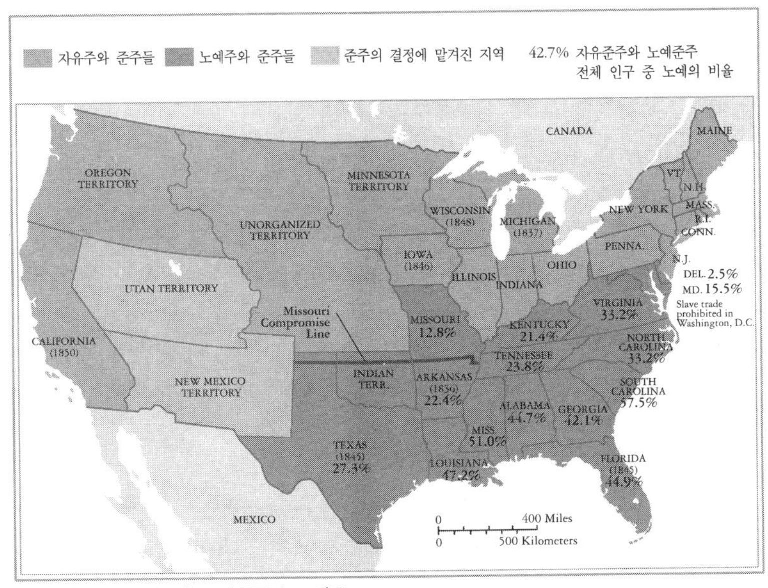

1850년의 타협안에 따른 자유주와 노예주

터의 금의 유입, 그리고 철도 건설 붐이 초래한 결과였다. 모든 지역의 보수적인 경제 이해집단들은 지역 갈등을 끝내고 경제성장에 집중할 것을 촉구하였다. 타협안을 향한 진전은 가장 강력한 장애물이었던 대통령이 사라짐으로써 더 가속되었다. 테일러 대통령은, 캘리포니아와 가능하다면 뉴멕시코까지 미국의 주로 편입된 후에만 다른 법안들도 논의할 수 있다는 확고한 입장이었다. 이 안에서 벗어난 어떤 법안도 거부할 뿐만 아니라 만약 남부가 연방 탈퇴를 시도하면 군대를 이끌고 남부로 진격하기 위해 무력을 동원하겠다고 위협하였다. 그런데 1850년 7월 9일에 테일러는 일사병에 뒤이은 격렬한 위장 질환으로 갑자기 사망하였다. 그의 뒤를 이어, 정치적 융통성의 중요성을 이해하고 있던 잘생기고 위엄있는 딱딱한 인상의 뉴욕 출신 밀라드 필모어(Millard Fillmore)가 취임했다. 그는 타협안을 지지했으며 북부 휘그당을 그쪽으로 설득하는 데 영향력을 미쳤다.

그러나 새 지도자들의 실용적인 전략도 큰 역할을 하였다. 클레이의 제안 후에 더글라스가 한 첫번째 일은, 클레이가 지역 갈등을 해결하는 훌륭한 종합 해결책이라고 제시했던 '일괄안'(omnibus bill)을 파기하고 대신에 일련의 법안을 한 법안씩 표결에 부치는 방법을 제시한 것이다. 그래서 각 지역의 대표들은 자기들에게 우호적인 타협안을 지지하고 그들이 반대하는 법안에 대해 투표를 안 하거나 반대할 수 있었다. 더글라스는 또한 클레이나 웹스터처럼 국민주의에 대대적으로 호소하는 대신, 정부채권 판매와 철도 건설과 같은 현실적인 사안을 타협안과 연결짓는 복잡한 뒷거래를 통해 지지를 얻어냈다. 그의 노력으로, 9월 중순에는 양원에서 타협안 내용이 제정되었고 대통령의 승인을 받았다. 그것은 다소 염려스러운 것이었지만 더글라스와 타협 세력에게는 대단한 승리였다. 1850년의 타협안은 30년 전의 미주리 타협안과 달리 공통된 국가 이념에 대한 광범한 합의의 산물은 아니었다. 그것은 오히려 잠재되어 있는 문제들을 해결하지 못한 이기주의의 승리였다. 하지만 의원들은 뛰어난 정치 능력의 승리라고 그 타협안을 예찬하였다. 필모어는 그 법안에 서명하면서, 번복될 수 없는 최종적인 선택이며 지역문제에 대한 공정한 해결책이라고 지칭하였다.

3. 1850년대의 위기

1850년 타협안 이후 몇 년 동안, 지역간 갈등은 경제 부흥과 성장 속에서 잠시 잊혀지는 것 같았다. 그러나 남부와 북부 사이의 갈등은 남아 있었으며 1854년에 그것이 다시 표면으로 폭발할 때까지 계속 잠복되어 있었다.

불편한 휴전

1852년에 양대 정당은 모두 1850년의 타협안을 지지하였고, 두 정당 모두 북부나 남부에서 격렬한 반대를 불러일으키지 않을 것 같은 사람을 대통령 후보자로 지명하였다. 민주당은 무명의 뉴햄프셔 정치가인 프랭클린 퍼스(Franklin Pierce)를, 휘그당은 전쟁영웅인 윈필드 스콧 장군을 지명하였다. 스콧 장군의 정치적 견해는 너무 불투명하여서 그가 타협안을 어떻게 생각하는지 아무도 알지 못했다.

정당 지도자들이 지역문제를 아주 신중하게 다루었음에도 불구하고 그 문제는 선거전을 분열시키는 영향력을 미치게 되었다. 그리고 휘그당이 그 주요 희생자였다. 1846년에 노예제에 반대하는 북부인들이 자유토지당을 결성하여 탈퇴함으로써 이미 타격을 받은 바 있는 휘그당은, 노예제 문제에 찬반을 분명히 하지 않고 공개적으로 노예제를 비난하는 것을 자제함으로써 많은 정당 구성원, 즉 '양심적인 휘그파'('Conscience' Whigs)들을 소외시켰다. 그 동안 자유토지당은 북부에서 그 지지자의 숫자와 영향력을 증대시키고 있었다. 이 당의 대통령 후보였던 존 헤일(John P. Hale)은 '1850년의 타협안'을 비난하였다. 결국 휘그당 내의 분열은 1852년 선거에서 민주당에 승리를 가져다주는 데 기여하였다.

특별한 특징이 없는 온화하고 매력적인 퍼스는, 국론을 분열시키는 이슈, 특히 노예제 문제를 회피함으로써 민주당의 화합, 더 나아가서는 국가의 화합을 유지하고자 하였다. 그러나 그 이슈들은 퍼스의 노력에도 불구하고 다시 등장하였다. 노예제 문제는 특히 도망 노예 송환법(Fugitive Slave Act)에 대한 북부인들의 반대로 인해 대두되었다. 북부인들의 반대는, 남부인들이 도망 노예를 쫓거나 북부 지역에 수년간 살고 있는 흑인들을 자신들의 노예라고 요구하기 위해 북부 주에 나타나기 시작한 1850년 이후에 심화되었다. 노예제 반대자들의 다수는 그러한 남부의 행동에 매우 분노하였으며, 많은 도시에서 도망 노예 송환법의 시행을 방해하려는 폭도들이 조직되었다. 여러 북부 주들도 새로운 개인 자유법(personal liberty laws)을 통과시킴으로써, 도망 노예들의 추방을 막는 데 주의 권한을 사용하려 하였다. 위스콘신 주의 대법원은 에블만 대 부스(*Ableman v. Booth*, 1857) 판결에서, 연방 도망 노예 송환법은 무효라고 선언했으며 위스콘신 판결을 뒤집음으로써 미국 연방대법원을 무시하였다. 남부 백인들은, 그들의 승리라고 여겼던 1850년 타협안의 한 요소가 불법적인 폭도들과 이중적인 합헌성을 추구하는 사법 조치들에 의해 사실상 무의미하게 되자 점차 분노와 경계의 마음으로 사태를 주시하였다.

‘젊은 아메리카’

퍼스는 지역 분쟁을 완화시키기 위해 ‘젊은 미국’이라는 민주당 내의 운동을 지원하였다. 그 운동의 지지자들은 전세계에 미국 민주주의를 확장함으로써, 그들이 일시적인 이슈라고 여기는 노예제 문제로부터 관심을 전환시킬 수 있다고 보았다. 유럽에서 1848년에 거대한 자유주의 혁명과 민주주의 혁명이 일어나자, 그들은 미국 모델에 기초한 정부가 들어서는 유럽 공화정을 상상하였다. 그들은 태평양 지역에서의 미국 무역을 확장시키고 서반구로부터 새로운 영토를 취득할 것도 꿈꾸었다.

북부나 남부 양 지역에서 국민주의적 정서를 거부하는 미국인은 거의 없었다. 그러나 국가 영토를 확장하려는 노력이 지역 갈등과 얽혀지는 것을 피할 수는 없었다. 퍼스는 1848년에 포크 대통령이 시작한 일, 즉 스페인으로부터 쿠바를 사들이기 위한 외교적 노력을 추진하였으나 별 성과를 거두지 못하고 있었다. 그러나 1854년에 그의 사절단 일행이 벨기에의 오스텐드에서 퍼스 대통령에게 보낸 비밀서류는, 쿠바를 무력으로 점령하자는 내용을 담고 있었다. 나중에 오스텐드 성명(Ostend Manifesto)으로 일컬어진 그 내용은 일반 국민에게 알려졌고 많은 반(反)노예제 북부인들을 분노하게 하였다. 그들은 미국 행정부가 새로운 노예주를 연방에 가입시키려는 음모를 꾸몄다고 비난하였다.

남부측에서도 노예제를 지지하지 않는 지역을 새 영토로 취득하는 것에 반대했다. 하와이 왕국은 1854년에 미국 연방에 가입하는 것에 동의하였지만, 그 조약은 하와이에서의 노예제를 금지하는 조항을 담고 있었기 때문에 상원에서 부결되었다. 캐나다를 미국에 병합하려는 강력한 운동도 미국 시장에 접근하려는 많은 캐나다인들의 지지를 받았지만, 부분적으로는 노예제 이슈 때문에 실패하였다.

캔자스-네브라스카 논쟁

그러나 지역간 갈등을 완전히 부활시킨 것은 처음 갈등을 초래했던 것과 똑같은 문제였다. 즉 준주에서의 노예제 문제였다. 1850년대에 백인 정착지의 경계는 미주리 강이 크게 굽어지는 지역의 서쪽까지 옮겨갔다. 미주리, 아이오와, 지금의 미네소타의 경계를 넘어 거대한 평원이 펼쳐져 있었는데, 대부분의 미국 백인들은 그곳이 경작에 부적절하다고 믿었다. 그곳은 대사막(Great American Desert)으로 널리 알려져 있었으며, 정부가 동부의 보다 비옥한 토지로부터 강제 이동시킨 인디언 부족들에게 할당해준 곳이었다. 그런데 이제 이 지역의 많은 부분이 사실 농사에 적합하다는 것이 알려졌다. 그래서 구북서부(Old Northwest) 주들의 정착자들은, 그 지역을 자신들에게 개방하고 주 정부를 세워줄 것을 정부에 요구하였다. 또한 미국 정부가 이미 인디언들에게 보호구역의 유일한 권리를 보장해주었음에도 불구하고, 인디언 부족을 다른 곳으로 이주시켜 백인 정착자들의 공간을 만들어줄 것도 촉구하였다. 이러한 요구 사항들이 인디언의 권리를 침해하는 것이었지만 백인 사회의 반대는 거의 없었다. 그러나 정착지 확대에 따른 이해관계는 철도와 노예제라는 두 가지 문제를 불러일으켰고, 이 두 이슈는 점차 서로 얽혀지면서 미국을 분열시켰다.

미국이 서부로 영토를 확장하고 기존 주들과 미시시피 강 너머의 서부 지역(trans-Mississippi West)간의 의사소통 문제가 점점 중요해지면서, 대륙간 철도 건설을 지지하는 여론이 광범하게 등장하기 시작했다. 문제는 철도를 어디에 놓느냐, 특히 철도의 동부 종착지를 어디로 하느냐에 있었다. 북부인들은 북서부의 자유주들 중에서 급속히 성장하는 주도인 시카고를 선호했다. 남부인들은 노예주들에 위치하고 있는 세인트 루이스, 멤피스, 혹은 뉴올리안즈를 지지했다. 다시 말해서 대륙간 철도는 1850년대의 다른 모든 문제처럼 지역주의에 휘말려 들게 되었다. 그것은 북부와 남부가 서로 가지려고 싸우는 전리품과 같았다.

퍼스 대통령의 국방장관인 미시시피의 제퍼슨 데이비스(Jefferson Davis)는 남부 노선 건설에 방해가 되는 한 가지 요소를 제거하였다. 조사 결과 남부 노선의 종착지로 가는 길은 멕시코 영토를 통과해야 하는 것으로 나타났다. 그러나 데이비스는 남부 철도 건설업자인 제임스 갯스던(James Gadsden)을 파견하여 문제가 되는 지역을 멕시코로부터 구매하게 하였다. 1853년에 갯스던은 멕시코 정부를 설득하여, 지금의 아리조나와 뉴멕시코의 일부분에 해당하는 지역을 천만 불을 주고 사들였다. 이것을 소위 갯스던 매입(Gadsden Purchase)이라고 한다. 그러나 그 영토 취득은 지역간 논쟁을 강화시켰을 뿐이다.

대륙간 철도에 상당한 관심을 갖고 있던 스티픈 더글라스는, '1850년 타협안'을 궁극적으로 파기시키는 운명적인 입법안을 의회에 제출하였다. 일리노이 주 출신의 상원의원이자 시카고 주민이고 북서부 민주당의 유명한 지도자였던 더글라스는, 자연스럽게 자기가 살고 있는 도시와 지역을 위해 대륙간 철도를 원하였다. 그는 북부 노선에 반대하는 주요 주장의 강점도 알고 있었다. 즉 북부 노선은 미시시피의 서부에서 주로 인디언 거주 지역을 통과하게 된다는 것이다. 그래서 그는 1854년 1월에, 아이오와와 미주리의 서부를 '네브라스카'라는 거대한 새 영토로 조직하여 백인 정착지로 개방하는 법안을 제출하였다.

더글라스는 그 법안이 새 자유주를 추가하는 것이기 때문에 남부가 이에 반대할 것을 알고 있었다. 즉 예정된 지역은 루이지애나 매입 당시의 영토로서 미주리 타협선(36도 30분)의 북쪽에 있으므로 노예제가 금지된 곳이었다. 그 법안을 남부인들이 받아들이도록 하기 위해, 더글라스는 그 지역에서의 노예제는 주 의회, 즉 주민 주권(popular sovereignty)에 따라 결정될 것이라는 단서조항을 삽입하였다. 실제로 노예제를 허용하리라고 믿는 사람은 거의 없었지만, 이론적으로 그 지역은 노예제 허용 문제를 스스로 결정할 수 있었다. 남부 민주당원들이 더 많은 것을 요구하자, 더글라스는 법안 내용의 두 가지를 바꿀 것에 동의하였다. 첫째는, 미주리 타협안의 반(反)노예제 단서조항을 명백히 철회하는 구절을 추가하는 것이었다. 그것은 그의 원래 법안의 주민 주권 단서항이 함축하고 있는 바였다. 둘째는, 하나의 주를 만드는 대신에 네브라스카와 캔자스라는 두 개의 주를 만들어 캔자스는 노예주가 될 수 있게 하는 것이었다. 그 법안의 최종 형태는 캔자스-네브라스카 법(Kansas-Nebraska Act)으로 알려졌다. 퍼스 대통령은 그 안을 지지했고, 1854년 1월 격렬한 논쟁 후에 그것은 남부의 만장일치와 북부 민주당의 부분 지지에 의해 법으로 확정되었다.

미국 역사상 그 어떤 법안도 그처럼 대대적으로 일시에 불길한 내용 수정을 한 법안은 없었다. 그것은 거의 사라졌던 휘그당을 1856년에 완전히 무너뜨렸으며, 그와 함께 미국 정치에서 보수적이고 국민주의적인 영향력도 약화시켰다. 그 법안은 또한 북부 민주당을 분열시켰으며, 연방 체제의 신성한 부분으로 여겼던 미주리 타협안이 철회되는 것에 놀란 다수의 민주당원들이 당을 떠나게 만들었다.

무엇보다 중요한 것은, 그 법안이 노골적으로 지역분파적인 신조와 사람들로 구성된 새 정당의 탄생을 가속시켰다는 것이다. 더글라스의 법안에 반대한 두 주요 정당 사람들은 자신들을 반(反)네브라스카 민주당원과 반(反)네브라스카 휘그당원이라고 호칭하였다. 1854년에 그들은 새로운 조직을 만들고 그것을 공화당이라 하였다. 그해 선거에서 공화당은, 토착주의적인 부지주의당원들(Know-Nothings)의 도움으로 하원 구성에 충분한 의석을 확보하였고, 여러 개의 북부 주 정부를 장악하였다.

'유혈의 캔자스'

이후 2년간 캔자스에서 일어난 사건들은 북부인들을 더욱 흥분시켰다. 칸자스-네브라스카 법안이 통과되자마자 북부와 남부에서 온 백인 정착자들이 즉시 그 지역으로 이동하기 시작했고, 1855년 봄에 주 의회 선거가 치러졌다. 그때 캔자스에는 단지 1천5백 명의 합법적인 유권자들이 있었는데 6천 명 이상이 투표하였다. 그것은 일부 무장 집단을 포함하여 수천 명의 미주리인들이 투표하기 위해 캔자스로 건너왔기 때문이다. 그 결과 친노예제 세력이 의회의 과반수를 차지하였고, 캔자스 의회는 즉시 노예제를 합법화하는 일련의 법안을 제정하였다. 분노한 자유주옹호론자(free-staters)들은 주 의회를 무시하고 제헌 회의(constitutional convention)에 파견할 대표들을 선출하였고, 그들은 토피카에서 만나 노예제를 금지하는 주 헌법을 채택하였다. 그리고 그들은 주지사를 선출하고 의회를 구성한 뒤, 연방의회에 주로 승인해줄 것을 청원하였다. 퍼스 대통령은 그들을 반역자들이라고 비난하고 친노예제 주 의회에 연방정부의 전폭적인 지지를 보냈다.

몇 달 후에 친노예제 연방보안관은, 로렌스에 본부를 차린 자유주 지도자들을 체포하기 위해 대부분 미주리 사람들로 구성된 대규모 민병대를 소집하였다. 민병대는 자유주 지도자들을 체포하고 마을을 약탈했으며 혼란 속에서 여러 명의 자유주주의자들을 살해하였다. 곧 바로 보복이 이어졌다. 캔자스에서 가장 열렬한 노예제 반대자 중에 존 브라운(John Brown)이 있었다. 그는 자신을 노예제를 없애려는 신의 도구로 여겼던 열성분자였다. 그는 6명의 추종자들을 모아 하룻밤에 5명의 친노예제 정착민들을 살해했는데, 그것은 로렌스에서 죽은 5명의 자유주주의자들에 대한 보복이었다. 그는 다른 노예제 지지자들이 캔자스에 들어오는 것을 막기 위해 살해한 사람들의 절단된 몸을 남겨두었다. 이 사건은 포타와토미 학살(Pottawatomie Massacre)로 알려졌으며 캔자스에서의 민간인 갈등을 증폭시키는 결과를 초래했다. 간헐적인 게릴라식 싸움이 무장 집단들에 의해 행해졌으며, 그 중 일부는 이념보다는 토지를 차지하거나 약탈하는 데 더 관심이 있었다. 북부인들과 남부인들 모두 캔자스의 사건이 상대방 지역의 공격적인 음모에 의해 일어났으며 그것을 보여준 것이라고 믿었다. 따라서 '유혈의 캔자스'는 지역 갈등의 상징이 되었다.

곧 이어 또 다른 상징이 미국 상원에서 등장했다. 1856년 5월에 매사추세츠의 찰스 섬너(Charles Sumner)는 '캔자스에 대한 범죄'라는 제목의 연설을 하기 위해 일어났다. 잘생기고 웅변적이며 유머감각은 없지만 열렬한 공리공론가인 그는 노예제를 철저히 반대하는 사람이었다. 그는 연설에서, 사우스캐롤라이나 출신의 열렬한 노예제 옹호자인 동료 의원 앤드루 버틀러(Andrew P. Butler)에게 특별히 초점을 맞추었다. 그는, 버틀러가 "다른 사람들에게는 못생기게 보이지만 그에게는 항상 사랑스러우며 (…) 세계 사람들에게는 더럽게 보이지만 그의 눈에는 순결하게 보이는 정부(情婦)인 (…) 매춘부 노예제를 선택한" 노예제의 "돈키호테"라고 주장했다.

그 연설은 직접적으로 성적인 언급을 하고 악의성을 지니고 있었기 때문에 사우스캐롤라이나 하원의원이었던 버틀러의 조카 프레스톤 브룩스(Preston Brooks)를 분노하게 하였고, 그는 공개적인 징벌을 가할 결심을 하였다. 연설이 있은 지 며칠 후 브룩스는 휴식시간에 상원 회의실의 책상에 앉아 있던 섬너에게 접근한 뒤, 무거운 지팡이를 들어올려 머리와 어깨를 계속 때리기 시작했다. 섬너는 의자에 갇혀 있다가 책상을 고정시키는 볼트가 뽑힐 정도로 책상을 부수며 분노에 차서 일어났다. 그리고 그는 곧 피를 흘리며 쓰러져 의식을 잃었다. 그는 너무 심한 부상을 입어서 그후 4년 동안 상원에 돌아오지 못했는데, 매사추세츠 주는 그 동안 그를 대신할 의원을 선출하지 않았다. 북부에서 섬너 의원은 남부의 야만성에 희생된 순교자를 상징하는 유명 인물이 되었다. 브룩스도 남부에서 상징적인 인물이 되었다. 하원의 불신임에 의해 하원의원직을 사임한 그는, 사우스캐롤라이나로 돌아가 재선에 성공하였고 남부의 영웅이 되었다. 섬너와 마찬가지로, 그는 북부와 남부 사이의 적대감이 얼마나 심각해졌는가를 증명해 보였다.

'자유토지'의 이념

무엇이 두 지역간에 그처럼 깊은 적대감을 만들었는가? 명백히 북부와 남부 사이에는 중요한 사회적·경제적 차이가 있었고 특히 준주(準州)들에서의 노예제 문제에 대하여 심각한 의견대립이 있었다. 그러나 그 차이나 의견대립은 양 지역의 보다 큰 다른 관심사들과 결부되지 않았다면 연방을 해체할 정도는 아니었다. 국가 영토가 확장되고 정치적 힘이 더욱 분산되면서, 북부와 남부는 각기 미국의 미래 청사진을 결정하는 데 있어서 주도권을 쥐고자 하였다. 그러나 그들의 미래 계획은 점차 달라지고 경직되어 갔다. 그것은 지역 내 내부 발전의 결과이기도 하고 동시에 다른 지역에서 일어나고 있는 일에 대한 각 지역의 인식 혹은 오해 때문이었다.

합당한 사회구조에 대한 북부의 의견은 '자유토지'(free soil)와 '자유노동'(free labor)에 대한 신념으로 모아졌다. 노예제 폐지론자들은 노예제가 도덕적인 죄악이며 반드시 사라져야 한다는 자신들의 주장에 대한 지지를 어느 정도 이끌어냈지만, 그들의 주장은 결코 북부의 지배적인 의견이 아니었다. 대신 점차 더 많은 북부인들이, 노예제의 존재는 그것이 흑인들에게 끼친 해악 때문이 아니라 백인들을 위협하는 것이기 때문에 위험하다고 믿게 되었다. 그들은, 미국 민주주의의 핵심은 모든 시민이 재산을 소유하고 자신의 노동력을 통제하고 자기 향상의 기회를 부여받을 수 있는 권리에 있다고 주장했다. 다시 말해서, 이상적인 사회는 모든 사람이 자신의 이익을 추구하고 상향적인 지위 개선을 추구하는 소규모 자본주의 사회라는 것이다. 이러한 시각에 따르면, 남부는 민주주의와 정반대인 사회였다. 남부는 노예제에 의해 확고한 귀족주의가 유지된 사회이며 일반 백인들은 지위 향상의 기회가 없는 폐쇄되고 정체된 사회였다. 무엇보다도 남부는 시대에 뒤쳐지고 게으르고 황폐한 후진사회였다. 북부가 근면, 검약, 진보에 대한 신념을 갖고 성장하며 번영하는 동안, 남부는 북부의 개인주의와 진보의 가치를 거부하며 정체하였다. 북부 자유 노동주의자들(free-laborites)은 더 나아가 주장하기를, 남부는 노예제를 미국 전역에 확장시켜 북부 자본주의의 개방성을 파괴하고 그것을 남부의 폐쇄된 귀족주의 체제로 대체하려는 음모를 꾸미고 있다고 하였다. 이 '노예주 세력의 음모'(slave power conspiracy)로 알려진 주장은 북부의 자산가들과 모든 백인 노동자들의 미래를 위협하였다. 유일한 해결책은, 노예제의 확산에 대항해 싸우고 국가의 민주주의 이념(자유노동 이념)이 모든 지역에 확산되는 날, 즉 북부인들이 '전국적인 자유'(Freedom National)라고 부른 것이 승리하는 날을 위해 노력하는 것이었다.

이러한 이념은 곧 새로 생긴 공화당의 핵심 이념이었다. 공화당에는 노예제 폐지론자들과 흑인의 자유권과 시민권을 진실로 믿는 사람들이 있었다. 그러나 대다수는, 백인 노동자의 노동권과 개인의 기회가 노예제에 의해 위협받는다고 믿고 그 점을 주로 걱정하는 사람들이었다. 자유노동 이념은 또한 공화당원들로 하여금 연방체제 유지에 보다 몰두하게 하였다. 지속적인 성장과 진보가 자유 노동주의의 중심 이념이었기 때문에 국가의 분열 가능성은 생각할 수도 없었고, 그것은 곧 미국의 영토와 경제적 힘의 약화를 초래할 것이었다.

노예제 지지론

그 동안 남부에서는 매우 다른 이데올로기가 등장하였는데, 그것은 북부의 자유노동 이념과는 완전히 양립할 수 없는 것이었다. 그것은 노예제 이슈에 대한 남부 백인들의 입장이 갑자기 경직되면서 나온 것이었다.

　　1830년대 초에도 남부 백인들의 상당수는 노예제에 대하여 유보적인 입장이었다. 그러나 1830년대 중반에 노예제에 대한 애매한 태도는 전투적인 노예제 방어태세로 바뀌기 시작하였다. 그 변화는 어느 정도 남부에서 일어난 사건들의 결과였다. 1831년 냇 터너(Nat Turner)의 노예반란은 남부 전역의 백인들을 공포에 떨게 하였고, 그들은 보다 더 노예제를 공고히 해야겠다는 확고한 결심을 하게 되었다. 노예제를 방어해야 할 경제적 동기도 있었다. 상(上)남부에서는 노예제가 경제적으로 별 이윤이 되지 못하였지만, 하(下)남부에 면화 경제가 확장되면서 노예제는 다시 한번 이익을 가져다주는 노동체계가 되었다.

　　그러나 남부의 변화는 또한 북부에서 일어난 사건들 때문이기도 했다. 특히 남부 사회를 격렬하게 공격한 게리슨 노예제 폐지 운동의 성장 때문이었다. 스토우(Harriet Beecher Stowe) 여사가 쓴 『톰 아저씨의 오두막』의 인기(25쪽을 참조)는 아마도 그러한 공격이 성공한 가장 두드러진 증거였다. 그러나 노예제 폐지를 주장하는 다른 글들도 수년 동안 남부 백인들의 적개심을 불러일으켰다.

　　이러한 압박에 대한 대응으로 많은 남부 백인들은 노예제를 이론적으로 방어할 치밀한 준비를 하였다. 그것은 1832년 초부터 시작되었는데, 윌리암과 메리 대학(William and Mary College)의 교수인 토마스 듀(Thomas R. Dew) 박사는 노예제를 변호하는 글의 개요를 작성하였다. 노예제 지지자들의 주장은 세련되게 정리되어 1852년에 글 모음집으로 발간되었으며, 이 책에서 그들의 이념을 노예제 지지론(Pro-Slavery Argument)이라고 칭하였다. 칼훈은 1837년에 그들 주장의 요지를 다음과 같이 말하였다. "남부인들은 노예제가 필요악(necessary evil)이었다고 사죄할 것이 아니라 그것을 '적극적인 선'으로 방어해야 한다." 남부의 노예제 지지자들은, 열등한 흑인들에게는 백인 주인의 가르침이 필요하기 때문에 노예제는 노예들에게 좋은 것이라고 주장하였다. 더구나 노예들은 북부의 공장 노동자들보다 더 잘 먹고 잘 입고, 더 좋은 집에서 살고, 더 안전하다는 것이다. 노예제는 두 인종이 평화롭게 함께 살 수 있는 유일한 길이기 때문에 남부 전체에 좋은 것이며, 노예제를 토대로 한 남부 경제가 국가 번영의 열쇠이기 때문에 국가 전체에도 좋은 것이라고 하였다.

무엇보다도 남부의 노예제 지지자들은, 미국뿐만 아니라 더 나아가 아마 세계의 어떤 다른 생활방식보다도 우수한 남부 생활방식의 토대가 바로 노예제이기 때문에 노예제는 좋은 것이라고 주장했다. 남부 백인들은, 북부가 미국의 전통적인 가치를 버리고 대신에 탐욕, 방탕, 파멸의 정신으로 대체되고 있는 사회라고 믿었다. 한 남부인은 "북부의 다수는 사악하고 부패하였으며 탐욕적이고 비열하고 이기적"이라고 썼다. 다른 사람들은, 공장 체제와 무질서한 이민자들로 가득 찬 밀집되고 불결한 도시에 대한 두려움을 이야기했다. 남부는 그와 대조적으로 느슨하게 인간의 속도로 작동하는 안정되고 질서있는 사회였다. 남부의 노동체계는 북부를 괴롭히는 자본과 노동간의 불화가 없는 체계이며, 그것은 노동자의 복지를 보호하고 귀족들에게는 세련되고 성숙한 문화생활을 향유하게 하는 체계였다. 한마디로 남부는 어떤 문명보다도 완벽한 사회이며, 모든 사람이 그 속에서 만족하는 안전하고 이상적인 사회질서를 갖춘 사회였다.

노예제를 방어하는 주장에 흑인의 생물학적 열등성에 대한 보다 정교해진 이론도 한몫하였다. 즉 남부 백인들은 흑인들이 시민권을 행사하기는커녕 선천적으로 자신들도 돌볼 줄 모르는 사람들이라고 주장하였다. 북부의 개신교 신학 이론이 노예제 폐지론에 힘을 실어준 것처럼, 친노예제 방어론자들도 노예제를 종교적으로 그리고 성경에 의해 정당화하기 위해 남부의 개신교 목사들을 동원하였다.

1850년대에 남부 지도자들은 공격적인 친노예제 이념에 헌신했을 뿐만 아니라, 그들의 반대자들의 입을 막아야 한다고 확신하게 되었다. 노예제를 비판하던 일부 남부인들은 남부를 떠나는 것이 현명하다고 판단했다. 1835년 초에 찰스턴의 한 폭도가 노예제 폐지 주장을 담고 있는 우편물 보따리를 시 우체국에서 없애 버렸을 때부터, 남부 우체국장들의 다수는 반(反)노예제 우편물 배달을 거부하였다. 남부 주 의회들은, 북부 주들이 노예제 폐지론자들의 '자극적인' 선동을 억제시킬 것을 요구하는 안건을 통과시켰다. 심지어 남부 하원의원들은, 모든 반(反)노예제 청원을 내용 열람 없이 보류시키는 '발언금지법'(gag rule)을 연방의회에서 얼마 동안 시행하기도 하였다. 그 법은 1836년에 채택되었다가 1844년에 철회되었다. 이처럼 점점 노예제에 대한 비판을 관용하지 않는 태도는, 자신들의 자유를 침해하려는 '노예주의 음모'를 경계하던 북부인들을 더욱 자극하였다.

뷰캐넌과 공황

이처럼 나라가 브룩스 하원의원의 폭행 사건 및 캔자스에서의 계속된 폭력에 의해 흥분해 있고, 북부와 남부가 각각의 이념을 점차 공격적으로 표현하는 암울한 분위기 속에서 1856년의 대통령 선거전이 시작됐다. 민주당 지도자들은, 많은 적을 만들지 않은 후보 그리고 '유혈의 캔자스' 사건과 밀접히 연관되지 않은 후보를 원하였다. 그들은 영국 주재 공사로서 최근의 분쟁 기간 동안 안전하게 나라 밖에 있었던 믿을 만하고 확고부동한 당원인 펜실베니아 출신 제임스 뷰캐넌(James Buchanan)을 선택하였다. 최초로 대통령 선거전에 참여하는 공화당은 캔자스-네브라스카 법안과 노예제 확장을 비난하였으나 교통망 개량사업을 지지함으로써, 반(反)노예제 이념과 북부의 경제적 야망을 함께 추구하였다. 안전한 후보자를 내는 데 민주당만큼 주력하였던 공화당은, 정치 경험은 전혀 없지만 극서 지방의 탐험가로서 전국적인 명성을 얻은 존 프리몬트(John C. Fremont)를 후보로 지명하였다. 그 동안에 토착주의 정당(Native American party) 혹은 부지주의당(Know-Nothing party)은 붕괴하기 시작했다. 노예제의 확산을 반대하는 당의 강령이 충분히 확고하지 않았기 때문에 많은 북부 대표자들이 전당대회에서 이탈하였다. 그리고 남은 대표자들은 전임 대통령인 밀라드 필모어(Millard Fillmore)를 후보로 지명하였다. 그는 뷰캐넌이나 프리몬트를 지지할 수 없었던 휘그당 잔존 세력의 지지도 받았다.

흥분과 열광의 선거전 후에 뷰캐넌이 간신히 승리하였다. 그는 다양한 사람들의 표를 받았지만 과반수를 얻지는 못하였다. 뷰캐넌은 183 만3천 표, 프리몬트는 134만 표, 필모어는 87만2천 표였다. 펜실베니아 와 일리노이에서 조금만 더 많은 표가 나왔다면 그 두 개 주는 공화당 지지주가 되어 프리몬트를 대통령으로 선출하였을 것이다. 더욱 중요한 것은 남부에서 전혀 표를 받지 못했던 프리몬트가 전 유권자 3분의 1의 표를 받았다는 것이다. 그는 북부에서는 다른 후보들을 모두 앞질렀다.

뷰캐넌은 취임할 당시 40년 이상을 공직에 있었다. 그는 윌리암 해 리슨(William Henry Harrison) 대통령을 제외하고는 대통령직에 취임 한 역대 대통령 중에 가장 나이가 많은 65세였다. 나이와 육체적 쇠약함 때문인지 혹은 더 기본적으로 성격이 유약했던 때문인지, 그는 미국이 강인하고 효율적인 지도력을 필요로 하던 시기에 지독히 소심하고 우유 부단한 대통령이 되었다.

뷰캐넌이 취임한 해에 재정 위기가 나라를 덮쳤고 그것은 수년간 지속된 공황으로 이어졌다. 미국 식량에 대한 유럽의 수요는 크림전쟁기 인 1854부터 1856년까지 증가하였다. 그러나 그 수요가 줄어들자 농산 물 가격이 하락하였다. 북부에서는 공황으로 인해 공화당 세력이 강력해 졌다. 실의에 빠진 제조업자와 농민들은 남부인들이 지배하는 민주당 행 정부의 불건전한 정책 때문에 불황이 초래되었다고 믿게 되었다. 그들은 높은 보호관세, 자작농 법〔Homestead Act〕과 교통망 개량사업을 지지 했는데, 남부는 이 모든 조치에 반대하였고 관세는 1857년에 다시 더 내 렸다. 그래서 낙심한 북부의 경제 집단은 반(反)노예제 세력과 연합하고 공화당을 지지하게 되었다.

드레드 스콧 판결

미국의 대법원은 그 역사상 가장 논란이 된 판결 중의 하나를 내림 으로써 지역간 분쟁의 한 중심에 놓이게 되었다. 그것은 뷰캐넌이 취임 한 지 이틀 후에 대법원에 넘겨진 드레드 스콧 대 샌포드(*Dred Scott v. Sanford*) 판결이었다. 스콧은 미주리 주의 노예였는데, 그 소유주였던 육군 외과의사를 따라 자유주인 일리노이 주로 함께 왔다가 다시 위스콘신 준주 지역으로 이주했다. 그런데 위스콘신은 미주리 타협에 의해 노예제가 금지된 곳이었다. 일부 노예제 폐지론자들은 자유주에서의 거주를 근거로 자유를 얻을 수 있다고 스콧을 설득하여 미주리 법정에 재판을 신청하게 하였다. 미주리 주의 대법원은 그의 패소를 결정했다. 그때쯤 외과의사가 사망하여 스콧의 소유권은 뉴욕에 사는 그 미망인의 남동생인 샌포드(J.F.A. Sanford)에게 이전되었는데 그는 노예제 폐지론자였다. 이제 스콧의 변호사들은 그 사건이 서로 다른 주에 사는 시민들 간의 사건이라는 근거에서 연방법원에 소송을 제기할 수 있었다. 그러나 최종 결정이 어떻게 되든 스콧은 자유인이 될 것이었다. 왜냐하면 노예제에 반대하는 그의 소유주는 그를 노예로 묶어놓지 않을 생각이었기 때문이다. 이 사건은 스콧의 미래를 결정하기 위한 것이 아니라 준주에서의 노예제 문제에 대한 연방법원의 결정을 확보하기 위한 것이었다.

연방대법원은 의견이 나뉘어서 단일 판결을 내릴 수 없었다. 따라서 연방법원이 고려했던 주요 이슈 각각에 대해 결정도 개별적으로 내렸다. 더구나 각 판사가 각기 독립된 의견서를 썼다. 그러나 이 판결은 노예제 폐지 진영의 패배였으며, 노예제가 헌법에 의해 보장된다는 남부 주장을 확인시켰다. 주요 의견서의 하나를 쓴 주임판사 로저 토니(Roger Taney)는 스콧이 미주리의 시민도 미국의 시민도 아니므로 연방법정에 소송을 제기할 수 없다고 선언하였다. 그에 따르면 어떤 흑인도 시민권 자격이 없다는 것이다. 즉 흑인은 헌법이 보장하는 어떤 권리도 실질적으로 부여받을 수 없다는 것이다. 그는 더 나아가서 스콧이 북부에 거주한다고 해서 노예로서의 그의 지위에 영향을 주지 않는다고 주장했다. 그는 노예들은 재산이라고 말했다. 그리고 헌법수정조항 5조는 연방의회가 '정당한 법 절차'(due process of law) 없이 시민의 재산을 빼앗는 것을 금지하고 있다고 말했다. 결과적으로 연방의회는 준주에서의 재산인 노예를 빼앗는 법을 통과시킬 권한이 없다는 것이다. 그러므로 미주리 타협안은 바로 헌법에 위배되는 것이었다.

연방법원의 결정은 각 주가 자기 지역 내에서 노예제를 금지할 권한을 제지하지는 못했다. 그러나 연방정부가 노예제 문제를 다룰 권한이 없다는 선언은 과감하고 놀라운 것이었다. 사법부의 이 판단은 대대적인 반응을 불러일으켰다. 남부 백인들은 의기양양했다. 국가의 최고법정이 가장 극단적인 남부 주장의 일부를 승인한 것이다. 그러나 북부에서는 광범한 실망을 자아냈다. 공화당은 그들이 연방정부를 장악하면 연방대법원을 완전히 새로 구성함으로써 그 결정을 번복할 것이라고 위협했다.

캔자스 문제

드레드 스콧 결정을 지지했던 뷰캐넌 대통령은, 캔자스를 노예주로 연방에 받아들이는 것이 논란을 해결하는 최선의 방책이라고 믿었다. 그러한 대통령의 주장에 반응하여 친노예제적인 캔자스 주 의회는 제헌회의에 파견할 대표자들을 선출할 선거를 소집하였다. 자유주를 주장하는 주민들은 의회가 지역구 경계선을 그을 때 자신들을 차별 대우했다고 주장하면서 참가를 거부하였다. 그 결과 친노예제 세력이 1857년에 리컴톤(Lecompton)에 소집된 대표자 회의를 장악하고 노예제를 합법화하는 주 헌법을 제정했으며 유권자들이 그것을 거부할 기회를 주지 않았다. 그러나 새로운 준주 의회 구성을 위한 선거에서 반(反)노예제 집단이 투표에 참여하여 과반수를 차지하였다. 새 의회는 즉시 리컴톤 헌법을 유권자들에게 회부하였고 그들은 1만 표 이상의 반대로 그 헌법을 거부하였다.

이 과정에서 양쪽 진영이 부정한 수단과 폭력을 사용했다. 그러나 그럼에도 불구하고 캔자스 주민의 다수가 노예제에 반대한다는 것은 명백했다. 그러나 뷰캐넌은 그것을 무시하고 연방의회를 압박하여 캔자스를 리컴톤 헌법하에 연방으로 받아들이게 하였다. 스티픈 더글라스와 다른 서부 민주당원들은 대통령을 지지하지 않기로 하였다. 뷰캐넌의 제안이 상원을 통과할 동안 서부 민주당원들은 그것을 하원에서 저지하는데 노력하였다. 결국 1858년 4월에 연방의회는 리컴톤 헌법을 다시 캔자스의 주민 투표에 붙인다는 타협안을 승인했다. 만약 그 헌법이 승인을 받으면 캔자스는 연방에 합류될 것이고, 거부되면 연방의회에서 한 주로 대표되는 데 필요한 수준으로 캔자스 인구가 늘 때까지 주의 승인은 연기될 것이다. 캔자스 유권자들은 리컴톤 헌법을 다시 한번 확실히 거부하였다. 결국 1861년에 비로소 캔자스는 자유주로서 연방에 가입하였는데, 이 당시는 뷰캐넌의 임기가 몇 달 남지 않았고 남부 주의 일부가 연방으로부터 탈퇴하기 시작할 때였다.

링컨의 등장

이처럼 지역간 위기가 심각하였기 때문에 1858년의 의원 선거는 매우 중요하였다. 특히 주목할 것은 일리노이 주에서의 미국 상원의원 선거였다. 거기서 가장 유명한 북부 민주당 후보인 더글라스는 공화당의 가장 노련한 정치가인 링컨(Abraham Lincoln)과 대적하였다.

1858년 일리노이에서 링컨과 더글라스의 논쟁 : 똑바른 자세의 말쑥한 링컨은 일리노이 주의 상원의원인 더글라스의 자리를 대신하려는 1858년의 시도에서 실패하였다. 그러나 그는 선거전 동안 두 후보간에 벌어진 논쟁에서의 활약으로 전국적으로 널리 알려지게 되었다.

링컨은 일리노이 주에서 선도적인 휘그파였으며 당시는 일리노이 주의 유력한 공화당원이었다. 그러나 그는 더글라스와 비교될 만한 전국적인 인물이 아니었기 때문에, 더글라스와의 몇 차례의 논쟁에 참여함으로써 자신의 존재를 부각시키려 하였다. 링컨과 더글라스의 논쟁은 많은 사람들의 주의를 끌었으며 광범한 주목을 받았다. 그 논쟁이 끝났을 때 링컨은 전국적으로 유명해졌다.

논쟁의 내용은 북부 두 정당간의 심각한 의견차이를 드러냈다. 더글라스는 주민 주권을 옹호하면서, 공화당이 지역간의 전쟁을 조장하고 남부 노예제를 간섭하려 하며 사회적인 인종 평등을 지지하고 있다고 비난하였다. 링컨은 자신이나 공화당이 그러한 주장의 어느 것도 옹호해 본 적이 없기 때문에 그 혐의를 부인하였다. 역으로 그는, 민주당이 노예제를 준주 및 자유주로 확장시키려는 음모를 꾸미고 있다고 비난하였다.

그러나 논쟁의 핵심에는 노예제 문제에 대한 기본적인 차이가 있었다. 링컨은 더글라스가 노예제에 대한 어떤 도덕적 입장도 없으며 노예제가 투표로 부결되건 가결되건 관심이 없다고 주장했다. 노예제를 반대하는 링컨의 입장은 훨씬 확실하였다. 그는 주장하기를, 만약 흑인이 기본 인권을 향유할 수 없다고 한다면 이민 노동자들과 같은 다른 집단도 그러한 권리를 박탈당할 수 있다는 것을 인정하는 것이라고 하였다. 만약 노예제가 서부 준주들로 확장된다면 가난한 백인 노동자들이 그곳에서 자신들의 지위 향상을 도모할 기회도 상실될 것이라고 주장하였다. 그는 공화당의 핵심 이념을 대변하면서, 미국의 미래는 자유노동의 확산에 달려 있다고 주장하였다.

링컨은 노예제가 도덕적으로 잘못됐다고 믿었지만 노예제 폐지론자는 아니었다. 그것은 이미 노예제가 존재하는 지역에서 노예제에 대한 손쉬운 대안을 생각할 수 없었기 때문이기도 하였다. 그는 흑인이 백인들과 동등한 조건에서 살 준비가 되어 있지 않으며 결코 준비되지 않을 것이라는 북부 백인들의 지배적인 생각을 공유하였다. 그와 공화당은 노예제의 '향후 확산을 저지'하고자 하였다. 즉 준주에서의 노예제 실시를 막는다는 것이다. 그들은 노예제가 이미 존재하는 곳에서는 노예제를 직접적으로 공격하지는 않겠지만, 그곳에서도 노예제가 저절로 점차 소멸될 것이라고 믿었다.

그러나 링컨의 주장이 함축하는 바는 이처럼 대체로 온건한 정강이 제시하는 것보다 훨씬 강력한 것이었다. 왜냐하면 링컨과 다른 공화당원들은 그가 선거전의 가장 유명한 연설에서 다음과 같이 말한 것처럼, 노예제를 남부에 한정함으로써 노예제가 "궁극적으로 소멸할" 것이라고 믿었기 때문이다.

자체 내부의 반대로 분열되어 있는 집은 유지될 수 없다. 나는 이 정부가 절반은 노예주 절반은 자유주로 영구히 지속될 수는 없다고 믿는다. 나는 연방이 해체될 것이라고 생각하지 않으며 집이 무너지리라고 보지 않지만, 분열은 그치게 될 것이라고 기대한다. 미국은 모두 하나가 되던가 그 반대가 될 것이다.

프리포트(Freeport)에서의 논쟁에서 링컨은 준주의 주민이 주 헌법을 만들기 전에 노예제를 없앨 수 있는지를 더글라스에게 물었다. 다시 말해서 드레드 스콧 판결에도 불구하고 주민 주권은 아직 적용되는가라는 질문이었다. 더글라스는, 노예소유권을 인정하는 법안 통과를 거부함으로써 준주의 주민은 주 헌법을 만들기 전에 노예제를 합법적으로 없앨 수 있다고 대답했다. 그는 노예소유권 법이 없이는 노예제는 존재할 수 없다고 주장했다. 더글라스의 대답은 프리포트 선언(Freeport Doctrine), 혹은 남부에서는 프리포트 이단(Freeport Heresy)으로 불려졌다. 그 선언은 더글라스의 추종자들을 만족시켰고 그의 상원의원 재선 승리를 가져다주었지만, 별 관심을 불러일으키지 못했고 그의 전국적인 정치적 위세를 신장하는 데도 공헌하지 못했다.

일리노이 주 외의 지역에서, 선거는 민주당에 상당히 불리하였다. 민주당은 거의 모든 북부 주에서 그 기반을 상실하였던 것이다. 민주당은 상원은 계속 장악하였으나 하원에서의 다수당 위치를 상실하여, 그 결과 1858년과 1859년의 의회 회기는 상당히 정체되었다.

존 브라운의 습격

　　그러나 의회 내에서의 갈등은 남부 전체를 분노하게 하고 공포에
몰아넣었으며, 연방 해체 속도를 가속시킨 엄청난 사건에 의해 완전히
퇴색되었다. 캔자스에서의 유혈 행동으로 캔자스의 위기에 불을 붙였던
열렬한 노예제 폐지주의자인 존 브라운(John Brown)은, 1859년 가을에
훨씬 더 극적인 사건을 이번에는 남부에서 일으켰다. 그는 '비밀결사 6
인조'(Secret Six)로 알려진 유명한 동부 노예제 폐지주의자들의 재정 지
원과 사적인 격려를 받고, 버지니아에 있는 산간 요새를 장악할 치밀한
계획을 세웠다. 그는 버지니아에서부터 남부의 노예반란을 선동할 수 있
다고 믿었다. 10월 16일에 그와 18명의 추종자들은 버지니아의 하퍼즈
페리(Harpers Ferry)에 있는 미국 무기고를 공격하여 장악하였다. 그러
나 브라운이 일어나기를 희망했던 노예 폭동은 일어나지 않았다. 그리고
그는 시민들과 주 민병대, 그리고 이어서 로버트 리(Robert E. Lee) 장

존 브라운 : 노년기인 1859년에 찍은
이 공식 사진에서도 브라운은 강한
정의감을 드러내고 있는데,
그 정의감이 반(反)노예제 투쟁에서의
그의 대담한 활동에 불을 지폈다.

군이 지휘하는 미국 연방군에 의해 포위됐다. 그의 추종자 중 10명이 죽고 브라운은 항복했다. 그는 즉시 버지니아 주에 대한 반란죄로 버지니아 주 법정에서 재판을 받았으며 유죄판결과 사형선고를 받았다. 1859년 12월 2일 그는 교수형되었다. 그의 추종자 6명도 비슷한 운명에 처해졌다.

아마 남부 백인들이 연방 내에서 안전하게 살 수 없다는 것을 확신시키는 데 하퍼스 페리 습격 사건만큼 큰 영향을 미친 일도 없었을 것이다. 그들은 당당하게 노예제를 옹호하면서도 광범한 노예 폭동의 가능성에 대한 큰 공포심에 휩싸였다. 남부인 다수는 공화당이 브라운의 습격을 지원했다고 잘못 생각했으며, 습격 사건은 북부가 바로 노예 폭동을 일으키는 데 개입하고 있다는 것을 암시하였다. 비록 대다수의 북부인들은 브라운과 그의 행동을 비난하였지만, 웬델 필립스(Wendell Phillips)와 에머슨(Ralph Waldo Emerson)과 같은 노예제 폐지론자들이 브라운을 새 성인(聖人)으로 예찬하기 시작하고, 수천 명의 북부인들이 브라운의 처형 후 그를 순교자로 떠받들자 남부 백인들은 경악과 두려움을 금치 못했다.

링컨의 당선

1860년의 대통령 선거는 미국 역사상 가장 극적인 결과를 가져왔다. 그것은 동시에 가장 복잡한 선거였다.

민주당은 노예제를 강력히 지지해줄 것을 요구하는 남부인들과 주민 주권론을 지지하는 서부인들 사이의 갈등에 의해 분열되었다. 마침 연방 탈퇴 정서의 온상인 사우스캐롤라이나의 찰스턴에서 민주당 전당대회가 4월에 열렸는데, 민주당은 서부의 입장을 지지하였다. 하(下)남부 8개 주의 대표단은 회의장을 떠났다. 남은 대표자들은 대통령 후보를 결정하지 못하고 결국 두 달 후에 볼티모어에서 다시 만나기로 하고 대회를 해산하였다. 민주당 전당대회가 6월에 다시 소집되었을 때에는 일부 희망을 잃은 남부인들이 리치몬드에 별도의 모임을 조직하였다. 수가 줄

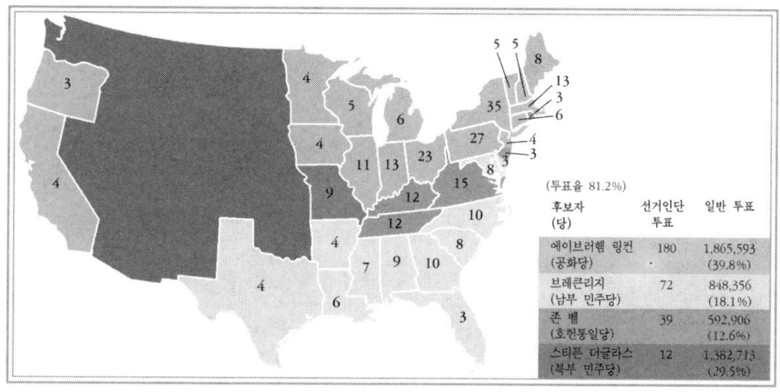

1860년 선거

어든 볼티모어 대회는 스티픈 더글라스를 대통령 후보로 지명하였다. 그리고 리치몬드의 남부 민주당원들은 켄터키의 존 브레큰리지(John C. Breckinridge)를 지명하였다.

그 사이에 공화당 지도자들은 정당의 기반을 넓히기 위해 노력하였다. 자신들을 단순히 노예제 반대자들로 내세우는 데 만족하지 못한 그들은, 남부가 북부의 경제적 야망을 가로막고 있다고 염려하는 북부의 모든 이해집단에 호소하기 시작했다. 공화당 강령은, 고(高)관세, 교통망 개량사업, 자작농 법, 그리고 연방 재정 지원에 의한 태평양 철도 건설 등 전통적인 휘그당 정책을 지지하는 것이었다. 또한 각 주가 주 경계 내의 노예제의 존폐를 결정할 권리를 옹호하였다. 그러나 동시에 연방의회나 준주의회 모두 준주 내의 노예제를 합법화할 수 없다고 주장하였다. 공화당 전당대회는 더 유명한 후보에게 기회를 넘겨 에이브러햄 링컨을 공화당의 대통령 지명자로 선출하였다. 링컨은 존경받을 만큼 충분히 유명하였지만 적을 거의 만들지 않을 정도로 모호한 인물이었다. 그는 공화당 내의 노예제 폐지 진영을 만족시킬 정도로 급진적이었지만 전(前)휘그파들을 만족시킬 만큼 보수적이었다.

그러나 공화당은 모든 전(前)휘그파들을 만족시킬 만큼 충분히 보수적이지 않았고, 따라서 공화당 내의 주로 보수적인 노(老)정객들은 5월에 볼티모어에 모여 지역간 감정을 초월한 전국적 정치 운동을 창출하기 위한 노력으로 호헌통일당(Constitutional Union party)을 결성했다. 그들은 테네시 주의 존 벨(John Bell)을 대통령 후보로, 매사추세츠의 에드워드 에버렛(Edward Everett)을 부통령 후보로 지명했다. 그들은 헌법과 연방을 지지하면서 노예제 문제에 대해서는 명확한 입장을 회피하였다.

11월 선거에서, 링컨은 선거인단 다수의 지지로 대통령에 당선되었지만 표가 분열된 유권자 투표의 5분의 2만을 획득하였다. 더구나 공화당은 의회 과반수 의석을 확보하는 데 실패하였다. 그들은 물론 연방 대법원을 장악하지도 못했다. 그렇더라도 많은 남부 백인들은 링컨의 당선을 연방 내에서의 자신들의 지위에 희망이 없다는 최종 신호로 받아들였다. 그리고 링컨이 당선된 지 몇 주 내에 연방 탈퇴가 시작되었다. 그것은, 100년 이상 동안 한 국가를 향해 함께 노력해 왔지만 각각 서로의 입장이 다르다는 것을 확신하게 된 미국 내 두 집단간의 장기 유혈전을 가져왔다.

제14장

남북전쟁

1860년 말에 이르자 한때 연방을 함께 묶었던 선이 끊어지는 것 같았다. 미국 헌법과 그 입안자들에 대한 거의 신비에 가까운 존경심도 더 이상 미국을 단합시키는 역할을 하지 못했다. 이제 북부와 남부의 미국인들은 특히 논란이 된 드레드 스콧 판결 이후, 헌법 조항의 의미와 그 입안자들의 의도를 기본적으로 다르게 해석하였다. 미국의 위대한 국가 운명에 대한 낭만적인 비전도 더 이상 단결력을 발휘하지 못했다. 두 진영은 이제 국가의 운명을 서로 다르게, 그리고 명백히 타협할 수 없는 입장으로 정의하였다. 안정된 양당 체제도 더 이상 지역 갈등을 무마할 수는 없었다. 양당 체제는 1850년대에 붕괴했으며, 지역 분쟁을 가라앉히기보다는 오히려 더 가속시킨 새로운 정당체제로 대체되었다. 무엇보다도 연방정부는 더 이상 과거처럼 멀리 떨어져 있는 비위협적인 존재가 아니었다. 준주의 지위를 해결해야 할 필요성 때문에 연방정부는 직접적이고 강압적인 방법으로 지역간 문제를 다루어야 했다. 그래서 미국 사회 내에 계속 존재해 왔던 분열 세력들은 1860년 초에 드디어 미국의 단결을 분쇄시켰다. 그 결과 연방은 붕괴되기 시작했다.

1. 연방 탈퇴 위기

에이브러햄 링컨의 당선 소식이 남부에 전해지자마자 남부의 공격적인 지도자들은 연방의 종식을 요구하기 시작했다. 그들은 남부 '국민주의'라는 새로운 개념을 지지하는 사람들로서, 당시인들과 역사에 '과격분자'로 알려진 사람들이었다.

남부의 이탈

오랫동안 남부 분리주의의 온상이었던 사우스캐롤라이나가 최초로 연방을 이탈하였다. 사우스캐롤라이나는 특별 협의회를 소집하여, 그 대표들이 1860년 12월 20일에 연방으로부터 탈퇴할 것을 만장일치의 투표로 결정하였다. 링컨이 취임할 때쯤에는 6개의 다른 남부 주들이 이탈하

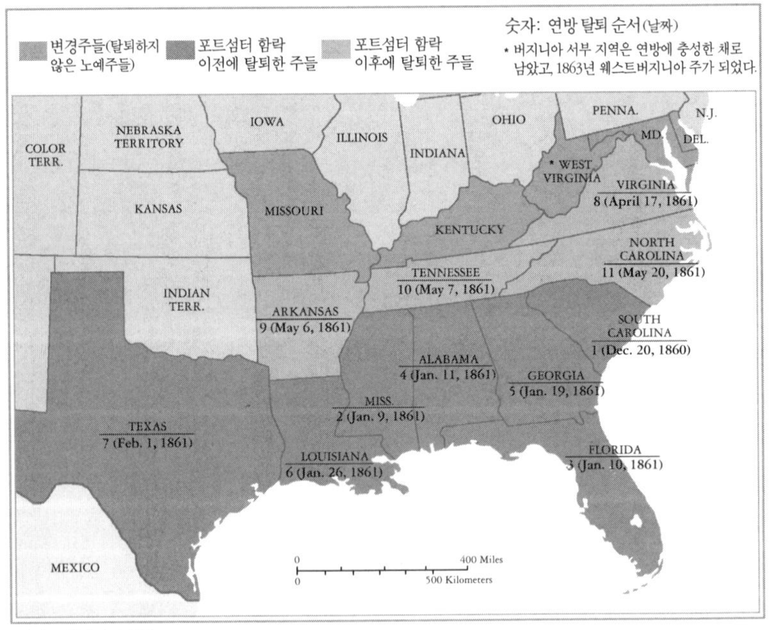

연방 이탈의 과정

였다. 그 주는 미시시피(1861년 1월 9일), 플로리다(1월 10일), 앨라바마(1
월 11일), 조지아(1월 19일), 루이지애나(1월 26일), 그리고 텍사스(2월 1일)
였다. 1861년 2월에 연방을 이탈한 7개 주의 대표자들이 앨라배마의 몽
고메리에 모여 새로운 국가인 남부 연합(Confederate States of Ame-
rica)을 결성하였다. 북부의 반응은 당혹스러워하면서도 우유부단한 것이
었다. 제임스 뷰캐넌 대통령은 1860년 12월 의회에서, 어떤 주도 연방에
서 이탈할 권리가 없다고 하였다. 그러나 만약 이탈한다 하더라도 연방
정부는 그 주를 막을 권한을 갖고 있지 않다고 하였다.

이탈한 주들은 즉시 요새, 무기고, 정부기관 등 주의 연방 재산을
장악하였다. 그러나 그들이 충분한 군사력을 갖추지 못해 장악하지 못한
두 개의 요새화된 연안 군사시설이 있었다. 그것은 사우스캐롤라이나 찰
스턴 항구의 외딴 언덕에 있는 포트섬터(Fort Sumter)로서 로버트 앤더
슨(Robert Anderson) 소령 지휘하의 소병력이 지키고 있었다. 또 다른
하나는 플로리다의 펜사콜라(Pensacola) 항구에 있는 포트피큰스(Fort
Pickens)였다. 사우스캐롤라이나는 대표자들을 워싱턴에 파견하여 포트
섬터의 항복을 요구했다. 그러나 소심했던 뷰캐넌은 포트섬터의 양보를
거부했다. 1861년 1월에 그는 추가 병력과 공급품을 실은 비무장 상선
을 포트섬터로 가도록 명령하였다. 남부 연합군은 해안에서 상선을 향해
총을 발사하고 배를 돌려보냈으며, 이것이 남부와 북부 사이의 최초의
충격이었다. 하지만 아직 양 지역 모두 전쟁이 시작되었다는 것을 인정
할 준비가 되어 있지 않았다. 워싱턴에서는 타협안을 만들기 위한 노력
이 다시 한번 시작되었다.

타협의 실패

타협의 노력은 켄터키 주의 크리텐던(John J. Crittenden) 상원의
원에 의해 최초로 제출된 크리텐던 타협안에 점차 모여졌다. 그 타협안
은 여러 가지 헌법 수정을 필요로 했는데, 즉 노예주에 영구적으로 노예
제의 존속을 보장하고, 도망 노예와 콜럼비아 특별구에서의 노예제 문제

에 대한 남부의 요구를 만족시키는 것이었다. 그러나 크리텐던 제안의 핵심은, 미국의 모든 현재 영토와 앞으로 주가 될 영토에 미주리 타협선 (Missouri Compromise line)을 다시 세우자는 제안이었다. 즉 노예제는 그 선의 북쪽에서는 금지되고 그 남쪽에서는 허용된다는 것이다. 남부 상원의원들은 그 계획을 수용할 의사가 있는 것 같았지만 공화당은 그 렇지 않았다. 그 타협안은 공화당으로 하여금 그들의 가장 기본적인 입 장, 즉 노예제 확장을 허용해서는 안 된다는 입장을 포기할 것을 요구하 였다.

그래서 링컨이 대통령에 취임하기 위해 워싱턴에 도착했을 때는 아 무 것도 해결되어 있지 않았다. 그는 노예주인 메릴랜드를 지날 때 암살 을 피하기 위해 밤 기차를 타고 변장하여 워싱턴으로 숨어 들어왔다. 웅 변적인 취임 연설에서 링컨은 몇 가지 기본 원칙을 제시했다. 즉 연방이 헌법보다 더 먼저 성립했기 때문에 어떤 주도 연방을 떠날 수 없다는 것이다. 연방 이탈을 지원하는 폭력이나 병력 사용은 반란이었다. 그리고 정부는 이탈한 주에 있는 연방 재산, 즉 포트섬터를 "보유하고 점유하고 소유할" 것이라고 하였다.

포트섬터의 상황은 급격히 나빠졌다. 그곳의 연방 병력은 필수품이 떨어지고 있었다. 새로운 식량을 받지 못하면 요새를 철수해야만 했다. 링컨은 만약 자신이 포트섬터를 항복하여 내주면 연방을 유지시키려는 그의 의지는 더 이상 신뢰성이 없게 된다고 믿었다. 그래서 그는, 필수품 을 공급하는 배만 남부의 저항 없이 통과된다면 더 이상 병력이나 군수 품을 보내는 시도는 없을 것이라고 사우스캐롤라이나 주 관리들에게 조 심스럽게 알린 후에 포트섬터에 구호 원정대를 보냈다. 새 남부연합 정 부는 이제 딜레마에 빠졌다. 원정대가 상륙하는 것을 허용한다면 연방의 권위에 유순하게 항복하는 것이기 때문이었다. 그렇다고 구호품 공급선 이나 포트섬터에 포를 쏘는 것은 북부에게 공격으로 비춰질 것이었다. 남부연합 지도자들은 마침내, 비겁하게 보이는 것은 도전적으로 보이는 것보다 더 나쁘다고 결정하였다. 그들은 찰스턴의 남부 연합군 사령관인 보리가드(P.G.T. Beauregard) 장군에게 필요하면 병력을 사용하여 포트섬터를 장악하라고 명령하였다. 앤더슨 소령이 항복하기를 거부하자, 남부연합군은 1861년 4월 12일과 13일 이틀간 포트섬터를 폭격하였다. 앤더슨은 항복하였고 남북전쟁이 시작되었다.

거의 즉각적으로 링컨은 전쟁을 위해 북부군을 동원하기 시작했다. 4개의 남부 주들도 동시에 연방에서 추가로 탈퇴하고 남부연합에 가입하였다. 버지니아(1861년 4월 17일), 아칸소(5월 6일), 테네시(6월 8일), 그리고 노스캐롤라이나(5월 20일)였다. 남은 4개의 노예주 메릴랜드, 델라웨어, 켄터키, 그리고 미주리는 워싱턴으로부터 상당한 정치적 압력, 심지어 군사적 압박을 받고 그들의 운명을 연방 쪽에 걸었다.

적대적인 두 지역

전쟁이 시작되자 한 가지는 명백했다. 즉 북부가 모든 중요한 물질적 자원에서 유리하다는 것이다. 북부의 인구는 남부 인구보다 2배 이상 많았고 노예를 뺀 남부 인구의 4배 이상이었다. 따라서 북부는 군사력이나 노동력에 필요한 훨씬 거대한 인력 예비군을 보유하고 있었다. 북부는 발달된 산업체제를 갖추고 1862년에 거의 모든 전쟁 물자를 자체 제조할 수 있었다. 그러나 남부는 거의 산업이 발달되지 않았고 전쟁 동안 유럽으로부터 수입에 의존해야 했다.

더구나 북부는 남부보다 훨씬 탁월한 수송체제를 갖추고 있었는데, 특히 보다 양질인 더 많은 철도가 건설되어 있었다. 북부 철도는 남부 철도 길이의 두 배였으며 훨씬 잘 통합된 선로 체계를 갖추고 있었다. 더구나 이미 뒤쳐져 있던 남부의 철도 체계는 전쟁 중에 점차 악화되어 1864년 초에는 거의 붕괴되었다.

그러나 전쟁 초기에는 북부의 물질적 유리함이 지금 보이는 것처럼 결정적인 것은 아니었다. 남부는 대부분 자기 영토 내에서 방어전을 하고 있었고 따라서 그 지리에 익숙하며 지역의 지원을 받는 데 유리하였다. 반면에 북부군은 낯선 지역인 남부 영토에서 주로 싸워야 했으며 적대적인 지역 주민들 속에서 싸우고 있었다. 그들의 의사소통 거리도 멀

수밖에 없었고 남부의 부적절한 수송체계를 이용해야만 했다. 남부 백인 인구의 전쟁에 대한 지지는 거의 예외없이 확고하고 분명했다. 그러나 북부에서는 전쟁에 대한 의견이 분열되어 있었고 전쟁에 대한 지원도 전쟁이 끝날 때까지 불안정하였다. 남부가 여러 결정적인 순간 중의 어느 한 시점에서 큰 승리를 거두었다면, 전쟁을 계속할 북부의 의지를 꺾음으로써 승리할 수 있었을 것이다. 또한 많은 남부인들은 영국과 프랑스의 직물 산업이 미국 면화에 의존하고 있으므로 그 두 나라가 남부연합 쪽에 개입하게 될 것이라고 믿었다.

2. 북부의 동원

전쟁은 북부에 상당한 불화와 좌절, 고통을 가져다주었다. 그러나 전쟁은 동시에 북부의 산업과 농업을 자극함으로써 번영과 경제적 성장을 가져왔다.

경제적 조치들

이제 연방의회에서 남부 세력이 사라지자 공화당은 거의 독단적인 지배권을 행사하였다. 전쟁 기간에 공화당은 경제발전을 증진하기 위한 국가주의적 프로그램을 적극적으로 시행하였다.

1862년의 자작농 법과 모릴 법(Morrill Act)은 서부에 급속한 발전을 가져왔다. 자작농 법은 어떤 시민이나 장래 시민이라도 160에이커의 공유지를 청구하고 그곳에 5년간 거주하면, 소액의 금액을 내고 그 땅을 구매할 수 있도록 허용하였다. 모릴 법은 상당한 공유지를 주 정부 소유로 이전시켰고, 주들은 그 토지를 팔아 공교육 재정으로 사용하였다. 모릴 법에 의해 2년제와 4년제 주립대학들이 건설되었으며, 이들은 소위 토지 증여(land-grant)를 받아 세워진 대학들이었다. 연방의회는 또한 일련의 관세 법안들을 통과시켰는데, 전쟁이 끝날 무렵에는 미국 역사상 가장 높은 수준의 관세를 부과하였다. 그것은 외국과의 경쟁으로부터 보호해줄 것을 열망하던 국내산업의 대부흥을 가져왔다.

의회는 또한 대륙횡단 철도의 꿈을 이루기 위해 움직였다. 의회는 연방의 특허장을 받은 두 개의 새로운 회사를 만들었다. 유니언퍼시픽 철도회사(Union Pacific Railroad Company)는 오마하로부터 서쪽으로 가는 철도를 건설하고, 센트럴퍼시픽 철도회사(Central Pacific Company)는 캘리포니아에서 동쪽으로 철도를 건설하였다. 그리고 이 두 철도는 중간에서 만나 완성되도록 하였다. 정부는 이 철도 건설을 위해 공유지를 무상으로 제공하고 낮은 이율의 차관을 제공했다.

1863년부터 1864년까지 제정된 전국은행법(National Bank Acts)은 새로운 연방은행 체계를 만들었다. 이미 존재하거나 새로 세워진 은행은, 충분한 자본을 가지고 있거나 그 자본의 3분의 1을 정부 유가증권에 투자하면 연방은행 체계에 동참할 수 있었다. 그 대가로 해당 은행은 미국 재무부 어음을 통화로 발행할 수 있었다. 새로운 은행 체계는 화폐 유통의 혼란과 불확실성을 상당 부분 제거하고 통일된 전국 은행어음 체계를 만들었다.

경제성장을 가속시키는 것보다 더 어려운 것은 전쟁 경비를 재정지원하는 것이었다. 정부는 세 가지 방법으로 그것을 시도하였다. 세금을 부과하고, 지폐를 발행하고, 돈을 빌려오는 것이었다. 의회는 거의 모든 상품과 서비스에 새로 세금을 부과하였다. 정부는 1861년에 처음으로 소득세를 부과하였는데, 그 비율을 점차 올려 5천 불 이상의 소득에 10%의 세금을 부과하기까지 이르렀다. 그러나 세금 부과를 통한 수입은 전쟁 지원에 필요한 자금의 극히 일부에 불과했고, 국민들의 강력한 저항으로 정부는 조세율을 올리지 못하였다.

비슷한 문제가 발생한 것은 지폐, 즉 '그린백'(greenbacks: 연방은행 발행지폐)의 인쇄 문제였다. 이 새로운 화폐는 금이나 은으로 뒷받침되지 못하고 단순히 오늘날의 통화처럼 정부의 신용과 신뢰에 토대한 것이었다. 연방은행 지폐의 가치는 북부군의 운명에 따라 유동적이었다. 1864년 초에 전쟁이 수렁에 빠지자 1달러 지폐는 금 달러의 39%의 가치에 불과했다. 이처럼 불확실한 화폐를 구매하도록 하기가 어려웠기 때문에 정부는 지폐를 제한적으로 사용하였다. 재무부는 4억 5천만 달러의 지폐만을 발행했는데, 그것은 전쟁 비용의 일부에 불과했지만 전쟁이 끝날 무렵 물가를 80% 이상 올린 심각한 인플레이션을 유발하기에 충분한 양이었다.

전쟁자금 지원의 가장 큰 출처는 차관(대부금)이었다. 정부는 과거 전쟁시에는 은행과 일부 부유한 투자자들에게만 공채를 팔았다. 그러나 이제 재무부는 일반 시민들을 설득하여 4억 달러 이상의 공채를 사게 하였고, 그것은 미국 역사상 대규모적으로 전쟁자금을 지원한 최초의 사례였다. 그러나 일반인의 공채 구입액은 260억 달러에 달한 정부 부채의 일부에 불과했으며, 정부 빚의 대부분은 은행과 대규모 금융기관에서 빌린 것이었다.

북부군의 동원

210만 명이 넘는 사람들이 전쟁 동안 북부군 병력으로 종사했다. 그러나 1861년 초에 미국의 정규군은 1만6천 명에 불과했으며, 그들의 다수는 인디언들로부터 백인 정착자들을 보호하기 위해 서부에 주둔하고 있었다. 그래서 남부연합처럼 북부도 거의 새로 군대를 구성해야 했다. 링컨은 정규군을 2만3천 명으로 증가시킬 것을 요구했지만, 그도 주민병대가 대부분의 전투를 치러야 한다는 것을 알고 있었다. 1861년 7월에 의회가 소집되었고, 통상적인 3개월간이 아니라 3년 기간 동안 복무할 50만 명을 징집할 것을 승인하였다.

그러나 이 지원병 체제는 전쟁 열기가 높았던 처음 시기에만 필요한 병력을 창출할 수 있었다. 1863년 3월에 의회는 국가 징집법을 통과시켜야 했다. 이제 사실상 모든 젊은 성인 남자가 징집 대상이었다. 그러나 본인 대신 군대에 갈 사람을 고용하거나 300달러를 정부에 지불하면 군대를 피할 수 있었다. 실제로 징집된 수는 4만6천 명에 불과했지만, 징병제도는 자발적인 입대를 상당히 증가시켰다.

하지만 국민들과 떨어져 있고 별 활동이 없는 정부에 익숙해져 있는 국민에게, 징집은 이상하고 위협적인 것이었다. 징집법에 대한 반대는 광범하였으며, 특히 노동자, 이민자, 전쟁에 반대하는 '평화 지지 민주당원'(Peace Democrats)들의 반대가 심했다. 때때로 그것은 폭력으로 폭발하기도 하였다. 징집에 반대하는 시위대는 1863년 7월에 뉴욕 시에서 4일간 폭동을 일으켰고 100명 이상이 사망하였다. 살해당한 사람들의 대부분은 흑인이었는데, 그들은 전쟁 반대자들에 의해 남북간의 갈등을 일으킨 장본인들이라는 비난을 들었다. 흑인들의 주택, 상점, 심지어 고아원까지 불탔다. 그것은 미국 역사상 가장 피비린내 나는 폭동이었고, 연방군이 도착해서야 비로소 폭력이 끝났다.

전쟁기간의 정치

에이브러헴 링컨이 1861년 초 워싱턴에 도착하자, 그가 국가적 경험이 부족하며 순박하고 겸손한 태도를 지녔음을 알게 된 많은 공화당원들은, 그를 시골에서 올라온 미미한 정치가로 여기고 공화당의 실세 지도자들에 의해 쉽게 조종될 수 있는 사람으로 여겼다. 그러나 새 대통령은 즉시 자신의 권위를 세우기 위해 움직였다. 그는 공화당의 모든 분파와 북부의 다양한 의견을 대표하는 사람들로 내각을 구성하였다. 그들 중에는 상당한 권위와 영향력을 가진 사람도 있었고, 일부는 아주 거만하여 링컨이 아닌 자신들이 대통령이어야 한다고 믿는 사람도 있었다. 링컨은 헌법의 비효율적인 부분을 무시하면서 대통령의 전쟁 권한을 행사하기 위해 과감하게 움직였다. 왜냐하면 부분을 버리기 두려워 전체를 잃는 것은 어리석기 때문이라는 것이다. 그는 남북간의 갈등은 국내 반란이며 따라서 의회의 승인이 필요하지 않다고 주장하면서, 의회에 전쟁선포를 묻지 않고 병력을 전장에 보냈다. 그는 의회 승인을 받지 않고 정규군의 규모를 늘렸으며, 일방적으로 남부에 대한 해상 봉쇄를 선언하였다.

링컨의 가장 큰 정치적 문제는 전쟁에 대한 다수 국민의 반대였는

데 그것은 민주당 일부 세력에 의해 선동된 것이었다. 그 정적들이 "독사"(Copperheads)라고 부른 평화 지지 민주당원들은, 북서부는 동부에 밀리고 농업은 산업 발달에 밀려 그 영향력을 상실할 것을 두려워하였으며, 공화당 국가주의(Republican nationalism)가 주의 권한을 침식하고 있다고 염려하였다. 링컨은 그들을 제압하기 위해 특별한 방법을 사용하였다. 그는 군인이 민간인 반대자들을 체포하도록 명령하고, 체포된 사람이 신속한 재판을 받을 수 있는 권리인 인신보호 영장제(harbeas corpus)를 정지시켰다. 링컨은 처음에 이 방법을 북부 지역과 남부 지역의 경계에 있는 주들과 같이 예민한 지역에만 사용하였다. 그러나 그는 1862년에 징집을 방해하고 국가에 불충한 행위를 한 모든 사람들을 군법에 회부한다고 공포하였다. 모두 합하여 1만3천 명이 넘는 사람들이 체포되었고 얼마 동안 구금되었다.

1864년 대통령 선거가 있던 시기에 북부는 정치적 불화가 최고조에 달해 있었다. 공화당은 1862년 선거에서 상당한 손실을 입었으며, 그에 대한 반응으로 당 지도자들은 전쟁을 지지하는 모든 집단의 광범한 연합을 만들기 위해 노력하였다. 그들은 그 조직을 통일당(Union party)이라고 이름하였다. 그러나 실제로 그것은 공화당과 일부 전쟁 지지 민주당원들(War Democrats)을 합한 것 이상이 아니었다. 연방당은 링컨을 재임 대통령 후보로 지명하고, 테네시 주의 앤드루 존슨(Andrew Johnson)을 부통령 후보로 지명하였다. 존슨은 테네시 주의 연방 탈퇴 결정에 반대한 전쟁 지지 민주당원이었다.

민주당은 링컨이 직위 해제시킨 유명한 전(前)북부군 장군 조지 맥클랜(George B. McClellan)을 후보로 지명한 후, 전쟁에 반대하고 정전을 주장하는 강령을 채택하였다. 맥클랜은 정전 요구를 비난하였지만, 민주당은 선거전에서 분명히 평화를 지지했다. 민주당은 사람들이 전쟁에 점차 지쳐 가고 1864년 여름에 북부군의 군사 형편이 악화되자 그 상황을 이용하려 하였다.

그러나 이 결정적인 순간에, 북부는 여러 개의 군사적 승리를 이끌었고 특히 9월 초에 조지아 주 애틀란타를 점령함으로써 북부인들의 사기를 진작시키고 공화당의 전망을 밝게 했다. 링컨은 선거인단 투표 결과 212 대 21로 안전하게 재선에 당선되었다. 링컨 대통령은 켄터키, 뉴저지, 그리고 델라웨어를 제외한 모든 주에서 승리하였다. 그러나 전 유권자 투표에서는 10% 정도 더 많은 표를 얻는 데 그쳤다. 북부군이 그 시기에 전승을 올리지 못했다면, 그리고 링컨이 북부군의 투표를 허용하는 특별 방안을 마련하지 않았다면 민주당이 승리했을 것이다.

노예해방의 정치

1864년에 공화당은 표면적으로는 단결되어 있었으며 대부분의 경제 문제에 대해서도 대체로 의견일치를 보이고 있었지만, 노예제 문제에 대해서는 날카로운 의견대립이 있었다. 펜실베니아의 하원의원 대디어스 스티븐슨(Thaddeus Stevens)와 매사추세츠의 상원의원인 찰스 섬너(Charles Sumner), 그리고 오하이오의 상원의원인 벤저민 웨이드(Benjamin Wade) 같은 사람들이 이끄는 급진파는 노예제를 당장에 완전히 없애는 데 남북전쟁을 이용하고자 하였다. 그러나 공화당의 보수파는 보다 천천히 점진적으로 덜 혼란스러운 과정을 거쳐서 노예제를 종식시킬 수 있는 방법을 선호하였다. 적어도 처음에는 이들의 입장이 대통령의 지지를 받았다.

노예해방에 대한 대통령의 조심스러운 입장에도 불구하고, 전쟁 초에 노예해방에 대한 여세가 모아지기 시작했다. 1861년에 의회는 몰수법(Confiscation Act)을 통과시켰는데, 그것은 '반란' 목적에 동원된, 즉 남부연합의 군사 행동을 지원한 모든 노예는 자유인으로 간주될 수 있다고 선언한 것이다. 1862년 봄에 연이어 통과된 법안들은, 노예제를 콜럼비아 특별구와 서부 준주들에서 없애고 그 소유주들에게 보상금을 제공하였다. 1862년 7월에 공화당의 급진파는 두번째 몰수법을 의회에서 통과시키려고 추진하였다. 그 법안은 반란을 돕고 지원한 사람들의 노예는 그 노예들이 반란에 참여했든 안 했든 해방된다는 것을 선언했으며, 자유 노예를 포함하여 흑인들을 군인으로 고용할 수 있는 권한을 대통령에게 부여하였다.

전쟁이 진행되면서 북부는 서서히 노예해방을 전쟁의 주요 목표로 받아들이기 시작하는 것 같았다. 왜냐하면 다른 어떤 것도 전쟁의 엄청난 희생을 정당화할 수 없다고 생각했기 때문이다. 그 결과 급진파는 공화당 내에서 더 많은 영향력을 얻었으며, 그러한 변화를 눈치챈 대통령은 자신이 직접 고조된 반노예제 정서를 이끄는 지도력을 장악하기로 결정했다.

1862년 9월 22일에 북부군이 앤티탐(Antietam) 전투에서 승리한 후에, 대통령은 전쟁 동안의 대통령 권한을 사용하여 남부연합의 모든 노예를 해방하는 행정 명령을 내릴 의사를 공포하였다. 그리고 1863년 1월 1일에 그는 공식적으로, 이미 연방 통제하에 있는 지역(테네시, 웨스트 버지니아, 남루이지애나)을 제외한 모든 남부연합 지역의 노예들을 영구히 해방하는 것을 선언하는 노예해방 선언(Emancipation Proclamation)에 서명하였다. 이 선언은, 연방에서 탈퇴한 적이 없는 그래서 대통령의 전쟁 권한이 행사될 수 없는 경계 지역 노예주에는 적용되지 않았다.

해방 선언은 남부연합의 세력하에 있는 주들에만 적용되었기 때문에 그 즉각적인 효과는 크지 않았다. 그러나 그럼에도 불구하고 그 선언은 매우 중요했는데, 그것은 단순히 연방을 지키기 위해서만 전쟁을 하는 것이 아니라 노예제를 없애기 위해서 전쟁을 한다는 것을 명백하고 확고하게 밝혔기 때문이다. 결국 북부군이 남부의 대부분을 점령하면서 그 선언은 실질적으로 적용되어 수많은 노예해방이 이루어졌다. 이 해방 흑인 중에 약 18만6천 명이 북부 세력을 위해 군인, 선원, 노동자로 종사하였다. 해방 선언에 의해 직접적으로 영향을 받지 않은 지역에서도 반노예제 정서가 강화되었다. 전쟁이 끝날 무렵 노예제는 북부 노예주인 메릴랜드와 미주리에서 폐지됐으며, 북부군이 점령한 세 개의 남부연합 주인 테네시, 아칸소, 루이지애나에서 사라졌다. 그리고 최종적으로, 해방 선언이 적용되는 지역뿐만 아니라 미국의 모든 지역에서 노예제를 폐지시키는 헌법수정조항 13조를 연방의회 및 필요한 주들이 1865년에 승인하였다. 노예제는 합법적으로 시행된 지 200년 이상이 지난 후에야 비로

소 미국에서 완전히 사라지게 되었다.

전쟁과 사회

남북전쟁은 일부 역사가들이 주장했던 것처럼 북부를 농촌사회에서 산업사회로 변형시키지 않았다. 산업화는 전쟁이 시작됐을 때 이미 상당히 진행되었고, 전쟁은 사실상 노동력과 자원을 군사 목적으로 전용시킴으로써 일부 지역에서는 성장을 지체시켰다.

그러나 대체로 전쟁은 북부의 경제발전을 가속시켰다. 그것은 부분적으로 공화당이 정치를 장악한 결과였으며 공화당이 국가주의적인 경제 입법을 시행한 결과였다. 또한 경제발전은 전쟁 자체가 경제의 특정 부분의 팽창을 요구했기 때문이기도 하였다. 석탄 생산은 전쟁 기간 동안 거의 20% 증가했다. 철도시설도 새로운 노선에 표준 게이지(철로 폭)를 채택함으로써 증강되었다. 농업 노동력을 군대에 빼앗긴 많은 농부들은 농업의 기계화를 앞당기지 않을 수 없었다.

전쟁은 많은 미국 노동자들에게는 힘든 경험이었다. 전쟁 기간 동안 북부에서의 임금은 40%의 상승에 불과했으나 물가는 70% 이상 올라, 산업노동자들은 상당한 구매력의 상실로 고통을 받았다. 또한 완화된 이민법으로 인하여 새 노동자들이 노동시장에 홍수처럼 밀려들게 되었고 따라서 노동임금이 낮게 유지되었다. 생산의 기계화도 증대되어 많은 숙련 노동자들이 직장을 잃었다. 그 결과, 많은 산업현장에서 노동조합 구성원이 상당히 증가하였으며 전국적 노동조합들이 많이 만들어졌다. 특히 고용주들의 강력한 반대와 저항에 부딪쳤던 석탄 광부들, 철도 기계공들, 그리고 그 외 노동자들의 노동조합이 신장되었다.

여성들은 선택에 의해서건 필요에 의해서건 새롭고 낯선 역할을 담당해야 할 자신들을 발견했다. 그들은 남자 교사, 도매상 점원, 사무실 근로자, 직조 및 공장 근로자들의 빈 자리를 차지했다. 그것은 추가 노동력을 필요로 하는 고용주들의 요구에 반응한 것이고 동시에 자신들의 절박한 경제적 필요에 부응한 것이었다. 남편과 아버지들이 군대에 가

미국 위생위원회: 매튜 브래디(Matthew Brady)는, 1864년에 피터스버그 근처의 버지니아 주 브랜디 역(Brandy Station)의 병원 앞에 서 있는 북군 병사들과 여자 간호사들의 이 사진을 찍었다. 그 병원은 미국 위생위원회가 운영하였으며, 정부의 후원을 받은 간호부대는 남북전쟁 기간에 부상병들의 치료에 불가결한 존재가 되었다.

있는 동안 특히 군인 봉급이 너무 적고 불규칙했기 때문에 많은 여성들은 빈궁한 처지에 놓였다. 무엇보다도 여성들은 종래 남성들이 차지했던 영역인 간호 영역에 진출했다. 민간 자원봉사자들의 조직인 미국 위생위원회(United States Sanitary Commission)는 도로시아 딕스(Dorothea Dix)가 지휘했으며, 많은 여성 간호사들을 전방 병원에서 근무하도록 동원하였다. 전쟁이 끝날 무렵 여성들은 간호 영역의 주된 세력이 되었으며, 19세기 말에는 간호사가 거의 여성의 직업이 되었다.

3. 남부의 동원

1861년 2월 초에 연방에서 탈퇴한 7개 주의 대표자들은 엘라배마의 몽고메리에 모여 새로운 남부국가를 만들었다. 버지니아 주가 7개월 후에 연방을 탈퇴하자, 남부연합 정부는 정부를 수용할 만큼 큰 남부 도시 중의 하나인 리치몬드로 옮겨갔다.

남부인들은 새로운 남부연합과 그들이 탈퇴한 연방국가 사이의 차이를 크게 자랑하였고 그 차이는 실제로 존재하였다. 그러나 연방정부와 남부연합 사이에는 중요한 유사점도 있었다. 그 유사점은 두 정부가 전쟁을 위해 동원되면서 특히 선명해졌다. 그들의 정치체제, 전쟁의 재정 지원과 군대 징집을 위해 사용한 방법, 전투방식 등이 유사했다.

남부연합 정부

남부연합 헌법은 거의 미국 헌법과 같았지만 여러 가지 중요한 예외도 있었다. 그것은 탈퇴의 권리를 제외하고 개별 주들의 주권을 인정한 것이다. 그리고 특히 노예제를 승인했으며 그 폐지는 한 주에서도 실질적으로 불가능하게 하였다.

몽고메리에서 열린 헌법 특별협의회는 임시 대통령과 부대통령을 지명하였다. 미시시피 주의 제퍼슨 데이비스(Jefferson Davis)와 조지아 주의 알랙산더 스티픈스(Alexander H. Stephens)는 나중에 일반 선거 인단에 의해 반대 없이 6년 임기로 선출되었다. 데이비스는 전쟁이 일어나기 전에는 극단적인 연방 이탈 주창자가 아니라 온건한 입장에 있었다. 남부연합 정부는 전쟁 기간 동안 중도적 입장의 사람들에 의해 지배되었고, 동부의 구(舊)귀족계급보다는 데이비스와 같은 서부의 신(新)귀족 계급에 의해 지배되었는데, 그것은 연방정부도 마찬가지였다.

하지만 데이비스는 실패한 대통령이었다. 그는 유능한 행정가이자 정부 내의 주도적 인물이었으며, 불안정한 내각의 온순한 각료들로부터 거의 방해를 받지 않았고, 따라서 자기 자신이 국방장관의 역할을 수행하였다. 그러나 그는 진짜 국가 지도력을 보여주지 못했다. 그는 너무 많은 시간을 사소한 일들에 소비했다. 링컨과 달리 그는, 전쟁 중에 있는 새로운 국가에 적절하지 않은 법률상과 헌법상의 미세한 사항들에 대한 꼼꼼함을 보여주었다. 한 예리한 남부연합 관리는 "모든 혁명적인 열정은 적에게 있다. (⋯) 우리에게는 사소한 일을 꼬치꼬치 따지는 소심함이 있을 뿐이다"라고 썼다.

남부연합에 공식적인 정치 정당은 없었지만 그럼에도 불구하고 그 의회 정치와 대중 정치는 매우 분열되어 있었다. 정치 상황의 진행 방향을 감지한 대부분의 흑인들과 일부 남부 백인들은 연방 탈퇴와 전쟁을 모두 반대하였다. 노예제가 미미하게 실시된 가난한 '변경 지방'(back-country)과 '내륙 오지'(upcountry) 지역의 많은 백인들은 새 남부연합 정부를 인정하기를 거부하거나 남부군에서 싸우기를 거부하였다. 일부 사람들은 북부를 위해 일하거나 싸웠다. 대부분의 남부 백인들은 전쟁을 지지하였으나, 전쟁이 남부에 불리하게 돌아가고 남부연합의 경제가 쇠퇴하면서 북부에서 그랬던 것처럼 남부에서도 많은 사람들이 남부 정부와 군대를 공개적으로 비판하였다.

돈과 인력

남부연합의 전쟁을 재정 지원하는 것은 엄청난 일이었으며 결과적으로 불가능한 것이었다. 그를 위해서는 엄청난 세금 부담에 익숙하지 않은 사회에 국가적인 세입체계를 만들어야 했다. 그러나 당장은 빌려줄 자금이 거의 없는 불안정하고 소규모적인 은행체제에 의존해야 했다. 남부의 대부분 부(富)는 노예와 토지에 투자되었기 때문에 유동자산은 드물었다. 남부연합의 유일한 돈은 남부에 있는 연방 조폐국에서 몰수한 1백만 불 정도에 불과했다.

남부연합 의회는 처음에는 남부인들에게 직접 세금을 부과하지 않고 개별 주들로부터 기금을 징발하려고 하였다. 그러나 대부분의 주는 주민들에게 세금 부과하기를 꺼려했으며, 남부연합 정부에 세금을 내더라도 그 가치가 의심스러운 공채나 어음으로 자신들의 몫을 지불하였다. 그래서 1863년에 의회는 소득세 부과를 시행했다. 그러나 세금 부과는 남부연합에 충분한 조세수입을 가져다주지 못했다. 그것은 정부의 전체 수입 중의 약 1%에 불과했다. 돈을 빌려오는 것은 더욱 성공적이지 못했다. 남부연합 정부는 너무 많은 양의 공채를 발행하여 국민들이 공채에 대한 신임을 잃고 더 이상 사지 않았으며, 면화를 담보로 하여 유럽에서 돈을 빌리려는 노력도 순조롭지 않았다.

그 결과 남부연합은 가장 불안정하고 불건전한 형태의 재정을 통해 전쟁비용을 충당하지 않을 수 없었는데, 그것은 1861년부터 발행하기 시작한 지폐였다. 1864년에 남부연합은 북부가 발행한 양의 두 배보다 많은 총 15억 불에 달하는 엄청난 지폐를 발행했다. 북부와 달리 남부연합은 단일 화폐체제를 구축하지 않았다. 남부연합 정부, 주, 도시와 민간 은행이 모두 각각의 어음을 발행하여 광범한 무질서와 혼란을 야기하였다. 그 결과는 극심한 인플레이션이었다. 북부에서의 80% 물가상승과는 대조적으로 9천%의 물가상승은 남부연합의 도덕성에 치명적인 결과를 초래했다.

북부처럼 남부연합은 처음에 지원병을 모집함으로써 군대를 충원했다. 그리고 북부에서처럼 1861년 말에 지원병 모집은 점차 줄어들고 있었다. 그래서 1862년 4월에 의회는 나이 18세부터 35세 사이의 모든 백인 남자들을 의무적으로 3년간 군대에 복무하게 하는 징병법(Conscription Act)을 제정하였다. 북부에서처럼 대신 군대나갈 사람을 구한다

남부 연합의 지원병들: 최초의 불런(Bull Run) 전투가 있기 직전 1861년에 젊은 남부 병사들이 자신감에 차서 웃는 얼굴로 사진 포즈를 취하였다. 남북전쟁은 사진사들이 광범위하게 기록을 남긴 최초의 전쟁 중의 하나였다.

면 군대 의무를 피할 수 있었다. 그러나 징병 대리인의 비용이 비쌌기 때문에 그 단서 조항은 가난한 백인들로부터 엄청난 반대를 불러일으켰으며 1863년에 철회되었다. 더욱 더 논쟁이 되었던 것은 북부에는 없었던 다른 면제 조항들로서, 특히 20명 이상의 노예가 있는 농장 1개당 한 명의 백인에게 군복무를 면제해주는 것이었다. 그 단서 조항은 소농들의 불평을 불러일으켰고 그들은 "이 전쟁은 가난한 사람들이 싸우는 부자들의 전쟁"이라고 하였다.

그렇다 하더라도 징병은 얼마 동안 이루어졌다. 1862년 말에 남부 연합군에는 약 50만 명의 군인이 있었다. 그 수는 군대에서 요리, 세탁, 육체노동을 수행하도록 모집한 많은 남녀 노예들을 포함하지 않은 것이었다. 노예들은 더 많은 백인 남자들이 전투를 할 수 있도록 돕기 위해 군대에서 모집하였다. 그러나 1862년 이후 모집된 징병의 숫자는 줄어들기 시작했고 무장군의 수는 서서히 그 규모가 작아졌다.

1864년이 시작되자 남부 정부는 심각한 인력 부족에 부딪쳤다. 절박해진 의회는 17살밖에 안 되는 어린 남자나 50세나 되는 늙은 남자도 징병하기 시작했다. 그러나 다수가 남부 패배를 불가피하다고 결론짓고 동시에 전쟁에 따른 심각한 폐해로 고통받는 상황에서, 어떤 방책도 더 이상 군인을 유인하거나 군대를 유지시킬 수 없었다. 1864년에서 1865년 사이에 10만 명의 군인이 군대를 이탈하였다. 군인들을 모으기 위한 마지막 광적인 시도로서 의회는 30만 명의 노예 징집을 승인하였다. 그러나 남북전쟁은 이 부적절한 실험이 시도되기도 전에 끝났다.

주권과 중앙집권의 대립

그러나 남부의 가장 큰 분열의 근원은 전쟁에 대한 의견차이가 아니라 주권주의를 둘러싼 것이었다. 사실 대부분의 남부 백인들은 대체로 전쟁을 지지하였다. 그러나 많은 남부 백인들은 주권(州權)을 열렬히 숭배하였으며, 전쟁에 이기는 데 필요하다 하더라도 국가적인 권한을 시행하려는 모든 노력에 사실상 저항하였다. 열성적인 주권주의자들은 여러 가지 방법으로 전쟁 수행을 방해했다. 그들은 데이비스 대통령의 군법 적용 권한을 제한했으며 인신보호 영장제를 중단시켰다. 그들은 징병도 방해하였다. 조지아 주의 조셉 브라운(Joseph Brown)과 노스캐롤라이나의 제뷸론 밴스(Zebulon M. Vance)와 같은 고집센 주지사들은, 남부연합군과는 별도로 자체 주의 군대를 유지시키려 했으며 주 민병대를 위해 잉여 필수품을 비축할 것을 주장했다.

그럼에도 불구하고 남부연합 정부는 권력 집중에 상당한 진전을 보았다. 전쟁이 끝날 무렵 남부연합의 관료사회는 북부보다 더 규모가 컸다. 남부 정부는 얼마 동안은 성공적으로 '식량 징발'을 실시하였다. 그것은 군인들이 지나는 길에 있는 농장에서 식량을 몰수하여 스스로 해결하도록 허용한 것이었다. 정부는 노예소유주들의 반대에도 불구하고 노예들을 군사적인 작업에 노동자로 동원하도록 압력을 가하였다. 남부연합은 선박과 철로 운영을 장악했고, 산업 규제를 부과했으며, 기업이윤을 제한시켰다. 주권주의 정서는 상당한 장애였지만, 남부는 그럼에도 불구하고 중앙집권화를 향한 극적인 조치를 취하였고, 점차 남부연합이 이탈하기 위해 싸우고 있는 연방체제와 유사해져 가고 있었다.

전쟁의 사회적 영향

전쟁은 북부 사회를 변화시킨 것과 거의 같은 방식으로 남부 사회를 변형시켰다. 그 변화는 특히 남부 여성들에게 중대한 것이었다. 많은 남자들이 전쟁으로 농토와 농장을 떠났기 때문에, 가족들을 단합시키고 농업 생산을 유지하는 임무는 점차 여성들에게 맡겨졌다. 노예소유주의 부인들은 거대한 노예 노동력을 관리할 책임을 지게 되었다. 더 작은 규모의 농토를 가진 농민의 부인들은 경작지를 일구고 작물을 수확하는 것을 배웠다. 상당수의 여성들은 리치몬드의 정부기관에서 일하였다. 더 많은 여성들이 병원 및 부상병들의 치료를 위해 세워진 임시 시설에서 간호사로 일하였다. 다른 여성들은 학교 교사가 되었다.

그러나 전쟁으로 인해 남부에 초래된 주된 사회적 결과는 광범한 고통과 궁핍이었다. 일단 북부의 해안 봉쇄가 발효되자 남부는 거의 모든 물품의 부족을 심각하게 겪게 되었다. 남부는 압도적으로 농업지역이었다. 그러나 남부는 오로지 면화 및 다른 수출 작물의 생산에만 매달렸기 때문에 남부 자체의 수요를 충족시키기에 충분한 식량을 생산하지 못했다. 여성들이 농장 생산을 유지하려 노력하였음에도 불구하고, 남자 노동자들의 이탈로 인하여 남부 지역이 생산하던 식량 생산을 지속시킬 힘이 상당히 감소하였다. 의사들도 다수가 군대의 요구에 부응하여 징집됨으로써 남부 사회의 많은 지역은 의료 혜택을 받을 수 없었다. 대장장이와 목수, 다른 수공 장인들의 인력 공급도 부족하였다.

전쟁이 계속되면서 물품과 인력의 부족, 인플레이션, 그리고 고난은 남부 사회에 불안감을 점증시켰다. 조지아, 노스캐롤라이나, 앨라배마의 도시들에서는 1863년에 여성들이 이끄는 식량 폭동이 있었으며, 리치몬드에서도 거대한 데모가 곧 격렬한 폭동으로 변했다. 징병, 식량 징발, 세금 부과에 대한 저항이 남부연합 전 지역에서 증가했다.

4. 전략과 외교

군사적으로 봤을 때 남부는 패배를 피하기만 하면 됐지만 북부는 남부를 패배시켜야 했기 때문에 남북전쟁의 주도권은 주로 북부에 있었다. 그러나 외교적으로는 남부가 주도권을 가졌다. 남부는 외국 정부들의 승인과 지원을 얻을 필요가 있었다. 북부는 현 연방 상태를 보존하기만을 원했다.

지휘관들

북부의 가장 중심적인 군사지휘관은 과거 군대 경험이라고는 주 민병대에서의 단기간 복무 경험밖에 없는 에이브러햄 링컨이었다. 하지만 링컨은 성공적인 최고사령관이었다. 왜냐하면 그는 북부가 인력과 자원에서 유리하다는 것을 알고 북부의 물질적 우위를 십분 활용했기 때문이다. 그는 또한 북부군의 전쟁 목표는 남부군의 패배에 있으며 남부 영토의 장악이 아니라는 것도 인식하였다.

링컨이 훌륭한 전략을 가지고 있었던 것은 큰 행운이었다. 왜냐하면 많은 북부 장군들은 그렇지 못하였기 때문이다. 전장에서 군대를 지휘할 적절한 지휘관을 찾는 문제는 전쟁의 첫 3년 동안 내내 링컨을 괴롭혔다.

1861년부터 1864년까지 링컨은 북부의 전쟁 활동을 지휘할 총지휘관을 찾기 위해 계속 노력하였다. 그는 처음에 멕시코 전쟁의 노장 영웅인 윈필드 스콧 장군을 생각하였다. 그러나 스콧 장군은 대규모의 남북전쟁에는 준비가 되어 있지 않았으며 1861년 11월 1일에 퇴역하였다. 그러자 링컨은 동부 북부군 포토맥 군대의 사령관인 젊은 조지 맥클랜(George B. McClellan)을 임명하였다. 그러나 자존심이 강하고 거만한 맥클랜은 완전히 부적절한 전략을 가지고 있었으며 1862년 3월에 다시 전장으로 돌아갔다. 그해의 대부분 기간 동안 링컨은 최고사령관을 두지 못했다. 그는 결국 헨리 할렉(Henry W. Halleck) 장군을 최고지휘관에 임명했지만, 그는 모든 중요한 결정을 대통령에게 맡기는 무능한 전략가임이 밝혀졌다. 드디어 1864년 3월에 링컨은 전쟁 지휘를 믿고 맡길 장군을 발견하였다. 그는 율리시즈 그랜트(Ulysses S. Grant) 장군으로서, 군사적 공격의 목표는 적군의 영토가 아니라 적군의 군대와 자원이라는 링컨의 신념을 공유하였다. 링컨은 그랜트 장군에게 상대적인 재량권을 주었으나, 장군은 항상 자기 계획의 대강 윤곽을 대통령에게 제출하여 사전 승인을 받았다.

링컨과 이후 그랜트 장군의 전쟁 전략은 전쟁집행위원회(Committee on the Conduct of the War)로부터 계속 점검을 받았다. 그 위원회는 의회 양원의 연합조사 위원회로서 전쟁 정책을 만드는 데 영향을 미친 가장 강력한 입법부 대변인이었다. 오하이오 출신의 상원의원 벤저민 웨이드(Benjamin F. Wade)를 위원장으로 1861년 12월에 구성된 그 위원회는, 북부 장군들의 지나친 잔학함에 대해 계속 비판하였다. 위원회의

율리시즈 그랜트: 1864년의 황무지 전투(Wilderness campaign) 중에 찍은 그랜트의 사진이다. 한 관찰자는 그에 대해 다음과 같이 말하였다. "그는 벽돌 벽을 뚫고 자기 머리를 밀어넣을 각오가 되어 있다는 표현을 자주 했으며 실제로 그렇게 하려고 했다." 그것은 지속적인 무자비한 공격에 의존하는 그랜트의 군사철학을 잘 비유한 말이었다.

급진파들은 북부 장교들 중에 은밀하게 노예제를 동정하는 사람들 때문이라고 그 책임을 잘못 전가하였다. 이 위원회의 활동은 북부의 전쟁 수행에 종종 심각한 방해가 되었다.

남부의 지휘체제는 데이비스 대통령을 중심으로 이루어졌는데, 그는 링컨과 달리 숙련된 전문 군인이지만 링컨처럼 효과적인 중앙 지휘 체계를 만들지 못하였다. 1862년 초에 데이비스는 로버트 리(Robert E. Lee) 장군을 자신의 최고 군사자문관으로 임명하였다. 그러나 사실 데이비스는 전략 통제권을 누구와도 공유할 의도가 없었다. 몇 달 후에 리 장군은 전장의 군대를 지휘하기 위해 리치몬드를 떠났으며, 그 후 2년간 데이비스는 혼자 전략을 계획하였다. 1864년 2월에 그는 브랙스턴 브래그(Braxton Bragg) 장군을 군사고문관으로 임명하였지만, 브래그 장군은 기술적인 자문만을 제공하였을 뿐이다. 1865년 2월이 되어서야 남부 연합 의회는 최고사령관이라는 공식 지위를 만들었다. 데이비스는 그 자리에 리 장군을 지명했지만, 모든 기본적인 결정은 대통령 자신이 계속하겠다는 것을 분명히 하였다. 어쨌든 전쟁은 이 새로운 지휘체계가 채

모양새를 갖추기도 전에 끝났다.

지휘의 하부 체계에서는 북부와 남부 모두 매우 유사한 배경을 가진 사람들이 전쟁을 통제하였다. 양 진영의 전문 장교들의 다수는 웨스트포인트의 육군사관학교와 아나폴리스에 있는 미국 해군사관학교의 졸업생들이었고, 따라서 유사한 방법으로 교육받은 사람들이었다. 그들 다수는 반대 진영의 자신의 상대자를 잘 알고 있었으며 우호적이기도 하였다. 아마추어 장교들은 지원병 부대의 지휘관으로서 육군과 해군 모두에서 중요한 역할을 하였다. 그들은 북부와 남부 모두에서 대체로 지역 공동체의 경제적·사회적 지도자들이었으며, 스스로 장교로 나서서 지휘할 군대를 모았다. 이 체계는 때때로 정말 능력있는 장교들을 배출하기도 하였지만 그렇지 못한 경우가 더 많았다.

해군의 역할

북부는 해군력에 있어서 남부보다 훨씬 유리하였으며, 해군은 전쟁에서 두 가지 중요한 역할을 하였다. 하나는 링컨 대통령이 1861년 4월

로버트 리: 리는 북부의 총사령관인 그랜트 장군과 매우 큰 대조를 이루었다. 그랜트는 가벼운 체격에 구부린 자세로 옷차림도 흐트러진 우락부락한 사람이었다. 리 장군은 키가 크고 위엄이 있으며 옷차림이나 태도가 고상하였다. 그는 조지 워싱턴을 존경했으며 전쟁에서나 자신의 삶에서 워싱턴의 행동을 본받으려고 노력했다.

19일에 내린 명령에 따라 남부 해안을 봉쇄한 것이며, 다른 하나는 전투를 통해 북부 육군을 돕는 것이었다.

남부 봉쇄는 결코 완전히 효과적이지는 않았다. 미국 해군은 대체로 외양(外洋)의 배들이 남부연합 항구에 들어오지 못하게 하였지만, 작은 배들은 얼마 동안 계속 숨어 들어왔다. 그러나 점차 북부 군대가 항구 자체를 장악함으로써 봉쇄를 강화하였다. 남부연합의 수중에 있던 마지막 중요한 항구인 노스캐롤라이나의 윌밍톤은 1865년 초에 북부군의 수중에 떨어졌다.

남부연합은 새로운 무기로 봉쇄를 뚫기 위해 대담한 시도를 하였다. 그 중의 첫번째는 철갑 전함이었다. 그것은 버지니아가 연방을 탈퇴하자 북부인들이 노포크 항구에서 배에 구멍을 뚫어 가라앉힌 해군 범선 메리맥(*Merrimac*)호를 쇠로 도금하여 만든 것이었다. 1862년 3월 8일에 다시 건조된 메리맥호는 버지니아호로 이름이 붙여진 후, 노포크 항을 떠나 근처 햄톤로즈(Hampton Roads)에 있던 목선 봉쇄부대를 공격하였다. 버지니아 전함은 목선 두 척을 무찌르고 나머지를 뿔뿔이 도망가게 하였다. 그러나 연방정부는 이미 자체 철갑함을 건조해 놓았다. 그 중의 하나인 모니터(*Monitor*)호는 버지니아호의 전격적인 습격이 있은 지 단 몇 시간만에 버지니아의 해안에 도착하였다. 다음 날 철갑함들 간의 최초의 전투가 버지니아호와 모니터호 사이에 벌어졌다. 두 전함 모두 다른 전함을 가라앉힐 수는 없었다. 그러나 모니터호는 버지니아호의 공습을 멈추게 했으며 해안 봉쇄를 유지시켰다.

육상작전에 대한 북부 해군의 지원은 특히 전쟁의 서부 지역에서 중요하였다. 애팔래치아 산맥과 미시시피 강 사이의 넓은 지역에는 거대한 함선들이 항해할 수 있는 큰 강들이 있었다. 북부 해군은 군수품과 군대를 수송하고 남부연합의 강한 요새를 공격하는 데 합류했다. 남부는 쓸만한 해군력을 갖추지 못했으며 북부 전함의 공격을 고정된 육지 요새에서 방어할 수밖에 없었다. 하지만 그것은 북부군의 기동성 있는 육해병력에 상대가 되지 않았다.

유럽과 분열된 미국

대부분의 전쟁 기간 동안 남부연합의 국무장관이었던 쥬다 벤저민 (Judah P. Benjamin)은 영리하고 지적인 사람이었다. 하지만 그는 강한 확신이 부족했으며 자기 에너지의 대부분을 일상적인 행정 업무에만 쏟았다. 그에 대적하는 워싱턴의 윌리암 슈워드(William Seward)는 점차 뛰어난 미국 국무장관 중의 한 사람이 되어 갔다. 그는 런던 주재 미국 대사인 찰스 프랜시스 애덤스의 귀중한 도움을 받았다. 애덤스는 자신의 아버지인 존 퀸시 애덤스와 할아버지인 존 애덤스의 상당한 외교적 재능을 물려받았다.

영국과 프랑스의 지원은 북부와 남부 모두에 매우 중요했는데, 전쟁 초기에 두 나라 지배층은 대체로 남부연합에 동정적이었다. 그것은 두 나라 모두 상당한 남부 면화를 수입하기 때문이기도 했다. 그러나 동시에 세계 무역에서 점차 그들의 강력한 경쟁자로 부각하는 미국을 약화시키려고 힘썼기 때문이며, 양국 지배층 다수가 귀족주의를 수호하려는 남부의 노력을 존경했기 때문이다. 그러나 프랑스는 영국이 먼저 입장을 취하지 않는 한 그 전쟁의 어느 편을 택하려고 하지 않았다. 그리고 영국 정부는 국민의 다수가 북부를 강력히 지원하였기 때문에 행동하기를 꺼려했다. 존 브라이트(John Bright)나 리차드 콥덴(Richard Cobden)처럼 영국의 주요 자유주의자들은, 남북전쟁을 자유 노동과 노예 노동 사이의 투쟁으로 인식하고 그들의 추종자들에게 북부의 주장을 지지할 것을 촉구했다. 정치 의식은 높았지만 대체로 참정권이 없었던 영국의 노동자들은 북부에 동조하는 자신들의 의사를 확실하게 표현했으며, 그것은 대중집회와 결의, 또한 노동자를 대표하는 의회 지도자들을 통해 이루어졌다. 링컨이 노예해방 선언을 발표한 후에 이들은 특히 북부를 위해 열렬히 일하였다.

남부 지도자들은 남부 면화 수입이 영국과 프랑스 직조산업에 중요하다고 주장함으로써 영국의 반노예제 세력을 약화시키기를 희망했다. 그러나 남부연합이 많은 희망을 걸었던 이 '면화왕 외교'(King Cotton diplomacy)는 실패하였다. 영국 제조업자들은 1861년에 생면과 완제품의 잉여분을 갖고 있었으며 미국 면화의 일시적인 수입 중단을 견딜 수 있었다. 후에 면화 공급이 감소하기 시작하자 영국과 프랑스는 이집트와 인도, 다른 지역으로부터 면화를 수입함으로써 최소한 일부 면직공장을 계속 가동시킬 수 있었다. 면화 부족에 의해 가장 심각한 위협에 처한 영국 노동자들이 해안 봉쇄의 파기를 주장하지 않았다는 것도 역시 중요한 점이었다. 심지어 면직공장의 폐쇄로 직장에서 쫓겨난 50만 영국 면직공들도 계속 북부를 지지하였다. 결국 어떤 유럽 국가도 남부연합을 외교적으로 인정하지 않았으며 전쟁에 개입하지 않았다. 남부연합이 이길 것 같지 않는 한 어느 나라도 미국과 적대하기를 원하지 않았고, 남부는 그 잠재적 동맹국들을 설득하여 남부를 지지하게 하는 데 결코 성공하지 못했다.

그렇더라도 미국과 영국 사이에는 전쟁의 초기부터 상당한 긴장이 있었으며 때로는 적대감에 가까웠다. 영국은 전쟁이 시작되자마자 중립을 선언했고, 이어서 프랑스와 다른 나라들이 뒤따랐다. 중립 입장 선언은 갈등의 양 진영이 동등한 지위를 갖는다는 것을 의미했기 때문에 북부 정부는 분노하였다. 북부는, 갈등이 단순한 국내 반란이며 두 개의 합법적인 정부 사이의 전쟁이 아니라고 주장했다.

보다 심각한 위기였던 소위 트렌트 사건(Trent affair)이 1861년 말에 시작되었다. 남부연합 외교관들인 제임스 메이슨(James M. Mason)과 존 슬라이델(John Slidell)은, 그 당시 무력했던 북부의 해안 봉쇄를 몰래 뚫고 쿠바의 하바나로 들어가 그곳에서 영국의 증기선인 트렌트호를 타고 영국으로 향하였다. 쿠바 해안에는 충동적인 기질의 찰스 윌크스(Charles Wilkes)가 지휘하는 미국 범선 샌화킨토(*San Jacinto*)호가 기다리고 있었다. 윌크스는 정부의 승인 없이 영국 배를 정지시킨 뒤 외교관들을 체포하여 의기양양하게 보스턴으로 데리고 갔다. 그러자 영국 정부는 즉각 체포된 자들의 석방 및 미국의 배상과 사과를 요구했다. 링컨과 국무장관 슈워드는 윌크스가 해상법을 어겼다는 것을 알고 영국과의 전쟁을 감수하지 않으려고 미국 국민의 여론이 식을 때까지 협상을 질질 끌었다. 그리고 그들은 간접적인 사과와 함께 외교관들을 석방하였다.

두번째 외교 위기가 초래한 문제는 수년간 지속되었다. 큰 배를 건조할 수 없었던 남부연합은 무역 파괴자들이라고 불리운 여섯 척의 배를 영국 조선소에서 구입하였다. 그 중에 가장 유명한 것은 앨라배마호, 플로리다호, 쉐난도호였다. 미국은 군사장비를 적대국에 판매한 것은 중립법을 어긴 것이라고 항의했으며, 그 항의는 전쟁이 끝난 후에 미국이 영국에 제기한 손해배상의 토대가 되었다.

5. 전투와 전쟁

유럽 국가들의 직접 개입이 없이 북미의 두 적대 진영은 그들 스스로 갈등을 해결해야 했다. 그들은 그 이전이나 그 이후의 미국 역사상 어떤 전쟁보다도 많은 사망자를 양산한 4년간의 긴 유혈전투를 치렀다. 61만8천 명 이상의 미국인이 남북전쟁중에 사망했는데 그것은 1차 세계대전에서 죽은 11만5천 명이나 2차 대전에서 죽은 31만8천 명보다 훨씬 많은 수이며, 베트남 전쟁을 포함하여 미국이 치른 모든 전쟁에서 죽은 숫자를 합한 것보다 많았다. 즉 인구 10만 명당 거의 2천 명이 사망하였다. 1차 세계대전에서는 그 비율이 109명이었고 2차 대전에서는 241명에 불과했다.

이처럼 잔인한 대가에도 불구하고 남북전쟁은 모든 미국 전쟁 중에서 가장 낭만적이었다고 알려졌으며 가장 연구가 집중된 전쟁이었다. 그것은 남북전쟁이 엄청난 사상자를 양산했을 뿐만 아니라 고전적인 전략적 이해세력간의 일련의 군사 전투를 보여주었고, 비범한 용기와 대담함을 보인 일련의 군사지도자들을 만들어냈기 때문이기도 하였다.

1861년의 초기 전투

북부와 남부연합은 북버지니아에서 최초의 주요 전투를 시작하였다. 어빈 맥도웰(Irvin McDowell) 장군 지휘하의 3만 명이 넘는 북부군 부대는 바로 워싱턴 외곽에 주둔하였다. 약 30마일 떨어진 마나사스(Manassas)에 약간 적은 수의 남부연합군이 보리가드(P.G.T. Beauregard) 장군 휘하에 있었다. 만약 북부군이 남부군을 패퇴시킨다면 전쟁은 즉시 끝날 것이라고 북부 지도자들은 믿었다. 7월 중순에 맥도웰 장군은 전투 경험이 없는 그의 군대를 이끌고 마나사스로 진격하였다. 보리가드 장군은 마나사스 북쪽의 작은 강인 불런(Bull Run) 뒤로 자신의 군대를 이동시키고 지원군을 요청했다. 지원군은 전쟁 발발 하루 전에 도착했다. 이제 양측의 군대는 거의 같은 크기가 되었다.

7월 21일에 불런에서의 최초의 전투, 즉 제1차 마나사스 전투에서 맥도웰 장군은 남부연합군을 해산시키는 데 거의 성공했다. 그러나 북부군의 마지막 강력한 공격을 막아낸 남부연합군은 야만적인 반격을 시작하였다. 여러 시간 동안 무덥고 힘든 싸움을 한 후에 기진맥진해진 북부 군대는 갑자기 공포에 휩싸였다. 그들은 전열을 흩뜨리며 정신없이 후퇴하였다. 맥도웰은 그들을 재조직할 수 없었고 워싱턴으로 후퇴할 것을 명령해야 했다. 이때, 가까운 언덕에서 전투를 구경하기 위해 소풍 바구니를 손에 들고 워싱턴에서부터 말을 타고 뒤따라 온 많은 민간인들이 도로에 있어서, 북부군의 무질서한 후퇴는 더욱 복잡하였다. 북부군이 패배로 와해된 것처럼 남부연합군은 승리로 무질서해졌으며, 군수품과 수송력도 부족하여 북부군을 뒤쫓지 않았다. 그 전투는 북부군의 사기를 떨어뜨렸고, 자신의 장교들을 굳게 믿었던 링컨 대통령의 자신감에 치명적인 타격을 입혔다. 그것은 동시에 전쟁이 금방 끝날 것이라는 환상도 쫓아버렸다.

1861년에 북부군은 다른 곳에서 작지만 중요한 승리를 거두었다. 미주리 주에서는, 주를 연방으로부터 탈취하려는 클레본 잭슨(Claiborne Jackson) 주지사와 다른 주 관리들을 중심으로 반란 세력이 집결하였다.

세인트루이스에서 소규모 정규군을 지휘하던 너새니얼 리온(Nathaniel Lyon)은 연방 탈퇴주의자들과 대치하기 위해 자신의 군대를 미주리 남부로 이동시켰다. 8월 10일 윌슨 크릭(Wilson's Creek) 전투에서 그는 패배하여 살해당했다. 하지만 그는 남부연합군의 공격력을 심하게 약화시켰고, 결국 북부군은 미주리 주의 대부분을 장악할 수 있었다.

그 동안 맥클랜 장군 휘하의 북부군은 오하이오로부터 버지니아 서부로 이동하였다. 그들은 1861년 말에, 그 지역 산악지방에 살면서 연방 탈퇴에 반대하여 연방에 충성하는 독자 정부를 만든 주민들을 해방시켰다.' 그 주는 1863년에 웨스트버지니아 주로 연방에 가입되었다. 웨스트버지니아의 점령은 군사적 가치는 크지 않았다. 왜냐하면 그 지역은 버지니아의 나머지 지역과 산맥으로 격리되어 있었기 때문이다. 그러나 그 것은 북부 측에는 중요한 선전용 승리였다.

서부 전선

불런 전투 이후에 동부 지역에서의 군사작전은 오랫동안 실망스러운 교착 상태에 빠졌다. 그래서 1862년의 최초의 중요한 작전은 서부 지역에서 일어났다. 거기서 북부군은 미시시피 강의 남부 지역을 장악하고자 하였다. 그 작전이 성공하면 남부연합은 분열될 것이며 북부는 남부의 심장부로 가는 용이한 수송로를 얻게 될 것이다. 북부군은 켄터키로부터 강을 따라 내려오고 멕시코만으로부터 뉴올리안즈를 향하여 거슬러 올라가면서 북쪽과 남쪽 양방향에서 미시시피 남부로 나아갔다.

4월에 철갑선과 목선함대로 구성된 북부군 소규모함대가, 데이빗 파라것(David G. Farragut) 장군의 지휘하에 멕시코만에 집결하였다. 그리고 미시시피 강 입구 가까이 있던 미약한 남부연합 요새를 무너뜨리고 뉴올리안즈로 항해해 올라갔다. 남부연합의 최고지휘관은 북쪽으로부터의 공격을 기다리고 있었기 때문에 뉴올리안즈는 사실상 무방비 상태였다. 1862년 4월 25일 뉴올리안즈의 항복은 북부군에게 있어 최초의 중요한 승리였으며 전쟁에서의 중요한 전환점이었다. 그때부터 미시시피

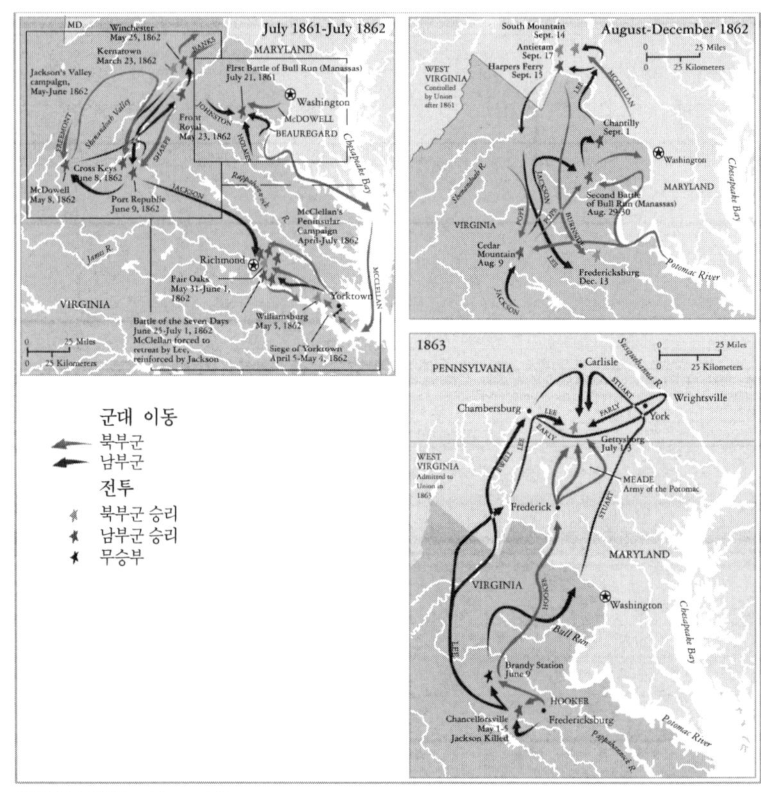

군대 이동
북부군
남부군
전투
북부군 승리
남부군 승리
무승부

버지니아 전선, 1861~1863

강 입구를 통한 남부연합의 무역은 폐쇄됐으며, 남부의 가장 큰 도시이
자 가장 중요한 금융 중심지가 북부의 손아귀에 장악되었다.

서부 전쟁터의 최북쪽에서는 앨버트 존스턴(Albert Sidney John-
ston)이 지휘하는 남부연합군이 길다란 방어선을 뻗쳐 놓았다. 그 중심
은 테네시 주에 있는 두 개의 요새였는데, 테네시 강과 컴버랜드 강에
있는 포트헨리(Fort Henry)와 포트도널슨(Fort Donelson)이었다. 그러
나 그 요새들은 주요 남부전선의 측면에 위치하고 있어서 북부군 지휘
관들이 그것을 알고 이용할 수 있는 치명적인 약점을 가지고 있었다.
1862년 초에 그랜트 장군은 포트헨리를 공격하였고, 북부 육군과 함께

공격해 오는 철갑함선에 놀란 요새 수비대는 2월 6일에 거의 저항하지 않고 항복하였다. 그러자 그랜트는 자신의 해군과 육군을 포트도널슨으로 이동시켰으며, 거기서 남부연합군은 강력한 전투를 전개했지만 결국 2월 16일에 항복했다. 그랜트 장군은 남부연합군의 중심을 붕괴시킴으로써 강 수로의 통제권을 확보했으며, 켄터키 주 및 테네시 주의 절반을 차지하고 있던 남부연합군을 쫓아냈다.

그랜트 장군은 이제 약 4만 명을 거느리고 테네시 강을 따라 남쪽으로 진군하여 남부연합에 매우 중요한 철로선을 장악하고자 하였다. 그는 피츠버그랜딩(Pittsburg Landing)에서 출발하여 테네시 주의 실로 가까이 행진해 갔으며, 그곳에서 자신의 군대와 거의 같은 수의 남부연합군을 이끄는 앨버트 존스턴과 보리가드의 부대를 갑자기 만나게 되었다. 그 결과 4월 6일부터 7일까지의 실로(Shiloh) 전투가 발발했다. 전투 초기에 존스턴이 사망하였지만 남부연합군은 그랜트 장군을 다시 강으로 밀어냈다. 그러나 다음날 2만5천 명의 신병 지원을 받은 그랜트는 빼앗긴 지역을 회복하고 보리가드를 후퇴시켰다. 실로에서 간신히 승리한 북부군은, 중요한 철도 중심지인 미시시피 주의 코린스(Corinth)를 점령하고 남쪽으로는 멀리 멤피스까지 차지하여 미시시피 강을 장악하였다.

서부에서 남부연합군을 지휘하던 브랙스턴 브래그(Braxton Bragg)는 남부연합이 장악하고 있는 동부 테네시의 챠타누가에 군대를 모았다. 그는 테네시 주의 나머지를 다시 되찾은 뒤 켄터키를 향해 북쪽으로 이동하고자 하였다. 그러나 그는 먼저 챠타누가를 장악하려는 임무를 띤 북부군과 대적해야 했다. 북부군은 처음에는 돈 부엘(Don Carlos Buell) 그리고 나중에는 윌리암 로즈크랜스(William S. Rosecrans)의 지휘를 받았다. 북부군과 남부연합군은 북부 테네시와 남부 켄터키에서 유리한 고지를 장악하기 위해 여러 달 동안 결론 없는 작전을 치렀다. 그러다 드디어 12월 31일부터 1월 2일까지 머프리스보로(Murfreesboro) 전투 혹은 스토운 강(Stone's River) 전투에서 대결하였다. 그 결과 남부연합군의 브래그는 전투에서 패하여 남쪽으로 후퇴해야 했다.

이처럼 1862년 말경에 북부군은 서부 전선에서 상당한 진전을 보고 있었다. 그러나 주요 전투는 동부에서 기다리고 있었으며 그곳에서는 훨씬 더 적은 승리만을 얻고 있었다.

버지니아 전선 (1862년)

북부군의 작전은 1862년에 맥클랜에 의해 지휘되었다. 그는 포토맥 군의 사령관이자 가장 논란이 된 장군이었다. 그는 사병들의 훈련에는 탁월했지만 자신의 군대를 전장에 내보내기를 자주 꺼려하였다. 중요한 참전의 기회들이 왔지만 그냥 지나갔으며, 그 기회들을 결코 이용하는 것 같지 같았다. 그는 항상 준비가 아직 덜 됐다거나 좋은 시점이 아니라고 주장하였다.

1861년과 1862년 사이의 겨울 동안 맥클랜은 워싱턴 근처에서 15만 명의 군대를 훈련하는 데 몰두하였다. 그러다 드디어 그는 남부연합의 수도인 리치몬드를 장악하기 위한 봄 전투를 계획하였다. 그러나 리치몬드를 향하여 바로 육로로 가는 대신에 그는 남부연합의 방어선을 피할 수 있다고 판단한 복잡한 우회 루트를 선택하였다. 즉 북부 해군이 그의 군대를 싣고 포토맥 강을 따라 내려간 뒤, 요크 강과 제임스 강 사이에 있는 리치몬드 동쪽 반도에 내려주면 거기서부터 리치몬드로 접근해 가는 전략이었다. 이 연합작전은 반도 전투(Peninsular campaign)라고 알려졌다.

맥클랜은 자신의 병력 일부만을 데리고 전투를 시작하였다. 약 10만 명의 군대가 그를 따라 포토맥 강으로 내려갔다. 어빈 맥도웰 장군 휘하의 또 다른 3만 명은 워싱턴을 보호하기 위하여 뒤에 남았다. 맥클랜은 그가 리치몬드를 위협하고 있는 한 워싱턴은 안전하다고 주장했으며, 결국 링컨을 설득하여 그에게 추가 병력을 보내게 하였다. 그러나 대통령이 그렇게 하기 전에 토마스 잭슨(Thomas J. 'Stonewall' Jackson) 휘하의 남부연합군이 그의 계획을 수정시켰다. 잭슨은 쉐난도 계곡을 통해 북쪽으로 기습 행진을 감행했다. 그것은 마치 포토맥 강을 건너 워싱턴을 공격하려는 계획 같았다. 놀란 링컨은 잭슨을 가로막기 위해 맥도웰의 부대를 파견하였다. 1862년 5월 4일부터 6월 9일까지 벌어진 유명한 계곡 전투에서 잭슨은 북부군 두 부대를 각각 격파한 뒤 맥도웰에게 잡히지 않고 빠져 나왔다.

그 동안 존스턴(Joseph E. Johnston) 휘하의 남부연합군은 리치몬드 외곽에서 맥클랜의 군대를 공격하였다. 그러나 5월 31일부터 6월 1일까지 이틀간의 페어오크스(Fair Oaks) 전투 혹은 세븐파인(Seven Pines) 전투에서 그들은 북부군을 격퇴할 수 없었다. 심하게 부상한 존스턴은 리 장군에 의해 대체되었으며, 그는 쉐난도 계곡에 있는 잭슨을

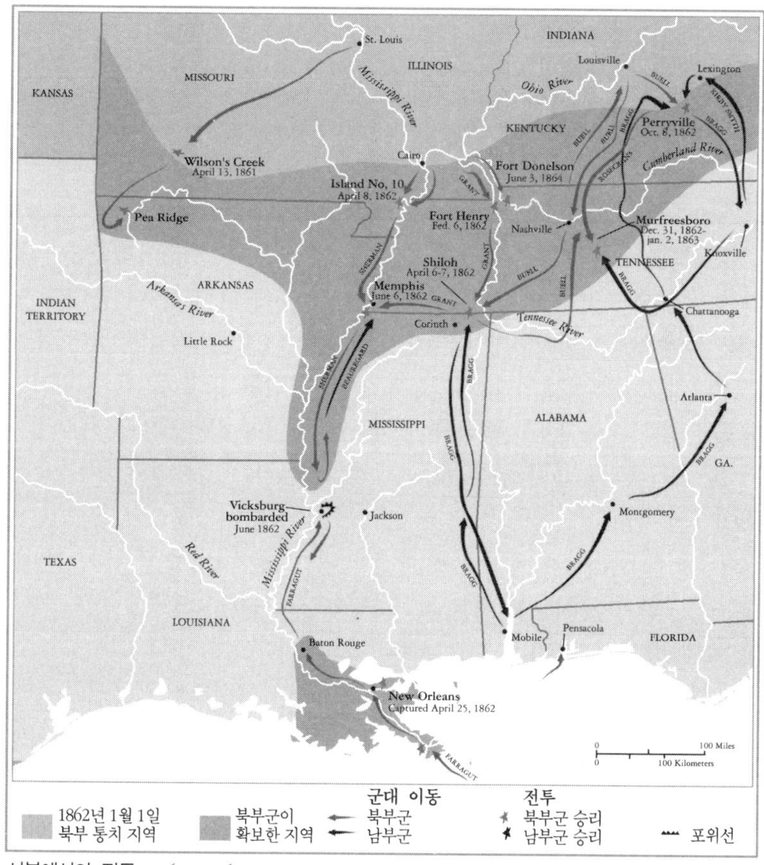

서부에서의 전투, 1861~1863

불러들였다. 맥클랜의 십만 군에 대적하기 위해 연합한 8만5천 명의 남부연합군을 이끌고 리 장군은 7일간의 전투(6월 25일~7월 1일)로 알려진 공격을 새로 시작하였다. 리 장군은 맥클랜을 요크 강에 있는 북부군 기지로부터 고립시킨 후 북부군을 패퇴시키려 하였다. 그러나 맥클랜은 반도를 가로질러 전투를 전개하였고 제임스 강에 새로운 기지를 세웠다. 그곳은 해군의 도움을 받을 수 있어서 맥클랜의 포토맥 군대는 안전하였다.

제임스 강의 기지는 리치몬드에서 불과 25마일밖에 되지 않았으며 안전한 수로 연결망을 확보하였기 때문에 전투를 재개하기에 좋은 위치였다. 그러나 맥클랜은 다시 전투를 연기할 이유를 찾아냈다. 링컨은 맥클랜을 보다 공격적인 지휘관으로 대체하는 대신에, 결국 북부 버지니아로 돌아가 존 포프(John Pope) 휘하의 소규모 병력과 합칠 것을 명령하였다. 대통령은 그 자신이 항상 선호했던 직통 육로를 통해 리치몬드를 다시 공격하고자 하였다.

포토맥 군대가 수로를 통해 반도를 떠나자, 리 장군은 맥클랜이 포프와 합류하기 전에 포프 병력을 공격하기 위해 북버지니아 군대를 이끌고 북쪽으로 이동하였다. 맥클랜이 지나치게 조심스러웠던 반면 포프는 매우 성미가 급했으며, 맥클랜의 군대가 전부 도착하기를 기다리지 않고 근접해 오는 남부연합군을 공격하였다. 이어 8월 29일부터 30일까지 벌어진 제2차 불런 전투 혹은 제2차 마나사스 전투에서, 리 장군은 포프의 공격을 되받아치고 그 군대를 되돌려 보냈다. 포프의 군대는 워싱턴으로 도망갔다. 이제 혼란에 빠진 리치몬드를 육로로 공격하기 위해, 링컨은 포프의 지휘권을 빼앗고 그 지역의 모든 연방병력에 대한 책임을 맥클랜에게 맡겼다.

리 장군은 곧 다시 공격에 나섰고 서부 메릴랜드를 통과하여 북쪽으로 향하였다. 맥클랜은 그를 대적하기 위해 병력을 이동시켰다. 이때 맥클랜은 리 장군 명령문의 복사본을 얻는 행운을 갖게 되었는데, 그 명령문은 잭슨 휘하의 남부연합군 일부가 나머지 군대와 분리되어 하퍼스 페리(Harpers Ferry)를 공격한다는 내용이었다. 그러나 남부연합군이 재결합하기 전에 신속히 공격하는 대신 맥클랜은 지체하였고, 그 동안에 리 장군은 샵스버그(Sharpsburg) 마을 근처의 앤티탐 강(Antietam Creek) 뒤로 자기 군대의 대부분을 집합시킬 수 있었다. 드디어 9월 17일에 남북전쟁 중 가장 피비린내 나는 전투가 전개되었다. 맥클랜의 8만 7천 명의 군대는 리 장군의 5만 병력을 계속 공격하였고 양측에 엄청난 사상자가 발생했다. 모두 합하여 6천 명이 죽었고 1만7천 명이 부상했다. 그날 늦게 남부연합 전선이 곧 무너질 즈음, 하퍼스페리로부터 잭슨 휘하의 마지막 지원 부대가 도착했다. 맥클랜이 한 번의 공격만 더 했다면 남부연합군을 분쇄했을 것이다. 그러나 그는 리 장군이 버지니아로 후퇴하는 것을 허용했다. 전술상으로 앤티탐 계곡 전투는 북군의 승리였지만, 실제로 그것은 북군에게 온 기회를 허비한 것이었다. 11월에 링컨은 결국 맥클랜의 지휘권을 영원히 박탈하였다.

맥클랜을 대신한 암브로스 번사이드(Ambrose E. Burnside)도 오래 가지 못한 평범한 사람이었다. 그는 강변의 가장 강한 방어기지인 프리데릭스버그에서 라파하녹 강을 건너 리치몬드로 진격하고자 하였다. 그는 12월 13일에 프리데릭스버그에서 리 장군의 부대에 일련의 공격을 감행했으나 모두 유혈의 실패로 끝났다. 자기 병력의 상당수를 잃은 후에 그는 라파하녹 강의 북쪽 기슭으로 후퇴했다. 그는 자진해서 지휘관에서 물러났다.

결단의 해 (1863년)

1863년 초에 조셉 후커(Joseph Hooker) 장군은 아직 강력한 포토맥 군대를 지휘하고 있었는데, 그 중의 12만 명은 프리데릭스버그의 반대편인 라파하녹 강의 북쪽에 머물렀다. 그러나 '싸우는 조'라는 별명을 가진 그의 대단한 명성에도 불구하고, 후커는 봄에 시작한 전투에서 전혀 전의(戰意)를 보여주지 못했다. 후커는 자신의 병력 일부를 이끌고 프리데릭스버그 위로 강을 건너 리 장군의 부대가 있는 마을로 향하였다. 그러나 마지막 순간에 그는 완전히 자신감을 잃고 덤불과 잔나무들이 무성한 황량한 지역인 윌더니스(Wilderness)라는 지역에서 방어 자세로 물러섰다. 리 장군은 후커의 절반 정도의 병력만을 이끌고 있었지만, 대담하게 자신의 군대를 둘로 나누어 북부군에 양면 공격을 가하였다. 5월 1일부터 5일까지의 챈슬러스빌(Chancellorsville) 전투에서 잭슨 장군은 곧바로 북부군을 공격했고 리 장군은 스스로 전선의 전면에 나섰다. 후커는 간신히 군대를 이끌고 도망했다. 리 장군은 북부군의 목표를 좌절시키기는 했지만 완전히 만족한 승리는 아니었다. 그는 북부군을 궤멸시키지는 못했으며, 자신의 최고 장교인 잭슨이 전투중에 심한 부상을 입었다.

북부군이 동부에서 계속되는 좌절을 겪고 있을 동안, 서부에서는 몇 개의 중요한 승리를 거두고 있었다. 1863년 봄에 그랜트 장군은 남부 미시시피 강에 있는 남부연합군의 나머지 두 개 요새 중의 하나인 미시시피 주 빅스버그에 돌진하고 있었다. 빅스버그는 북쪽은 거친 지형으로 둘러싸여 있고 서쪽은 낮은 습지여서 잘 보호되는 지역이며 강 자체가 훌륭한 대포 방어벽이 되었다. 그러나 그해 5월에 그랜트는 육로와 해로를 통해 지형이 더 나은 도시 남쪽으로 병력과 군수품을 과감히 이동시켰다. 그리고 그는 후방에서 빅스버그를 공격하였다. 6주 후인 7월 4일에, 장기간의 포위로 인해 말 그대로 주민들이 굶주리고 있던 빅스버그는 항복하였다. 거의 같은 시간에 미시시피 강에 있는 남부연합의 또 다른 강력한 기지인 루이지애나의 포트허드슨(Port Hudson)도 뉴올리안즈로부터 북쪽으로 진격한 북부군에 항복하였다. 이로써 북부군은 중요한 군사적 목표의 하나를 성취했는데, 그것은 미시시피 강 전체를 장악하게 된 것이다. 남부연합은 이제 둘로 갈라졌으며, 루이지애나, 아칸소, 텍사스는 다른 남부연합 주들과 격리되었다. 미시시피 강의 승리는 전쟁의 중요한 전환점의 하나였다.

빅스버그가 포위당한 초기에 리 장군은 펜실베니아를 공격할 것을 제안하였다. 그는 그 침입 작전이 북부군을 북쪽으로 유인하여 미시시피 강 하류의 북부군 병력을 철수시킬 수 있다고 주장했다. 더 나아가서 만약 그가 북부 지역에서 큰 승리를 하게 되면 영국과 프랑스가 남부연합

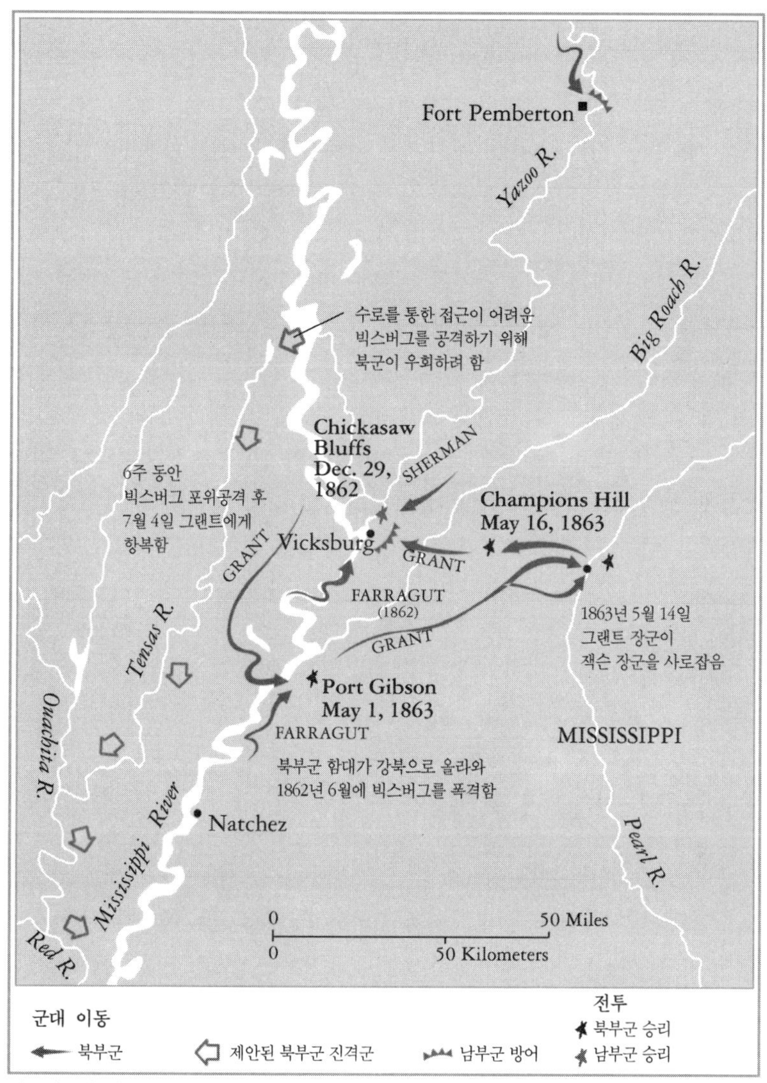

빅스버그에 대한 공격, 1862년 5월~1863년 7월

을 돕게 될 것이라고 주장했다. 전쟁을 두려워하는 북부는 빅스버그가 함락되기 전에 전쟁을 그만둘 것이라는 것이다.

1863년 6월에 리 장군은 쉐난도 계곡에서 메릴랜드로 이동하여 펜실베니아로 들어갔다. 처음에는 후커, 나중에 조지 미드(George C. Meade)가 지휘한 포토맥 북군도 남부연합의 이동과 평행으로 북쪽으로 이동하여 리 장군과 워싱턴 사이에 주둔했다. 두 군대는 결국 펜실베니아의 게티스버그(Gettysburg)라는 작은 마을에서 서로 맞부딪쳤다. 1863년 7월 1일부터 3일까지 북부군은 남북전쟁 중 가장 많은 칭송을 받은 전투를 하였다.

미드의 군대는 마을 남쪽의 언덕에 방어벽이 튼튼한 강력한 진지를 구축했다. 자신감이 넘치고 전투적인 리 장군은 자신의 7만5천 명의 군대가 미드의 9만 명보다 수가 열세임에도 불구하고 공격을 개시하였다. 그러나 리지 공동묘지 능선에 주둔중인 북부군에 대한 그의 첫번째 공격은 실패하였다. 하루 뒤에 그는 두번째의 더 큰 공격을 명령했다. 피켓 장군의 돌격으로 알려진 전투에서, 1만5천 명의 남부연합군은 사방이 개방되어 있는 지역을 가로질러 거의 1마일을 진격하였는데, 그 과정에

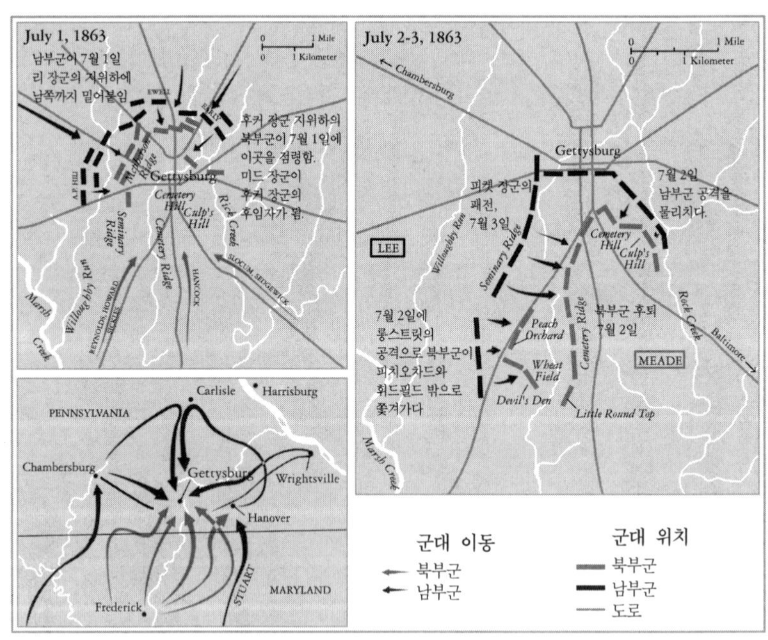

게티스버그의 전투, 1863년 7월 1일~3일

서 북부군의 공격으로 초토화되었다. 단지 5천 명만이 리지에 도달했으며 나머지는 결국 항복하거나 후퇴해야 했다. 이제 리 장군은 거의 3분의 1의 병력을 상실하였다. 7월 4일, 빅스버그가 항복한 바로 그날에 그는 게티스버그로부터 철수하였다. 이 후퇴는 전쟁의 또 다른 중요한 전환점이었다. 이후 약화된 남부연합 세력은 다시는 북부 영토를 강력히 위협할 수 없었다.

그해가 끝나기 전에 이번에는 테네시에서 중요한 전환점이 생겼다. 9월 9일에 챠타누가를 점령한 로즈크랜스(William Rosecrans) 휘하의 북부군은 브래그 장군이 이끌고 후퇴하는 남부연합군에 대한 현명치 못한 추적을 시작했다. 브래그는 조지아 주의 경계를 바로 건너서 리 장군의 병력 지원을 받고 그들을 기다리고 있었다. 두 군대는 9월 19일부터 20일까지 치카마우가(Chickamauga) 전투를 벌였는데, 남부연합이 숫적으로 우세한 조건으로 싸웠던 몇 안 되는 전투 중의 하나였다. 남부연합군은 7만 명 북부군은 5만6천 명이었다. 북부군은 남부연합 전선을 무너뜨릴 수 없었고 다시 챠타누가로 후퇴하였다.

이제 브래그는 근처 고원을 점령하여 북부군의 군수품 조달을 차단한 채 챠타누가 자체를 포위하기 시작했다. 이때 그랜트 장군이 북부군을 지원하기 위해 왔다. 병력이 강화된 북부군은 11월 23일부터 25일까지의 챠타누가 전투에서 남부연합군을 다시 조지아로 몰아붙였다. 그리고 북부군은 테네시 동부 지역의 대부분을 점령했다. 북부군은 이제 두 번째의 중요한 목표를 달성했다. 즉 테네시 강을 장악한 것이다. 11개의 남부연합 주들 중에 4개 주는 이제 사실상 남부연합으로부터 고립되었다. 더 이상 남부연합은 결정적인 군사적 승리를 통해 독립을 쟁취하는 것을 바랄 수 없었다. 그들은 단지 계속 버텨 북부군의 전투 의지를 소진시킴으로써 승리하기만을 희망하였다.

마지막 단계 (1864~1865)

1864년 초에 그랜트 장군은 북부군 전체를 지휘하는 장군이 되었다. 링컨 대통령은 드디어 오랜만에 끈질기고 집요하게 전쟁을 치르리라 믿을 수 있는 장군을 발견했다. 그랜트는 교묘한 전략가나 전술적인 장군이 아니었다. 그는 단순히 북부의 우세한 병력과 물질적 자원을 이용하여 남부를 제압할 수 있다고 믿었을 뿐이다. 그는 상대편에도 비슷한 정도의 사상자 피해를 입히고 있는 한 대규모의 사상 피해를 받아들이는 것을 두려워하지 않았다.

그랜트는 1864년에 두 가지 대규모 공격을 계획했다. 먼저, 미드가 지휘관이지만 이제 사실상 그랜트의 지휘하에 놓인 포토맥 군대는, 버지니아에서 리치몬드를 향하여 진격하였으며 이 전투에 리 장군을 끌어들였다. 또한 조지아에서는 윌리암 셔만(William T. Sherman)이 이끄는 서부군이 동쪽으로 애틀란타를 향해 진격하였으며, 조셉 존스턴(Joseph E. Johnston)의 휘하에 있는 나머지의 남부연합 병력을 격퇴시키려고 하였다.

북부 전투는 11만5천 명의 막강한 포토맥 군대가 리 장군의 7만5천 명의 병력을 추격하며 북서 버지니아의 험하고 숲이 우거진 윌더니스로 뛰어들면서 시작되었다. 몇 주 동안 접전을 피한 후에 리 장군은 5월 5일부터 7일까지 그랜트를 윌더니스 전투로 불러들였다. 그러나 그랜트는 단념하지 않았다. 휴식이나 재정비를 위해 멈추지 않고 그는 리치몬드를 향한 행진을 시작했다. 그는 5일간의 유혈 전쟁인 스폿실바니아 군청(Spotsylvanis Court House) 전투에서 리 장군을 다시 만났다. 이 전투에서 1만2천 명의 북부군과 확실치 않지만 많은 수의 남부연합군이 사망했다. 엄청난 손실에도 불구하고 그랜트 장군은 계속 이동했다. 그러나 승리는 계속해서 그를 피해갔다. 리 장군은 그랜트 장군 병력의 주둔지와 남부연합의 수도인 리치몬드 사이에 자신의 군대를 배치하고, 6월 1일부터 3일까지 리치몬드의 바로 북동쪽인 콜드하버(Cold Harbor)에서 북부군을 다시 격퇴하였다. 1달 동안의 윌더니스 전투에서 리 장군이 3만1천 명의 사상자를 낸 데 비해 그랜트 장군의 병력은 5만5천 명이 죽거나 부상하거나 체포되었다. 그리고 리치몬드는 아직도 함락되지 않았다.

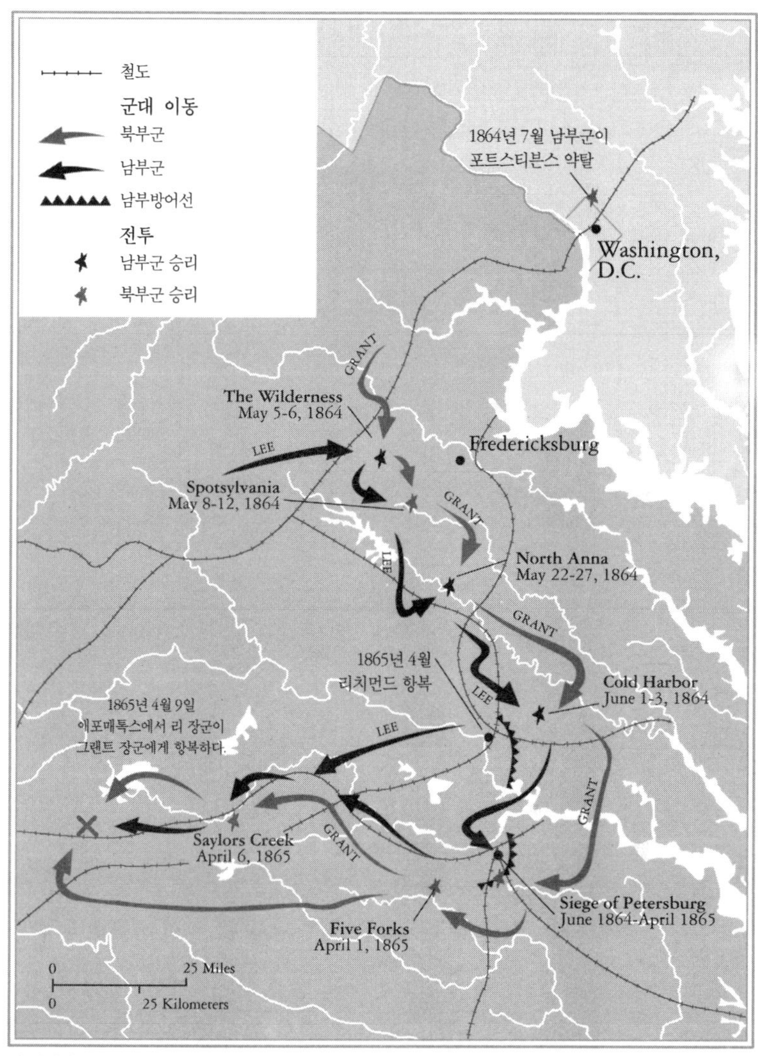

버지니아 전투, 1864~1865

그랜트는 이제 전략을 바꾸었다. 그는 리치몬드를 지나 자신의 병
력을 리치몬드 동쪽으로 이동시키고 철도 중심지인 피터스버그를 향해
남쪽으로 나아갔다. 만약 그가 피터스버그를 장악한다면 그는 남부 수도

와 남부연합의 나머지 지역과의 의사소통을 차단시킬 수 있었다. 그러나 피터스버그는 강한 방어기지를 갖고 있었고, 리 장군이 피터스버그를 지키기 위해 도착하면서 북부군의 공격은 9개월간 계속된 장기 포위로 변했다.

그 동안 조지아에서 셔만은 덜 치열한 저항에 직면해 있었다. 9만 명의 병력을 거느린 그는 직접적인 접전을 피하는 존스턴 지휘하의 6만 명의 남부연합군과 대치하였다. 셔만이 진격하자 존스턴은 기동작전으로 그를 지연시키려 하였다. 두 군대는 단 한 차례의 실전을 하였을 뿐이다. 그것은 6월 27일에 애틀란타 북서쪽 케네소 산(Kennesaw Mountain)에서 있었으며 존스턴이 상당한 승리를 거두었다. 하지만 그는 애틀란타를 향한 북부군의 진격을 멈추게 할 수는 없었다. 데이비스 대통령은 존스턴을 전투적인 존 후드(John B. Hood)로 대체하였는데, 그는 셔만의 군대를 두 차례 과감히 공격하였지만 자신의 병력만을 심히 약화시켰을 뿐 거의 성과를 거두지 못했다. 셔만은 9월 2일에 애틀란타를 점령했다. 이 승리 소식은 북부를 전율시켰으며 링컨 대통령의 후면에서 분열되어 있던 공화당을 단결시켰다.

후드는 이제 테네시를 통해 뒤로 돌아 위로 이동하면서 북부군을 위협하였다. 그럼으로써 그는 셔만을 애틀란타에서 끌어내기 위해 노력하였으나 실패하였다. 셔만은 미끼에 걸리지 않았다. 대신 그는 내쉬빌을 강화하기 위해 북부군을 보냈다. 1864년 12월 15일부터 16일까지 벌어진 내쉬빌 전투에서 북부군은 후드의 나머지 병력을 거의 격퇴하였다.

그 동안 셔만은 애틀란타를 떠나 곧 유명해질 '바다로의 진군'을 시작했다. 사용할 수 없는 공급품을 버리고 땅에서 기식하면서, 그의 군대는 조지아의 60마일 넓이의 황무지 띠를 가로질러 갔다. 셔만은 "전쟁은 완전히 지옥이다"라고 말한 적이 있다. 그러나 그것은 전쟁이 잔혹한 것이므로 피해야 한다는 뜻이 아니라 전쟁은 가능한 한 적군에게 참혹하고 값비싼 대가를 치르게 해야 한다는 것을 의미했다. 그는 남부연합군에게서 전쟁 물자와 철도편을 빼앗을 뿐만 아니라, 진군 도중에 있는 마을과 농장을 불태움으로써 남부인들의 의지를 분쇄하고자 하였다. 12월

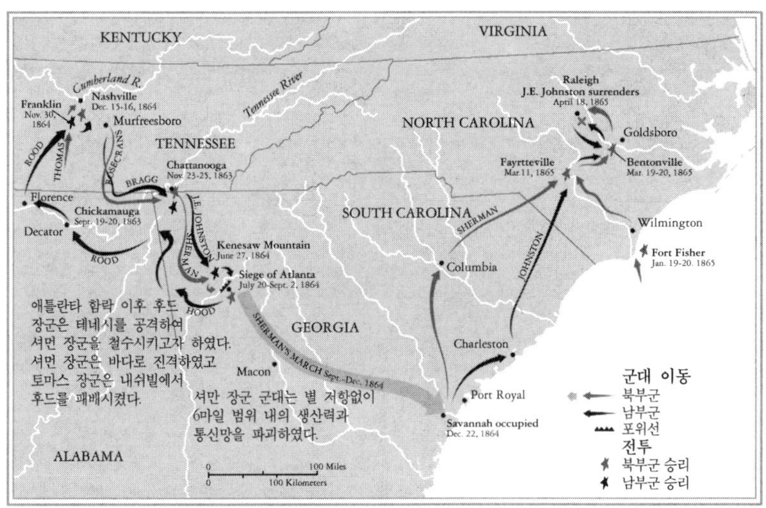

바다를 향한 셔만의 진군, 1863~1865

20일에 그는 사바나에 도착하였는데 사바나는 이틀 뒤에 항복하였다. 그것은 링컨 대통령에게 준 셔만의 크리스마스 선물이었다. 1865년 초에 셔만은 사우스캐롤라이나를 통해 북쪽으로 이동하면서 파괴적인 행군을 계속하였다. 그는 노스캐롤라이나의 내지(內地)에 무사히 도착할 때까지 사실상 저항을 받지 않았다. 노스캐롤라이나에서는 존스턴 휘하의 소규모 병력이 잠시 진군을 지연시켰을 뿐이다.

　1865년 4월에, 아직 피터스버그에서 장기 포위를 하고 있던 그랜트 장군의 포토맥 군대는 드디어 마을 남서부의 중요한 철도교차지를 장악하였다. 남부로의 철로 접근이 차단되고, 다른 남부연합 병력으로부터 고립되었으며, 엄청난 사상자와 병력 이탈로 고생하던 리 장군은 더 이상 리치몬드를 수호할 수 없음을 남부연합 정부에 알렸다. 수시간 내에 제퍼슨 데이비스와 그의 내각, 수송 수단을 찾을 수 있었던 백인 인구는 리 장군의 병력을 따라 도망하였다. 그날 밤 폭도들이 도시를 약탈했으며 파괴적인 방화를 저질렀다. 그리고 다음날 아침 흑인 보병여단이 이끄는 북부군 병력은 남부연합의 수도에 진입했다. 그들과 함께 링컨도 불타버린 도시의 거리를 통과해 걸어 들어왔다. 흑인 남자와 여자들은

힐(J.J. HILL)

1865년 4월 코네티컷 흑인 보병부대 29여단이 리치먼드에 입성하다.

여기는 4월 1일까지 모든 것이 조용하였다. 4월 1일에 모든 준비가 갖춰졌으며 텐트를 걷고 리치먼드로 이동하라는 명령이 떨어졌다. (…) 리치먼드로 향하는 행군에서 우리는 500여 개의 대포를 취득했는데 그 중 일부는 가장 큰 종류의 것이었고 6천 정의 소총과 셀 수 없는 포로들을 포획했다. 도로에는 여러 종류의 장애물들이 흩어져 있었고 7마일이나 되는 길을 따라 사람들이 누워 있었다. 군대의 주력 부대는 뉴마켓(New Market) 길을 따라 올라갔다. 29여단은 계속 소규모 전투를 하면서 아침 7시에 도시에 도착하였고 도시로 진입한 최초의 보병부대였다. (…)

4월 3일에 링컨 대통령이 도시를 방문했다. 정복자의 어떠한 승리의 행군도, 링컨이 리치먼드에 들어오며 보여준 겸손한 태도의 도덕적 숭고함과 비교할 수는 없을 것이다. 나는, 12명의 선원이 이끄는 배가 강물을 거슬러 올라올 때 황폐한 도시를 바라보며 제임스 강 강둑에 서 있었다. 그 배에는 링컨 대통령과 그 아들이 타고 있었다. 강둑의 흑인들은 검은 모자를 쓴 키 큰 남자가 링컨 대통령이라는 사실에 약간 놀랐다. (…) 그가 접근해 오자 나는 한 여인에게 "부인, 당신을 해방시킨 사람입니다"라고 말하였다. (…) 그 여자는 박수를 치며 링컨 대통령을 응시하면서 "신에게 영광, 그의 선행을 치하해 주십시오"고 말하였다. 그리고 그 여자는 목소리가 다할 때까지 소리쳤다. (…) 그는 사람 중의 사람이었다. 그는 해방된 자들 중의 위대한 해방자였다. 링컨의 눈에서 눈물이 나온 것은 놀라운 일이 아니었다. (…) 제퍼슨 데이비스의 저택을 방문한 후에 그는 남부의 수도로 향하였는데, 그 저택의 계단에서 흑인들에게 다음과 같은 짤막한 연설을 하였다. (…) "신은 여러분을 자유롭게 창조하였습니다. 여러분이 소위 여러분의 주인들에 의해 신이 주신 권리를 박탈당해 왔지만, 여러분은 이제 나처럼 자유롭습니다. 여러분의 주인이라고 주장하는 사람들이 여러분이 자유의 몸이 되었다는 것을 모르면 칼을 꺼내 찌르고 그들에게 당신이 자유롭다는 것을 가르치십시오 왜냐하면 신은 모든 사람을 자유롭게 창조했으며 각각의 사람에게 생명의 권리, 자유의 권리, 그리고 행복을 추구할 권리를 똑같이 주었기 때문입니다."

그를 "메시아," "우리의 아브라함"이라고 환호하면서 도시의 거리를 에워쌌다. 너무나 감동적인 순간에 대통령은 거리에서 그 앞에 무릎을 꿇고 있는 전(前)노예에게로 향하였다. 그리고 "내게 무릎을 꿇지 마시오. (…) 당신은 신에게만 무릎을 꿇어야 합니다. 그리고 당신이 이후로 향유하게 될 자유에 대하여 신께 감사하십시오"라고 말하였다.

약 2만5천 명이 되는 나머지 병력을 이끌고 리 장군은 서쪽으로 이동하기 시작했다. 그는 북부군 주위의 후퇴로를 찾아 남쪽으로 이동하여 노스캐롤라이나에 있는 존스턴과 합류하려는 비참한 희망을 갖고 있었다. 그러나 북부군은 그를 추격하여 그의 도망로를 차단하였다. 리는 드디어 더 이상의 유혈이 소용없다고 판단했다. 그는 버지니아의 애포매톡스 법원(Appomattox Courthouse)이 있는 조그만 마을의 가정집에서 그랜트를 만나기로 하였다. 거기서 4월 9일에 자신의 나머지 병력을 데리고 항복하였다. 9일 뒤에 노스캐롤라이나의 덜햄(Durham) 근처에서 존스턴도 셔만에게 항복하였다.

비록 제퍼슨 데이비스는 패배를 받아들이기를 거부했지만, 장기간의 전쟁은 적어도 군사적으로는 사실상 끝이 났다. 데이비스는 리치몬드를 떠난 후에 남쪽으로 이동하였으며 텍사스에 도착하면 거기서부터 투쟁을 계속할 희망이었다. 그러나 그는 결국 조지아에서 체포되었다. 남부의 일부 완강한 저항 세력은 싸우기를 계속했으나 그들의 저항도 오래지 않아 붕괴되었다. 그리고 마지막 총성이 울리기 전에, 산산조각된 나라를 다시 재결합시키려는 힘든 작업이 시작되었다.

남북전쟁의 원인

남북전쟁의 원인에 대한 학자들의 논쟁은 그 윤곽이 이미 전쟁이 시작되기 전에 드러났다. 1858년에 뉴욕 상원의원 윌리암 슈워드(William H. Seward)는 당시 나라를 들끓게 하던 지역 갈등에 대한 두 개의 다른 설명을 기록하였다. 그에 의하면, 한편에는 갈등이 "우연이었고, 불필요했으며, 이해관계가 있거나 광적인 선동가들의 작품"이었다고 믿는 사람들이 있었다. 그들의 반대편에는, 슈워드도 그 중의 한 사람이었지만, "서로 반대되는 영구적인 세력간의 피할 수 없는 갈등"이었다고 믿는 사람들이 있었다. 슈워드 자신은 인식하지 못했지만, 그는 100년 이상 동안 역사가들 사이에 계속될 의견 차이를 인식한 것이다.

피할 수 없는 갈등이라는 주장은 1860년대부터 1920년대까지 남북전쟁에 대한 역사적 논의를 지배하였다. 일부 역사가들은 노예제라는 핵심 문제에 대한 협상의 여지가 없었기 때문에 전쟁은 불가피했다고 주장하였다. 다른 사람들은 노예제보다는 농경사회인 남부와 산업화하던 북부 사이의 경제적 차이에 초점을 맞추었다. 예를 들어 찰스 비어드와 메리 비어드(Charles and Mary Beard)는 1927년에, 농장주의 이해와 산업가의 이해 사이의 '본질적인 적대감'에 대하여 썼다. 각 집단은 자신의 경제적 이해를 증진시키기 위해 연방정부를 장악하고자 하였다는 것이다. 하지만 다른 사람들은 피할 수 없는 갈등의 원인으로 두 지역간의 사회적·문화적 차이를 들었다. 앨런 네빈스(Allan Nevins)는, 노예제는 북부와 남부 사람들을 "서로 다른 사람들"로 만든 문화적 차이 중의 한 요소에 불과하다고 주장했다. 두 사회는 "기본 전제, 취향, 그리고 문화적 방향"이 기본적으로 달랐기 때문에, 두 사회가 함께 평화적으로 사는 것은 사실상 불가능했다는 것이다.

최근에 '불가피한 갈등'론을 지지하는 사람들도 역시 문화와 이념을 강조하지만, 북부와 남부의 관심을 다른 내용으로 정의하였다. 1970년의 글에서 에릭 포너(Eric Foner)는 '자유노동' 이념의 중요성을 강조하였다. 노예 폐지론자들의 도덕적 관심과 산업가들의 경제적 관심보다, 북부에 넓게 퍼졌던 자유노동 이념이 남부에 대한 북부의 적대감을 설명하는 데 더 중요하다는 것이다. 북부인들은 노예제가 자신들의

지역으로 퍼져 들어와 자유 백인 노동
자들의 지위를 위협할 것을 두려워하였
기 때문에 노예제를 반대했으며, 그래
서 그들은 노예제의 서부 확장도 허용
해서는 안 된다고 주장했다는 것이다.

　　다른 역사가들은 남북전쟁에 대해
매우 다른 견해를 취했다. 어떤 요소가
전쟁을 불가피하게 만들었는가에 대하
여 논하기보다, 그들은 북부와 남부의
차이는 갈등을 유발할 만큼 큰 것이 아
니었다고 주장한다. 이러한 입장은 1920
년대에 '수정주의자들'이라고 알려진
학자들 사이에서 나타나기 시작했다.
예를 들어 제임스 랜달(James G. Ran-
dall)은, 북부와 남부의 사회적·경제적
체제에 전쟁을 필요로 할 만한 근본적
인 차이는 없었다고 주장했다. 전쟁이
시작될 즈음 노예제는 "19세기의 추세
속에서 이미 무너지고 있었다"고 하였
다. 결국 불가피한 차이 때문이 아니라
"방향을 못 잡고 우왕좌왕하던" 정치지
도자들의 역량 부족이 남북전쟁을 일으
켰다는 것이다. 에버리 크레이븐(Avery
Craven)은 1942년의 글에서, 노예제는
'완전 소멸'의 방향으로 가고 있었으며
능숙하고 책임감있는 지도자들이었다면
전쟁을 피할 수 있는 타협 해결안을 만

들어냈을 것이라고 유사한 주장을 하였
다. 데이빗 도날드(David Donald)는
1960년의 글에서, 타협안이 가능했다는
랜달과 크레이븐의 견해에 동의하였다.
하지만 그는 그들보다는 1850년대의
정치 지도자들에게 덜 비판적이었다.
오히려 그는 북부와 남부에서의 급격한
민주주의의 확산으로 인하여 '정치가들'
이 대중의 열정을 제어하는 것이 더 어
려워졌기 때문이라고 주장했다. 마이클
홀트(Michael Holt)는 1978년의 책에
서 '수정주의자'들의 주장을 부흥시켰
다. 그도 역시 자신들의 목적을 달성시
키기 위해 지역간 경쟁을 이용한 정치
가들의 당파적인 야심을 강조하였다.
"남북전쟁이 초래된 과정을 보면, 지역
간 갈등을 정치적 논쟁의 중심 주제로
유지시키는 데 성공한 남부의 민주당
정치가들과 북부의 공화당 정치가들의
이야기"라고 그는 주장했다.

　　'불가피한 갈등'이라는 해석을 지
지하는 사람들처럼, '수정주의자들'도
서로 중요한 점에서 의견의 차이를 보
였다. 그러나 남북전쟁의 도래에 대한
설명은 100년이 더 지난 후에도 윌리
암 슈워드가 1858년에 확인한 두 가지
학설을 계속 반영하고 있다.

제15장

국가의 재건

　　미국인들이 산산조각난 나라를 재결합하려고 시도하였던 재건기만큼, 미국 역사상 지속적인 논쟁을 불러일으킨 시기는 없었고 그처럼 참혹했던 시기도 거의 없었다. 재건기를 경험한 사람들은 매우 다른 시각으로 그 시기를 평가한다. 많은 남부 백인들에게 재건은 악랄하고 파괴적인 경험이었다. 그 기간 동안 복수심에 불타는 북부인들은 피폐한 남부에 모멸과 복수를 가하였으며 지역간의 실질적인 재결합을 지연시켰다. 반대로 재건을 옹호하는 북부인들은, 남부연합이 반성하지 않고 전쟁 이전 모습의 남부 사회로 되돌아가려는 것을 막을 수 있는 유일한 방법이 바로 북부의 재건 정책이었다고 주장한다. 연방의 강제적인 개입이 없었다면 시대에 뒤떨어진 귀족주의의 재등장과 흑인들에 대한 계속된 압제를 막을 방법이 없었다는 것이다. 즉 최초에 남북전쟁을 발생시킨 똑같은 지역 문제를 방지할 수 없었다는 것이다.

　　그 당시 대부분의 미국 흑인들과 그 이후 모든 인종의 많은 사람들에게 재건은 다른 이유로 중요하였다. 재건은 남부 백인들이 비난하는 것처럼 악독한 독재였거나 많은 북부인들이 주장하는 것처럼 철저하고 필요한 개혁이었던 것이 아니라, 오히려 새로 자유를 얻은 노예들에게

1865년의 찰스턴: 1864년까지 남부 도시 지역에서는 대규모 전투나 파괴가 일어나지 않았다. 그러나 전쟁의 마지막 해에 여러 개의 주요 도시들과 많은 읍내, 작은 동네들이 북부군의 손아귀에서 폐허를 경험했다. 그 도시 중에는 리치먼드, 애틀란타, 그리고 여기 보이는 찰스턴이 있었다.

그들이 필요한 보호를 전혀 제공해주지 못한 근본적으로 온건하며 심지어 보수적인 프로그램이었다. 다시 말해서 재건은 그것이 완수한 것보다는 그것이 하지 못했던 것 때문에 더 중요하였다. 그리고 1870년대 말에 드디어 재건기가 끝났을 때 미국 흑인들은 다시 한번 자신들이 버려졌음을 발견하게 되었다.

1. 평화 건설의 문제

1865년에 남부연합이 마침내 북부에 항복하자, 워싱턴의 그 누구도 그에 대한 반응으로 무엇을 해야 할지 잘 알지 못했다. 링컨은 패배한 정부와 조약을 협상할 수 없었다. 그는 남부연합 정부가 존재할 어떤 법적 권리도 갖고 있지 않다고 계속 주장했었다. 그렇다고 하여 마치 아무일도 없었던 것처럼 남부 주들을 다시 연방에 받아들일 수도 없었다.

전쟁 이후

남북전쟁 이후 남부는 황폐한 곳이었다. 마을은 약탈당하고 농장은 불탔으며 농토는 버려지고 다리와 철도는 파괴되었다. 많은 남부 백인들은 노예해방을 통해 노예를 빼앗겼으며, 이제 쓸모없게 된 남부연합의 공채와 통화에 투자한 자본을 잃은 채 개인 재산을 상실하였다. 전쟁에서 25만 8천 명이 넘는 남부연합 병사들이 죽었고 수천 명이 부상당하거나 질병에 걸려 집에 돌아왔다. 많은 가족이 성인 남자의 도움 없이 그들의 재산을 다시 재건해야 했다. 남부 백인의 다수는 집을 잃고 기아에 직면했다.

남부 백인들의 상황이 나빴다면, 구속에서 해방된 4백만 남부 흑인들은 훨씬 더 나쁜 상황에 있었다. 전쟁이 끝나자마자 그들 중의 수십만 명은 노소를 막론하고 자유의 새 생활을 찾아 농장을 떠났는데 대부분병에 걸렸거나 허약하였다. 그러나 그들 대부분은 갈 곳이 없었다. 그들은 가까운 마을이나 도시로 터벅터벅 걸어가거나 밤에는 맨땅 위에서 노숙하면서 시골을 떠돌아다녔다.

이러한 황폐한 상황에서 많은 남부 백인들은 그들 사회를 전쟁 전의 형태로 회복하기 위해 노력하였다. 노예제는 노예해방 선언에 의해 1863년에 일부 지역에서 폐지됐으며, 헌법수정조항 13조에 의해 1865년 12월에 모든 지역에서 사라졌다. 그러나 많은 백인 농장주들은 흑인 노동자들을 합법적으로 농장에 묶어둠으로써 변형된 형태로 노예제를 지속시키고자 하였다. 흑인들은 물론 전쟁 후의 남부에 대하여 매우 다른 견해를 가지고 있었다. 무엇보다도 그들은 자신의 자유를 알고 느끼기를 원했으며 그들이 다시는 그 자유를 상실하지 않도록 확실히 해주기를 원했다. 그들은 토지를 소유하고, 자녀를 교육하고, 투표할 권리를 얻기를 원했다. 남부 흑인들과 백인들 사이의 이처럼 서로 다른 견해를 둘러싼 투쟁은 불평등한 것이었다. 그러나 얼마 동안 흑인들은 최소한 연방정부로부터의 약간의 지원 혜택을 받았다.

연방정부는 질서를 유지하고 자유인이 된 흑인들을 보호하기 위하여 남부에 군대를 주둔시켰다. 그리고 1865년 3월에 의회는, 올리브 하워드(General Oliver O. Howard) 장군이 감독하는 군 기관인 해방 흑인국(Freedmen's Bureau)을 만들었다. 해방 흑인국은 수백만의 전(前)노예들에게 음식을 나누어주었다. 또한 남부에 학교를 건립하였다. 그 학교들은 북부의 해방 흑인 후원회(Freedmen's Aid Societies) 및 다른 사적인 단체와 교회 단체가 남부에 보낸 선교사들과 교사들에 의해 운영되었다. 해방 흑인국은 또한 흑인들이 자기 자신의 땅에 정착하도록 도왔다. 그리고 흑인들처럼 전쟁 이후 피폐하고 집이 없는 가난한 백인들에게도 상당한 도움을 주었다.

그러나 해방 흑인국은 영구적인 해결책이 아니었다. 그것은 단 1년 동안만 활동할 권한을 가지고 있었다. 남부 사회가 직면한 엄청난 문제를 효과적으로 다루는 데는 너무 작은 기관이었다. 남부 백인들과 남부 흑인들의 희망 중에서 어느 것이 더 우세하게 성취될 것인가를 결정하는 일은 연방정부에 남겨졌다.

전후 재건의 문제들

남부 주들을 연방에 재가입시키는 조건은 두 주요 정당에 중요한 의미를 함축하고 있었다. 1860년과 1864년 선거에서의 공화당의 승리는 대체로 민주당 내의 분열 때문이었으며 나중에는 남부가 선거인단에서 탈퇴한 결과였다. 양 정당의 지도자들은 남부를 다시 받아들이는 것은 민주당을 재결합시키고 공화당을 약화시킬 것이라고 믿었다. 게다가 공화당은 남부가 의회에서 탈퇴한 것을 이용하여 국가주의적인 경제법안 프로그램을 통과시킨 바 있었다. 그것은 철도 보조금 지급, 보호관세 실시, 그리고 북부 사업가들과 산업가들에게 혜택을 주는 다른 정책들이었다. 만약 민주당이 상당한 남부 지지를 얻어 다시 권력을 잡는다면 이 계획들은 위기에 놓이게 될 것이다. 이러한 현실적인 문제들을 더 복잡하게 한 것은 감정적인 문제였다. 많은 북부인들은, 남부의 반란으로 인해 초래된 고통과 희생에 대하여 남부는 처벌을 받아야 한다고 믿었다. 또한 남부가 북부와 같은 도시적이고 산업적인 이미지로 변형되고 개조되어야 한다고 믿었다.

심지어 의회 내 공화당원들 사이에서도 적절한 재건 방법을 놓고 상당한 의견 갈등이 있었다. 그것은 전쟁 기간 동안 공화당의 보수주의자들과 급진주의자들 사이에 노예해방에 대한 논쟁을 불러일으켰던 것과 똑같은 분파적 분열을 보여주는 것이었다. 보수주의자들은 남부가 노예제 폐지를 받아들여야 한다고 주장했다. 하지만 그들은 연방을 탈퇴했던 주들의 재가입에 대해 어떤 다른 조건을 거의 제시하지 않았다. 그러나 펜실베니아의 하원의원 대디어스 스티븐스(Thaddeus Stevens)와 매사추세츠의 상원의원 찰스 섬너(Charles Sumner)가 이끄는 급진주의자들은, 과거 남부연합의 민간 지도자들과 군사지도자들을 처벌하고, 대다수 남부 백인들의 공민권을 박탈하고, 흑인의 법적 권리를 보장하며, 남부연합을 지지했던 부유한 남부 백인들의 재산을 몰수하여 해방 흑인들에게 분배할 것을 촉구했다. 일부 급진주의자들은 과거 노예들에게 선거권을 부여하는 것을 지지했지만, 다른 사람들은 북부 주중에 흑인에게 선거권을 허용한 주가 거의 없었기 때문에 망설였다. 보수주의자들과 급진주의자들 사이에는 입장을 표명하지 않는 공화당의 한 분파인 온건주의자들이 있었다. 그들은 급진주의자들의 처벌 위주의 재건 방향을 거부했지만, 최소한 남부로부터 흑인의 권리에 대한 약간의 양보를 끌어내야 한다는 것은 지지하였다.

재건 계획

링컨 대통령은 공화당의 온건주의자 및 보수주의자들과 비슷한 생각을 하였다. 그는 관대한 재건 정책이 남부 연방주의자들과 다른 과거

휘그파들로 하여금 공화당에 합류하게 할 것이며 민주당이 남부의 재가
입으로 강화되는 것을 막을 수 있다고 믿었다. 또한 링컨은 곧 남부 연
방주의자들이 남부의 충직한 새 주 정부의 중심 인물들이 될 것이라고
믿었다. 링컨은 해방된 흑인의 운명에 대해 무관심했던 것은 아니지만,
급속한 재결합을 이루어내기 위해 인종관계에 관한 문제를 미루어 놓고
자 하였다.

1863년 12월에 공포된 링컨의 재건 계획은, 남부연합의 최고위 관
리들을 제외한 남부 백인들 중에 연방정부에 충성을 맹세하고 노예제
폐지를 받아들인 사람들에 대한 일반 사면을 담고 있었다. 어떤 주에서
건 1860년 투표자의 10%가 연방에 충성을 맹세하면, 그들은 주 정부를
구성할 수 있었다. 링컨은 또한 교육받고 재산이 있으며 북부군에서 복
무한 흑인들에게 선거권을 부여해 주기를 희망했다. 모두 북부 점령하에
있던 루이지애나, 아칸소, 테네시 등 세 개의 남부 주는, 링컨의 재건 계
획에 따라 1864년에 연방에 충성하는 주 정부를 다시 구성하였다.

급진적인 공화당원들은 링컨 계획의 미온성에 놀랐다. 그들은 의회
를 설득하여 세 개의 '재건된' 주 출신 하원의원들의 의원직 승인을 거부

에이브러햄 링컨: 링컨은 많은
초상화 사진을 찍었는데 그 중에
가장 유명한 것 중의 하나인
이 초상화는 매튜 브래디
(Matthew Brady)가 찍은 것이다.

하게 하였으며, 1864년 대통령 선거에서는 그 주들의 선거인단 투표수를 계산하지 않았다. 그러나 그 당시 급진주의자들은 자신들의 재건 계획을 명확히 제시하지 못하고 있었다.

재건 문제를 해결하기 위한 급진주의자들의 최초의 노력은, 1864년 7월에 의회에서 통과된 웨이드-데이비스 법안(Wade-Davis Bill)이었다. 그 법안의 단서 조항에 의해 대통령은 북부가 점령한 각 주에 임시 주지사를 임명했다. 하지만 링컨이 말한 10%가 아니라 주의 백인 남자 과반수가 연방에 충성을 서약했을 때, 주지사는 주 헌법 특별협의회를 소집하고 연방에 대항하여 무기를 들지 않았던 투표자들로 하여금 대표자들을 선출하게 하였다(이것도 링컨의 계획과는 상당히 틀린 것이었다). 새로운 주 헌법은 노예제를 폐지하고 남부연합의 민간지도자들과 군사 지도자들의 공민권을 박탈하며 전쟁 기간 동안 주 정부에 축적된 빚을 청산한다는 내용을 담아야 했다. 이러한 조건이 충족된 후에 연방의회는 해당 주들을 연방에 다시 받아들일 계획이었다. 링컨 대통령의 제안처럼 웨이드-데이비스 법안은 흑인의 정치적 권리 문제는 주에 일임하였다.

의회는 1864년에 해산하기 며칠 전에 그 법안을 통과시켰지만, 링컨은 거부권을 행사하여 그 법안을 폐기시켰다. 그의 행동은 공화당의 급진적인 지도자들을 분노케 했으며, 현실적인 시각을 가진 링컨은 최소한 급진주의측 요구의 일부를 수용해야 한다는 것을 인식했다. 그후 그는 재건에 대한 새로운 접근을 향해 움직이기 시작했다.

링컨의 죽음

그가 어떤 계획을 만들어냈을까는 아무도 추측할 수 없다. 1865년 4월 14일 밤에 링컨과 그 부인은 연극을 보기 위해 워싱턴에 있는 포드 극장에 도착했다. 그들이 대통령 좌석에 앉았을 때, 남부의 입장을 지지하는 데 사로잡힌 한 불행한 배우 존 부스(John Wilkes Booth)가 뒤에서 들어와 링컨의 머리에 총을 쏘았다. 다음날 아침 일찍 대통령은 사망했다.

링컨의 죽음을 둘러싼 상황은 그를 즉시 순교자로 만들었다. 북부 전역에서 히스테리에 가까운 분위기가 발생했다. 부스가 대음모에 가담하여 행동했다는 비난도 있었는데 그것은 일부 사실이었다. 부스는 사실 공모자들이 있었으며 그 중의 한 명은 암살 당일 밤 국무장관인 윌리암 슈워드에게 총을 쏴 부상시켰고, 또 다른 한 사람은 마지막 순간에 부통령 앤드루 존슨(Andrew Johnson)을 살해할 음모를 철회하였다. 부스 자신은 버지니아의 시골로 말을 타고 도망하였으며, 그곳에서 4월 26일에 연방군에 쫓겨 불타는 창고에서 총에 맞아 죽었다. 사실상 아무 증거도 없었던 두 명을 포함하여 8명의 다른 공모자들은 군사재판에서 음모 가담죄로 유죄판결을 받았고, 그 중 네 명은 교수형당했다.

그러나 많은 북부인들은, 패배한 남부의 지도자들이 반성하지 않고 더 큰 음모를 계획하고 지휘하고 있는 증거가 바로 대통령 살해사건이라고 보았다. 공격적인 공화당원들은 링컨의 죽음이 상대적으로 관대한 평화를 지향했던 링컨의 재건안에 종말을 고하게 할 것이라고 믿고, 그 후 몇 달 동안 북부인들의 그러한 의혹을 냉철하게 이용하였다.

존슨과 '회복'

온건주의자들과 보수주의자들의 통솔권은 링컨의 계승자인 앤드루 존슨에게 맡겨졌다. 존슨은 당시 상황에서 그리고 개인적으로도 그 임무에 적절한 사람이 아니었다. 1864년에 링컨과 함께 연방파에 합류할 때까지 민주당원이었던 그는, 당파적 감정이 점증하던 시기에 대통령이 되었다. 그리고 자기 스스로 분노와 불안감에 휩싸여 과격하고 요령이 없는 사람이었다.

존슨은 대통령에 취임한 후에 곧 재건 계획을 발표했는데, 그는 '회복'이라고 부르기를 더 좋아했다. 그는 그 계획을 의회가 휴회중인 1865년 여름에 발표하였다. 링컨처럼 그는 충성의 맹세를 한 남부인들은 사면해 주기로 했다(남부연합의 최고위 관리들과 2만 달러 이상의 토지를 소유한 모든 남부 백인들은 개인적인 사면을 위해 대통령에게 청원해야 했다).

그러나 그 외의 내용은 웨이드-데이비스 법안과 유사했다. 대통령은 각 주에 임시 주지사를 임명하고, 그 주지사는 헌법 특별협의회의 대표자를 선출할 자격을 갖춘 유권자들을 선발하게 하였다. 존슨은 자격있는 유권자들이 몇 명이나 필요한가를 명시하지는 않았지만, 그는 웨이드-데이비스 법안처럼 과반수 유권자의 지지가 필요하다는 것을 암시했다. 의회의 재가입 승인을 얻기 위해서, 남부 주는 연방 탈퇴 명령을 철회하고 노예제를 폐지하고 헌법수정조항 13조를 비준하고, 남부연합과 자기 주의 전쟁 빚을 청산하여야 했다. 즉 본질적으로 웨이드-데이비스 법안에서 제시한 조건과 똑같았다. 연방주로 회복되기 전의 마지막 절차는 각 주가 주 정부를 구성하고 대표자들을 의회로 보내는 것이었다.

1865년 말엽, 연방을 이탈했던 모든 주들은 일부는 링컨 계획에 따라, 일부는 존슨 계획에 따라 새 정부를 수립하고, 1865년 12월에 연방 의회가 소집되어 그들을 승인할 경우 연방에 다시 합류할 준비를 하였다. 그러나 의회의 급진주의자들은 과거 링컨 체제를 인정하지 않았던 것처럼, 존슨 계획에 따른 남부 주 정부를 인정하지 않기로 결의하였다. 왜냐하면 의회가 1년 전에 웨이드-데이비스 법안을 통과시켰던 때보다 남부에 대한 북부의 입장은 더욱 적대적이 되었기 때문이다. 다수의 북부인들은 남부 특별협의회의 일부 하원의원들이 노예제 폐지를 명백히 꺼려하는 것을 보고, 그리고 모든 특별협의회가 어떤 흑인에게도 선거권을 부여하기를 거부하는 것을 보고 불안해하였다. 또한 연방에 충성을 맹세한 주에서 남부연합의 유력한 지도자들이 또 다시 의회 하원의원과 주 관리로 선출되는 것에 북부인들은 놀랐다. 특히 받아들이기 힘들었던 것은, 남부연합의 전임부통령이었던 알렉산더 스티픈스(Alexander H. Stephens)를 미국 상원으로 선출한 조지아 주의 선택이었다.

2. 급진적인 재건

'대통령의 재건'으로 알려진 존슨 계획은 1865년 12월에 의회가 다시 소집될 때까지만 지속되었다. 의회가 소집된 후, 의회는 대통령이 '복구시킨'(restored) 주들의 하원의원과 상원의원들의 의원직을 인정하지 않았다. 대신에 남부의 상황을 조사하기 위하여 합동재건위원회(Joint Committee on Reconstruction)를 새로 조직하고, 의회로 하여금 자체의 재건 정책을 고안하도록 하였다. '의회가 주도하는' 혹은 '급진적인' 재건기가 시작된 것이다.

흑인 단속법

그 동안 남부에서 벌어진 사건들은 북부 의견을 더욱 급진적인 방향으로 몰아갔다. 1865년과 1866년 초에 남부 전역의 주 의회들은 흑인단속법(Black Codes)으로 알려진 일련의 법령을 시행하였다. 그 법은 많은 점에서, 전쟁 전 남부의 자유 흑인들을 규제했고 백인의 우월함을 보장하기 위해 고안되었던 단속법을 모델로 하였다. 주에 따라 다르기는 했지만, 모든 단속법은 흑인 실업자를 체포하고 그들에게 탈선죄 벌금을 부과하고 벌금 납부를 위해 개인 고용주들에게 그들을 고용살이 보낼 권한을 주 관리들에게 부여하였다. 일부 단속법은, 흑인들이 농장을 소유하거나 임대하는 것을 금지했으며 농장 노동자나 가내 하인 외의 어떤 다른 직업을 갖는 것도 금지하였다. 북부인들과 대부분의 흑인들에게 이 단속법은 이름만 다를 뿐 완전히 노예제로 회귀하는 것을 의미했다.

의회는 처음에 해방 흑인국의 활동 시한을 연장하고 그 권한을 확대하는 법안을 통과시키는 것으로 흑인 단속법에 대응하였다. 해방 흑인국은 이제 노동분쟁을 조정할 특별한 법정을 만들었다. 그 법정은 흑인 단속법하에서 해방 흑인들에게 강요된 노동 합의를 무효로 할 수 있었다. 의회는 그해 4월에, 흑인을 미국 시민으로 선언하고 시민권을 보호할 필요가 있을 때는 연방정부가 주에 개입할 수 있는 권한을 부여하는 최초의 민권법(Civil Rights Act)을 통과시킴으로써 다시 한번 흑인 단속법에 일격을 가하였다. 존슨 대통령은 해방 흑인국 법안과 민권법 모두를 거부하였지만 의회가 결국 대통령을 압도하였다.

헌법수정조항 14조

1866년 4월에 급진주의자들은 다시 움직였다. 합동재건위원회는 헌법수정조항 14조를 제출하였고, 연방의회는 초여름에 승인한 후 주의 비준을 받기 위해 각 주로 내려보냈다. 결국 그것은 헌법의 모든 단서 조항 중에 가장 중요한 것의 하나가 되었다.

헌법수정안은 미국 시민권에 대한 최초의 헌법적 정의를 내렸다. 미국에서 태어난 모든 사람과 귀화한 모든 사람은 자동적으로 미국 시민이며, 주 정부와 연방정부에 의해 평등한 법의 보호를 받으며 헌법에서 보장하는 모든 '특권과 소추면책권'을 부여받는다. 거기에는 어떤 다른 요구 조건도 없었다. 수정안은 또한 성인 남자 주민에게 선거권을 부여하지 않는 주에는 벌칙을 부과하였다. 그 벌칙은 연방의회에서의 하원 의석 수를 축소하고 선거인단을 축소하는 것이었다(이것은 헌법이 최초로 성별에 대하여 언급한 것이었으며, 남자로 명시한 것은 선거권이 남자에게만 적용되는 것이 합당하다고 본 연방의회 등의 우세한 견해를 명백히 반영한 것이었다). 마지막으로 헌법수정조항 14조는, 연방헌법을 지지한다고 맹세한 후에 남부연합을 도운 사람들, 즉 의원들과 다른 연방 관리들은 의회의 3분의 2가 그를 사면하기로 투표하지 않는 한 어떤 주나 연방의 공직을 맡을 수 없도록 하였다.

의회의 급진주의자들은 만약 남부의 주 의회가 헌법수정조항 14조를 비준한다면 그 주는 연방에 재가입될 것임을 분명히 했다. 그러나 과거 남부연합 주들 중에서 테네시 주만이 그렇게 하였다. 켄터키와 델라웨어를 포함한 다른 주들은 비준을 거부하였고, 결국 헌법수정조항 14조는 남부 주 4분의 3의 비준을 받아내지 못하여 일단 실패하였다.

그러나 그 동안 급진주의자들은 더욱 강력해졌으며, 그것은 존슨 행정부와 남부측의 완강한 고집에 대한 북부인들의 분노에 힘입은 때문이기도 하였다. 뉴올리안즈와 다른 남부 도시들에서 흑인들을 주요 희생양으로 하는 유혈 인종폭동이 일어나자, 급진주의자들은 그것이 존슨 행정부 정책의 실패를 증거하는 것이라고 비난하였다. 1866년 의원 선거에서 존슨은 보수주의적 후보들을 위해서 열심히 노력하였다. 그러나 그는 자신의 무절제한 연설로 도움보다는 더 많은 해를 입혔다. 유권자들은 압도적인 수의 공화당 의원들을 의회에 보냈으며 그들 대부분은 급진주의자들이었다. 상원에서는 이제 42명의 공화당 의원과 11명의 민주당 의원, 하원에서는 143명의 공화당 의원과 49명의 민주당 의원이 있었다. 남부는 양원 모두에서 여전히 대표자를 많이 내지 못했다. 이제 공화당 의원들이 의회에서 자신들의 재건 계획을 짜는 것을 아무도 막을 수 없었다.

의회의 계획

급진주의자들은 1867년 초에 세 가지의 재건안을 통과시켰다. 존슨 대통령은 세 가지 안건 모두에 거부권을 행사했지만 의회는 그를 제압하였다. 결국 전쟁이 끝난 지 거의 2년이 지난 후에 연방정부는 일관된 재건 계획을 수립하였다.

그 2년간의 지연은 연방의 재건 계획에 대한 남부의 반응 방식에 중요한 영향을 미쳤다. 1865년 남부가 전쟁의 패배로 비틀거리고 완전히 무력하였을 때, 연방정부는 어떤 재건 계획이라도 남부의 많은 저항을 불러일으키지 않고 아마 실현시킬 수 있었을 것이다. 그러나 1867년에 남부는 링컨과 존슨이 확보해 준 관대한 조건하에서 이미 스스로의 재건을 시작한 상태였다. 한때 온건하게 보였을 수 있었던 조치들은 이제 급진적으로 보였으며, 의회의 재건 계획은 남부의 심한 분노와 지속적인 저항을 불러 일으켰다.

연방의회의 계획에 따라 헌법수정조항 14조를 비준했던 테네시 주는 즉시 연방에 재가입되었다. 그러나 연방의회는 링컨과 존슨의 계획에 따라 구성된 다른 10개의 남부연합 주 정부들의 승인을 거부했으며, 대신에 그 주들을 5개의 군사지역으로 통합하였다. 각 군사지역에는 한 명의 군지휘관이 파견되었으며, 그는 주의 연방 재가입을 준비하기 위해 남부연합 편에 가담하지 않은 백인 남자와 모든 흑인 성인 남자를 자격

있는 유권자로 정의하고 등록시켰다. 등록이 완료된 후에 유권자들은, 흑인 선거권 조항을 포함한 새로운 주 헌법을 마련하기 위해 특별협의회를 소집하게 된다. 그리고 유권자들이 새 헌법을 비준하면 주 정부 구성을 위한 선거가 치러질 수 있었다. 최종적으로 연방의회가 주 헌법을 승인하고, 주 의회는 헌법수정조항 14조를 비준하고, 그리고 헌법수정조항 14조를 연방헌법으로 만드는 데 필요한 만큼 많은 수의 남부 주들이 헌법수정조항을 비준하면, 그때 그 주는 연방으로 복귀하는 것이다.

1868년에 11개의 과거 남부연합 주들 중에서 아칸소, 노스캐롤라이나, 사우스캐롤라이나, 루이지애나, 앨라배마, 조지아, 플로리다의 7개 주가, 헌법수정조항 14조를 포함한 이러한 조건을 충족시켰고 연방에 재가입되었다. 보수적인 백인들은 버지니아와 텍사스의 재가입을 1869년까지, 미시시피는 1870년까지 지연시켰다. 그때에는 연방의회가 재가입의 추가 요구조건을 더 부과하였는데 그것은 또 다른 헌법수정조항 15조였다. 그것은 주와 연방정부가 "인종, 피부색, 혹은 과거의 예속 경험"을 이유로 시민의 선거권을 박탈하는 것을 금지하는 내용이었다. 여러 북부 주들과 남북부 경계의 주들은 헌법수정조항 15조의 승인을 거부했는데, 연방에 재가입하기 위하여 비준하지 않을 수 없었던 4개 남부 주의 지지를 받아 헌법수정조항 15조는 채택되었다.

의회 급진주의자들은 대통령이 자신들의 계획을 방해하지 못하도록 1867년에 두 개의 주목할 만한 법안을 통과시켰다. 하나는 공직보장법(Tenure of Office Act)으로서 대통령이 상원의 동의 없이 내각의 구성원을 포함하여 민간 관료를 해임하는 것을 금지시켰다. 그 법의 주된 목적은 국방장관인 에드윈 스탠톤(Edwin M. Stanton)의 직위를 보호하고자 함이었다. 그는 링컨이 임명한 각료 중에 존슨 내각에 남아 있는 유일한 사람으로서 급진주의자들과 협력하고 있었다. 또 다른 법은 육군통솔법(Command of the Army Act)으로서, 대통령은 반드시 육군참모총장인 그랜트 장군을 통해서만 군사 명령을 내릴 수 있도록 하였다. 당시 육군 지휘본부는 워싱턴에 있었으며, 육군참모총장은 상원의 동의 없이는 해임되거나 어느 다른 곳으로 배치될 수 없었다.

의회의 급진주의자들은 또한 대법원이 그들의 계획을 방해하지 못하도록 행동을 취하였다. 1866년에 법원은, 민간 법정이 있는 곳에서 열린 군사 법정은 헌법에 위배된다는 것을 밀리간(Ex parte Milligan) 사건에서 선언하였다. 그 결정은 급진주의자들이 남부에서 추진하고 있던 군사정부 체계를 위협하는 것으로 보였다. 의회 급진주의자들은 즉시 의회의 법률을 기각하기 위해서는 대법원 판사 3분의 2의 동의를 얻을 것, 재건과 관련된 사건에 대해서는 대법원이 사법권을 행사하지 않을 것, 대법원 판사를 3명으로 줄이거나 심지어 대법원을 없앨 것 등을 제안하는 법안을 제출하였다. 사법부는 그 법안들의 의미를 명백히 간파하였다. 이후 2년 동안 대법원은 재건 문제를 다루는 어떤 사건에 대해서도 재판권 행사를 거부하였다.

대통령에 대한 탄핵 시도

존슨 대통령은 그후 오랫동안 급진적인 법안이 통과되는 데 심각한 장애가 되지는 않았지만, 재건 계획의 총책임을 지는 행정부 수반이었다. 그래서 급진주의자들은 대통령이 자신들의 계획에 상당한 방해가 된다고 생각했다. 드디어 1867년 초에 그들은 대통령을 제거할 방안을 찾기 시작했다. 헌법에 따르면 대통령직을 수행하면서 '심각한 범죄나 비행'을 저질렀을 때에만 대통령을 탄핵하거나 대통령직에서 쫓아낼 수 있었다. 공화당원들은 존슨이 그들에게 그럴듯한 행동의 단서를 제공할 때까지는 탄핵할 어떤 근거도 찾을 수 없었다. 그런데 대통령은 의도적으로 공직보장법(Tenure of Office Act)을 어긴 뒤 그 법을 사법부에 회부하여 결과를 떠보려고 하였다. 그는 상원이 이미 해임 동의를 거부했음에도 불구하고 국방장관인 스탠턴을 해임시켰던 것이다.

하원에서는 의기양양한 급진주의자들이 11개의 혐의를 들어 대통령을 탄핵했으며 상원에 넘겨 심리하게 하였다. 처음 9개의 죄목은 관직보장법의 위반에 관한 것이었다. 10번째와 11번째는 존슨이 의회를 비방하고 재건법을 시행하지 않은 것을 문책한 것이었다.

상원의 심리는 1868년 4월과 5월까지 계속되었다. 대통령을 탄핵한 사람들은 존슨이 의회를 경멸했으며 중죄와 비행을 저질렀다고 주장하였다. 그를 방어하는 사람들은 대통령이 헌법에 위배된다고 생각하는 법안에 이의를 제기하기 위하여 정당하게 행동하였다고 주장했다. 급진주의자들은 공화당 상원의원들에게 강한 압력을 가하였다. 그러나 급진적인 계획에 대한 신뢰를 상실한 온건주의자들이 흔들렸다. 처음 3가지의 죄목에 대한 투표에서 7명의 공화당원들이 12명의 민주당원들과 합류하여 책임 면제를 지지했다. 투표 결과는 35 대 19로, 합헌적인 탄핵에 필요한 3분의 2의 투표수에 한 표가 부족하였다. 그후 급진주의자들은 탄핵 캠페인을 중단했다.

3. 재건기의 남부

남부 백인들이 후에 재건의 영향에 대해 통렬하게 비난할 때, 그들은 주로 연방의회의 결정으로 남부에 설립된 재건 정부를 언급하였다. 그들은, 그 정부가 남부에 엄청난 빚을 지게 한 무능하고 부패한 정부였으며 시민의 권리를 짓밟은 정부였다고 주장했다. 그 반대로 남부 흑인들과 그들의 권리를 보호하고자 했던 사람들이 재건을 비난할 때는, 해방 흑인들에게 가장 기본적인 시민권마저도 보장해 주지 못한 것을 말하였다. 그 결과 잔인한 경제 종속체제가 새롭게 초래됐다는 것이다. 두 진영의 불만 모두 합당한 부분이 있지만, 현재 대부분의 역사가들은 재건에 대한 흑인들의 비판이 백인들의 비판보다 훨씬 강력한 근거를 갖고 있다는 데 동의한다.

재건 정부

의회의 계획하에 재조직된 남부의 10개 주에서 백인 남자의 약 4분의 1은 처음에 투표권이나 공직보유권을 갖지 못하였다. 그 결과 흑인

짐을 진 남부: 재건기를 풍자하는
이 만화는 북부 공화당의 손아귀에 있는
남부의 억압감을 표현하고 있다.
남부가 쇠사슬의 짐을 지고 휘청거리고
있을 때 그랜트 대통령은 편안하게
여행용 손가방을 타고 있다.

이 인구의 과반수였던 사우스캐롤라이나, 미시시피, 루이지애나 주뿐만 아니라 흑인이 인구의 과반수가 못 되었던 앨라배마와 플로리다 주에서도 흑인이 유권자의 과반수를 차지했다. 그러나 대부분의 선거권 제한은 곧 해제되었으며 거의 모든 백인 남자들이 투표할 수 있었다. 따라서 이후 공화당은 남부 백인 다수의 지지를 얻지 않고서는 통제권을 유지할 수 없었다.

비판자들은 이러한 남부 백인 공화당원을 경멸하는 말로 "부역자들"(scalawags)이라고 하였다. 그들 중 다수는 민주당 내에서의 입지가 불편했던 과거 휘그파들이었다. 일부는 부유하거나 한때 부유했던 농장주나 사업가들이었다. 또한 일부는 노예제가 거의 존재하지 않았거나 없었던 산간 오지의 농민들로서, 공화당의 교통망 개선계획으로 자신들의 경제적 고립도 끝날 것이라고 희망하던 사람들이었다. 북부에서 내려온 백인들은 그들이 남부로 이동할 때 갖고 온 값싼 여행가방 명칭을 따 "낭인들"(carpetbaggers)이라고 불렸는데 남부의 공화당 지도자들로 종사했다. 대부분의 낭인들은 북부군의 퇴역 군인들로서, 서부보다 남부를 더 유망한 새로운 개척지로 여겼다. 그들은 전쟁이 끝나자 농장주, 사업가, 혹은 전문직업인의 희망을 품고 남부에 정착하였다.

그러나 남부 공화당의 다수는 해방 흑인들이었고, 그들 대부분은 과거에 정치경험이 없으므로 기관을 건립하고 그를 통해 자신들의 권한을 행사하는 법을 배우려 하였다. 여러 주에서 흑인 유권자들은 그들 미래의 방향을 계획하기 위해 흑인 특별협의회를 열었다. 남부 백인들이 지칭한 것처럼 "유색인 대표자회의" 중의 하나가 1867년에 앨라배마에서 열렸으며, "우리는 백인 남자들이 향유하는 것과 정확히 똑같은 권리, 특권, 소추면책권을 주장한다. 우리는 그 이상을 요구하지 않으며 그 이하에 만족하지도 않을 것이다"라고 선언했다. 흑인 교회들도 해방 흑인들에게 단결심과 정치적 자신감을 심어주는 데 도움이 되었다. 노예해방 후에, 대부분의 흑인들은 출석이 강요되었던 그들 농장의 백인 교회를 탈퇴하고 자신들의 교회를 세웠다. 그것은 그들이 노예제하에서 때로는 은밀하게 발달시켜 온 정교한 종교 관행에 바탕을 둔 교회였다.

흑인들은 재건 남부의 정치에서 중요한 역할을 하였다. 그들은 헌법 특별협의회에 대표로 참석하여 역할을 맡았다. 그들은 실제적으로 모든 종류의 공직을 담당했다. 1869년과 1901년 사이에 20명의 흑인이 미국 하원에서 활약했으며 상원에서는 2명이 활약했다. 남부 백인들은 재건기의 '흑인 지배'에 대하여 그 당시에도 그랬고 그후 수 세대에 걸쳐 크게 불평하였다. 하지만 그러한 흑인 지배는 사실상 어떤 주에서도 존재하지 않았다. 루이지애나 주의 흑인 부지사였던 핀치백(P.B.S. Pinchback)이 잠깐 동안 지사로 일하기는 했지만, 어떤 흑인도 남부 주들의 주지사로 선출되지 못했다. 흑인들이 한때 사우스캐롤라이나의 하원에서 의석의 다수를 차지하기는 했지만, 주 의회를 장악한 적은 한번도 없었다. 남부에서는 대체로 흑인 공직자의 비율이 남부 전체 인구에서의 흑인의 비율보다 훨씬 낮았다.

예산과 서비스 확대

재건 정부에 대한 평가는 복합적이다. 그 당시와 이후의 비판자들은 재건 정부의 부패와 재정 낭비를 비난했으며 그 두 가지 비난은 일부 일리가 있다. 많은 주의 공직자들은 수뢰와 다른 불법 활동을 통해 자신들의 부를 축적하였다. 주의 예산은 지금까지도 확실한 기록이 없는 액수로 확대되었고 주의 빚은 과거에 상상할 수도 없을 정도로 치솟았다. 예를 들어 사우스캐롤라이나의 공공채무는 700만 불에서 8년만에 2천9백만 불로 증가했다.

남부의 부패는 사실이었지만 재건 정부에서만 유일한 것은 아니었다. 부패는 북부 주들에서도 만연하였다. 더구나 재건의 종식이 남부 주 정부에서의 부패를 종식시키지도 않았다. 사실 많은 주에서 부패는 더 악화되었다. 재건기 남부 주의 지출은 남북전쟁 이전 시기의 미미한 예산과 비교하면 거대한 것이었다. 그 예산은 남북전쟁 이전의 주 정부들이 결코 제공하지 못했던 시급한 서비스를 남부에 제공하는 데 사용되었다. 즉 공교육, 공공사업, 빈민구호, 또한 많은 비용이 소요되는 새 서비스들이었다. 재건 정부에 수뢰와 낭비가 있었던 것은 확실하다. 하지만 긍정적이고 영구적인 성과도 있었다.

이 성과 중에 아마도 가장 중요한 것은 남부 교육이 급격히 향상된 것이었으며 그 혜택은 흑인과 백인 모두에게 돌아갔다. 재건 초기에 남부 교육개혁의 대부분은 그 원동력이 외부 단체 및 흑인 스스로의 노력에서 비롯되었다. 외부 단체는 해방 흑인국, 북부의 사설 자선단체, 해방 흑인 학교에서 가르치려고 남부로 온 많은 북부 백인 여성 등이었다. 하지만 남부 백인 다수는 그러한 교육이 흑인들에게 '잘못된 평등의식'을 심어줄 수 있다고 두려워하고 반대하였다. 개혁가들은 그러한 반대를 무릅쓰고 과거 노예들을 위한 거대한 학교망을 설립했다. 1870년에 4천 개의 학교가 세워졌으며 9천 명에 이르는 학교 교사들 중 절반이 흑인이었다. 그들은 해방 흑인들의 전체 학령인구의 약 12%에 해당하는 20만 명의 학생들을 가르쳤다. 1870년대에 남부의 재건 정부들은 종합적인 공립학교 체계를 세우기 시작했다. 1876년에 백인 아동 전체의 50% 이상과 전체 흑인 아동의 약 40%가 남부에서 학교에 다니고 있었다. 좀더 상급교육을 제공하는 여러 개의 흑인 '전문학교'들도 운영되기 시작했다. 이러한 전문학교들은 점차 흑인 단과대학과 종합대학의 중요한 네트워크로 성장하였다.

토지소유권

해방 흑인국과 의회 일부 공화당 급진주의자들의 가장 야심에 찬 목표는, 재건을 남부 토지소유제를 근본적으로 개혁하는 계기로 이용하는 것이었다. 하지만 그 노력은 실패했다. 남북전쟁 후반기와 재건 초기에 해방 흑인국은 몇 개 주에서 해방 흑인들에게 상당한 양의 토지를 재분배하는 작업을 담당했다. 해방 흑인국은 대부분 버려진 농장 땅을 몰수하여 1865년 6월쯤에는 약 1만 명의 흑인 가족들을 그 토지에 정착시켰다. 그러나 그해가 끝날 무렵 그 실험은 이미 붕괴하고 있었다. 남부 농장주들이 돌아와서 그들 재산을 돌려줄 것을 요구했으며, 존슨 대통령은 그들의 요구를 지지하였다. 해방 흑인국의 저항에도 불구하고 대부분의 몰수 토지는 결국 원래 백인 소유주들에게 돌아갔다. 더구나 의회는 토지 재분배라는 것에 대해 결코 별 의향을 갖고 있지 않았다. 매우 소수의 북부 공화당원들만이 연방정부가 재산을 몰수할 권한을 갖는다고 믿었다. 그렇다 하여도 남부에서의 토지소유권의 분배는 전후 기간에 상당히 변화하였다. 백인들의 토지소유는 전쟁 전의 80%에서 재건기 말기에 67%로 줄어들어 토지소유율이 상당히 하락하였다. 일부 백인들은 빚을 갚지 못하거나 세금이 증가하여 토지를 상실했으며, 일부는 그들이 소유했던 변방 토지를 버리고 보다 비옥한 지역의 토지를 임대하였다. 흑인들은 같은 기간에 토지소유 비율이 사실상 제로에서 20% 이상으로 증가하였다.

아직도 대부분의 흑인들은 자신의 토지를 소유하지 못했으며, 소수이긴 하지만 토지를 갖지 못한 백인의 수도 점증하였다. 그리고 1860년

노예제 이후: 많은 해방 노예들이 노예해방 후에 농업 노동자로 남아 있었지만 상당수는 새로운 직업과 새 집을 구하기 위해 떠났다. 그들 다수는 얼마 동안 안정된 직장과 집이 없이 살아야 했다. 1860년대 후반의 이 사진은 남부의 각 카운티에 설치된 구빈원의 해방 흑인들을 보여준다.

대에 토지를 획득한 일부 사람들은 1890년대경에는 그 토지를 상실하고 대신에 그들은 여러 형태로 다른 사람 밑에서 일하였다. 흑인 전체 인구의 약 25%에 달하였던 흑인 농업노동자들은 임금만을 받고 일하였다. 그러나 대부분은 백인 토지소유주의 소작인이 되었다. 그들은 자신의 몫의 토지를 경작하고 토지소유주에게 정해진 소작료나 수확량의 일부를 지불했다. 따라서 그 용어가 '정률 소작'(sharecropping)이었다. 이 새로운 체제는, 노예들이 주인의 감독하에 함께 살고 일했던 과거 농장의 집단노동 체계에 대한 흑인들의 거부감을 보여주었다. 임차인과 소작인으로서의 흑인들은 최소한 그 토지소유주로부터의 신체적 독립을 향유했으며, 대부분의 경우에 그 토지를 살 희망은 가질 수 없었지만 자신의 토지를 경작한다는 기분을 가졌다. 소작은 토지소유주들에게도 혜택을 주었는데, 즉 노예 구매 비용을 덜어주었으며 노예들의 신상에 대한 복지 혜택의 책임을 질 필요도 없었다.

소득과 신용

　어떤 면에서 전후 시기는 흑인들에게 경이적인 경제적 진보를 가져다주었다. 노예제하에서 그들이 받은 물질적 혜택을 소득으로 계산한다면, 전쟁 전 흑인들은 농장체제 이윤의 약 22%의 몫을 할당받았다. 그러나 재건이 끝날 무렵 그들은 56%를 벌고 있었다. 다른 방식으로 측정하여, 흑인 1인당 소득은 1857년에서 1879년 사이에 46% 증가하였다. 반면에 백인의 1인당 소득은 35% 감소하였다. 이것은 미국 역사상 가장 중요한 소득재분배의 하나였다.

　그러나 이 수치들은 약간 잘못된 것이다. 먼저, 전체 이윤에 대한 흑인의 몫이 증가하였던 반면에 남부 농업의 전체 이윤은 세계 면화시장의 축소와 전쟁으로 인한 혼란의 결과 감소하였다. 또한 흑인들이 노예제하에서보다 더 많은 노동의 대가를 벌고 있었지만 그들의 노동 기회는 줄어들었다. 여성과 아이들의 노동 기회도 과거보다 줄어들었다. 성인 남자들의 노동시간도 줄어드는 경향이었다. 전체 흑인 노동인구의 노동시간은, 노예제하에서 노동하도록 강요된 시간보다 재건기에는 약 3분의 1 정도 줄어들었다. 따라서 흑인들의 노동시간과 백인 농장노동자의 노동시간이 거의 같아졌다. 그러나 전후 시기의 소득재분배로 인해 흑인들이 가난에서 벗어난 것은 아니었다. 흑인 1인당 소득은 백인 1인당 소득의 4분의 1에서 전쟁 후 몇 년 동안 2분의 1로 증가하였지만, 이후 흑인 소득은 더 이상 상승하지 않았다.

　흑인이나 가난한 백인들이 토지나 소득의 재분배로 어떤 이득을 얻었다 할지라도, 그것은 수확물 선취제도가 초래한 엄청난 피해로 인해 상쇄되는 경우가 종종 있었다. 남부의 전통적인 신용기관인 '금융회사'와 은행은 전쟁 후 거의 회복되지 못했다. 그들을 대신하여 주로 각 지역의 지방 상점들을 중심으로 하는 새로운 신용체계가 등장했다. 그 지방 상점의 일부는 농장주들에 의해 소유되었으며 독립 상인들이 소유하기도 하였다. 흑인과 백인, 토지소유주와 소작인 모두 음식, 의복, 씨앗, 농사도구 등의 필수품을 이 상점들에 의존했다. 그리고 농민들은 다른 노동자들처럼 일정한 현금유통을 할 수 없었기 때문에, 주로 외상에 의존하여 그들이 필요한 것을 구입하였다. 대부분의 지방 상점들은 거의 경쟁이 없었고 오랫동안 그런 방식으로 유지되었다. 그 결과 그들은 이자율을 50% 내지 60% 정도로 높게 책정할 수 있었다. 농민들은 외상에 대한 담보로 상인들에게 그들 수확물의 선취권을 주어야 했다. 그래서 일반적으로 이 시기의 남부 농업을 '수확물 선취제도'로 설명한다. 만약 농민의 수확이 연속해서 몇 년 동안 좋지 않으면 그는 결코 헤어나올 수 없는 빚의 순환더미에 갇히게 되었으며 그러한 일은 종종 발생하였다.

이처럼 혹독한 신용제도는 남부에 매우 좋지 못한 결과를 초래했다. 그 하나는, 재건 초기에 토지를 획득했던 일부 흑인들이 빚더미에 빠지면서 점차 토지를 상실하였다는 것이다. 백인 소농들도 그 수는 더 적었지만 마찬가지였다. 또 다른 점은, 남부 농민들이 면화와 같은 환금작물에 거의 의존하게 되었다는 것이다. 왜냐하면 면화처럼 시장성이 있는 농작물만이 농민들을 빚더미에서 벗어나게 해줄 것 같았기 때문이다. 그래서 호황기에도 농산물 다양화를 이루지 못했던 남부 농업은 과거보다 더 단일경작물 체제가 되었다. 더구나 끊임없는 면화 경작은 토양의 소모를 가져왔다. 결국 수확물 선취제도는 소농들을 피폐시키는 결과를 초래했을 뿐만 아니라 남부 농업경제의 전반적인 쇠퇴를 가져왔다.

자유를 얻은 흑인 가족

재건기 흑인들의 가장 눈에 띄는 반응 중의 하나는, 가족체계를 새로 구성하거나 재건하는 것과 노예제하에서 그들이 경험했던 장애 요소들로부터 가족을 보호하고자 하는 노력이었다. 전쟁이 끝났을 때 그처럼 많은 흑인들이 급히 농장을 떠난 주된 이유는 잃어버린 친족을 찾고 가족과 재결합하려는 소망 때문이었다. 수천 명의 흑인들이 남편, 아내, 아이들과 헤어진 다른 친척들을 찾으러 남부를 돌아다녔다. 또한 그들은 법적으로 인정되지 않았던 자신들의 결혼을 교회와 법에 의해 인정받으려고 서둘렀다. 흑인 가족들은 전에 살던 노예 숙소에서 살기를 거부하고 대신에 시골에 널리 흩어져 있는 작은 오두막집으로 이주하여 최소한 약간의 사생활을 누릴 수 있었다.

흑인 가족 내에서의 여성과 남성의 역할은 백인 가족 내에서의 그것을 급속히 닮아갔다. 많은 여성과 아이들은 더 이상 농토에서 일하지 않았다. 그들은 농사일을 노예제의 증표라고 믿었다. 대신에 많은 여성들은 남편의 시중을 들면서, 주로 요리, 세탁, 원예, 육아 등 가사일만을 담당했다. 하지만 아직 흑인 여성들은 경제적 필요 때문에 소득을 창출하는 활동에 종사해야 하는 경우가 종종 있었다. 가내 하인으로 일하고, 세탁물을 다루거나 경작지에서 남편의 일손을 거들었다. 재건이 끝날 무렵 16세 이상의 모든 흑인 여성 중에 절반은 임금을 벌기 위해 일하고 있었다. 그리고 백인 노동 여성과 달리 대부분의 흑인 여성 소득자들은 결혼한 사람들이었다.

4. 그랜트 행정부

존슨 행정부의 정치적 소용돌이에 지친 미국 유권자들은, 1868년에 그들이 어려운 재건 시기를 잘 견뎌내도록 지휘할 수 있는 강력하고 안정된 인물을 열망하였다. 하지만 그들은 그런 사람을 찾지 못하였다. 대신에 그들은 전쟁영웅이자 1868년에 존경받는 국가적 영웅이 된 그랜트 장군에게 신뢰를 보냈다. 하지만 그랜트는 파멸을 초래한 대통령이었다. 그의 두 번 연속 임기 동안 그는 정치지도자의 탁월한 능력을 요구하는 난제들에 직면했으나, 정치적 전략이나 비전을 거의 갖지 못한 무능하고 융통성 없는 사람이었다.

군인 대통령

그랜트는 1868년에 어느 정당에서도 후보 지명을 받을 수 있었다. 그러나 공화당의 재건 정책이 민주당의 대안보다 더 여론에 부합한다고 믿은 그는 공화당의 지명을 받아들였다. 민주당은 뉴욕 주의 전(前)지사인 호레이셔 시모어(Horatio Seymour)를 지명했다. 선거전은 치열했으며 그랜트는 예상보다 근소한 차이로 승리하였다. 그는 26개 주를, 시모어는 8개 주를 휩쓸었지만, 득표차는 남부의 재건 주들에서 흑인 유권자 약 50만 명이 투표에 참여했는데도 31만 표에 불과했다.

그랜트는 어떤 종류의 정치적 경험도 없이 백악관에 들어갔으며, 대통령직의 수행은 처음부터 서툴고 비효율적이었다. 그랜트가 국무장관으로 임명하여 8년 동안 탁월하게 업무를 수행한 해밀턴 피쉬(Hamilton Fish)를 제외하고 대부분의 내각 구성원들은 대통령만큼 무능하고 서투른 사람들이었다. 그랜트는 열성적인 엽관제(spoils system) 지지세력인 공화당 간부들에게 주로 의존하였으며 그 의존은 갈수록 심해졌다.

그랜트는 대부분의 전임 대통령들보다 훨씬 더 뻔뻔스럽게 엽관제를 사용했다. 그것은 상원의원 찰스 섬너와 다른 공화당 지도자들의 반대를 불러일으켰다. 그들은 대통령의 임명권을 제한하는 새 민간행정체계를 지지하던 개혁세력과 합류하였다. 하지만 그들의 노력으로는 아무것도 바뀌지 않았다. 그랜트는 곧 또 다른 공화당원들의 적대감을 불러일으켰다. 많은 북부인들은 점차 재건에 대한 환상을 버리게 되었고, 남부에서의 부패, 낭비, 무능에 대한 이야기들에 혐오감을 느낀 북부인들은 남부에서의 급진적인 재건 계획에 대한 그랜트의 계속적인 지원을 반대했다. 일부 공화당원들은 그랜트 행정부 자체도 부패했다고 의심했다. 또 다른 사람들은 그랜트가 관세 축소를 지지하지 않는다고 비난하였다.

따라서 그랜트의 첫 임기가 끝날 즈음, 자신들을 자유공화당원(Liberal Republicans)이라고 지칭한 공화당의 거대 분파 구성원들은 소위 '그랜트주의'(Grantism)에 반대하게 되었다. 1872년에 그랜트의 재선을 막을 희망으로, 그들은 공화당에서 탈당하여 자신들의 대통령 후보를 지명하였다. 그 후보는 뉴욕 「트리뷴」(Tribune)지(紙)의 원로 편집장이자 발행인인 호레이스 그릴리(Horace Greeley)였다. 민주당은 자유공화당과의 연합이 그랜트를 패배시킬 수 있을 것이라는 희망에서, 어쩔 수 없이 그들의 후보로 그릴리를 지명했다. 그러나 그 노력은 허사였다. 그랜

트는 상당한 승리를 거두었는데, 286명의 선거인단 투표수와 359만7천
명의 전 유권자 투표수를 얻었다. 그릴리는 66명의 선거인단과 283만4
천 명의 유권자 지지를 얻었다. 그릴리는 2개의 남부 주와 4개의 남북부
경계주에서 승리하는 데 그쳤다. 선거에서의 패배로 충격을 받은 그릴리
는 3주 후에 사망하였다.

그랜트 스캔들

1872년 선거운동 중에, 일련의 정치적 스캔들 중의 최초의 것이 발
생했으며 이후 8년 동안 그랜트와 공화당을 괴롭혔다. 그것은 유니온퍼
시픽 철도회사를 건립하는 데 도움을 주었던 프랑스의 크레딧모빌리어
(Credit Mobilier) 건설회사에 관련된 것이었다. 모빌리어 회사의 대표들
은 유니언 철도회사의 주주로서의 지위를 이용하여 거대한 사기 계약을
자기 건설회사와 맺게 함으로써, 유니언퍼시픽 철도회사 및 철도회사에
상당한 보조금을 지급한 연방정부로부터 수백만 불을 사취하였다. 모빌
리어 회사의 중역들은 조사를 막기 위하여 모빌리어 주식의 일부를 주
요 의원들에게 양도하였다. 그러나 1872년에 의회는 조사를 실시했으며,
그랜트의 부통령인 콜팩스(Schuyler Colfax)를 포함하여 일부 고위직
공화당 의원들이 주식을 양도받았음이 드러났다.

그랜트의 두번째 임기 중에 또 다른 좋지 않은 일이 뒤따랐다. 그
랜트 행정부의 세번째 재무장관인 벤저민 브리스토우(Benjamin H.
Bristow)는, 재무부 관리 몇 명과 '위스키 일당'으로 활동하는 양주업자
들이 가짜 세금보고서를 제출하여 정부의 세금을 포탈하고 있다는 것을
발견했다. 그리고 하원의 조사를 통해, 국방장관인 윌리암 벨크넙(Wil-
liam W. Belknap)이 소위 인디언 상무관의 관직을 유지시키는 대가로
뇌물을 받았음이 밝혀졌다. 그 외 몇 가지 사소한 스캔들은, '그랜트주의'
가 미국 정부에 부패의 만연을 가져왔다는 인상을 더욱 심어주었다.

그린백 문제

더구나 1873년의 위기로 알려진 재정 위기는 그랜트 행정부 및 국가 전체를 더욱 힘들게 만들었다. 그것은 주요 투자금융회사의 하나인 제이 쿡 회사(Jay Cooke and Company)의 붕괴로 시작되었는데 그 회사는 전후 철도건설에 너무 많은 투자를 하였다. 그 전에도 1819년, 1837년, 1857년에 공황이 있었지만 이번 것은 최악이었다. 재정 위기가 초래한 공황은 4년간 계속되었다.

채무자들은 이제 통화가치를 팽창시키라고 정부에 압력을 가하였다. 그것은 그들의 채무 이행을 용이하게 할 것이었다. 더 구체적으로 그들은, 전쟁 공채를 남북전쟁중에 인쇄했던 지폐통화의 일종인 그린백(greenbacks)으로 상환해줌으로써 유통 화폐량을 증가시킬 것을 촉구하였다. 그러나 그랜트와 대부분의 공화당원들은 금 보유고에 확고히 토대하고 은행과 다른 채권자들의 이해를 보호하는 ‘건전한’ 통화를 원했다.

하지만 그린백 문제는 사라지지 않았다. 먼저 남북전쟁중에 발행된 지폐 통화 약 3억 5천6백만 달러가 아직도 유통되고 있었다. 그리고 1873년에 대법원이 녹스 대 리(*Knox v. Lee*) 판결에서 그린백은 합법적이라는 판결을 내리자, 재무부는 공황에 대처하기 위해 더 많은 그린백을 발행했다. 다음 해에 의회는 그린백 발행을 더 늘릴 것을 결의하였다. 그러나 그랜트는 동부 금융기관들의 압력하에서 그 조치를 거부했다.

1875년에 의회의 공화당 지도자들은 그린백 운동을 완전히 분쇄하기 위해 태환법(Specie Resumption Act)을 통과시켰다. 이 법은, 정부가 1879년 1월 1일 이후 그 가치가 계속 유동적인 그린백 달러를 회수하여 금 가격에 확고히 토대한 새 증권으로 대체해줄 것을 고시하였다. 그 법은, 채무자들이 가치 하락한 지폐로 빚을 갚을까봐 걱정하던 채권자들을 만족시켰다. 그러나 이 ‘상환’은 채무자들에게는 아무 도움도 주지 못했다. 왜냐하면 금에 토대한 화폐 공급은 그들이 원하는 만큼 많이 확대될 수 없었기 때문이다.

1875년에 통화팽창주의자들, 즉 ‘그린백 지지자들’은 그들 자신의 정치조직인 전국 그린백당(National Greenback party)을 만들었다. 이후 세 번의 대통령 선거에서 활약하였지만 그 정당은 광범한 지지를 얻는 데 실패했다. 하지만 화폐 문제를 계속 여론화하는 데는 성공했다. 그리고 1880년대에 그린백 세력은 은을 통화 기준으로 선호하던 좀더 강력한 통화개혁 집단과 합류하기 시작하여, 궁극적으로 엄청난 힘을 획득할 정치운동을 만들어내게 된다. 적절한 통화 구성의 문제는 19세기 후반 미국 정치에서 가장 논쟁이 되고 지속적으로 제기된 문제 중의 하나였다.

공화당 외교

존슨 행정부와 그랜트 행정부는 외교에서 가장 큰 성공을 거두었다. 그것은 외교 능력을 거의 보여주지 못한 대통령 자신들의 성과가 아니라 두 명의 뛰어난 국무장관이 이룬 성취였다. 링컨 정부에서 봉직하고 1869년까지 국무장관직을 수행한 윌리엄 슈워드(William H. Seward)와 그랜트 행정부의 두 임기 동안 내내 봉직하였던 해밀턴 피쉬(Hamilton Fish)가 그들이었다.

슈워드는 열정적인 팽창주의자이며 적극적인 외교정책의 옹호자로서, 재건기 정치가 허용하는 만큼, 그리고 존슨 대통령에 대한 공화당의 증오심에 따른 지원을 받으며 과감하게 행동하였다. 그는 알라스카를 720만 불에 미국에 팔겠다는 러시아의 제안에 동의하였다. 우여곡절을 겪은 후에야 그는 의회가 그 구매를 승인하도록 설득할 수 있었는데, 그는 알라스카를 무용한 동토로 여기고 그 구매를 '슈워드의 사기' 혹은 '슈워드의 얼음상자'라고 조롱하는 많은 사람들의 비난에 직면했다. 그러나 슈워드는 알라스카가 중요한 수산 중심지이며 금과 같은 중요한 자원의 잠재적 생산지라는 것을 알았다. 1867년에 슈워드는 하와이 서쪽의 조그만 미드웨이 섬들을 미국에 병합시켰다.

국내 정치에서 종종 비틀거리던 것과는 대조적으로, 피쉬 국무장관 하에서의 그랜트 행정부는 대체로 단호하고 확고한 외교적 성과를 거두었다. 피쉬에게 닥친 최초의 주요 도전은 영국과의 열띤 논란을 해결하는 것이었다. 많은 미국인들은 영국 정부가 남북전쟁 동안 앨라배마호와 같은 배를 영국 조선소가 남부연합을 위해 건조하도록 허용함으로써 중립법을 위반했다고 믿었다. 그 함대들이 미국에 초래한 손실에 대해 영국이 배상해야 한다는 미국의 요구는 '앨라배마 요구'(Alabama claims)로 알려지게 되었다.

슈워드는 앨라배마 요구를 1869년의 존슨-클러렌던 대표자회의를 통해 해결하려 했으며, 그 회의는 국제 중재재판에 그 문제를 회부할 계획이었다. 그러나 상원은 영국의 어떤 사과도 받지 못했다는 이유로 그것을 거부하였다. 1871년에 피쉬는 워싱턴 조약이라는 새로운 합의를 만들어내는 데 성공했다. 그 조약은 국제적인 중재를 제공했으며, 영국은 앨라배마호가 영국에서 빠져나간 것에 대한 유감을 표명했다.

5. 재건의 포기

북부는 점차 자체의 정치·경제 문제들에 몰두하면서 재건에 대한 관심이 약해지기 시작했다. 그랜트 행정부는 남부의 공화당 정부를 계속해서 보호했으며, 그것은 해방 흑인의 자유를 보장하고자 하는 관심 때문이라기보다는 남부에서 강력한 민주당의 재등장을 막고자 하는 의도 때문이었다. 그러나 연방군대조차도 남부 백인들의 재건 체제 전복을 막기에 충분하지 않았다. 그랜트가 대통령직을 떠날 무렵, 민주당은 과거 남부연합 주들 중에서 7개 정부를 다시 차지했다. 남부 백인들은 이를 "복귀됐다"(redeemed)고 부르기 좋아했다.

나머지 3개의 주인 사우스캐롤라이나, 루이지애나, 플로리다에서는, 1877년에 마지막 연방군대가 철수하고서야 비로소 재건이 막을 내렸다. 그 철수는 국가적 차원에서 오랫동안의 정치적 협상과 담판의 과정을 거친 결과였다.

"복귀된" 남부 주들

백인이 주 인구의 다수인 상(上)남부에서 공화당 지배를 전복시키는 것은 상대적으로 간단했다. 1872년에는 소수를 제외하고 거의 대부분의 남부 백인들이 선거권을 회복했다. 이제 과반수 이상의 선거권을 확보한 남부 백인들은 주 정부를 조직하고 그들의 후보들을 선출하기만 하면 되었다.

흑인이 다수이거나 두 인종의 인구가 거의 같은 다른 주들에서는, 백인들이 재건 체제를 무너뜨리기 위해 폭력과 협박을 사용했다. 큐클럭스클랜(KKK), 흰 동백기사단(Knights of the White Camellia), 그리고 다른 비밀결사 조직들은, 흑인들이 투표하거나 다른 시민권을 행사하는 것을 몸으로 막고 테러를 사용하여 위협하였다. 반(半)군사조직인 붉은 셔츠(Red Shirts)와 백색 리그(White Leagues)는 선거를 '정찰하기' 위해 무장을 했으며, 모든 백인 남자들을 민주당에 합류하게 하고 모든 흑인들을 중요한 정치 활동에서 제외시키려고 노력하였다. 그러나 무엇보다 강력한 것은 경제적 압력이라는 간단한 무기였다. 일부 농장주들은 흑인 공화당원들에게 토지 임대를 거부했으며, 상점 주인들은 그들에게 신용 확대를 거부했고, 고용주들은 일자리 주기를 거절했다.

그 동안에 남부 흑인들은 과거에 자신을 지지해주던 다수 북부인들의 지지를 상실하고 있었다. 1870년에 헌법수정조항 15조가 채택되자 일부 개혁가들은 흑인들을 위한 그들의 오랜 운동이 드디어 끝났다고 믿었다. 흑인들은 이제 선거권을 통해 스스로를 책임질 수 있어야 한다는 것이다. 섬너와 그릴리와 같은 과거 급진적 지도자들은 이제 자신들을 자유주의자들로 칭하고 민주당과 협력하였으며, 때때로 흑인과 북부 낭인의 실정(失政)으로 보이는 것을 비난하는 데 민주당보다 앞장서기 시작했다. 남부 자체 내에서도 많은 백인 공화당원들이 자유주의자들과 합류했고 민주당으로 옮겨갔다.

1873년의 공황은 재건에 대한 지원을 더욱 더 약화시켰다. 1874년의 의원 선거에서, 민주당은 1861년 이후 최초로 하원을 장악하는 데 성공하였다. 그랜트 대통령은 북부의 여론 변화를 인식하고, 아직 남부에 세워지고 있는 공화당 체제를 지원하기 위해 더 이상 군대를 동원하지 않았다.

1876년 말경에 이르러 사우스캐롤라이나, 루이지애나, 플로리다 등 오직 3개 주만이 공화당의 수중에 남게 되었다. 그해 주 의원 선거에서 민주당은 테러 술책을 사용하여 세 개 주에서 모두 승리했다고 주장했다. 그러나 공화당도 승리를 주장했고, 결국 연방군대의 주둔에 힘입어 공화당 체제를 유지할 수 있었다. 만약 군대가 철수했다면 마지막 공화당 체제도 붕괴했을 것이다.

1877년의 타협

그랜트는 1876년에 세번째 임기를 위해 대통령에 출마하기를 희망하였다. 그러나 대부분의 공화당 지도자들은 최근의 민주당의 승리에 동요하였고 그랜트 대통령과 연관된 스캔들을 두려워했으며, 대통령의 건강 악화를 걱정하여 반대하였다. 그들은 대신에 그랜트 집권기의 문제들과 연관되지 않은 후보, 그리고 자유주의자들을 다시 유인해 와서 공화당을 재단결시킬 수 있는 후보를 찾았다. 그들은 오하이오 주의 주지사를 세 번이나 지내고 민간행정 개혁의 주창자이며 과거 북부군의 장교이자 하원의원인 라더포드 헤이즈(Rutherford B. Hayes)로 결정하였다. 민주당은 새뮤얼 틸든(Samuel J. Tilden)을 중심으로 단결하였는데, 그는 뉴욕의 개혁적인 주지사이자 뉴욕 시 태머니홀(Tammany Hall)의 부패한 트위드 도당(Tweed Ring)을 전복시키는 데 역할을 한 사람이었다.

선거전은 치열하였지만 두 사람 모두 온건한 개혁을 추구하는 보수주의자들이었기 때문에 후보들 사이의 주된 차이점이 거의 없었다. 11월의 선거는 명백한 민주당의 승리였다. 틸든은 남부와 북부의 여러 큰 주를 휩쓸었고, 헤이즈 후보와의 전 유권자 투표수의 차이는 거의 30만 표였다. 그러나 총 20명의 선거인단을 둔 루이지애나, 사우스캐롤라이나,

플로리다, 오리건에서 투표 결과에 대한 논란이 빚어져 선거는 의혹에 빠졌다. 틸든은 과반수에 1표가 부족한 184명의 선거인단 투표수를 얻었다고 주장했다. 그러나 헤이즈는 문제가 된 20명의 선거인단 투표수를 모두 받아낸다면 아직도 승리할 수 있었다.

헌법상으로는 문제가 된 선거 결과의 타당성을 결정할 어떤 방법도 없었다. 의회가 결정해야 할 사안인 것은 분명했으나, 상원이냐 하원이냐 혹은 어떤 방법을 통해 결정할 것인가는 명확하지 않았다. 당시 상원은 공화당이 지배했고 하원은 민주당이 지배했다. 각 정당은 자연스럽게 그들 편에 승리를 안겨줄 해결책을 지지하였다.

결국 1877년 1월에야 의회는 논란이 된 투표를 판단하기 위해 특별 선거위원회를 만들고 문제를 해결하려 하였다. 위원회는 5명의 상원의원, 5명의 하원의원, 그리고 5명의 대법원 판사로 구성되었다. 의회 대표들은 5명의 공화당원과 5명의 민주당원으로 구성되었다. 사법부 대표들은 2명의 공화당파, 2명의 민주당파 그리고 1명의 독립파인 데이빗 데이비스(David Davis) 판사를 포함하였다. 그러나 일리노이 의회에서 데이비스가 상원의원으로 선출되자, 데이비스는 위원회에서 사임하였다. 그의 자리는 대신에 공화당편의 판사에게 돌아갔다. 위원들은 정확히 자신이 지지하는 정당의 노선을 따라 투표했으며 8 대 7의 결과가 나왔다. 따라서 논란이 된 투표수를 모두 헤이즈에게 주기로 결정하였다. 의회는 3월 2일에 그 결정을 수용했고, 이틀 후에 헤이즈가 대통령으로 취임하였다.

그러나 이 문제의 해결 뒤에는 양당 지도자들 사이에 일련의 교묘한 협상이 있었다. 민주당의 의사진행 방해자가 위원회의 보고를 무산시키겠다고 위협하자, 공화당 상원 지도자들은 극비리에 남부 민주당 지도자들과 만나 민주당이 헤이즈를 지지할 수 있는 조건을 고안해냈다. 기록에 따르면, 공화당과 남부 민주당 의원들은 워싱턴의 웜리(Wormley) 호텔에서 만났다. 여기서 헤이즈는 남부에 남아 있는 마지막 연방군을 철수하여 남부의 마지막 공화당 정부를 해체하겠다는 공화당측의 약속을 제안했고, 이에 대한 보답으로 남부인들은 의사진행 방해를 안하기로

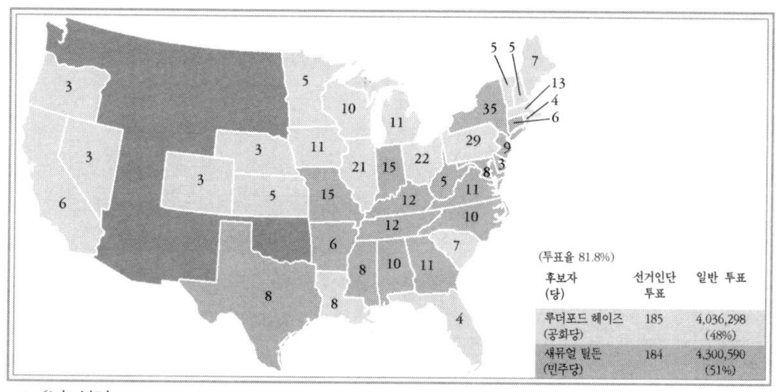

1876년 선거

동의하였다는 것이다.

하지만 실제로 '1877년 타협'의 배후 이야기는 더 복잡하다. 헤이즈는 이미 연방군의 철수에 우호적이었다고 기록되어 있다. 남부 민주당으로부터 승리를 얻어낸 진짜 합의는 웜리 모임 전에 이루어졌다. 과거 휘그파의 일부도 포함된 남부 민주당원들은 협상의 대가로 공화당으로부터 여러 가지 약속을 받아냈다. 즉 헤이즈 내각에 최소한 한 명의 남부인을 임명하고, 남부 내의 연방 관직 임명권을 민주당이 가지며, 관대한 교통망 개량사업을 실시하며, 텍사스 철도와 퍼시픽 철도를 연방이 재정 지원하고, 연방군을 철수한다는 등이었다. 다수의 남부 민주당 지도자들은 남부의 산업화를 지지하였다. 그들은 남부 산업에 대한 연방의 지원 계획을 담은 공화당의 안이 민주당의 주권정책보다 남부에 더 도움이 될 것이라고 믿었다.

대통령 취임사에서 헤이즈는, 남부의 가장 당면한 과제는 "현명하고, 정직하며, 평화로운 지방 자치정부"를 회복하는 것이라고 선언했다. 이것은 그가 연방군을 철수할 계획이며 백인 민주당으로 하여금 주 정부를 장악하게 하겠다는 신호였다. 이 선언과 헤이즈의 뒤이은 행동은, 그가 선거에서 양보해준 남부에게 보답하고 있다는 광범한 비난을 뒷받침했으며 그를 "협잡꾼"이라고 지칭한 사람들의 말을 수긍하게 만들었다. 그러나 선거는 이미 너무 많은 비난을 초래했다. 그의 비판자들을 달래기 위해 헤이즈가 할 수 있는 일은 아무 것도 없었고 한 임기만 봉직하겠다는 그의 약속도 별 효과가 없었다.

대통령과 공화당은 휘그적인 백인 보수주의자들을 끌어들여 남부에 '새로운 공화당' 조직을 건설하고자 하였으며, 흑인 권리에 대한 온건한 지지를 표명하였다. 그러나 그 모든 노력은 실패했다. 남부 백인 지도자 다수는 공화당의 경제 정책에 동조하였지만, 재건에 대한 분노가 너무 깊어서 공화당을 지지하는 것은 정치적으로 불가능했다. 20세기 중반까지 계속될 '확고한' 민주당 남부가 형성되고 있었다. 그리고 연방군의 철수는, 연방정부가 남부 정치를 통제하려는 시도 및 남부 사회에서의 흑인들의 지위를 향상시키려는 시도를 포기했음을 의미했다.

재건의 유산

재건은 흑인을 돕고자 하는 시도에서는 완전히 실패했다. 물론 상당한 소득재분배가 있었고 그로부터 흑인들은 혜택을 받았다. 일부 과거 노예들이 재산을 취득할 수 있도록 한 토지소유권의 재분배는 제한적이기는 하였지만 중요한 것이었다. 대부분 흑인들의 경제 상황은 상대적·절대적으로 향상되었다.

재건은 그 당시 대부분 사람들이 믿었던 것처럼 남부 백인들에게 재난을 가져다주지는 않았다. 남부는 오랫동안의 유혈전쟁의 패배와 피폐로부터 다시 일어섰다. 그리고 10년도 채 되지 않아서 남부를 지배하게 된 백인들은 남부 기관들을 다시 장악하였으며, 과거 전통적인 지배계급의 상당수가 권력을 되찾았다. 과거 남부연합의 지도자들은 어떤 심한 처벌도 받지 않았다. 연방정부는 남부에 어떤 근본적인 경제 개혁도 실시하지 않았으며, 노예제 폐지를 제외하고는 어떤 다른 종류의 지속적인 정치적 변화도 일어나지 않았다. 전쟁에 패배하여 통치받은 사람들이 그렇게 잘 살아나간 경우도 드물었다.

하지만 그 모든 것에도 불구하고, 20세기 미국인들은 재건기를 비극적 시기로 돌아보지 않을 수 없다. 왜냐하면 그 기간에 미국은 가장 오래되고 심각한 사회문제인 인종문제를 해결하려는 최초의 진지한 노력에 실패했기 때문이다. 더구나 그 경험은 미국 백인들을 너무 실망시키고 환멸시켰으며 참담하게 했기 때문에, 그들은 거의 100년이 지난 후에야 다시 진지한 방식으로 그 노력을 시도하게 되었던 것이다.

인종적 불평등에 대한 그 위대한 공격은 왜 그렇게 실패하였는가? 부분적으로 그것은 공격을 감행했던 사람들의 약점과 실수 때문이었다. 그러나 더 큰 이유는 개혁 노력이 미국의 생활 속에 깊이 뿌리박혀 도저히 제거할 수 없는 보수적인 장애물들에 직면했기 때문이다. 주와 개인의 권리를 침해하더라도 인종 평등을 추구하려는 국가 지도자들의 의지는, 미국인들의 강한 헌법 숭배 정신을 꺽을 수 없었다. 사유재산과 자유기업을 중시하는 뿌리깊은 신념은, 남부의 경제적 특권을 침해하려는 어떤 실질적인 공격도 저지시켰다. 무엇보다도 인종 평등을 추구하는 데 장애로 작용한 것은 다수의 백인들이 흑인종은 선천적으로 열등하다고 믿었던 점이며, 심지어 가장 진보적인 백인들의 다수도 그렇게 생각했다는 것이다. 이처럼 1860년대와 1870년대의 미국인들이 활동하던 상황을 고려해 볼 때, 재건 기간에 성취한 것이 거의 없다는 사실이 아니라 오히려 그만큼 많이 성취할 수 있었다는 것이 놀라운 일이다.

따라서 흑인들이 당면했던 어려운 조건에도 불구하고 재건 기간 동안 그들이 성취할 수 있었던 제한적인 성과에 대하여 흑인들은 자부심을 가질 만하다. 그리고 미래 세대들은 두 가지의 위대한 자유헌장인 헌법수정안 14조와 15조에 대해 매우 감사해야 한다. 헌법수정안 14조와 15조는 그 당시에는 대체로 무시되었지만, 후에 모든 미국인들에게 자유와 평등을 부여하려는 운동을 다시 시작한 '제2의 재건'의 토대로서 역할하였다.

재건

재건의 본질에 대한 논쟁은 역사가들 사이에서뿐만 아니라 많은 대중들 사이에서도 매우 열렬하였다. 사실 미국 역사에서 그처럼 격렬하고 지속적인 열정을 불러일으킨 이슈도 드물었다.

19세기 말에 시작하여 20세기까지 역사가들 사이에서 대체로 일치되고 지배적인 견해는 재건에 대해 매우 비판적이었다. 그들은, 미국 백인들이 흑인의 열등성에 대해 광범한 의견일치를 보이고 있었으며 북부와 남부 모두 지역간 화해를 열망하고 있었다고 보았다. 이 지배적인 견해가 피력된 학문적 업적은, 윌리암 더닝(William A. Dunning)의 『정치적, 경제적 재건』(*Reconstruction, Political and Economic*, 1907)이라는 책이었다. 더닝은 재건을 복수에 불타는 북부 공화당 과격파들에 의해 피폐한 남부에 가해진 부패하고 억압적인 폭행으로 묘사하였다. 그에 의하면, 방종한 낭인들이 남부에 넘쳤으며 남부를 약탈하였고, 무식한 흑인들은 그들에게 어울리지 않는 공직을 대거 차지하였다. 재건 정부는 부패에 휩쓸렸고 엄청난 빚에 파묻혔다는 것이다. 이러한 더닝의 해석은 수세대 동안

의 미국사 연구를 지배하였다. 그것은 또한 『바람과 함께 사라지다』(*Gone with the Wind*)라는 소설과 영화에서 묘사한 것처럼, 재건에 대한 대중적인 이미지를 형성하는 데 기여했다.

그러나 더닝의 해석은 역사가들에 의한 일련의 도전에 직면하여 점차 그 신뢰도를 상실하였다. 위대한 흑인 학자였던 두보이즈(W.E.B. Du Bois)는 『흑인 재건』(*Black Reconstruction*, 1935)이라는 책에서 최초의 대안적인 견해를 제시했다. 두보이즈에게 있어서, 재건은 해방 흑인들이 백인 동료들과 함께 남부에 보다 민주적인 사회를 만들려고 노력했던 것이며 여러 가지 가치 있는 사회적 혁신을 가져온 것이었다. 그런데 1960년대 초기에 존 프랭클린(John H. Franklin)과 케네스 스탬프(Kenneth Stampp)는, 다른 학자들의 한 세대 동안의 연구를 토대로 더닝의 해석을 대체하고, 급진적으로 수정한 새로운 재건의 역사를 출판했다. 그들은 재건이 결함도 있었지만 남부의 인종문제를 해결하려는 진정한 노력이었다고 주장했다. 그들에 의하면 재건 정부들은 완벽하지는 않았지만 인종간의 평등 정치를 위한 과감한 실험을 시

도하였다. 의회의 급진주의자들은 성인(聖人)들은 아니었지만 과거 노예들의 권리를 보호하는 데 진실로 관심을 가졌다. 재건은 일시적이긴 했지만 남부에 중요한 진보를 가져왔으며, 그 당시 북부 주 정부들의 부패와 비교하여 남부에 더 많은 부패를 초래하지는 않았다. 이처럼 수정주의자들은, 재건이 남부 백인들에게 무엇을 했는가가 아니라 재건이 남부 흑인들을 위해 하지 못했던 것을 강조하였다. 결국 재건은 흑인들의 진정한 평등을 보장하기에는 너무 미약했으며 너무 단명했다는 것이다.

더욱 최근에 일부 역사가들은 결국 재건이 성취한 것은 거의 없다는 수정주의자들의 평가에 의문을 제기하기 시작했다. 리온 리트왁(Leon Litwack)은 『폭풍 속에 너무 오래 있었다』(*Been in the Storm So Long*, 1979)는 책에서, 해방 흑인들이 남부 사회에서 자신들의 독립을 어느 정도라도 확보하기 위해 재건기에 제공된 보호책을 이용했다고 주장했다. 즉 교회를 강화하고, 가족을 재결합시키고, 집단노동 체계를 회복시키려는 백인 농장주들의 노력에 저항하였다는 것이다.

에릭 포너(Eric Foner)는 『재건: 미국의 끝나지 않은 혁명』(*Reconstruction: America's Unfinished Revolution*, 1988)에서 역시, 흑인들이 짧은 시간에 상당한 자유와 독립을 얻었으며 억압적인 장애에도 불구하고 귀중한 가치를 많이 성취하였고 재건 정책의 시행과정에 중요한 영향을 미쳤다는 것을 강조하였다. 그는, "시민으로서의 그리고 자유 노동자로서의 흑인의 권리"를 확보하려는 노력에 있어서만 재건이 "실패했다고 할 수 있다"고 주장하였다. 그러나 그에 의하면, 재건은 "훨씬 더 억압적일 수 있었던 대안들을 봉쇄하였다. (⋯) 재건 이후의 노동체계는 전쟁 이전처럼 철저히 감독받는 집단노동으로 회귀하지 않았고, 흑인 노동력이 완전히 박탈당하거나 무력화되지도 않았으며, 1865년과 1866년에 남부 백인들이 예상하였던 것처럼 강압적인 도제(徒弟)체계가 구현되지도 않았다. 흑인들은 20세기 남아프리카에서처럼 시민권을 박탈당하고 노동예비군으로 몰리고 나라의 이곳에서 다른 곳으로 이동하는 것을 법으로 금지당하지도 않았다. (⋯) 한번 열렸던 경제적 기회의 문은 결코 완전히 닫힐 수는 없었다."

제 16 장

신남부와 극서부

재건 이후 미국은 상당히 진전된 도시-산업사회의 팽창과 발전을 경험하고 있었다. 그러나 미국 내 두 지역에서의 경험은 매우 달랐다. 19세기 후반은 영어권 유럽인들이 최초로 정착한 지역인 남부와 그들의 마지막 정착지인 극서부에서 새로운 시작과 중요한 변화의 시간이었다. 하지만 두 지역에 살던 많은 사람들에게 그 시기는 미국의 나머지 지역과 비교하여 상대적으로 쇠퇴한 시기였으며, 그 쇠퇴는 궁극적으로 중요한 사회·정치적 변혁을 가져오게 되었다.

1. 과도기의 남부

1877년의 타협은 논란이 되었던 대통령 선거문제를 해결하기 위해 북부 공화당과 남부 민주당이 협력하여 이루어낸 합의였으며, 그것은 남부에 안정적이고 영구적인 공화당의 발판을 세우는 첫 단계로 여겨졌다. 그러나 상황은 그렇게 전개되지 않았다. 재건이 끝난 이후 남부 백인들은 그들을 위한 유일하고 확실한 정치조직으로 민주당을 선택했다.

연방군이 마지막으로 철수한 후 1877년 말에 모든 남부 주 정부는
'복귀되었다'(redeemed). 즉 백인 민주당은 다시 정치권력을 장악하였
다. 많은 남부 백인들은 자칭 그들의 '자치'가 복원되자 기뻐하였다. 그
러나 남부의 정치권력은 남북전쟁 이후 그 어느 때보다도 사실상 더 제
한되었다. 남부는 또 다시 강력하고 보수적인 과두 지배의 통제하에 놓
여졌으며, 그 구성원들은 '보수파' 혹은 '왕당파'(Bourbons) 등으로 일컬
어졌다.

'보수파'

재건 후 남부 지배계급은 일부 지역에서는 전쟁 전의 지배계급과
거의 동일하였다. 예를 들어, 앨라배마 주의 구(舊)농장주 엘리트들은 새
로운 상인과 산업가 세력의 도전에도 불구하고 과거 그들 권력의 대부
분을 확보했으며, 거의 수십 년간 주를 계속 지배했다. 그러나 대부분의
지역에서 보수파는 완전히 새로운 계급으로 구성되었다. 그들은 상인, 산
업가, 철도개발업자, 금융가들로서, 일부는 과거 농장주들이거나 남부 생
활에 완전히 적응한 북부 이주민이거나, 남부의 사회 하층에서 야심차게
신분상승한 남부 백인들이었다. 그들은 경제개발, 사회적 보수주의, 그리
고 '자치'를 지지하였다.

신남부의 다양한 왕당파 정부들의 차이에도 불구하고 그들은 많은
면에서 매우 유사한 정책을 시행하였다. 보수주의자들은 재건 정부가 광
범한 부패를 양산했다고 불평하였다. 그러나 그들 보수파 체제는 훨씬
더 많은 사기와 낭비를 저질렀고 그 점에서는 나라 전역의 다른 주 정
부들과 거의 다를 바가 없었다. 더구나 모든 새 민주당 체제는 세금을
낮추고, 지출을 줄였으며, 재건기에 이룩한 가장 중요한 많은 성과들을
포함하여 주의 복지 업무를 과감히 감소시켰다. 예를 들어 여러 주에서
공립학교 체제에 대한 주 정부의 지원을 감소하거나 없애버렸다.

그러자 1870년대 말에 반발 집단이 보수세력에 도전하였다. 그들은
주의 복지 감축에 항의하고, 보수파 정부가 전쟁 전 및 재건기의 빚을

원래의 높은 이자율로 상환해 주기로 한 약속을 비난하였다. 동시에 그린백, 채무상환, 그리고 다른 경제개혁에 대한 요구도 있었다. 이러한 요구는 주로 소득이 낮은 하층 백인들에 의해 제기되었지만, 일부 운동에는 전 계층의 상당수 흑인들이 참여하였다. 그러나 1880년대 중반에 보수적인 남부인들은 인종적 편견을 이용함으로써 대부분의 저항운동을 효과적으로 분쇄하였다.

산업화와 '신남부'

재건 이후 일부 남부 지도자들은 남부가 왕성한 산업경제의 본고장이 되기를 희망했다. 남부인의 다수는 남부 경제가 북부의 근대화된 제조 역량과 경쟁할 수 없었기 때문에 전쟁에서 졌다고 주장했다. 이제 남부는 북부를 뛰어 넘어 '신남부'(New South)를 건설해야 했다. 하지만 「애틀란타 헌법」(*Atlanta Constitution*)의 편집장인 헨리 그래디(Henry Grady)와 다른 유명한 신남부 대변인들은 결코 백인 지배를 비판하지 않았다. 대신 그들은 남부인들의 가치체계에 중요한 변화가 필요하다고 주장했다. 그들은 무엇보다도, 전쟁 전 남부인들이 자주 비난했던 북부 사회의 특성인 절약, 근면, 진보의 미덕을 장려하였다.

부분적으로 이들의 노력에 힘입어 남부 산업은 재건 이후 상당히 팽창했으며 과거 어느 때보다도 남부 경제에서 중요한 부분을 차지했다. 가장 눈에 띄는 것은, 19세기의 마지막 20년 동안 9배의 증가를 이룩한 방직업의 성장이었다. 과거에 남부 면화는 북부나 유럽의 제조업자들을 위해 남부 지역 밖으로 수송되었다. 그런데 이제 남부 내에 방직공장들이 생겨났다. 남부는 풍부한 수력, 값싼 노동력의 용이한 공급, 낮은 세금, 우호적이고 보수적인 주 정부 등의 유리한 조건으로 뉴잉글랜드의 방직업을 유인하였다. 연초처리 산업도 주로 노스캐롤라이나의 제임스 듀크(James B. Duke)의 활동에 힘입어 남부에 중요한 토대를 마련하였다. 듀크의 아메리칸연초회사(American Tobacco Company)는 생연초를 시장에 팔 수 있는 재료로 처리하는 일을 처음 얼마 동안 사실상 독점하였다. 하(下)남부에서 특히 앨라배마 주의 버밍햄에서는 제철산업이 나중에는 강철산업이 급속히 성장하였다. 1890년경에 남부의 제철산업과 강철산업은 미국 전체 생산량의 거의 5분의 1을 차지했다.

재건 후 남부의 철도 건설은 미국 전체의 철도 개발보다 훨씬 빠른 속도로 상당히 증가하였다. 1880년과 1890년 사이에 남부의 철도 길이는 2배 이상 증가했다. 그리고 남부는 1886년에 북부의 기준과 맞게 철도궤도의 폭(게이지)을 바꿈으로써 그 수송체계를 미국 나머지 지역의 수송체계와 통합시키는 데 크게 진일보하였다. 남부로 향하는 화물을 남부의 경계 지역에서 다른 기차로 옮겨실을 필요가 더 이상 없었다.

그러나 남부의 산업 발전은 상당히 제한적이었으며 남부에 미친 산업화의 영향은 결코 북부에 미친 그 영향과는 비교도 할 수 없었다. 19세기 말엽의 20년 동안 미국 제조업 전체에서 남부가 차지하는 비중은 2배로 증가하였고 전체의 10%를 차지했다. 그러나 그 비율은 남부가 1860년에 주장했던 몫과 같은 것이었다. 다시 말해서 남부는 남북전쟁과 그 이후 시기에 상실했던 것을 다시 회복한 수준에 지나지 않았다. 남부의 1인당 국민소득은 같은 기간에 21% 증가하였다. 그러나 1860년에 북부 평균소득의 60%를 차지했던 남부 평균소득은, 19세기 말에는 그 40%에 불과했다. 그리고 가장 급속한 발전이 일어난 영역인 방직, 제철, 철도 산업도 그 자본의 대부분은 북부가 출자한 것이었다.

남부에서의 산업 성장으로 인해 남부는 최초로 상당한 산업노동력을 충원해야 했다. 처음에 공장노동자의 대부분, 특히 방직노동자의 대부분은 여성이었다. 남북전쟁에서 많은 남자들이 사상하자 수많은 미혼여성들은 고용을 절실히 필요로 하게 되었다. 가족 전체가 공장에 고용되기도 하였는데, 그들 중의 다수는 피폐한 농토를 떠나 도시로 이주한 사람들이었다. 노동시간은 하루 12시간이나 되게 길었으며 임금은 북부의 임금보다 훨씬 낮았다. 산업가들에게 있어서 남부의 가장 큰 매력 중의 하나는, 고용주들이 북부 노동자들이 받는 것의 절반에 불과한 적은 임금을 노동자에게 지불할 수 있다는 점이었다.

대부분 공장 지역에서의 생활은 공장주와 감독관들에 의해 엄격히 통제되었다. 그들은 노동조합을 조직하거나 노동자들이 저항하려는 시도를 철저히 탄압하였다. 회사 상점들은 노동자들에게 높은 가격으로 상품을 팔았고 엄청난 이자율을 적용하여 외상을 해주었으며, 공장 소유주들은 그 지역에 다른 경쟁 공장이 설립될 수 없도록 확고히 막았다. 그러나 동시에 공장 지역의 열악한 조건은, 노동자들 사이에 비록 전투적인 감정으로 전환되지는 않았지만 강력한 공동체 의식과 유대감을 형성하는 데 기여했다.

방직업과 같은 일부 산업은 사실상 거의 흑인 노동자들을 고용하지 않았다. 연초, 제철, 목재 등의 다른 산업은 흑인들에게 약간의 고용기회를 제공하였지만 대체로 가장 천하고 가장 임금이 낮은 자리였다. 따라서 일부 공장 도시는 흑인 문화와 백인 문화가 밀접하게 접촉하는 장소였다.

때때로 산업화는 임금을 전혀 지불하지 않는 고용 형태를 토대로 진전되었다. 즉 남부 주들은 '죄수 고용제'를 통해 유죄를 선고받은 죄수들을 사기업에 값싼 노동력으로 임대하였다. 이 제도하에서 죄수들은 잔혹하고 때로는 치명적인 취급을 당하였다. 죄수들의 임대료는 주 정부가 받았기 때문에 죄수들에게 돌아오는 것은 아무 것도 없었다. 그리고 이 제도는 자유 노동 인력이 철도 건설 및 다른 사업에 고용되는 기회를 차단하였다.

수확물 선취제도

남부에서 산업이 상당히 성장했음에도 불구하고 남부는 농업이 지배적이었다. 그래서 재건 후 남부에서 가장 중요한 경제적 현실은 피폐한 농업 상태였다. 전쟁 직후부터 시작된 농업의 쇠퇴 과정은 1870년대와 1880년대에 더욱 가속되었다. 즉 남부의 많은 지역에서 토지임차제와 채무노역제가 시행되었으며, 다양화된 농산물 체계가 구성되지 못하고 일부 환금작물에 의존했고, 또한 비옥한 농장 토지의 대부분을 구매하고도 그 농토 이용에 전혀 관심이 없는 상인과 산업가들, 즉 부재지주가 증가하였다. 재건 기간 동안 아마 남부 농민의 3분의 1 이상이 소작인이 거나 임차인이었다. 1900년에는 그 비율이 70%까지 증가했다.

남부 농업체계의 중심은 수확물 선취제도였다. 앞서 살펴보았듯이 그것은 남북전쟁 이후에 등장하여 대부분의 흑백 소농들을 끝없는 채무의 굴레 속에 가두어 버렸다. 자신의 토지를 소유하고 있던 농민들은 상인들에게 수확물을 지불하지 못하여 종종 토지를 상실하였다. 이미 임대인이거나 소작인이었던 농민들은 점차 상인과 지주의 통제하에 놓이게 되었으며, 자신들의 빚을 완전히 갚을 희망이 거의 없었다.

전쟁 후 금융제도가 붕괴하고 남부의 은행 및 통화가 점점 줄어들면서 신용대부를 얻기가 매우 어려워졌다. 하지만 농민들은 계절 생산을 하기 때문에 그들에게 신용거래는 매우 중요하였다. 신용거래는 ‘조달 상인들’(furnishing merchants)이 대체로 장악하였다. 그들은 지방 상점의 주인들로서 농민들은 그들에게서 연장, 씨앗과 다른 필수품을 구매하였다. 농민 중에 물건값을 현금으로 지불할 만큼 충분한 돈을 가진 사람은 거의 없었고, 따라서 그들은 추수한 후에 그 수확물의 일부를 상인들에게 줄 것을 약속하거나 수확물의 ‘선취권’을 주고서 외상으로 필수품을 구입하였다.

조달 상인들은 대체로 중요한 지주들이기도 하였는데, 그들은 경쟁자가 거의 없었고 사실 상당히 오랫동안 독점을 유지하였다. 그래서 농민들은 지방 상인들이 부과한 높은 가격과 높은 이자율을 지불하지 않을 수 없었다. 농민들이 작물을 수확할 때쯤에는 이미 너무 많은 빚을 져서 한해 수확 전체를 상인들에게 넘겨야 하는 때도 종종 있었다. 심지어는 그것도 충분하지 않은 경우가 많았다. 따라서 해가 지날수록 농민의 빚은 늘어갔다.

수확물 선취제도는 남부 산간지방의 사회·경제적 변형을 초래한 여러 요인 중의 하나였다. 그 지역은 면화 생산이나 노예제와는 거리가 멀었으며, 농민들이 힘들게 자립 생활을 하는 숲이 우거진 산간 지방이었다. 이 지역에서는 오랫동안 자급 농업이 이루어졌지만, 농민들의 빚이 증가하면서 빚을 갚을 돈을 벌기 위해 많은 농민들이 전통적으로 재배해 오던 식량작물 대신에 이제 면화와 같은 환금작물을 경작해야 했다. 이곳 농민들이 자급자족으로 살아갈 희망은 갈수록 줄어들었으며, 동시에 시장에서 이윤을 올릴 기회도 적었다. 따라서 이들 산간지방의 사람들은 1880년대와 1890년대의 민중주의 운동에서 가장 중요한 구성원이 되었다.

수확물 선취제도는 특히 남부 흑인들에게 큰 피해를 주었는데, 그들 중에 처음부터 자신의 경작지를 소유한 사람은 거의 없었다. 이미 소작인이나 임대인으로서 지주에 의존적이었던 흑인들은 특히 조달 상인들의 경제적 횡포에 취약하였다. 이러한 경제적 어려움과 함께 사회적·법적 차별이 재건 후 새로운 형태로 변형되어 새로운 반응을 불러일으키기 시작했다.

흑인과 신남부

'신남부 신조'(New South creed)는 백인들만의 것이 아니었다. 많은 흑인들도 진보와 자기향상이라는 청사진에 매료되었다. 일부 흑인들은 독자적인 중간계급으로 지위를 향상시키는 데 성공했으며, 백인 중간계층보다는 경제적으로 그 지위가 열악했지만 그러한 성공은 중요한 것이었다. 이 흥기하는 흑인 집단의 중심 신조는 교육이 그들 인종의 장래에 필수적이라는 것이었다. 그들은 재건기에 중요한 교육체제로 뿌리내린 흑인 전문대학과 흑인 교육기관망을 확장했으며 북부 선교사회와 일부 남부 주 정부의 지원을 받았다.

이러한 교육활동의 주된 대변인, 그리고 궁극적으로 흑인들의 주요 대변인은, 앨라배마 주의 터스키기 기술학교(Tuskegee Institute)의 설립자이자 대표자인 부커 워싱턴(Booker T. Washington)이었다. 노예제 경험이 없는 워싱턴은 버지니아의 유명한 햄톤 기술학교(Hampton Institute)에서 교육을 받음으로써 가난에서 벗어났다. 그는 다른 흑인들에게도 자기향상을 위한 그러한 길을 따를 것을 촉구했다.

워싱턴의 메시지는 신중하고도 희망적인 것이었다. 흑인들은 학교에 다니고 기술을 배우고 농업과 상업에 확고한 기반을 세워야 한다는 것이다. 고전교육이 아니라 기술교육이 그들의 목적이어야 했다. 더 나아가 흑인들은 자신들의 언변을 세련되게 하고 옷차림을 단정히 하고 검약의 습관과 개인적인 청결함을 익혀야 한다. 한 마디로 흑인들은 백인 중간계층의 기준을 채택해야 한다. 그래야만이 흑인들은 보다 큰 사회적 성취를 위한 선결 조건인 백인들의 존경을 얻을 수 있다고 그는 주장했다. 1895년 조지아 주에서의 유명한 연설에서, 워싱턴은 애틀란타 타협(Atlanta Compromise)이라고 널리 알려진 인종관계론을 설명하였다. 흑인들은 정치적 권리를 위한 선동을 그만두고 자기발전과 평등을 위한 준비에 노력을 집중해야 한다는 것이다.

워싱턴은 흑인들의 교육 기회를 차단하고 경제적 성취를 저지하려는 백인들에게 강력한 도전장을 던졌다. 그러나 그의 메시지는 당시 백인들이 구축하고 있던 인종분리 체계에 흑인들이 도전하지 않겠다는 암묵적인 약속이었다. 그는 "순전히 사회적인 모든 일에서 흑인과 백인은 손가락처럼 분리될 수 있으며, 상호발전을 위해서는 손처럼 하나일 수 있다"고 하였다.

'짐크로우'의 탄생

남부 백인 중에 인종적 평등 이념을 받아들인 사람은 거의 없었다. 과거 노예들이 노예해방 후에 어떤 법적·정치적 권리를 획득한 것이 있다면 그것은 대부분 연방정부가 지원한 결과였다. 그러나 그러한 지원은 1877년 이후에 완전히 사라져 버렸다. 연방군은 철수했고 연방의회는 남부 문제에 흥미를 잃었다. 대법원은 헌법수정조항 14조와 15조의 의미를 아주 효과적으로 무시해버렸다. 1883년의 소위 민권사건에서 대법원은 헌법수정조항 14조를 협소하게 해석하여, 주 정부의 인종차별은 금지시켰지만 사조직이나 개인의 인종차별은 제한하지 않았다. 그래서 철도, 호텔, 극장 등은 합법적으로 분리정책을 실시하였다.

더 나아가서 법원은 흑인을 차별하는 주 법령도 유효화시키는 데 이르렀다. 플레시 대 퍼거슨(*Plessy v. Ferguson*, 1896) 판결은 인종에 따라 기차 좌석을 분리하여 배치하게 한 루이지애나 주의 법에 관한 것이었는데, 대법원은 시설이 동등하다면 분리된 시설이 흑인의 평등권을 빼앗은 것은 아니라고 판결하였다. 이러한 결정은 인종 분리 학교의 법적 토대로서 오랫동안 유효하였다. 커밍 대 카운티 교육청(*Cumming v. County Board of Education,* 1899) 판결에서 대법원은, 흑인들을 위한 유사한 학교를 세우지 않고 백인들만을 위한 학교를 따로 세울 수 있게 한 법은 타당하다고 판결하였다.

이러한 법원 결정이 있기 전에도, 남부 백인들은 백인 우월주의를 강화하고 가능한 한 최대한으로 인종을 분리시키기 위해 노력하고 있었다. 백인들은 흑인들을 복종시키는 것에서 분리시키는 것으로 방향을 바꾸었으며 그 한 사례는 흑인 투표권이었다. 일부 주에서는 재건이 끝나자마자 흑인의 투표권을 박탈하였다. 그러나 다른 지역에서는 재건 후에도 상당 기간 동안 흑인 투표가 계속되었다. 그것은 보수 백인들이 흑인 선거인단을 통제할 수 있다고 믿었기 때문이며, 또한 민주당을 장악하려는 가난한 백인 소농들의 노력을 물리치는 데 흑인 선거인단을 이용할 수 있다고 믿었기 때문이다.

그러나 1890년대에는 선거권 제한이 훨씬 심해졌다. 이 시기에 일부 백인 소농들은 흑인들의 선거권을 완전히 박탈할 것을 요구하기 시작했다. 그것은 인종적 편견 때문이었으며 동시에 흑인들의 표가 왕당파에 의해 백인 소농들에 대항하는 표로 이용되는 것을 막기 위해서였다. 한편 보수적인 지도층의 다수는 가난한 백인들과 가난한 흑인들이 정치적으로 연합하여 자신들에 대항할까봐 두려워하기 시작했다. 따라서 그들도 흑인들의 선거권 제한을 지지하기 시작했다.

흑인 여자들은 백인 여자들처럼 투표권이 없었기 때문에 남부 주들은 흑인 남자들의 선거권을 제한하는 법을 고안하려 하였다. 이때 인종을 근거로 투표권을 박탈하는 것을 금지시킨 헌법수정조항 15조를 피해 갈 방법을 찾아야 했다. 1900년 전에 이 목적을 달성시킬 두 가지 방안이 등장하였다. 하나는 인두세나 일종의 재산 자격을 요구하는 것이었다.

흑인들 중에 그러한 요구조건을 만족시킬 정도로 부유한 사람은 드물었다. 또 다른 것은 '문자 해독' 혹은 '이해력' 테스트였다. 즉 투표자들은 헌법 구절을 읽고 해석할 수 있는 능력을 보여야 했다. 하지만 심지어 문자를 아는 흑인들도 백인 관리들이 부여한 어려운 시험을 통과하기가 힘들었다.

그러한 제한 조건은 흑인뿐만 아니라 가난한 백인 투표자들에게도 영향을 미쳤다. 1890년대 말에 흑인 투표수는 62% 감소했으며 백인 투표수는 26% 감소했다. 그러자 일부 주는 소위 조부(祖父) 조항(grandfather laws)을 통과시켰다. 그 법은 문자 해독 능력 및 재산 자격 조건을 충족시킬 수 없는 사람의 조상이 재건기 이전에 투표권이 있었다면, 그 사람에게 투표권을 부여한다는 것이었다. 즉 가난한 백인들에게 투표권을 허용하면서 노예의 자손들로부터는 투표권을 박탈하는 것이었다. 그러나 대부분 지역에서 남부의 지배계층은, 그들 권력에 저항할 가능성이 높은 가난한 백인들의 투표권을 박탈하는 것을 흡족히 받아들였다.

대법원은 민권사건을 다룰 때와 마찬가지로 투표권 박탈법을 판결할 때도 매우 순응적이었다. 대법원은 조부 조항이 무효라고 결정하였지만 1898년의 윌리암스 대 미시시피 주(*Williams v. Mississippi*) 판결에서 문자 해독 테스트를 합법화하였다. 그리고 헌법수정조항 15조를 지나치게 벗어나지 않는 범위에서 남부 주들이 자체의 선거권 기준을 마련하도록 허용하였다.

선거권을 제한하고 학교를 분리시키는 법은 당시의 유명한 만화 주인공의 이름을 따서 '짐크로우(Jim Crow) 법'으로 불렸는데 그것은 단지 서막에 불과했다. 20세기 초에 이르면 남부의 여러 주들은 다양한 주 법령들을 통해 교묘한 분리제도가 거의 모든 남부 생활영역에 침투하는 것을 제도화하였다. 흑인과 백인은 같은 철도 칸에 함께 탈 수 없었고, 같은 대기실에 앉을 수 없으며, 같은 화장실을 사용할 수 없고, 같은 음식점에서 먹거나 같은 극장에 앉을 수 없었다. 흑인들은 공원, 해변, 소풍 장소에 들어갈 수 없었다. 그들은 많은 병원에서도 출입이 금지되었다. 새로운 법령 구조는 대부분 재건이 끝나기 훨씬 전에 이미 남부에서 광범하게 행해지던 사회적 관행을 다시 확실히 한 것이었다. 그러나 짐 크로우 법은 흑인들이 19세기 말의 보다 유동적인 환경에서 만들어낸 사회적·경제적·정치적 성취의 대부분을 짓밟았다. 동시에 남부의 신도시와 마을에서 인종간의 사회적 관계를 백인들이 통제하도록 하는 수단이 되었다. 신도시에서는 전통적인 존경과 복종의 형태가 시골에 비해 훨씬 유지되기 힘들었는데, 짐크로우 법에 의해 시골 남부에서 관습적으로 유지되어 온 인종관계가 도시 남부에서는 합법적으로 유지되었다.

이 과정에는 법적인 노력 이상의 것이 포함되어 있었다. 1890년대에는 흑인들에 대한 백인 폭력이 급격히 증가하였고, 그러한 폭력은 짐 크로우 법과 함께 평등한 권리를 요구하는 흑인들의 저항을 막는 데 공헌하였다. 범죄를 저지른 흑인이나 소위 자신의 분수에 맞지 않게 행동한 흑인들에 대한 백인 폭도들의 폭력은 놀라운 수준에 도달했다. 1890년대에 나라 전체에서 매년 평균 187건의 린치(lynch: 私刑)가 있었는데, 그 중의 80% 이상이 남부에서 일어났고 그 희생자들의 거의 대부분은 흑인이었다.

린치에 가담한 사람들은 자신들의 행동을 합법적인 법 집행이라고 여겼다. 그리고 실제로 린치 희생자 중의 일부는 범죄를 저질렀다. 그러나 린치는 백인들이 테러와 협박을 통해 흑인을 통제하는 수단이기도 하였다. 그래서 어떤 폭도들은 흑인들을 건방지다는 '죄'로 살해하였다. 또한 공동체의 이단자들을 희생양으로 삼기도 하였는데, 그들이 정상적인 인종관계를 어지럽히는 위협적인 존재이기 때문이라는 것이다. 어떤 상황에서도 린치의 희생자들은 법의 보호를 받거나 그들의 결백함을 증명할 기회를 부여받지 못하였다.

다른 형태의 인종적인 부당 행위와 달리 린치는 많은 미국 백인들의 양심에 충격을 가하였고 곧 상당한 린치 반대운동이 일어났다. 열성적인 흑인 언론인 아이다 웰스(Ida B. Wells)는, 그녀의 고향인 테네시주 멤피스에서 자신의 친구 3명이 린치를 당하자 1892년에 일련의 열정적인 비난 기사를 실으면서 국제적인 린치 반대 개혁운동을 시작하였다. 이 운동은 20세기의 첫 몇 년간 북부와 남부의 백인, 특히 백인 여성으

린치에 가담한 폭도, 1893: 남부 백인들은 린치를 구경하기 위해 수 마일을 여행해 오기도 하였는데, 이 사진은 3살 된 백인 소녀를 살해한 혐의로 기소된 흑인에 대한 린치를 보여준다. 그러나 이처럼 대규모의 대중적인 린치보다 더 흔한 것은, 소수의 백인들에 의해 덜 눈에 띄게 행해지는 살인행위였다.

로부터 상당한 지지를 끌어내면서 점차 힘을 결집하였다. 그 운동의 목표는 린치 반대 연방법의 제정이었으며, 그것은 남부의 주 정부와 지방 정부가 하려고 하지 않는 것을 연방정부가 하게 하려는 것이었다. 즉 린치 책임자들을 처벌하는 것이었다.

그러나 린치에 대한 많은 백인들의 반대는 예외적인 것이었고 백인들은 대체로 흑인종에 대한 억압을 지지하였다. 남북전쟁 이전 시기처럼 가난한 백인들과 소수 백인 지배층은 백인 우월주의에 공감하였고, 그것은 그들 사이의 계급적 적대감을 희석시키는 데 도움이 되었다. 남부 정치에서 경제문제는 인종보다 덜 중요한 위치를 차지하는 경향이 있었다. 남부인들은 인종문제에 몰두하여 흑인과 백인 모두에게 영향을 미치고 있는 심각한 사회적 불평등에 주목하지 못했다. 다시 말해서 백인 우월주의에 대한 믿음은 흑인들뿐만 아니라 가난한 백인들에게도 불행이었던 것이다.

흑인 저항의 기원

인종간의 관계를 향상시키려는 부커 워싱턴의 신중한 방법에 모든 사람들이 만족한 것은 아니었다. 20세기에 접어들면서 워싱턴의 철학, 더 중요하게는 인종관계의 전체 구조에 대한 강력한 도전이 등장하였다. 이 새로운 도전의 주대변인은 두보이즈(W.E.B. Du Bois)였다.

워싱턴처럼 두보이즈도 노예제를 경험하지 못하였다. 매사추세츠에서 태어난 그는 애틀란타의 피스크 대학(Fisk University)에서 교육받고 하바드 대학교에서 흑인으로는 최초로 박사학위를 받았다. 그는 흑인들이 지향해야 할 목표와 편견과 불의를 없애야 할 백인 사회의 책임에 대하여 워싱턴보다 훨씬 더 포괄적인 견해를 가지고 있었다. 『흑인의 영혼』(*The Souls of Black Folk*, 1903)에서 그는 애틀란타 타협의 철학을 공개적으로 공격하기 시작했다. 그는 워싱턴이 백인들의 분리정책을 장려하고 있으며 흑인들의 야망을 불필요하게 제한시키고 있다고 비난하였다. 그는, "재능있는 10분의 1"(talented tenth)이라고 부를 수 있는 능력있는 흑인들이 상업학교와 농업학교의 교육에 만족하기보다는 최소한 완전한 대학교육을 받아야 한다고 주장하였다. 그들은 전문직업에 대한 야망을 가져야 하며, 무엇보다도 참고 기다리면 시민권이 회복될 것이라고 믿기보다는 즉각적인 시민권 회복을 위해 싸워야 한다고 하였다.

1905년에 두보이즈와 그의 지지자들은 캐나다의 나이아가라 폭포에서 만나 나이아가라 운동(Niagara Movement)이라는 것을 시작하였다. 그후 4년 후에 일리노이 주의 스프링필드에서 인종폭동이 일어나자, 그들은 자신들의 이념에 동조적인 백인 진보주의자들과 함께 유색인 지위향상 협회(NAACP: National Association for the Advancement of Colored People)를 결성하였다. 이 협회는 백인들이 대부분의 직책을 맡았지만 그 홍보와 연구를 책임진 두보이즈가 지도적 인물이었다.

10년도 되지 않아 유색인 지위향상 협회(NAACP)는 연방법원을 통해 평등권 획득을 향한 몇 가지의 중요한 승리를 거두기 시작했다. 권대 미국(*Guinn v. United States*, 1915) 판결에서 연방대법원은, 오클라호마 법의 조부 조항(grandfather law)이 헌법에 위배된다는 협회의 입장을 지지하였다. 오클라호마 법은 1860년 당시에 투표권을 갖지 못했던 조상의 후예들에게는 투표권을 주지 않았었다. 또한 뷰캐넌 대 월리(*Buchanan* v. *Worley*, 1917) 판결에서 연방법원은, 강제로 주거를 분리시키는 켄터키 주 루이빌의 법령을 무효화하였다. 그러나 유색인 지위향상 협회는 과격하거나 심지어 평등주의적인 조직이 아니었다. 그것은 오히려 두보이즈가 "재능있는 10분의 1"이라고 부른 흑인들, 즉 가장 지성적이며 많은 교육을 받은 흑인들의 활동에 의존하였다. 그들은 자신들의 그러한 노력이 결국에는 모든 흑인을 이롭게 할 것이라고 믿었다. 교육받은 엘리트를 양산함으로써, 결국 흑인 전체의 권리를 위해 싸울 수 있는 능력있는 지도자 집단을 만들 수 있다고 보았다.

2. 극서부의 정복

남북전쟁 동안에 북미 영어권 정착지의 서부 경계는 이미 20년 전의 경계선을 훨씬 넘어 확장되었다. 백인 문명은 미시시피를 건너 네브라스카, 캔자스, 텍사스의 동쪽 지역뿐 아니라 인접한 일련의 주들인 미네소타, 아이오와, 미주리, 아칸소에 영구적인 토대를 건설했다. 1860년대 초 이후 오리건에는 백인 정착지가 세워져 있었다. 그리고 1849년에 대규모 금광 인파가 쇄도하면서, 캘리포니아에는 상당수의 영어 사용 인구가 있었고 적지만 중국인 및 아시아 이민이 증가하고 있었다. 그러나 극서부의 거대한 지역에는 영어를 사용하는 정착민의 숫자가 여전히 많지 않았다. 그곳에 사는 사람 중에는 상당수의 남미계 사람들(Hispanics)이 있었다. 그들의 일부는 멕시코에서 온 이민자들이었으며, 일부는 미국이 캘리포니아를 획득하기 전부터 그 지역에서 살던 장기 거주자들이었다. 하지만 무엇보다도 극서부는 미국 인디언의 고향이었다.

정착의 지연

초기 백인 탐험가들은 미시시피 서부의 대평원(Great Plains)을 "미국의 대사막"(Great American Desert)이라고 불렀으며, 영어권 이주자들은 1840년대에 그곳을 통과하여 캘리포니아와 오리건으로 가는 길을 재촉했다. 그러나 1860년대에 들어 엄청난 수의 백인들이 서부 평원으로 이동하기 시작했다. 그들은 금광과 은광, 소와 양에 맞는 짧은 풀의 목초지, 농사와 목장에 적합한 것으로 보이는 잔디와 산간 목초지에 눈독을 들였다. 또한 거대한 대륙간 철도와 그 지선(支線)이 완성되어 정착자들과 상인들에게 평원 지역을 개방시킨 것도 사람들을 유인할 수 있었던 배경이었다. 철도회사들은 철도 노선을 이용하는 소비자들을 늘리기 위해 스스로 회사 땅을 낮은 가격에 팔면서 새 정착민들을 적극적으로 유치하였다.

연방정부도 정착을 장려했다. 1862년의 자작농 법은 만약 이주민이 5년간 그곳에서 살면 싼 비용으로 160에이커의 토지를 살 수 있도록 하였다. 그러나 160에이커는 건조한 대평원에서 방목과 식량농업을 하기에는 너무 작은 토지였다. 따라서 의회는 1873년에서 1878년 사이에 통과시킨 일련의 다른 조치들을 통해 분배지를 증가시켜 정착민들이 1,280에이커나 되는 많은 토지를 거의 싼 값으로 구매할 수 있게 하였다. 일부 사람들은 법령 시행 과정에서 엄청난 속임수를 써서 훨씬 많은 토지를 차지하였다.

1861년에 캔자스가 주가 되자, 나머지 서부 준주들인 워싱턴, 뉴멕시코, 유타, 네브라스카는 더 적은 단위들로 나누어졌다. 그 주들은 모두 원래 오늘날의 영토보다 훨씬 많은 땅을 차지하고 있었다. 1860년대 말에 네바다와 네브라스카는 주가 되었고, 콜로라도, 다코타, 아리조나, 아이다호, 몬타나, 와이오밍이라는 새 준주들에 백인 정부가 들어서 활동하였다. 콜로라도는 1876년에 주가 되었고, 노스다코타, 사우스다코타, 몬타나, 워싱턴은 1889년에 주가 되었다. 와이오밍과 아이다호는 1890년에 주가 되었다. 1896년에는 유타의 몰몬교 지도자들이 일부다처제를 폐기했다고 정부를 설득함으로써 유타도 주로 받아들여졌다. 1900년에는 아리조나, 뉴멕시코, 과거 인디언 영토인 오클라호마 등 오직 3개의 준주만이 주로 승인되기를 기다리고 있었는데, 그곳에서는 모두 비(非)백인이 인구의 다수를 차지하고 있었다.

광원들의 도착

극서부의 백인 정착은 세 가지의 독특한 단계로 전개되었다. 첫번째 단계는 광산 개발이었다. 처음에는 산간과 고원의 미네랄이 풍부한 지역에 광범한 정착이 이루어졌고, 그곳에서 백인 정착민들은 값비싼 광물을 발견하여 재빨리 돈을 벌 수 있기를 희망했다. 하지만 이 광산 붐은 매우 짧았다. 그것은 1860년경에 갑자기 시작하여 1890년대까지 꽃을 피우다가 갑자기 쇠퇴하였다.

금이나 은이 발견되었다는 소식과 함께 여러 가지 양상의 정착이 시작되었다. 먼저 개인 투기자들이 사금 채취를 통해 최초의 광석을 손으로 개발하려고 몰려들었다. 이 방법으로 적은 매장량이 다 고갈되자, 이제 기업들이 광맥 채취와 석영 채취에 참여하기 위해 이동해 왔다. 하지만 그 저장량이 차차 감소하면서 상업적인 광산업은 사라지거나 축소되었다.

최초의 대규모 광산 붐은, 나중에 콜로라도 주에 속하게 된 파이크 스피크(Pike's Peak) 지역에서 금이 발견된 1858년에 시작되었다. 그 다음 해에 5만 명의 투기자들이 이 지역에 몰려들었다. 거의 하룻밤 사이에 덴버와 다른 광산 캠프들은 속성 '도시들'로 번성하였다. 1년 후에는 캘리포니아 광원들이 네바다로 몰려가기 시작했는데, 그곳에서는 와슈(Washoe) 지구에서 금이, 그리고 거대한 컴스탁로드(Comstock Lode)에서 은이 발견되었다. 표피 매장량이 점차 줄어들자, 캘리포니아 투자자들은 다른 투기자들의 지분을 사서 석영 채취를 시작했다. 1860년에서 1880년까지 네바다 광맥은 3억 6백만 달러 어치의 금괴와 은괴를 생산했다. 10년이 더 지난 1874년에, 남서부 다코타 준주의 블랙힐

콜로라도의 신흥 마을: 투자자들이 1890년에 근처의 은광을 발견하자 광원들이 콜로라도 주의 크리드(Creede)로 몰려들었다. 얼마 동안 날마다 150명에서 300명의 사람들이 도착했다. 그러나 이와 비슷한 다른 신흥 마을들처럼 크리드의 번영은 오래가지 않았다. 1893년에 은값은 폭락했고 크리드는 곧 완전히 버려졌다.

(Black Hills)에서 금이 발견되었고 그것은 또 한번의 훨씬 짧은 광산 붐을 가져왔다. 표피 자원이 불가피하게 줄어들자 다시 기업들이 광원들로부터 광맥을 차지했으며 백인 인구는 감소하였다. 백인들에 의한 극서부 지역의 개발 과정에서 금과 은의 발견이 가장 많은 붐을 일으켰지만, 장기적으로 보아 보다 중요한 것은 눈에 덜 띄는 다른 광석들의 채취였다. 즉 1881년에 콜로라도의 아나콘다(Anaconda) 대규모 광산에서 개발된 구리를 비롯하여 납, 망간, 석영, 아연 등의 채취였다.

광산 공동체는 다양한 문화를 가진 여러 인종 사람들의 집합체였다. 인디언, 멕시코인, 흑인, 중국인 등이 백인과 섞여 살았지만 결코 조화롭게 살지는 그리고 못했다. 백인 정착자들은 비(非)백인들의 사회적·경제적 행위를 일정 범위 내에 제한하려고 노력했고, 따라서 비(非)백인들은 토지소유권을 얻거나 비천하지 않은 직업을 구하기가 어려웠다. 그러나 비(非)백인들은, 광산 노동자와 마을에 꼭 필요한 노동력을 제공하는 사람들로서 광산 경제의 운영에 필수적인 존재였다.

광산촌에는 남자들이 여자들보다 압도적으로 많았다. 특히 젊은 남자는 비슷한 나이의 여자 배우자를 구하는 것이 어려웠다. 새로운 공동체에 이끌려 온 여자들은 종종 남편과 함께 왔으며, 그들의 활동은 대체로 동부 여성들이 수행하는 것과 똑같은 종류의 가사노동에 제한되었다. 미혼여성들, 혹은 남편이 충분한 돈을 벌고 있지 않은 여성들은 때때로 요리사, 세탁사, 술집 종업원으로 일하여 임금을 벌었다. 그리고 성비가 불균형한 광산 공동체에서는 항상 상당한 매춘 시장이 있었다.

소떼 왕국

광산 제국이 번성하는 동안에 극서부에 대한 백인 정착의 제2단계가 진행되었다. 그것은 소 방목업의 성장이었다. 대평원의 거대한 지역은 주인이 없는 공유 목초지로서 개방 구역이었기 때문에, 소몰이꾼들이 그들의 소떼를 공짜로 풀먹일 수 있었고 개인 농장을 침해할 염려를 하지 않아도 되었다. 또한 철도가 동부 시장으로 연결되어 있었다.

서부의 소 방목업은 멕시코인들이 처음 시작하였다. 미국 시민들이 남서부를 침투해 오기 오래 전에 멕시코 방목자들은 소 도장찍기, 몰기, 로프 걸기 등 소 방목 기술을 발전시켰고, 그것은 나중에 대평원의 백인 소몰이꾼들과 카우보이들에 의해 채용되었다. 그들은 또한 올가미 밧줄, 안장, 가죽바지, 박차 등 소몰이꾼들의 장비도 만들었다. 텍사스의 미국인들은 멕시코인들이 사용하던 방법을 채택하여 그것을 대평원 전역에 전파하였다. 텍사스인들은 또한 가장 많은 소떼를 몰았으며, 카우보이들이 통제할 수 있는 품종의 말을 번식시켰는데 그것은 작고 근육이 발달한 야생마인 브롱코와 무스탕이었다.

남북전쟁이 끝났을 때 텍사스 목장에는 약 5백만의 소떼가 돌아다녔으며 북부 시장에서의 소 가격은 오르고 있었다. 1866년에 일부 텍사스 소 방목업자들은, 미주리 태평양 철도상에 있는 미주리 주 세달리아(Sedalia)의 소 시장으로 그들의 소떼를 합친 약 26만 마리의 소떼를 몰고 북쪽으로 향하기 시작했다. 전체 소떼의 상당수는 가는 도중에 약탈꾼들과 인디언들에게 빼앗겼다. 그러나 그것은, 소떼를 먼 시장까지 몰고 갈 수 있으며 가는 길에 풀을 먹일 수 있고 심지어 이동 중에 소들이 살이 찔 수도 있다는 것을 증명하였다. 그 이후로 '장거리 이동'이 소 방목의 토대가 되었다. 이동하기 위해 합쳐진 소떼들은 대체로 2천 마리에서 5천 마리 정도였고, 각 주요 목장을 대표하는 카우보이들이 소떼를 몰고 갔다. 초기 카우보이들의 다수는 남부연합군의 전역 군인들이었다. 그 다음으로는 흑인, 북부 백인, 멕시코인 등의 순서였다.

캔자스 태평양철도상에 있는 캔자스 주의 애빌렌(Abilene)은 최초의 대규모 소떼 집결지였다. 1867년에서 1871년 사이에 소몰이꾼들은 치솜 통로(Chisholm Trail)을 따라 146만 마리의 소떼를 그곳으로 몰고 갔다. 그러나 1870년대 중반에 농민들이 서부 캔자스의 개방 방목지를

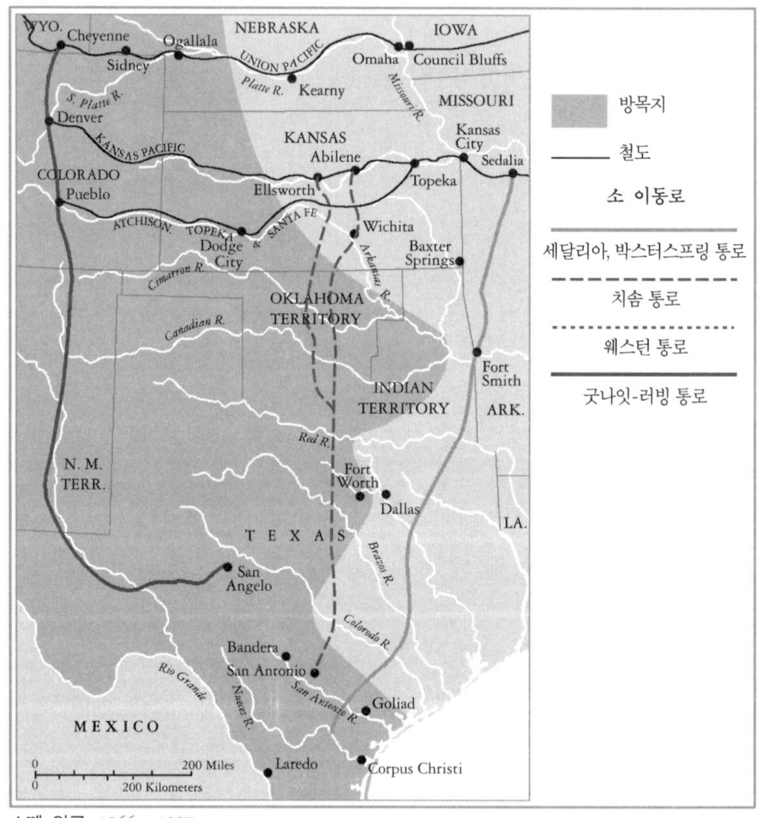

소떼 왕국, 1866~1887

차지하기 시작하면서 소떼의 이동을 방해하자, 소떼의 중심지가 훨씬 서쪽인 네브라스카, 와이오밍, 몬타나에 새로 생겨났다. 소떼를 맞기 위해 철도선도 그곳까지 개설되었다.

개방 목장형 소떼 방목은 위험한 사업이었다. 진드기를 통해 소에 전염되는 질병인 '텍사스 열병'은 소떼를 전멸시킬 수 있었다. 소 도둑과 인디언들이 소떼를 훔쳐가기도 했다. 그리고 소몰이꾼들은 평원을 사용하는 데 있어서 점차 더 많은 백인들과 경쟁해야 했다. 캘리포니아와 오리건에서 온 양 방목자들이 양떼를 몰고 와, 목초지의 풀을 놓고 소몰이꾼들과 경쟁하였다. 또한 동부에서 온 농민들은 그들의 토지 주위에 울타리를 세워, 방목된 소떼의 길을 막고 개방 목장지를 갈라 놓았다. 양 목축업자와 소 목축업자, 목축인과 농민 사이의 이러한 갈등은 일련의 폭력적인 '목장 전쟁'을 발발시켰다.

소 방목산업의 이윤이 높아지자 그것은 과도하게 확장되었다. 1880년대에 이르러, 개방 목초지에는 엄청난 수의 소떼를 먹일 수 있고 장거리 이동을 유지할 목초가 더 이상 없었다. 자연 조건도 적대적으로 변했다. 1885년과 1886년 사이, 1886년과 1887년 사이 두 번의 혹독한 겨울과 그 사이의 찜통 같은 여름 기후는 평원을 피폐시켰으며, 많은 목축업자들이 사업을 포기하였다. 개방 목장과 장거리 이동도 곧 사라져 갔다. 그러나 울타리를 친 목초지와 겨울철에 쓸 건초더미를 확보한 견고한 소 목장들은 생존하였고 번성하였다.

소 산업은 그 초기에 남자의 숫자가 압도적으로 많았지만 목장 일을 하고 소떼를 모는 일에는 항상 소수의 여성들이 참여하였다. 이후 목장 일이 더 정주적(定住的)인 성격을 띠면서 여성의 수도 크게 증가하였다. 1890년경에 서부 주들에서 목장이나 농장을 소유한 여성은 25만 명이 넘었다. 참으로 그 지역은 정치에 참여하는 기회를 포함하여 동부에서는 주어지지 않았던 많은 기회를 여성들에게 제공하였다. 와이오밍은 여성 선거권을 부여한 연방 최초의 주였다. 서부 전역에서 여성들은 중요한 정치적 입지를 구축해 나갔으며 때로는 상당한 비중의 공직을 맡기도 하였다.

서부의 낭만

서부는 항상 미국인들의 상상 속에서 특별한 자리를 차지했다. 특히 극서부의 거대한 지역은 강한 낭만적 호소력을 지니고 있었다. 그것은 미국 백인들이 이전에 경험한 것과는 매우 다른 자연환경, 즉 대단히 다양하고 장관을 이루는 풍경을 갖고 있기 때문이기도 하였다.

아마도 자연환경보다 더욱 흥미를 돋군 것은, 많은 미국인들이 서부를 연상하면 떠올렸던 거칠고 자유로운 정신의 생활스타일이었다. 그 생활방식은 갈수록 안정되고 질서가 잡히는 동부의 세계와 매우 큰 대조를 이루었다. 특히 대중의 흥미는 카우보이라는 인물과 연관되었다. 카우보이는 곧바로 신화적 인물로 변형되었고 그 이미지는 오랫동안 강력한 영향을 미쳤다. 카우보이를 예찬했던 미국인들은 카우보이의 생활이 얼마나 따분한지 알지 못했다. 즉 지루함, 외로움, 육체적 불편함, 지위 향상의 기회 부족 등을 생각하지 못했다. 대신에 오웬 위스터(Owen Wister)의 『버지니아인』(*The Virginian*, 1902)과 같은 서부 소설에서, 카우보이는 미국인들의 마음 속에 오랫동안 중요한 이상이었던 자연인을 전형적으로 상징하는 존재가 되었다.

그러나 극서부는 많은 미국인들이 그곳을 마지막 개척지라고 여겼기 때문에 미국인들의 상상 속에서 특히 중요하였다. 서부에 대한 이러한 비전을 가장 선명하고 영향력 있게 진술한 사람은 역사가 프레드릭 잭슨 터너(Frederick Jackson Turner)였다. 1893년에 미국역사학회의 모임에서, 33살의 터너는 「미국사에서의 프런티어의 중요성」(*The Significance of the Frontier in American History*)이라는 제목의 글을 발표했다. 그는 서부로의 팽창이 개인주의, 애국심, 민주주의를 자극했으며 미국 문명을 개념 정의했다고 하였다. 그는 이제는 정착되지 않은 거대한 토지는 사라졌고 "개척지의 소멸과 함께 미국사의 첫 시기가 막을 내렸다"고 주장하였다.

사실 터너의 시각은 부정확하고 미성숙한 것이었다. 1890년대에 거대한 공유지는 아직도 존재했다. 터너의 연설 이후 40년 동안 정부는 과거에 자작농 법을 통해 정부가 나누어주었던 것보다 더 많은 에이커의 토지를 분배하였다. 그러나 '프론티어의 상실'이 신화였다 하더라도 그것은 강력한 것이었다. 그것은 서부의 낭만적 이미지를 이후 수십 년 동안 살아 있게 하였다.

3. 인디언 부족의 해산

미국 백인들은 극서부를 정착을 기다리는 땅, 사람이 살지 않는 거대한 땅으로 생각하기를 좋아했다. 하지만 사실 서부는 백인 정착민들이 도착하기 전에 이미 상당한 인구를 가지고 있었고 그들은 주로 인디언들이었다. 일부는 남북전쟁 전에 미시시피의 서쪽인 인디언 준주, 즉 나중에 오클라호마 주가 된 지역에 강제로 재정착당한 동부 부족들이었다. 그들은 체로키(Cherokee), 크릭(Creek), 위네바고(Winnebago)와 다른 인디언 부족의 구성원이었다. 그러나 대부분은 원래부터 서부에서 살던 인디언 부족의 구성원들이었다.

서부 부족들

서부 인디언 부족들은 여러 가지 다른 유형의 문명을 발달시켰다. 남서부의 푸에블로(Pueblo)족은 대체로 농민들이었고 영구 정착지를 건설하였다. 그들은 미국이 서부 영토들을 병합하기 전까지는 스페인이 그들에게 보장한 토지를 계속 점유해 왔었다. 그들은 옥수수를 경작하고 벽돌집의 마을과 도시를 건설하였으며 정교한 형태의 관개시설을 만들며 살았다.

그 지역의 다른 부족들, 즉 텍사스 서부와 뉴멕시코 동부의 나바호(Navajo)족과 아파치(Apache)족은 정착생활보다는 정착지를 이곳저곳으로 옮겨 다니면서 농사와 양치기, 수렵을 혼합한 생활을 하였다. 그러나 서부에서 가장 많은 수의 인디언 집단은 평원 인디언들(plains Indians)

이었다. 그들은 나중에 미네소타, 다코다, 네브라스카, 아이다호, 그리고 몬타나 주가 된 거대한 지역을 차지했던 수우(Sioux), 블랙풋(Blackfoot), 샤이엔(Cheyenne), 키오와(Kiowa), 아파치, 코만치(Comanche), 크로우(Crow)와 그 외 부족들이었다. 평원 인디언들은 대체로 유목생활을 하였는데, 왜냐하면 반(半)건조하고 나무가 없는 평원은 수렵 문화를 발달시켰기 때문이다. 유목 집단이 머무를 때는 임시 거주지로 티피(tepees)를 세웠다. 그리고 출발할 때는 그 자연환경을 거의 완전히 원래 대로 남겨 두었다. 그것은 인디언 문화와 종교의 핵심인 자연존중 사상을 반영한 것이었다.

이 인디언들의 주요 사냥 대상은 버팔로나 들소였다. 이 동물들은 평원 인디언들의 생활방식을 유지시킨 경제적 토대가 되었던 거대한 초식 동물이었다. 그 고기는 인디언들의 주요 음식원이었고, 그 껍질은 옷, 구두, 티피, 담요, 겉옷, 용기를 공급하였다. ‘버팔로의 말린 똥’은 연료를 제공했다. 버팔로의 뼈는 칼과 화살촉으로 사용되었고, 버팔로의 아킬레스 근육은 활의 줄이 되었다.

때로는 수천 명에 달했던 인디언 부족들은 대체로 500여 명 정도의 ‘집단’으로 나누어졌는데 그들은 종종 서로 연관된 가족들로 구성되었다. 각 집단은 자체의 행정위원회를 갖고 있었다. 각 집단 내에서의 일은 대체로 성별에 따라 나누어졌다. 여자들은 가사일과 예술품 작업을 맡았다. 즉 아이들을 양육하고, 요리하고, 뿌리와 열매를 채집하고, 가죽을 마련하고, 부족 문화의 예술작품을 창조하였다. 그들은 또한 집단이 작물을 경작할 수 있을 만큼 오래 머무르는 곳에서는 밭이나 뜰을 경작하였다. 남자들은 주로 사냥꾼이나 장사꾼으로 일했으며 집단의 종교생활과 군사생활을 다스렸다.

평원 인디언들은 자존심이 강하고 공격적인 전사들이었으며, 백인 정착민들이 만난 적들 중에서 가장 강력한 적이었다. 그러나 그들은 여러 가지 치명적인 약점 때문에 결국에는 우세를 확보하지 못하고 고통받았다. 아마도 가장 큰 약점은 다양한 부족간, 혹은 한 부족 내의 집단들간에도 백인의 공격에 대항해서 단결할 수 없었던 점이었다. 평원 인

디언들은 부족들간의 갈등 때문에 백인과의 전투에 전력하지 못한 경우
가 많았다.

인디언 부족에 대한 백인 정책

서부 인디언 부족들은 그들을 보호할 임무를 맡은 백인 관리들의
무능과 이중성으로 인해 큰 희생을 치러야 했다. 연방정부의 정책은, 인
디언 부족들을 각기 독립 국가인 동시에 미국 대통령의 피보호자들로
간주하고 상원에 의해 엄숙하게 비준된 조약을 인디언들과 협상하는 것
이었다. 그러나 인디언 부족과의 조약이나 합의서는 인디언 토지를 악착
같이 차지하려는 백인 정착민들의 압력하에서 효력을 갖지 못했다. 그래
서 미국과 인디언 관계의 역사는 지켜지지 않은 약속의 역사였다.

모든 인디언 부족들이 살 수 있는 하나의 거대한 준주를 세운다는
계획은 지금의 오클라호마에 인디언 준주를 만들었지만, 1850년대 초에
는 그러한 계획이 후퇴하였다. 이 거대한 '대보호구역'의 토지를 차지하
려는 백인들의 요구에 직면하여, 연방정부는 새로운 '집결' 정책을 만들
었다. 이에 따라 인디언 부족들은 각각 조약을 체결하고 1851년에 자신
들의 보호구역을 할당받았다. 하지만 그 조약의 대부분은 백인들이 뽑은
'조약 대표단,' 즉 권한을 위임받지 못한 인디언 대표들과 비합법적으로
협상된 것이었다. 이 새로운 정책은 백인들에게는 많은 혜택을 주고 인
디언들에게는 거의 도움이 되지 못했다. 그것은 인디언 부족들을 서로
분리시켰으며 그들을 통제하기 쉽게 하였다. 이 계획에 따라 정부는 인
디언 부족들을 분산된 지역으로 강제 이주시킬 수 있었으며, 백인 정착
민들은 가장 좋은 토지를 차지할 수 있게 되었다. 그러나 그것은 인디언
정책의 근간으로 오래가지 못했다.

1867년에 인디언과의 일련의 유혈 갈등이 벌어지자, 연방의회는 인
디언 평화위원회(Indian Peace Commission)를 만들고 또 다른 '영구
적인' 인디언 정책을 추진하였다. 위원회는 부족을 분산시키는 정책을 그
만두고 모든 평원 인디언들을 두 개의 거대한 보호구역에 재배치시킬

것을 제안하였다. 그 하나는 인디언 준주, 즉 오클라호마에, 다른 하나는 다코타에 있었다. 정부 관리들은 아라파호(Arapaho), 샤이엔(Cheyenne), 수우족 및 다른 부족들을 구슬리고 뇌물을 주고 속여서 새로운 보호구역을 건설하는 조약에 동의하게 하였다.

하지만 이 정책은 앞선 것보다 더 잘 시행되지 않았다. 그것은 보호구역을 실시할 책임을 진 정부기관인 인디언 담당국(Bureau of Indian Affairs)이 너무나 무능하고 부패했던 데 한 원인이 있었다. 서부의 인디언 담당국 관리들 중에 가장 정직하고 부지런한 사람들도 자신의 임무에 대해 한심할 정도로 준비가 되어 있지 않았고, 인디언 부족의 생활방식에 대한 이해도 없었다.

그러나 문제는 인디언의 생활을 지탱해 주는 버팔로떼를 백인들이 무자비하게 살육한 결과이기도 하였다. 서부로 이주한 백인들은 이미 1850년대에 고기와 가죽을 얻기 위해 버팔로를 죽이고 있었다. 남북전쟁 이후에 버팔로 가죽은 경제적인 상품과 유행으로서 전국적인 수요를 불러 일으켰다. 동부에서 팔 가죽을 모으기 위해 전문 사냥꾼들이 평원으로 몰려들었다. 아마추어 사냥꾼들은 스포츠로 버팔로 수렵을 하기 위해 평원으로 여행해 왔다. 철도회사는 버팔로 사냥을 위한 거대한 수렵 탐험대를 조직하였으며 그들은 교통 소통을 방해할 정도였다. 결국 남부 버팔로떼는 1875년에 사실상 멸종되었고 그 수가 적었던 북부 버팔로떼도 수년 내에 같은 운명을 맞았다. 1865년에 최소한 1천5백만 마리의 버팔로가 있었는데, 10년 후에는 그 중 1천 마리도 남아 있지 않았다. 인디언 담당국의 군인과 관리들은 그러한 버팔로 사냥을 묵인하고 심지어 장려하였다.

인디언의 저항

자신들의 문명에 가해지는 위협이 점증하자 인디언들이 그에 저항하여 투쟁하면서, 1850년대와 1880년대 사이에 서부 프론티어에서는 인디언과 백인 사이의 싸움이 거의 끊임없이 계속되었다. 보통 30명 내지

40명이 급습조를 이루어 돌아다니는 인디언 전사들은, 포장마차, 역마차, 고립되어 있는 목장들을 규칙적으로 공격하였으며 그것은 종종 백인들의 공격에 대한 보복이었다. 미국 육군이 더욱 깊숙이 전투에 개입하게 되면서, 인디언 부족들은 공격의 대상을 백인 군인들에 맞추기 시작했다.

때때로 이 소규모 전투는 전쟁과 비슷한 것으로 격화되었다. 남북전쟁 중에 미네소타 주의 동부 수우족은 갑자기 반란을 일으켰다. 그들은 부적절한 보호구역에 갇혀 부패한 백인 관리들에 의해 착취당하고 있었던 것이다. 리틀 크로우(Little Crow)가 이끄는 수우족은 700명 이상의 백인들을 살해한 후에 정규군과 민병대 병력에 의해 진압되었다. 38명의 인디언이 교수형을 당하고 수우족은 다코타로 추방되었다.

거의 같은 시기에 콜로라도 동부에서 아라파호족과 샤이엔족은 그 지역에 정착한 백인 광원들과 갈등을 빚었다. 인디언들은 자신들의 토지라고 믿은 영토를 되찾기 위해 역마차 이동로와 정착지를 공격하였다. 이 공격에 대한 반응으로 백인들은 대규모 지역 민병대를 소집하였고, 그들 군대는 무시무시한 위협을 하였다. 콜로라도 주지사는, 모든 우호적인 인디언들에게 보복을 피해 군대주둔지에 집합할 것을 촉구하였다. 이 부름에 응하여, 블랙 케틀(Black Kettle)이 이끄는 아라파호족과 샤이엔족의 한 무리가 1864년 11월에 샌드크릭(Sand Creek)에 있는 포트리온(Fort Lyon) 근처에 자리잡았다. 그들 중의 일부는 전사들이었지만, 블랙 케틀은 자신들이 백인 군대의 공식적인 보호하에 있다고 믿었고 어떤 적대적인 의도도 보이지 않았다. 그럼에도 불구하고 그 지역 군사령관의 부추김을 받은 치빙톤(J.M. Chivington) 대령은, 대부분 실직 상태의 광원들로 구성되었고 상당수가 만취되어 있던 자발적 민병대를 이끌고 아무 의심 없이 있던 인디언 캠프를 공격하여 200명의 남자, 여자, 아이들을 학살하였다. 블랙 케틀과 그의 샤이엔족 인디언들은 샌드크릭 학살을 탈출하여 텍사스를 향해 남쪽으로 도망쳤다. 4년 후에 조지 카스터(George A. Custer) 대령이 이끄는 미국 육군 병력은 국경 근처에서 그들을 붙잡아 블랙 케틀을 죽이고 그 부족을 학살하였다.

1867년에 체결된 조약들은 이러한 인디언과의 갈등에 일시적인 소

강 상태를 가져왔다. 그러나 1870년대 초에 대부분 광원들이었던 많은 수의 백인 정착민 무리가 다코타 준주의 일부 토지로 스며들기 시작했다. 그 지역은 1867년의 조약으로 인디언 부족에게 부여된 곳이었다. 또한 연방정부는 다른 위원회의 건의를 받아들여 인디언 부족들을 더 이상 독립적인 실체로 인정하지 않고 부족 추장들과의 협상도 하지 않을 것을 결정했다. 그것은 인디언들의 집단 생활의 본질을 무시하고 인디언들을 백인 문화에 강제로 동화시키려는 의도적인 조치였다. 그것은 동화를 통해서만 인디언들이 번성할 수 있다고 믿었던 많은 백인 개혁가들이 추구한 목표이기도 하였다.

그러자 인디언의 저항은 다시 불이 붙었다. 1875년에 북부 평원에서 수우족이 항거하여 일어났으며 자신들의 보호구역을 떠났다. 백인 관리들이 그들에게 돌아갈 것을 명령하자, 인디언 전사들의 무리는 몬타나에 집결하여 두 명의 지도자인 '미친 말'과 '앉아 있는 소'의 휘하에 단결하였다. 이에 미국 군대가 인디언들을 포위하여 보호구역으로 돌려보내기 위해 3열 종대로 배치되었다. 이 출전에는 유명한 제7기병대의 대령으로서 저돌적이고 앞뒤를 가리지 않는 조지 카스터가 나섰다. 드디어 1876년에, 아마도 백인과 인디언 사이의 모든 전투 중에서 가장 유명한 리틀빅혼(Little Bighorn) 전투가 일어났다. 전례에 없던 약 4천 명의 대규모 인디언 부족 전사들의 무리는 남부 몬타나에서 커스터 대령과 그의 연대의 일부를 기습하여 그들을 포위하고 전원을 죽였다.

그러나 인디언들은 그 전사들을 단결시켜 유지하지 못했다. 전사들은 곧 추적을 피하거나 식량을 찾아 무리지어 흩어졌으며, 미국 군대는 그들을 하나씩 추격하여 다코타로 돌려보냈다. 수우족의 힘은 곧 깨졌으며, 자랑스러운 지도자였던 '미친 말'과 '앉아 있는 소'는 결국 싸움을 포기하고 보호구역에 정착하였다. 그 둘은 후에 백인의 조롱과 속임수에 넘어가 마지막 저항을 전개하다가 보호구역 경찰에 의해 살해되었다.

또 다른 극적인 인디언 저항 사례가 1877년에 아이다호에서 일어났다. 소규모의 평화적인 부족인 네즈퍼시(Nez Perce)족은 더 작은 보호구역으로 이동하라는 백인들의 요구를 받아들이지 않았다. 미국 군대가 그들을 향해 집결하자, 네즈퍼시족의 유능한 지도자인 조셉 추장 (Chief Joseph)은 부족 집단을 캐나다로 이끌려고 하였다. 대부분의 네 츠퍼시족은 조셉을 따르지 않았고 대신에 워싱턴 주의 서쪽으로 이동했다. 그러나 조셉을 따라간 사람들은 대대적인 추격의 대상이 되었다. 4개 종대의 추격을 받으며, 조셉과 500명이 넘는 인디언 남녀와 아이들은 따라오는 군대를 계속 피하거나 물리치면서 75일 동안 1,321마일을 달렸다. 그러나 결국 미국 군대는 캐나다 국경 바로 못 미쳐서 인디언 무리를 잡았고 조셉 추장은 항복했다. 패배한 다른 인디언 부족들처럼, 네츠퍼시족은 결국 오클라호마에 있는 인디언 준주로 수송되었으며 거기서 그들의 대부분은 질병과 영양부족으로 곧 죽었다. 조셉 추장은 1908년까지 생존하였다.

백인에 대한 조직적인 저항을 전개한 마지막 인디언들은, 1860년대부터 1880년대 후반까지 간헐적으로 싸웠던 치리카후아 아파치(Chiricahua Apaches)족이었다. 이 맹렬한 부족의 유능한 추장은 망가스 콜로라도우즈(Mangas Colorados)와 코치스(Cochise)였다. 망가스는 속임수를 써서 항복하게 한 백인 군인들에 의해 남북전쟁 중에 살해되었고,

제로니모의 항복:
1886년 미국 군대에 항복한 후에, 앞줄 오른쪽에서 세번째에 위대한 아파치 전사 제로니모가 쇠약해진 그의 무리와 함께 앉아 있다. 앞줄 왼쪽에 있는 두 사람은 제로니모의 이복형제들이다. 앞줄 오른쪽의 어린 소년은 그의 아들이다.

코치스는 1872년에 그들이 원래 갖고 있던 토지 일부를 포함한 보호구역을 부여받기로 하고 평화에 동의하였다. 그러나 코치스는 1874년에 사망하였고, 그의 후계자인 제로니모(Geronimo)는 백인들의 동화 압력에 굴복하려 하지 않고 10년 이상 계속 싸워나갔다. 그는 아리조나 주와 멕시코의 산간지역에 본부를 설치하고 전사들을 이끌면서 백인들의 전초기지를 간헐적으로 습격하였다. 그러나 공격을 할 때마다 일부 전사들은 죽고 다른 전사들은 보호구역으로 도망가면서, 아파치족의 전사들 수는 줄어들었다. 1886년경에 제로니모의 노력은 희망이 없어 보였다. 그들을 쫓는 백인들은 대략 1만 명 가량이었으나, 제로니모의 무리는 여자와 아이들을 포함하여 30명 정도뿐이었다. 제로니모는 승산이 없다는 것을 인식하고 항복하였는데, 이것은 인디언과 백인간의 공식적인 전쟁의 종말을 기록한 것이었다.

그러나 아파치 전투의 종말이 곧 폭력의 끝은 아니었다. 인디언과 백인들 사이의 또 다른 비극적인 갈등이 1890년에 인디언의 종교부흥 운동의 결과로서 일어났다. 서부 인디언들은 그들의 문화와 그들의 영광이 회복할 수 없을 만큼 쇠퇴하고 있음을 알았다. 일부 인디언들은 부패한 정부 관리들이 식량 배분을 감소시켰기 때문에 거의 기아 상태에 있었다. 다른 부족들이 과거 시련기에 그랬던 것처럼, 이 인디언들의 다수는 예언자에게 의지하여 종교부흥에 합류하였다. 이번 예언자는 워보카(Wovoka)였는데, 그는 무아경 속에서의 정신적 각성을 고취하였던 페이우트(Paiute)족으로서 그의 가르침은 네바다에서 시작하여 급속히 평원지역으로 퍼져갔다. 이 새로운 종교부흥은 메시아의 도래를 강조하였다. 그러나 가장 독특한 점은 감상적인 집단 춤인 '유령 춤'이었다. 그 춤은 참여자들에게 신비한 비전을 심어주었는데, 그 중에는 백인들이 인디언 땅에서 물러나가고 사라졌던 버팔로 떼가 되살아 온다는 것도 있었다. 수우족 보호구역의 백인 관리들은 당혹감과 두려움으로 그 춤을 바라보았다. 일부 관리들은 그 춤이 적대적인 행동의 서곡일 것이라고 믿고 그 의식을 중단시키기 위해 군대를 불렀다.

그러자 인디언 부흥주의자들의 일부는 배드랜즈(Badlands)로 도망

두 명의 인디언 지도자들이 패배를 당하다.

"조셉 추장이 1877년에 항복하다."

나는 싸움에 지쳤다. 늙은 사람들은 모두 죽었다. 젊은이들을 이끌던 우리 형도 죽었다. 날씨는 춥고 우리는 담요 한 장 없다. 어린아이들은 얼어죽고 있다. 우리 부족의 일부는 언덕으로 도망갔다. 아무도 우리가 어디에 있는지 알지 못한다. 나는 내 아이들을 돌볼 시간을 갖고 싶다. 아마 나는 시체 속에서 그들을 찾게 될 것이다.

나의 족장들이며, 내 말을 들어라. 지금 태양이 비치는 이곳에서부터 나는 더 이상 싸우지 않을 것이다.

"1883년, '앉아 있는 소'가 수우 보호구역에서의 생활을 묘사하다."

당신들이 내게 무엇을 원하든 나는 복종했다. 큰아버지(Father)가 과거에 나에 대해 갖고 있던 불만을 모두 버리고 용서하였다는 연락을 해 와서, 나는 그의 약속을 받아들이고 보호구역으로 들어왔다. 그리고 그는 백인들의 방식에서 벗어나지 말라고 이야기하여 나는 그 길을 따라가려고 최선을 다하고 있다. 나는 지금 여기에 앉아 내 주위를 본다. 그리고 나는 우리 부족 사람들이 굶어죽고 있음을 본다. 우리는 잡아먹을 소를 원한다. 그것은 당신들이 사는 방식이며 우리도 같은 방식으로 살기를 원한다. 큰아버지가 내게 백인들처럼 살라고 말했을 때, 나는 그에게 6마리의 노새를 보내달라고 말했다. 왜냐하면 그것은 백인들이 생계를 꾸리는 방식이기 때문이다. 나는 내 아이들을 위해 말 한 마리와 4륜마차를 요구했다. 나는 백인들의 방식을 따르라고 충고받았다. 그리고 내가 그러한 것들을 요구한 이유는 바로 그 때문이다.

갔다. 백인 군대는 사우스다코타의 운디드니(Wounded Knee)에서 그들과 맞닥뜨렸고, 두 세력간의 전투에서 약 40명의 백인 군인들과 여자와 어린아이를 포함한 200여 명 이상의 인디언들이 사망하였다. 어떻게 그 전투가 촉발되었는가는 논쟁거리이다. 그러나 백인 군인들이 인디언들에게 새 무기인 자동소총을 겨누고 그들을 눈 속에 살육함으로써 전투는 곧 일방적인 학살로 변했다.

도우즈 법

유령 춤과 운디드니의 비극이 일어나기 전에, 연방정부는 인디언 생활과 인디언 문화의 부족 구조를 파괴하려는 새로운 노력을 개시하였다. 거의 50년 동안 연방정부의 정책은 인디언들이 백인 사회로부터 격리될 수 있는 보호구역을 만드는 것이었다. 그런데 이제 의회는 1887년의 도우즈 단독토지 보유법안(Dawes Severalty Act)을 통과시킴으로써, 인디언들이 보호구역 토지를 공동으로 소유하는 관행을 폐지시켰다. 그리하여 인디언들로 하여금 토지소유주와 농민이 되게 하고, 그들의 전통 문화를 버리게 하고, 백인 문명의 일부로 동화할 것을 강요하였다.

인디언 담당국은 동화를 장려하기 위해 즉시 가혹한 정책을 실시했다. 그들은 인디언 가족들을 각각의 할당된 토지로 이동하게 하였으며, 또한 인디언 아이들을 부모들과 떨어져 백인이 운영하는 기숙학교에 가게 했다. 그들은 어린 인디언들이 그곳에서 부족적 생활방식을 버리도록 교육받을 수 있다고 믿었다. 하지만 인디언들 중에 그들의 전통적인 집단 사회로부터 서구의 개인주의로 변화할 것을 요구하는 이 괴로운 과정에 적응할 수 있는 사람은 거의 없었다. 또한 백인들의 정책 집행 과정도 매우 부패하고 무능했으며, 그에 대한 인디언의 저항이 너무나 강력하고 지속적이어서 정부는 수십 년 후에 이 프로그램을 포기하고 말았다.

4. 서부 농민의 흥기와 쇠퇴

농민들은 목축업자들과 인디언들에게 도전하고 때로는 그 두 세력과 갈등을 일으키며 1850년대에 평원지역으로 이동하기 시작했다. 1870

대륙 횡단 철도의 완성: 1869년 5월 10일에 유타 주의 프로몬토리포인트에서 두 개의 선로를 연결하여 미국 최초의 대륙 횡단 철도를 완성하는 마지막 못질을 한 후에, 유니온퍼시픽 회사와 센트럴퍼시픽 회사의 관리들이 악수를 하고 샴페인 병을 교환하고 있다.

년대에는 평원지역과 그 너머로 엄청난 수의 농민들이 쏟아져 들어왔으며, 과거 인디언의 수렵 영토였으며 개방 목장 소들을 위한 목초지였던 토지에 울타리를 두르고 새로운 농업지역을 건설하였다.

평원지역의 농사

이처럼 서부 정착이 쇄도하게 된 데는 많은 요인들이 복합적으로 작용했지만 가장 중요한 것은 철도였다. 남북전쟁 전에 대평원은 역마차를 타고 험준한 여행을 해야만 접근할 수 있었다. 그러나 1862년에 의회가 대륙간 철도 노선을 승인하고 재정 지원하면서 1860년대에 새로운 대규모 철로망 개발이 가속되었다. 철로망은 거대한 새 정착지에 대한 접근을 가능하게 하였다.

대륙간 철도의 건설은 극적이며 기념비적인 성과였다. 수천 명의 이민 노동자들이 산맥을 뚫고 사막을 통과하고 인디언들의 공격을 피하는 등 종종 상상할 수 없을 정도로 어려운 조건하에서 일하였으며, 결국 두 선로를 1869년 봄에 유타 주 북부의 프로몬토리포인트(Promontory Point)에서 연결시켰다. 동부 철로 건설은 대부분 아일랜드인들이, 서부 철로는 중국인 노동자들이 작업하였다. 대중들의 관심은 이 최초의 대륙 간 철로에 쏠렸지만, 사실 서부에는 그후 몇 년 동안의 지선(支線) 건설이 더 중요한 것이었다. 주 정부들은 연방정부의 뒤를 이어 직접적으로 재정을 지원하거나 유리한 대출을 해주었으며, 연방정부가 이미 제공한 1억 3천만 에이커의 땅에 덧붙여 5천만 에이커가 넘는 토지를 제공하며 철도 건설을 유인하였다. 철도는 사기업들에 의해 운영되었지만 기본적으로 정부 산업이었다.

철도는 대평원에 쉽게 접근할 수 있도록 했을 뿐만 아니라 그곳에서의 농업 정착을 촉진시키는 데 도움이 되었다. 철도 회사들도 정착을 장려하는 데 적극적이었다. 그것은 철도 서비스를 이용할 소비자들을 창출하고 동시에 철도 회사들이 소유한 거대한 토지의 가치를 높이기 위해서였다. 더구나 철도 회사들은 정착자들에게 매우 낮은 철도 요금을 부과하여 누구라도 서부에 갈 수 있었다. 그리고 회사 토지도 매우 싼 가격에 팔았으며 투기 목적의 정착민들에게는 후한 신용을 제공하였다. 백인들의 농업이 대규모적으로 팽창한 데 공헌한 또 다른 요인은 대평원 기후의 일시적인 변화였다. 1870년대부터 시작하여 이후 계속 여러 해 동안 평원지역의 강우량은 평균 이상이었다. 미국 백인들은 이제 더 이상 그 지역을 대사막이라고 생각하지 않게 되었다. 어떤 사람들은 평원을 경작함으로써 강우량이 증가된 것이라고 주장하기까지 하였다.

그러나 가장 우호적인 조건이라 하더라도 평원에서 농사를 짓는 데는 특별한 어려움이 있었다. 첫번째는 울타리 문제였다. 농민들은, 다른 이유에서라기보다 방목하는 방목업자들의 소떼로부터 경작지를 보호하기 위해 그들의 토지에 울타리를 쳐야 했다. 그러나 나무나 돌로 만든 전통적인 울타리는 너무 비쌌고 소떼를 막는 데도 비효과적이었다. 그런데 1870년대 중반에 조셉 글리든(Joseph H. Glidden)과 엘우드(I. L.

Ellwood)라는 두 명의 일리노이 농민이 이 문제를 해결했다. 그들은 가시철사를 개발하여 시장에 팔았으며, 그것은 평원지역에서 기본 장비로 자리잡았고 나라 전체의 울타리 사업을 혁신시켰다.

두번째 문제는 물이었다. 물은 강우량이 평균 이상일 때에도 부족하였다. 더구나 1887년 이후에 건조기가 시작되었다. 비옥했던 토지는 이제 반(半)사막으로 변하였다. 일부 농민들은 우물을 깊이 파고 쇠풍차로 물을 길어 올리거나, 건조지 농법(토양을 얇은 덮개로 덮음으로써 토양의 수분을 보존하기 위해 고안된 경작방법)으로 불려진 방법에 의존하거나, 가뭄에 잘 견디는 작물을 심음으로써 그 문제를 처리했다. 그러나 대부분 평원지역에서는 대규모 관개시설만이 위험에 처한 농토를 구할 수 있었다. 그리고 그처럼 긴요한 대규모의 관개공사는 정부의 도움을 필요로 했다. 그러나 주나 연방정부는 그 프로젝트를 지원할 준비가 되어 있지 않았다.

평원지역으로 이주해 온 대부분의 사람들은 과거에 중서부, 동부, 유럽의 농민 출신이었다. 이들 농민들은 1880년대 초 땅값이 오르던 부흥기에 많은 액수의 신용을 쉽게 얻을 수 있었으며 곧 그 빚을 갚을 수 있을 것이라고 굳게 믿었다. 그러나 1880년대 후반에 건조기가 닥치면서 그러한 전망은 달라졌다. 이제 작물 생산비는 올라가고 작물 가격은 떨어지고 있었다. 수만 명의 농민들이 빚을 갚을 수 없었고 자신들의 농토를 버려야만 했다. 그 결과 역(逆)이주가 일어났다. 즉 백인 정착민들이 다시 동부로 돌아가고 한때 번성했던 공동체는 황량한 유령 마을로 변하기도 하였다. 남아 있던 사람들은 계속되는 곡물가의 하락과 부채에 시달렸다. 남북전쟁이 끝났을 때 1부셸(bushel)에 1달라 60센트에 팔렸던 밀이 1890년대에는 49센트로 떨어졌다.

농업의 변화

19세기 말에 이르러 미국 농업은 많은 미국인들이 품어 왔던 마음든든한 이미지와는 이제 더 이상 별 관계가 없었다. 대중의 신화 속에 자리잡았던 튼튼하고 독립심이 강한 농민은 상업적인 농민으로 대체되고 있었다. 그들은 산업가들이 제조업 경제에서 하던 일을 농업경제에서 시도하였다.

상업적 농민들은 자급자족적이지 않았으며 그렇게 되려고 하지도 않았다. 그들은 환금작물을 전문적으로 경작하여 국내시장과 세계시장에 팔았다. 그들은 자신들의 가내 용품을 만들거나 스스로 식량을 경작하지 않고, 대신 그것들을 마을이나 읍내의 상점에서 구매하였다. 이것이 성공적이었을 때는 이런 종류의 농업은 농민들의 생활 수준을 향상시켰다. 그러나 동시에 그것은 농민들이 은행과 이자율, 철도와 화물요금, 국내시장과 유럽시장, 세계 공급과 수요 등에 의존하게 만들었다. 그리고 산업질서 속에서의 자본가들과 달리, 농민들은 자신들의 생산을 조절하거나 농산품의 판매가격에 영향을 미칠 수 없었다.

1865년과 1900년 사이에 농업은 국제적인 산업이 되었다. 농업생산량은 미국에서뿐 아니라 브라질, 아르헨티나, 캐나다, 호주, 뉴질랜드, 러시아, 그리고 다른 곳에서 엄청나게 증가하였다. 동시에 전화, 전보, 증기기관, 철도 등 근대적인 형태의 의사소통과 수송체계가 등장하면서 농업상품은 전세계에 걸쳐 새로운 시장을 만들어내고 있었다. 미국의 상업적 농민들은 끊임없이 새로운 토지를 개척하면서 국내시장이 소화할 수 있는 것보다 훨씬 많은 양을 생산하였다. 그들은 그 잉여분을 소화하는 데 세계시장에 의존하였다. 그러나 세계시장에서 그들은 강력한 경쟁에 부딪치게 되었다. 면화 농민들은 그들의 연중 수입의 70%를 수출 판매에 의존했고, 밀 농민들은 30% 내지 40%를 의존했다. 그러나 국제시장의 유동성은 그들을 커다란 위험에 빠지게 했다.

1880년대부터 시작하여 전세계적인 초과생산은 대다수 농업생산품의 가격을 떨어뜨렸으며 6백만이 넘는 미국 농민 가족들에게 커다란 경제적인 어려움을 초래했다. 1890년대에 미국 농토의 27%가 저당잡혀 있었으며 1910년에는 33%가 저당잡혔다. 1880년에 모든 농토의 25%는 소작인들에 의해 경작되었고, 1910년에는 그 비율이 37%로 증가하였다. 상업적 농업이 일부 사람들을 매우 부유하게 만든 것은 사실이다. 그러나 농업경제는 대체로 다른 부분에 비해 심각한 쇠락에 시달렸다.

농민들의 분노

미국 농민들은 무엇인가 잘못되었다는 것을 고통스럽지만 알고 있었다. 그러나 아직 어느 누구도 국가적·세계적 과잉생산의 의미를 이해하지 못했다. 대신에 그들은 그들의 관심과 분노를 보다 직접적이고 더 이해할 수 있는 실질적인 문제에 집중하였다. 즉 불평등한 화물 요금, 높은 이자율, 그리고 부적절한 통화 등을 성토하였다.

농민들이 첫째로 가장 분노하였던 것은 철도 때문이었다. 철도회사는 다른 종류보다 농산품에 더 높은 요금을 부과했으며, 북동부에서보다는 남부와 서부에 더 높은 요금을 적용하였다. 철도회사는 또한 구매센터의 엘리베이터와 창고 시설을 장악하고 임의적으로 저장 요금을 부과하였다.

농민들은 또한 신용을 통제하는 기관인 은행, 대출회사, 보험회사들에 분노하였다. 서부와 남부의 신용기관은 많지 않았기 때문에 농민들은 그들이 얻을 수 있는 조건이라면 무엇이든 10%에서 25%의 이자율을 종종 부담하면서 대출을 받아야만 했다. 그런데 이제 농민 다수는 농산물 가격이 떨어지고 통화가 부족한 시점에 이 대출금을 되갚아야 했다.

세번째 분노는 가격에 대한 것이었다. 즉 농민들이 농산품에 대하여 받는 가격과 그들이 다른 물품을 살 때 지불하는 가격 모두를 말한다. 농민들은 자신들이 통제할 수 없고 어떤 사전 지식도 갖고 있지 않은 경쟁적인 세계시장에서 그들의 농산물을 처분하였다. 농민들은 가격이 높을 때 경작물을 많이 심었지만 작물을 추수할 때쯤에는 농산물 가격이 하락한 것을 발견하곤 하였다. 따라서 농업 이윤이 예측할 수 없는 힘에 의해 오르내렸다. 그러나 많은 농민들은 '중개인들,' 즉 투기자들, 은행가들, 지역 및 지방 대리인들이 합동하여 가격을 고정시킴으로써 경작자들에게 손해를 입히고 그 대가로 자신들의 이익을 추구한다고 확신하게 되었는데, 그것은 종종 근거있는 것이었다. 많은 농민들은 또한 동부의 제조업자들이 농산품 가격을 낮게 유지하고 공산품 가격을 높게 유지하기 위해 음모를 꾸미고 있다고 믿었으며 그것 또한 전혀 사실무근은 아니었다. 농민들은 그들의 농작물을 경쟁적인 세계시장에서 팔았지만, 국내시장에서는 트러스트와 사기업이 지배하고 관세보호를 받는 공산품을 구매해야 했다.

농업지대의 불안

이러한 경제적인 어려움은 사회적·문화적, 또한 궁극적으로 정치적 분노를 자아냈다. 부분적으로 이것은 농촌 생활의 고립에 따른 결과였다. 미국 일부 지역의 농촌 가족들, 특히 대규모 농장들이 넓은 지역에 흩어져 있는 초원지역과 평원지역의 농장 가족들은 사실상 바깥 세상과 인간관계로부터 단절되어 있었다. 겨울철이나 날씨가 나쁠 때에는 외로움과 지루함이 거의 견딜 수 없을 정도였다. 농민들의 대다수는, 아이들에게 적절한 교육 기회를 제공하지 못했고, 적절한 의료시설을 이용할 수 없었으며, 여가생활이나 문화활동도 즐기지 못하였고, 그들에게 한 공동체의 구성원이라는 의식을 심어줄 수 있는 그 어느 것도 사실상 향유할 수 없었다. 나이든 농민들은 아이들이 농장을 떠나 도시로 향하는 것을 아픈 마음으로 바라보았다. 그들은 미국 생활을 지배하게 된 새로운 도시문화에 의해 '시골뜨기'라고 조롱당하는 모욕감을 느꼈다.

이러한 고립과 위축의 결과 많은 농민들 사이에 반감이 증대하였고, 그 불만은 1890년대의 전국적인 대규모 정치운동을 만들어내게 되었다. 농업 불안은 또한 미국의 농촌지역에서 등장한 문학에도 반영되었다. 19세기의 작가들은 카우보이와 서부 광원들의 거친 생활을 낭만적으로 그렸다. 그러나 농민들의 이미지는 다른 것이었다. 예를 들어 햄린 갈랜드(Hamlin Garland)는 일련의 소설과 단편에서 농촌사회에 대해 증하는 환멸을 묘사했다. 갈랜드는 『제이슨 에드워즈』(*Jason Edwards*, 1891)라는 그의 소설 서문에서 과거에 농업 개척지는 "부와 자유와 행복의 땅인 황금 서부"인 것처럼 보였다고 하였다. "서부라는 말은 멋지고 신비롭고 희망에 찬 곳을 연상시켰다"는 것이다. 그러나 이제 희망의 약속은 사라져 버렸다. 농촌생활의 시련은 인간 정신을 파멸시켰다. "그래서 사막처럼 덥고 외로운, 황량한 평원 위의 오두막집, 이것이 바로 꿈의 현실이군요. 신이여!"라고 제이슨 에드워즈의 한 주인공은 소리친다. 한때 강인하였던 자영 농민은 스스로를 미국 사회의 대들보라고 여겼다. 하지만 이제 그들은 자신들의 지위가 흥기하는 도시-산업사회에 밀려 추락하고 있음을 고통스럽게 인식하게 되었다.

제 17 장

최고의 산업국

통계학자들을 놀라게 할 속도로 자신만만한 대기업들이 미 대륙을 휩쓸었다. 링컨 사후 25년 이내에 미국은 생산품의 질과 양에서 세계 제일의 산업 국가가 되었다. 1920년대에 역사가인 찰스와 메리 비어드(Charles and Mary Beard) 부부는 많은 미국인들이 19세기 후반에 자신들의 산업경제의 눈부신 확장을 보면서 느꼈을 놀라움을 표현하면서 "영국이 100년만에 이룬 것을 미국은 그 절반의 시간으로 이룩했다"고 기술하였다.

그러나 사실 미국이 최고의 산업국으로 부상한 것은 관찰자들이 생각했던 것만큼 그렇게 갑작스러운 것은 아니었다. 미국은 이미 19세기 초부터 제조업의 기반을 구축하고 있었고, 산업은 남북전쟁 이전에 잘 정비되었다. 하지만 미국인들이 19세기의 마지막 30년간의 성취가 이전의 모든 진보를 무색하게 만들었다고 관찰한 점은 분명하다. 그 기간은 바로 미국의 변모를 증언해 주었던 것이다.

그 눈부신 성장은 많은 미국인들의 삶을 향상시키고 부를 증대시켜 주었다. 그러나 그러한 혜택이 공평하게 분배된 것은 아니었다. 산업의 거부들과 증대되는 중산계급이 미국사상 전례 없는 번영을 누린 반면에,

노동자, 농민과 그 밖의 사람들은 장차 미국이 직면하게 될 경제와 정치의 일대 위기를 일상의 고통스런 시련 과정에서 경험하고 있었다.

1. 산업 발전의 원천

많은 요인들이 미국 산업의 성장에 기여하였다. 풍부한 원료, 충분하게 제공되는 노동력, 기술혁신의 물결, 다재다능하고 야심만만한, 그러나 때로는 냉혹하기까지한 일군의 기업가들, 기업 성장을 보조하는 데 기꺼이 힘을 쏟는 연방정부와, 제조 생산품을 소비할 대단위로 확장되고 있는 국내시장 등의 제반 요인이 미국 산업 성장에 기여했던 것이다.

산업 기술

새로운 기술의 급속한 등장과 새로운 원료 및 생산과정의 발견은 19세기 말 산업 성장의 필수불가결한 요소 중의 하나였다. 1860년까지의 미국의 전체 역사에서 겨우 3만6천 건에 불과하던 특허가 1860년에서 1890년에 이르는 동안에 44만 건으로 증가하였다. 미국인들은 또한 유럽의 비교적 앞선 기술의 혜택을 입었다.

가장 중요한 기술혁신 중의 몇 가지는 통신에서 이루어졌다. 1866년 사이러스 필드(Cyrus W. Field)는 유럽까지 대서양 전신 케이블을 놓았다. 그 다음 10년 동안에 알렉산더 그래험 벨(Alexander Graham Bell)은 최초로 상업적으로 이용 가능한 전화를 발전시켰다. 그리고 1890년대에는 미국 전화전신 회사(American Telephone and Telegraph Company)가 미국 도시에 거의 50만 대의 전화를 가설함으로써 그 이권을 거머쥐었다. 기업 조직의 속도를 가속시킨 다른 발명품들은 (1868년 크리스토퍼 숄즈(Christopher L. Sholes)가 발명한) 타자기와 (1879년 제임스 리티(James Ritty)가 발명한) 금전등록기, (1891년 윌리엄 버러우(William S. Burroughs)가 발명한) 계산기 등이었다.

무엇보다도 가장 혁명적인 기술혁신은 1870년대에 조명과 동력의 원천인 전기의 도입이었다. 전기조명의 선구자로는 가로등용으로 아크등(arc lamp)을 고안한 찰스 브러쉬(Charles A. Brush)와, 거리와 가정의 조명으로 모두 이용 가능한 백열등(또는 전구)을 발명한 토마스 에디슨(Thomas A. Edison)을 들 수 있다. 에디슨과 다른 연구자들은 향상된 발전기를 고안하였고 도시 전체에 전력을 공급할 수 있는 거대한 발전소를 건설하였다. 따라서 20세기에 접어들면서 전력은 거리의 전차, 도시의 마천루를 올라가는 엘리베이터, 공장, 사무실, 집 등에서 흔한 것이 되었다.

철이 더욱 견고하고 다용도의 원료인 강철로 변형되는 공법은 1850년대에 영국인 헨리 베세머(Henry Bessemer)와 미국인 윌리암 켈리(William Kelly)가 동시에 발명하였다. 남북전쟁 이후 이 새로운 공법이 금속산업을 변화시켰다. 그리고 1868년 뉴저지 주의 강철업자인 애브럼 휴위트(Abram S. Hewitt)가 유럽에서 강철을 만드는 또 다른 방법인 평로 공법을 도입하였다. 이 기법은 기관차, 강철 선로, 큰 빌딩의 건축에 필요한 대들보 등 용도와 양에서 대단위 강철 생산을 가능케 하였다.

강철산업은 펜실베니아 주 서부와 오하이오 주 동부에서 제일 먼저 시작되었는데, 이 지역은 철광석과 석탄이 풍부했고 이미 철광산업이 번창하고 있던 곳이었다. 피츠버그가 빠르게 강철산업의 중심지가 되었다. 그러나 산업이 너무 빠른 속도로 성장하자 광석의 새로운 원천이 곧 필요하게 되었다. 미시건 주 반도의 북부 지역, 미네소타 주의 메사비(Mesabi) 지역, 앨라배마 주 버밍엄 주변 지역이 19세기 말에는 중요한 광석 생산 중심지가 되었다. 동시에 강철 생산의 새로운 중심지가 그 주변을 중심으로, 예를 들면 클리블랜드, 디트로이트, 시카고, 버밍엄 등에 형성되었다. 대부분의 강철 중심지는 또한 먼 시장에까지 상품의 값싼 운반을 가능하게 해주는 주요 수로에 가까이 있었다.

19세기 후반에 기계에 기름을 치기 위한 철강산업의 필요성에 부응해서 석유산업이 출현하였다(그때까지 석유는 연료의 중요 원천으로서의 가능성이 인식되지 못하고 있었다). 석유가 종종 냇가나 샘물의 표면에 스며 나왔던 펜실베니아 주 서부에서 유전의 존재는 얼마 동안 평범한 사실이었다. 아무도 처음에는 그것이 무엇인지, 그것을 무엇에 쓰는 것인지 몰랐다. 그러나 1850년대에 펜실베니아의 실업가인 조지 비셀(George Bissel)이 주도한 실험은 그 물질이 램프 안에서 탈 수 있고, 파라핀, 나프타, 윤활유 등과 같은 것을 생산할 수 있다는 사실을 밝혀냈다. 비셀은 석유를 파내는 작업을 하기 위해 돈을 모았다. 그리하여 1859년 비셀의 고용인 중 한 사람인 에드윈 드레이크(Edwin L. Drake)가 펜실베니아 주의 타이터스빌(Titusville) 근처에 최초의 석유 유정(油井)을 세웠다. 이 곳에서는 곧 한달에 500배럴의 석유를 생산하게 되었다. 석유에 대한 수요는 빠르게 증가하였고, 곧 여러 석유 사업 추진자들이 펜실베니아 주, 오하이오 주, 웨스트버지니아 주 등에서 다른 유전을 개발해 나갔다. 1870년경에 석유는 미국의 수출품 중 네번째로 급성장하였다.

다른 위대한 기술혁신이 20세기 초에 이어졌다. 이탈리아의 발명가 구길리에모 마르코니(Guglielmo Marconi)가 1890년대에 라디오의 개발을 향한 첫발을 내딛었다. 라이트 형제는 1903년 노스캐롤라이나 주의 키티호크에서 최초의 비행을 시작하였다. 아마도 가장 중요한 것은 자동차의 발전일 것이다. 1870년대에 철도 엔진의 성공에 영감을 받은 프랑스, 독일, 오스트리아의 설계자들이 이미 독립적으로 조종되는 운송기계를 이끌 엔진을 개발하기 시작하고 있었다. 그들은 초기에 '내연 기관'을 만드는 것에 성공하였는데, 이것은 연소 가스의 팽창된 힘이 피스톤을 움직이는 원리였다. 이 새로운 엔진으로 그들은 최초의 자동차를 만들어 냈다.

미국에서 자동차산업은 빠르게 발전하였다. 찰스와 프랭크 듀리아(Charles and Frank Duryea)는 1903년 미국 최초로 휘발유로 움직이는 자동차를 만들었다. 3년 후 헨리 포드(Henry Ford)는 그의 명성을 기억하게 할 유명한 차들을 처음으로 선보였다. 1910년경에 자동차산업은 경제의 중요한 원동력이 되었고, 자동차는 미국의 사회 및 문화적 생활을 새로운 모습으로 바꾸기 시작하였다. 1895년 미국의 도로에는 단지 네 대의 자동차가 있었는데, 1917년에는 거의 5백만 대에 이르렀다.

생산 과학

　자동차를 비롯하여 다른 산업이 성장한 주요 요인은 생산기법의 변화에 있었다. 20세기로 접어들 무렵 많은 산업가들은 '과학적 경영'의 새로운 원리를 받아들이고 있었다. 이 새로운 경영 원리는 흔히 '테일러리즘'(Taylorism)이라고 불렀는데, 이는 그것의 주도적 이론가인 프레드릭 윈슬로우 테일러(Frederick Winslow Taylor)의 이름에서 연유한다. 테일러의 사상은 그의 생전에도, 사후에도 많은 논쟁을 불러일으켰다. 테일러 자신과 많은 그의 추종자들은 과학적 경영이 인간의 노동력을 기계화 시대의 요구에 양립시킬 수 있는 방식이라고 주장했다. 하지만 과학적 경영은 또한 작업장에서의 노동력을 증가시키고 노동자를 보다 의존적으로 만드는 방식이기도 하였다. 테일러는 고용주들에게 작업을 세분함으로써 생산과정을 재조직할 것을 주장하였다. 이것은 생산을 가속화시킬 수 있고, 또 노동자들을 쉽게 교체할 수 있고(숙련도가 낮아도 되고, 훈련의 필요성이 덜하기 때문에), 따라서 어느 특정 고용인에 대한 경영자의 의존도를 줄일 것이다. 나아가 그는 훈련된 전문가가 적절히 운영한다면 현대적 기계를 사용하는 노동자들은 증대된 생산 효율성으로 단순 작업을 더 빠른 속도로 수행할 수 있을 것이라고 주장하였다.

　산업시대에서 가장 중요한 생산기법의 변화는 대량생산과, 무엇보다도 헨리 포드가 1924년에 그의 자동차 공장에 도입한 이동식 일관 작업 공정(assembly line)의 출현이었다. 이 혁명적인 기법은 차대(車臺)의 조립 시간을 기존의 12시간 반에서 1시간 반으로 줄여 주었다. 이것은 포드로 하여금 노동자들에게 임금을 올려주고 노동시간을 줄여줄 수 있게 하였으며, 한편 모델 T의 생산 단가를 1914년에 950달러에서 1929년에는 260달러로 줄일 수 있게 해주었다. 이것은 곧 다른 많은 산업의 표준이 되었다.

철도의 확장

    19세기 후반 산업발전의 중요한 요인은 철도의 확장에 있었다. 철도는 여러 방면에서 경제성장을 촉진시켰다. 철도는 미국의 중요한 운송 수단이 되었고 산업가들에게 멀리 떨어져 있는 시장과 원료 공급지로 접근을 가능하게 하였다. 철도는 미국의 가장 거대한 사업이 되었고 다른 산업을 위한 본보기로 기여했던 새로운 형태의 주식회사 조직을 창출하였다. 또한 철도는 철도 부설과 시설에 대한 자체의 막대한 경비 지출을 통해 경제성장을 고취시켰던 미국의 가장 거대한 투자자였다.

    19세기 후반에는 매 10년마다 철도 노선이 극적으로 증가하였다. 1860년에는 4만 8천 킬로미터에서, 1870년에는 8만 3천 킬로미터로, 1880년에는 14만 9천 킬로미터로, 1890년에는 26만 킬로미터로, 1900년에는 30만 9천 킬로미터로 급성장하였다. 연방정부와 주 그리고 지방정부의 보조금(외국차관 및 투자와 더불어)이 이러한 확장을 활성화 시켰는데, 이는 개인사업가들이 자신들의 힘으로 끌어들일 수 있는 것보다 훨씬 막대한 자금이 요구되었기 때문이었다. 철도 확장과 버금가게 중요한 사실

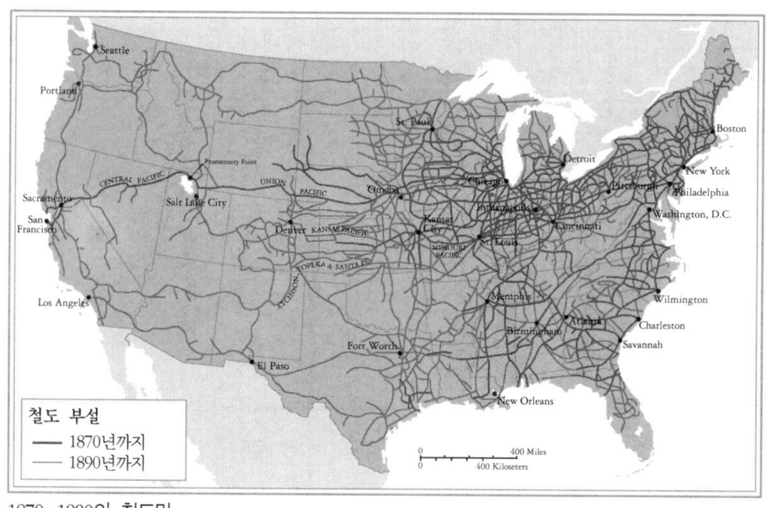

1870~1890의 철도망

은 미국 대부분의 철도가 소수의 수중에 장악되어 철도기업 연합이 출현한 점이었다. 그래서 19세기의 마지막 10년간에는 철도기업 연합이 한두 명의 개인에 의해 지배되는 사태까지 이어졌다. 코넬리우스 밴더빌트(Cornelius Vanderbilt), 제임스 힐(James J. Hill), 콜리스 헌팅턴(Collis P. Huntington)과 그 외 다른 산업 거물들이 이룩한 것들(그리고 난폭함)은 미국의 거대한 경제력의 상당 부분이 개인의 손에 집중된 상징이 되었다. 그러나 철도의 발전은 그것을 창출한 개별 산업 거물들보다는 근대적 주식회사라는 새로운 제도의 성장에 기여한 점에서 더 큰 의미를 찾아 볼 수 있다.

주식회사

미국에서는 다양한 형태의 주식회사가 식민지 시대부터 있어 왔으나, 근대적 의미의 주식회사는 남북전쟁 이후에 가서야 주요 세력으로 등장하였다. 당시 철도 부호들이나 다른 산업가들은, 그들의 대규모 모험적 사업이 자신이 아무리 부자이고 동업자들로 구성된 어느 한 집단이라도 어느 한 사람에 의해서는 자본을 조달할 수 없다는 것을 깨달았다.

1830대와 1840년대에 많은 주에서 주식회사법이 통과되면서 기업 조직은 대중에게 주식을 판매함으로써 자금을 조성할 수 있었다. 남북전쟁 이후에는 많은 기업들마다 그러한 방식을 택하였다. 동시에 부유한 미국인들은 자신들이 직접 그 사업에 관여하지 않더라도 주식을 구입함으로써 훌륭한 투자가 될 수 있다는 점을 깨닫기 시작하였다. 실제 매력적인 것은 투자가들이 '유한 책임'(limited liability)만을 갖는다는 점, 즉 자신들이 투자한 금액만큼만 위험 부담이 따른다는 점이었다. 투자가들은 주식회사가 한계를 초과해 지게 될지도 모를 기업의 채무에는 전혀 책임이 없었다. 광범위한 대중에게 주식을 팔 수 있는 능력은 기업가들에게는 막대한 자본을 끌어들이고 대규모 사업을 착수할 수 있게 해주었다.

펜실베니아와 다른 철도회사들이 새로운 형태의 주식회사 조직을 채택한 최초의 사례에 속한다. 하지만 유한회사는 곧 철도산업 이외의 분야로 빠르게 전파되었다. 철강산업에서 그 중심 인물은 앤드루 카네기(Andrew Carnegie)였다. 그는 스코틀랜드 출신 이민으로서 처음에는 소규모로 시작해 1873년에는 피츠버그에 자신 소유의 제철소를 설립하였다. 그는 곧 철강산업을 지배하게 되었다. 그의 사업 방식은 다른 산업 거물들의 방식과 유사했다. 그는 철도회사들과 파격적인 거래를 통해 비용과 가격을 삭감한 다음 그와 경쟁할 수 없었던 다른 경쟁 회사들을 사들였다. 카네기는 헨리 클레이 프릭과 함께 탄광을 구입했고, 미네소타 주의 메사비 철광 지역의 일부를 임대했으며, 오대호 지역에 철광석 운반 선단을 운영했고, 철도회사를 획득하였다. 카네기는 결국 광산에서 시장에 이르기까지 철강의 생산 및 판매의 전과정을 지배하였다. 그는 자신의 이익금뿐 아니라 주식을 팔아서 막대한 기업 인수 자금을 조달하였다. 그리하여 1901년에, 카네기는 4억 5천만 달러의 주식을 은행가 피어폰트 모건(J. Pierpont Morgan)에게 팔았다. 모건은 미국 철 생산의 거의 3분의 2를 지배했던 140억 달러의 기업체인 거대한 유에스 철강 주식회사(U. S. Steel Corporation)를 창조하기 위해 카네기의 주식을

앤드루 카네기: 카네기는 순수하게 '가난뱅이에서 부자'가 된, 19세기 말에 비교적 소수였던 거대 산업가 중의 한 사람이었다. 그는 스코틀랜드에서 출생해 1848년에 미국으로 건너와 곧바로 피츠버그 전신회사 사무실의 사환으로 일자리를 얻었다. 1873년 그는 자신의 전재산을 최초의 미국 제철소 개발에 투자하였다. 1901년 그는 갑자기 산업계에서 물러나 여생을 자선사업가로 보냈다. 1919년 그가 사망할 때까지 그는 약 3억 5천만 달러를 자선사업에 회사하였다.

다른 주식과 합병시켰던 것이다.

다른 산업에서도 유사한 발전이 있었다. 구스타브스 스위프트(Gustavus Swift)는 상대적으로 조그만 정육업을 거대한 전국적 규모의 주식회사로 발전시켰다. 아이작 싱거(Issac Singer)는 1851년에 재봉틀의 특허권을 얻어 싱거 회사라는 처음으로 가장 근대적인 제조공업 주식회사 중의 하나를 출현시켰다.

많은 주식회사 조직은 경영에 대한 새로운 접근 방식을 발전시켰다. 거대한 전국적 기업체들은 과거의 지방적 유한책임 모험기업들보다 한층 더 체계적인 관리 구조를 필요로 하였다. 그 결과 주식회사의 지도자들은 현대적 기업 관리의 기원이 된 일련의 경영 기법을 도입하였다. 이 경영 기법은 책임 분담, 신중하게 고안된 관리의 계서제(階序制), 현대적 원가계산 방법, 그리고 아마도 무엇보다 새로운 부류의 기업 실무진, 즉 노동자와 소유주 사이에 명령 전달자층을 형성했던 '중간 관리자'(middle manager)에 의존하였다. 철도회사에서 시작된 이 새로운 경영 기법은 사실상 거대 산업의 모든 분야로 빠르게 전달되었다. 효율적인 관리 능력은 현대 주식회사의 또 다른 주요 특징, 즉 기업 합동을 가능하게 해주었다.

기업가들은 주로 두 가지 방법을 통해 거대한 기업 합동 조직을 만들어냈다. 그 한 가지는 '수평적 통합'으로서 동일한 사업에 종사하는 일군의 회사들을 단일한 주식회사로 결합시키는 것이었다. 많은 상이한 철도 노선들이 하나의 회사로 통합된 것이 하나의 본보기였다. 또 다른 방법은 1890년대에 대중적인 것이 된 '수직적 통합'이었다. 이것은 상이한 모든 기업을 가장 중요한 기능에 의존하는 하나의 회사로 통합하는 것이었다. 제철소뿐 아니라 광산, 철도, 그 밖의 기업을 지배하게 된 카네기 철강회사가 수직적 통합의 본보기였다.

19세기 말 가장 유명한 주식회사 제국은 수직적·수평적 통합을 통해 거대한 기업 합동을 창조해낸 존 록펠러(John D. Rockefeller)의 스탠더드 석유회사(Standard Oil)였다. 남북전쟁 직후 록펠러는 클리블랜드에 정유공장을 차리고 즉각적으로 그의 경쟁자들을 제거하기 시작하였다. 그는 스스로 다른 부유한 자본가들과 제휴하여 경쟁 정유회사를 사들이는 절차를 방법론적으로 진행하였다. 1870년에 그는 오하이오 주에 스탠더드 석유회사를 창건하였다. 이 회사는 몇 년 내에 피츠버그, 필라델피아, 뉴욕, 볼티모어에 있는 공장뿐 아니라 클리블랜드에 있는 25개의 정유공장 중 20개를 사들였던 것이다.

그때까지 록펠러는 오직 수평적으로만 회사를 확대하였다. 그러나 그도 곧 마찬가지로 수직적으로도 확대하기 시작했다. 그는 자체의 석유통 공장, 터미널 창고, 송유관을 건설하였다. 스탠더드 석유회사는 자체의 화차를 소유하였고 자체의 판매 조직을 발전시켰다. 1880년대에 록펠러는 석유산업 내에서 주도권을 확립하여 미국의 많은 사람들에게 독점의 주도적인 상징으로 여겨졌다. 그는 미국 정유량의 90%를 지배하였다.

록펠러와 여타 산업가들은 기업 합동을 그들이 현대 경제의 가장 큰 저주라고 믿었던 '살인적인 경쟁'에 대처하기 위한 방법으로 보았다. 대부분의 기업가들은 자유로운 기업 활동과 경쟁적인 시장을 믿는다고 주장하였지만, 사실 너무나 많은 경쟁 회사들의 존재를 두려워하였다. 그들은 지나친 경쟁이 모든 이에게 불안정과 파멸을 초래할 수 있다고 확신하였다. 많은 자본가들은 성공적인 기업은 경쟁자를 제거하거나 흡수할 수 있는 회사라고 믿었다(하지만 그렇게 말을 하지는 않았다).

기업 합동을 향한 움직임이 가속화되자 그것을 촉진시키기 위한 새로운 기법이 등장하였다. 철도회사들은 기업 담합의 방식으로 시작하였다. 이것은 운임률을 안정시키고 시장을 나눠먹기 위해 여러 회사들 사이에 맺은 비공식 협정이었다(이 협정은 나중에 카르텔로 알려지게 될 것이었다). 하지만 기업 담합은 잘 돌아가지 않았다. 한 산업에서 (거의 항상 그랬듯이) 극히 일부의 회사가 협동을 꺼려해도 기업 담합 협정은 깨졌던 것이다.

기업 담합의 실패는 협동보다는 중앙화된 통제에 더 의존하는 새로운 합동의 기법을 이끌어 냈다. 처음에 그러한 기법에서 가장 성공적이었던 것은 '트러스트'(trust)의 창조였다. 이것에는 1880년대 초에 스탠더드 석유회사가 선구적 역할을 하였고 은행가 모건에 의해 완성되었다.

시간이 지나면서 '트러스트'라는 단어는 어떠한 형태든 거대한 경제적 합동을 위한 용어가 되었지만 트러스트는 사실 특별한 종류의 조직이었다. 트러스트 협정하에서 개별 주식회사의 주주들은 트러스트 자체의 몫 대신에 자신들의 주식을 소규모 집단의 수탁자에게 양도하였다. 트러스트 증서의 소유자들은 종종 수탁인의 결정에 대해 직접적인 통제력을 갖지 못하였고, 단지 기업 합동에서 얻어진 이익에 대한 배당 몫만을 받았다. 반면에 수탁자들은 문자 그대로 단지 극히 일부의 회사만 소유하였지만 다수의 회사에 대해 효과적인 지배력을 행사할 수 있었다. 1889년 뉴저지 주는 회사들로 하여금 다른 회사를 사들이는 것을 허용해 주기 위해 법인조직법을 바꿈으로써 제3의 기업 합동 형태를 창출하는 데 기여하였다. 다른 주들도 곧 뉴저지 주의 선례를 따랐다. 그것은 트러스트를 불필요하게 만들었지만 사실상의 기업 합병을 허용해 주었다. 예를 들면 록펠러는 재빨리 뉴저지 주에 스탠더드 석유회사의 본사를 옮기고 그곳에서 '지주 회사'(holding company)라고 알려지게 된 것을 만들었다. 지주 회사란 스탠더드 석유회사 트러스트의 다양한 구성원들의 주식을 사들여 트러스트에 속한 주식회사들에 대한 직접적이고 공식적인 소유권을 확립시켜 줄 중앙 기업체였다.

19세기 말경 기업 합동의 결과 미국에 있는 기업의 1%가 제조업의 33% 이상을 통제하는 것이 가능하였다. 극소수 사람들의 수중에 엄청난 권세를 부여했던 경제 조직 체제가 등장하고 있었던 것이다. 그 극소수의 사람들이란 모건과 같은 뉴욕의 거대한 은행가와 록펠러(그 자신도 주요 은행에 대한 통제력을 획득하였다)와 같은 산업 거부 등이었다.

이 무자비한 경제력 집중이 산업 팽창을 위한 유일한 방법(아니면 최선의 방법)이었던지 아니었던지 간에 이 시대의 산업 거인들은 분명히 상당한 경제성장에 책임이 있었다. 그들은 공정을 통합하였고, 비용을 삭감하였으며, 거대한 산업 하부구조를 창조해 냈고, 새로운 시장을 자극하였으며, 수백만의 미숙련 노동자들을 위해 일자리를 창출하였고, 거대 규모의 대량생산을 위한 길을 열어 주었던 것이다. 그들은 또한 그들 시대 최대의 몇몇 대중적 논쟁, 즉 20세기까지 계속되었던 경제 및 정치권력의 집중에 관한 격렬한 논쟁의 토대를 창출했던 것이다.

2. 자본주의와 그에 대한 비판자들

대기업의 성장에 대한 비판이 없는 것은 아니었다. 농민과 노동자들은 이 새로운 주식회사 세력의 성장에서 부와 권한이 폭넓게 분배되었던 공화주의적 사회의 개념이 위협당하는 것을 보았다. 중간계급 비판자들은 새로운 산업의 거두들이 그들 자신의 기업에서, 그리고 지방, 주, 국가 정치에서 야기된 것 같이 보이는 부패를 지적하였다. 증대되는 비판이 새로운 주식회사 경제를 옹호하려고 하는 산업가들을 위협하였다. 그러한 옹호 중의 하나는 이러한 경제가 미국적 삶의 핵심에 있던 개인주의 이념 및 평등한 기회와 양립할 수 있다는 것을 대중(그리고 그들 자신)에게 납득시키려고 하는 것이었다.

적자생존

자본주의에 대한 새로운 이론적 근거는 개인주의라는 오래된 이념에 확고하게 의존하였다. 자본주의 옹호자들은 이 새로운 산업경제가 개인적 향상을 위한 기회를 줄이는 것이 아니라고 주장하였다. 그것은 그러한 기회를 확장시키고 있었다. 그것은 모든 개인이 성공하고 거대한 재산을 모을 기회를 마련해 주고 있었다.

그러한 주장에는 한 가닥의 진실이 있기는 했지만 그것은 단지 작은 부분일 뿐이었다. 남북전쟁 이전 미국에는 백만장자가 거의 없었다. 1892년경에는 4천 명 이상의 백만장자가 있었다. 그들 중 몇몇 사람들, 예를 들면 카네기와 록펠러 등의 소수의 다른 사람들은 거의 모두 "자수성가한 사람"들로 불렸다. 그러나 대부분의 새로운 산업 거부들은 안락함, 특권, 부를 지닌 위치에서 그들의 직업을 시작했다. 그들이 권세와 탁월함의 자리에 오르게 된 것은 항상 그들이 말하기 좋아했던 것처럼 단순히 고된 노동과 재능의 결과는 아니었다. 그것은 또한 무자비함과 때로는 만연한 부패의 결과이기도 했다. 산업가들은 정치가, 정당, 정부 관리들에게 협조와 지원의 대가로 많은 재정적 기여를 하였다.

그럼에도 불구하고 대부분의 경제 거물들은 자신들의 부와 권력이 프로테스탄트 미국의 전통적 미덕인 고된 노동, 이익 추구, 검약을 통해 성취되었다고 계속해서 주장했다. 그들은 성공한 사람은 성공할만 했기에 성공한 것이고 실패한 사람은 그들의 게으름, 어리석음, 또는 부주의로 인해 실패한 것이라고 주장하였다. 그러한 가설이 19세기 후반의 대중적 사회이론, 즉 찰스 다윈의 진화론과 종(種)간의 자연도태 이론을 인간 사회에 적용한 사회적 진화론(Social Darwinism)이었다. 사회적 진화론자들은 오직 적자만이 진화의 법칙에서 살아남듯이 인간 사회에서도 오직 가장 적합한 개인만이 시장경제에서 생존하고 번성한다고 주장하였다.

영국의 철학자 허버트 스펜서(Herbert Spencer)는 이 이론의 최초의 주창자이자 가장 중요한 옹호자였다. 그는 사회가 부적합한 자를 제거하고 강자와 재능있는 자를 살아남게 하는 것에서 이득을 얻는다고 주장하였다. 스펜서의 책은 1870년대와 80년대에 미국에서 인기를 끌었다. 그리고 그의 가르침은 미국 지식인들 사이에서 탁월한 지지자들을 발견하였다. 그 중 가장 주목할 만한 인물은 예일 대학의 윌리암 그래험 섬너(William Graham Sumner)로서 그는 강의, 논문과 유명한 1906년의 저서 『사회적 관행』(*Folkways*)에서 스펜서와 유사한 사상을 발전시켰다. 섬너가 스펜서의 글에 전적으로 동의한 것은 아니지만 개인은 투쟁, 경쟁, 성공 또는 실패를 위한 절대적 자유를 가져야 한다는 스펜서의 믿음을 공유하였다.

사회적 진화론은 주식회사의 지도자들에게는 그들의 성공을 정당화해 주고 그들의 덕목을 강화해 주는 것처럼 보였기 때문에 호소력이 있었다. 사회적 진화론는 자유와 개인주의라는 미국의 전통적인 사상의 맥락에서 그들의 활동을 자리매김하였고 또한 그들의 전략을 정당화시켰다. 그러나 사회적 진화론은 대기업 중심 경제(corporate economy) 현실과 많은 관련이 있는 이념은 아니었다. 동시에 기업가들은 경쟁과 자유시장의 덕목을 찬양하면서, 자신들을 경쟁에서 보호하고 시장의 자연적 기능을 자신들의 거대한 기업 연합의 통제로 대체하기 위해적극적으로 노력하였다. 스펜서와 섬너가 찬양하고 건전한 진보의 근원이라 불렀던 사악할 정도로 투쟁적인 경쟁은 사실 미국 기업가들이 가장 두려워하면서 제거하려고 했던 것이었다.

부의 복음

몇몇 기업가들은 사회적 진화론의 냉혹한 철학을 어느 면에서는 마찬가지로 이기적인 사상 즉 '부(富)의 복음'이라는 사상으로 한층 부드럽게 완화시키려고 시도하였다. 이러한 사상의 옹호자들인 대부호들은 거대한 권력뿐 아니라 커다란 책임을 지녔다. 자신들의 부를 사회적 진보를 위해 사용하는 것이 그들의 의무였다. 앤드루 카네기는 1901년 자신의 책 『부의 복음』(*Gospel of Wealth*)에서 자신의 신조에 대해 상술하였다. 그는 그 책에서 부유한 사람은 자신이 필요로 하는 것 이상의 모든 수입을 공동체의 선을 위해 쓰여져야 될 "신탁 자금"(trost funds)으로 간주해야 한다고 기술했다. 카네기는 거대한 산업가 중에서 유일하게 자신의 재산의 많은 부분을 자선사업을 위해 기부하였다.

개인적 부는 공공의 축복이라는 생각은 또 다른 유명한 개념, 즉 거대한 부는 모든 사람에게 유용한 것이라는 개념과 나란히 존재하였다. 침례교 목사였던 러셀 콘웰(Russell H. Conwell)은 '다이아몬드가 가득 묻힌 땅'(Acres of Diamonds)이라는 똑같은 강연을 1880년에서 1900년 사이에 6천 번 이상이나 행함으로써 이러한 사상의 가장 유명한 대변인이 되었다. 콘웰은 그가 진실이라고 주장한 일련의 이야기를 통해 자기집 뒤뜰에서 엄청난 부를 발견하는 기회를 가졌던 사람들에 관해 말하였다(그 이야기 중의 하나는 자신의 땅에서 일하는 도중에 밭에서 어마어마한 다이아몬드 광산을 발견한 수수한 농부의 이야기도 포함되었다). 콘웰은 (부정확하게도) 미국의 대다수 백만장자들이 경제적 사다리의 제일

아랫단에서 시작하여 성공의 길로 나아갔다고 주장하였다. 즉 모든 부지
런한 사람들도 마찬가지로 성공할 수 있는 기회를 가졌다는 것이었다.

호레이서 얼져(Horatio Alger)는 이러한 성공 신화의 가장 유명한
제창자였다. 얼져는 본래 매사추세츠 주 작은 마을의 목사였으나 성적
추문으로 인해 설교단에서 추방당한 인물이었다. 그는 뉴욕으로 이주해
그곳에서 그의 유명한 소설들, 예를 들면 『가난한 딕』(*Ragged Dick*),
『구두닦이 톰』(*Tom the Bootblack*), 『빠져죽을 것이냐 수영할 것이냐』
(*Sink or Swim*)을 비롯하여 100편 이상의 소설을 썼는데, 모두 합해서
2천만 부 이상이 팔렸다. 제목과 주인공은 달랐지만 이야기 전개와 메시
지는 한결같이 똑같았다. 즉 작은 마을 출신의 가난한 소년이 행운을 잡
기 위해 대도시로 가서 노력, 인내, 운으로 부자가 된다는 내용이었다.

대안적 사상들

이와 같은 경쟁에 대한 찬양, 거대한 부에 대한 정당화, 기존 질서
의 합법화와 더불어, 다른 한편에서는 기업의 윤리성과 때로는 자본주의
자체에 대해 도전을 가하는 대안적 철학 집단이 있었다.

그런 철학 중의 하나는 사회학자 레스터 프랭크 워드(Lester Frank
Ward)의 저작에서 나타났다. 워드는 진화론자였지만 진화론적 법칙을
인간 사회에 적용하는 것에 대해서는 거부하였다. 그는 자신의 『동태적
사회학』(*Dynamic Sociology*)과 다른 저작에서 문명은 자연도태가 아니
라 사회를 원하는 대로 형성시킬 능력이 있는 인간의 지성에 의해 지배
된다고 주장하였다. 환경을 개조하기 위한 국가의 간섭이 쓸데없는 것이
라고 믿었던 섬너와는 대조적으로, 워드는 능동적인 계획을 세우는 적극
적 정부가 사회의 최대 희망이라고 생각하였다. 민중은 그들의 정부를
통해 경제에 간섭하고 그것을 그들의 필요를 위해 기여하도록 조정할
수 있다는 것이었다.

사회적 진화론자들의 자유방임적 사상에 회의를 느낀 다른 미국인
들은 개혁을 위해 더 한층 대담한 접근 방식을 채택하였다. 일부 반대자

들은 1870년대에 창설되어 서인도제도 출신의 이민 대니얼 들리온(Daniel De Leon)이 여러 해 동안 이끌었던 사회주의 노동당(Socialist Labor party)에서 안식처를 발견하였다. 들리온은 산업화된 도시에서 적당한 지지를 획득했지만 사회주의 노동당은 결코 중요한 정치 세력이 되지 못했고 8만2천 표 이상을 얻지도 못하였다. 들리온의 이론적이고 교조적인 접근 방식은 노동자들보다도 지식인들의 마음에 드는 것이었다. 따라서 그 당의 반대파들은 노동조직과의 연대를 열망하였고, 결국 당에서 떨어져 나가 1901년에 한결 오래 지속되게 될 미국 사회당(American Socialist party)을 결성하였다.

다른 급진주의자들은 좀더 폭넓은 지지를 획득하였다. 그 중 가장 영향력있는 인물 중의 한 사람은 캘리포니아 출신의 작가이며 활동가였던 헨리 조지(Henry George)였다. 그의 분노가 잘 나타난 『진보와 빈곤』(*Progress and Poverty*)은 1879년에 출간되어 미국 출판 역사상 가장 잘 팔린 비소설 부문의 저작이 되었다. 조지는 근대 산업으로 창출된 부 사이에 빈곤이 존재하는 이유에 대해 설명하고자 했다. 그는 지가(地價)의 상승으로 인해 부유하게 된 소수 독점가들의 능력에 따른 사회적 문제에 대해 비난하였다. 그는 지가의 상승이 토지 소유주의 노력에서 비롯된 것이 아니라 토지를 둘러싼 사회의 성장에 기인한 것이라고 주장하였다. 그것은 일하지 않고 얻은 재산증식(unearned increment)이었고, 따라서 당연히 공동체의 재산이었다. 그래서 조지는 모든 다른 세금을 대신하고 결국 증식 부분을 국민에게 되돌려 주게 될 단일세(single tax)를 제안하였다. 그는 단일세가 독점을 파괴하고, 부를 한결 평등하게 분배하며, 빈곤을 제거하게 될 것이라고 주장하였다. 그 결과 단일세 협회들이 많은 도시에서 출현하였다. 1886년에 조지는 노동계와 사회주의자들의 지지에 힘입어 뉴욕 시장 선거에 출마했으나 근소한 차이로 패배하기도 했던 것이다.

대중성에서 조지에 뒤지지 않았던 인물은 에드워드 벨라미(Edward Bellamy)였다. 그는 1888년에 출간된 유토피아 소설인 『뒤를 돌아보면서』(*Looking Backward*)를 썼으며, 이 책은 100만 부 이상이나 팔렸다.

이 책은 1887년에 최면술로 잠들었다가 서기 2000년에 깨어나 결핍감, 정치, 악덕이 없는 새로운 사회질서를 발견하게 된 한 보스턴 청년의 경험에 대해 묘사하였다. 이 새로운 사회는 평화적인 진화 과정을 거쳐 등장하였으며, 19세기 말의 거대한 트러스트들은 궁극적으로 정부가 통제하는 유일한 거대 트러스트를 형성할 때까지 규모가 계속 커지면서 서로 통합되게 되었다. 이러한 사회에서 정부는 풍부한 산업경제의 산물을 모든 국민에게 평등하게 분배하였다. '형제애적 협동'(fraternal cooperation)이 경쟁을 대체하였으며, 계급간의 차이도 사라졌다. 벨라미는 이러한 전망에 담겨 있는 철학을 산업국유화론(nationalism)이라고 명명했으며, 그의 작품은 그의 사상을 전파하기 위한 160개 이상의 산업국유화론자 클럽이 결성되도록 자극하였다.

독점의 문제

미국인들 중에서 자본주의 자체에 문제를 제기한 사람들의 관점을 공유했던 사람들은 상대적으로 거의 없었다. 그러나 시간이 흐르면서 더 많은 수의 사람들이 자본주의의 각별히 눈에 띄는 측면, 즉 독점의 성장에 대해 깊은 관심을 갖게 되었다.

19세기 말 다양한 집단들이 독점과 경제적 집중에 대해 공격을 하기 시작하였다. 노동자, 농민, 소비자, 소규모 제조업자, 보수적인 은행가와 금융가, 급진적 변화의 옹호자 등 이 모든 사람들이 이러한 공격에 가담하였다. 그들은 독점이 인위적으로 물가를 올리고 매우 불안정한 경제를 야기시킨다고 비난하였다. 경제는 1873년부터 시작해 매 5년 내지 6년마다 참혹한 피해를 일으키며 심각한 경기 후퇴를 동반하면서 변덕스러울 정도로 오르내렸다. 각각의 경기 후퇴는 전년도보다도 더 악화되면서 결국 1893년에 이르러 경제체제는 완전한 붕괴 직전의 상태에 있는 듯이 보였다.

설상가상으로 엄청난 부를 소유한 저명한 신흥 부유층 계급의 등장은 독점에 대한 타오르는 적의에 기름을 부은 격이 되었다. 그들의 생활

상원의 정치 보스들: 「퍽」(Puck)이라는 잡지는 자체의 신랄한 시사 풍자만화를 통해 1880년대에 미국 정부가 부패한 '트러스트들'의 수중에 떨어지고 말았다는 대중의 믿음이 확산되고 있음을 표현하였다. 거만하고 비열한 금권 정치가들이 미국 상원회의장 뒤에 꽉 들어차자 방청석의 표시판에는 "민중의 출구"는 "닫혔음"이라고 기술되어 있다.

방식은 표류하는 경제에서 살아남으려고 투쟁하는 사람들에게 모멸감을 주었던 것이다. 20세기 초의 한 통계에 따르면 미국에서 1%에 해당하는 가구가 국가 자산의 거의 88%를 좌우했던 것이다. 일부 부유층, 예를 들면 앤드루 카네기 같은 사람은 상대적으로 검소하게 살았고 상당액의 재산을 박애주의 운동에 기부하기도 했다. 그러나 다른 사람들은 거의 터무니없다 싶을 정도의 사치를 누리며 살았다. 그들의 눈꼴사나운 부의 과시를 지켜보면서 미국인의 5분의 4가 소박하게 살았으며, 최소한 1천만 명에 달하는 사람들이 보통 생각할 수 있는 빈곤 상태 이하의 삶을 살았다. 모든 사람들에게 생활수준은 상승하고 있었으나 부자와 빈자 사이의 차이는 극적으로 증대되고 있었다. 어려운 경제 환경에 있는 사람들에게 상대적 박탈감은 빈곤 자체만큼이나 실망스럽고 쓰라린 것이 될 수 있었다.

3. 노동자의 시련

    미국의 노동계급은 산업자본주의 성장의 수혜자이자 희생자였다.
19세기 말 대부분의 노동자들은 생활수준에서 실질적인 향상을 경험하
였다. 그러나 그들은 힘들고 종종 위험하기까지 한 노동조건, 그들 자신
의 작업에 대한 통제력 상실, 증대되는 무력감의 대가로 그러한 향상을
이룩했던 것이다.

이민 노동자

    산업노동력은 19세기 말 공장 노동에 대한 수요가 증대됨에 따라
극적으로 팽창하였다. 그러한 팽창이 이루어질 수 있었던 것은 산업 도
시로의 대량 이주, 즉 두 부류의 이민이 있었기 때문이었다. 첫번째 부류
는 공장 마을과 도시로 계속 유입된 농촌지역 미국인들이었다. 그들은
농장의 생활에 환멸을 느끼거나 파산해 새로운 경제적·사회적 기회를
갈망했던 사람들이었다. 두번째 부류는 남북전쟁 이후 수십 년간 해외로
부터(주로 유럽으로부터 왔지만 그 밖에 아시아, 캐나다, 기타 지역으로부터)
들어온 거대한 이민의 물결이었다. 이 시기는 어느 다른 시대보다도 더
많은 이민이 유입되었다. 1865년에서 1915년 사이에 미국에 도착한 2천
5백만 명에 달하는 이민은 그 이전 50년 동안에 도착한 사람들의 숫자
보다 4배 이상이 많았다.
    1870년대와 1880년대에 대다수의 이민은 미국의 전통적인 이민 공
급 지역, 즉 영국, 아일랜드, 북유럽에서 왔다. 그러나 19세기 말 이민의
주 공급 지역이 바뀌어 남부 및 동부 유럽인들(이탈리아인, 폴란드인, 러
시아인, 그리스인, 슬라브인 등등)이 미국으로 이주해 산업노동력이 되었다.
    새로운 이민들은 부분적으로 자신들 조국의 빈곤과 압제에서 벗어
나기 위해 미국으로 왔다. 하지만 그들은 또한 새로운 기회를 찾을 수
있으리라는 기대에서 미국에 이끌리기도 했다. 그러한 기대 중의 일부는
현실적인 것이기도 했으나, 그 밖의 기대는 거짓 약속의 결과이기도 했

다. 철도회사들은 해외에서 오해를 불러일으키게 만드는 광고를 배포함으로써 회사의 서부 토지 보유지로 이민을 유인하였다. 산업 고용주들은 노동계약법(Labor Contract Law)에 의거 1885년 그 법이 폐기될 때까지 적극적으로 이민 노동자를 모집하였다. 이 법은 고용주들로 하여금 노동자들의 운임을 미리 지불해 주고 나중에 그들의 임금에서 운임을 제하는 방식을 허용해 주었던 것이다. 심지어 그 법이 폐기되고 난 뒤에도, 고용주들은 종종 자국 동포들의 노동자 집단을 모집했던 그리스 및 이탈리아인 노동자 두목(*padrones*)과 같은 외국 태생의 노동 브로커들의 도움을 받아 미숙련 노동자의 이민을 계속해서 조장하였다.

이들 새로운 집단의 도착은 노동계급의 역동성에 고조된 인종적 긴장을 심어 주었다. 저임금을 받는 폴란드인, 그리스인, 프랑스계 캐나다인들은 뉴잉글랜드의 직물공장에서 더 높은 임금으로 일하는 영국계 및 아일랜드계 노동자를 대신하기 시작하였다. 이탈리아인, 슬라브인, 폴란드인들은 전통적으로 미국 태생의 노동자나 북유럽 이민이 지배하던 광산 산업에서 주요한 노동력의 원천으로 떠올랐다. 더욱이 산업 내에서 노동자들은 인종 집단에 따라 특정 직업(그리고 종종 특정 수입 수준)으로 몰리는 경향을 보였다.

임금과 노동조건

노동자들의 평균 생활수준은 남북전쟁 이후 여러 해에 걸쳐 상승해 왔다고 할 수 있다. 그러나 많은 노동자들에게 그들의 노동에 대한 대가는 매우 적었다. 20세기에 접어들 무렵 미국 노동자의 평균소득은 1년에 400달러에서 500달러에 불과했다. 이는 많은 사람들이 적당한 수준의 안락함을 유지하는 데 필요한 최소한도라고 믿었던 수치인 600달러에 못 미치는 액수였던 것이다. 노동자들이 직업적으로 상당한 안정을 누렸던 것도 아니었다. 모든 노동자들은 산업경제의 경기 등락으로 피해를 입기 쉬웠고, 일부는 기술의 발전이나 작업이 지닌 주기적 혹은 계절적 성격으로 말미암아 일자리를 잃기도 했다. 일자리를 지켰던 사람들조차도 불경기 때에 그들의 임금이 갑자기 상당히 깎인 것을 알 수 있었다. 바꿔 말해 빈곤으로부터 벗어나 있던 노동자는 거의 없었다.

미국인 노동자들 역시 다른 여러 종류의 곤경에 직면해 있었다. 농업적인 생활 유형에 익숙해 있던 첫 세대의 노동자들이 근대적 산업 노동의 특성에 적응하는 것은 어려운 일이었다. 예를 들면 종종 숙련도는 거의 요구하지 않으면서 엄격하고 단조로운 시간표에 따라 판에 박힌 반복 작업을 수행하는 것은 쉬운 일이 아니었다. 이전에 가치를 인정받던 작업을 이제는 기계가 수행하게 된 숙련 수공업자에게 새로운 체제는 비인간적이고 야비하기까지 한 것이었다. 공장 노동자들은 하루 10시간, 1주일에 6일을 노동하였다. 철강산업에서는 노동자들이 하루 12시간 일하였다. 많은 사람들은 끔찍할 정도로 위험하고 불결한 공장에서 노동하였다. 산업 재해는 빈번했고 가혹하였다. 산재 사고 희생자에 대한 보상은 그것이 고용주로부터 오는 것이건 정부로부터 오는 것이건 한정적이긴 마찬가지였다.

작업장에서의 여성과 아동

공장에서 숙련 노동의 필요성이 감소되었다는 사실은 많은 고용주들로 하여금 성인 남성보다 한결 적은 임금으로 고용할 수 있는 여성과 아동 노동의 사용을 증대시키도록 유도하였다. 1900년경 전체 제조업 노동자의 20%가 여성이었고, 전체 여성의 20%(500만 명이 넘는)가 임금노동자였다. 여성들은 모든 산업 분야, 심지어 일부는 가장 힘든 분야에서 노동하였다. 그러나 대부분의 여성들은 (힘든 육체노동에 반대되는 것으로서의) 미숙련 및 반숙련 기계 노동이 우세한 일부 산업에서 일하였다. 섬유공업은 여성을 고용하는 최대의 유일한 산업 분야로 남아 있었다 (하녀 일은 전반적으로 가장 일상적인 여성의 직업이었다). 여성들은 최저 생계비에도 훨씬 못 미치는(그리고 동일한 직업에서 일하는 남성이 받는 임금보다 훨씬 적은) 주당 6달러에서 8달러밖에 안 되는 임금으로 일하였다.

아동 노동: 20세기 초의 많은 노동계급 어린이들은 석탄더미에서 돌조각을 골라내는 '돌 깨는 소년들'(breaker boys)로 일자리를 얻었다. 루이스 하인(Lewis Hine)의 이 사진에서 볼 수 있는 것처럼 석탄 먼지가 종종 너무 자욱해 소년들은 서로를 알아보기가 거의 힘들 지경이었다.

　　최소한 170만 명에 달하는 16세 이하의 어린이들이 공장과 농장에 고용되었고, 이는 30년 전에 비해 2배 이상되는 숫자였다. 10세에서 15세에 이르는 전체 여자아이들 중 10%와 전체 남자아이들 중 20%가 일자리를 갖고 있었다. 이에 분개한 여론의 압력으로 38개 주의 입법부는 19세기 말 아동 노동법을 통과시켰으나, 이 법의 영향력은 제한적인 것이었다. 아동 노동자의 60%가 전형적으로 이 법의 효력이 미치지 않는 농업에 고용되어 있었던 것이다. 그리고 심지어 공장에 고용된 어린이들에게도 이 법은 단순히 최소 고용 연령을 12세로 정하고 일일 최대 노동시간을 10시간으로 정한 것이었고, 고용주들은 이러한 기준을 어떤 경우든 자주 무시하였다.

노동조합의 등장

노동자들은 이러한 상황에 대해 그들의 고용주들이 너무도 효과적으로 사용했던 것과 동일한 전술을 채택함으로써 응전하려고 시도하였다. 그것은 거대한 연합, 즉 노동조합을 창건하는 일이었다. 그러나 19세기 말 그들의 노력은 그다지 성공을 거두지 못했다.

미국에도 남북전쟁 훨씬 전부터 숙련 노동자의 소집단을 대표하는 직업별 노동조합이 있었다. 그러나 개별 노동조합만으로는 경제에서 커다란 힘을 발휘하기를 기대할 수 없었다. 그리고 1870년대의 경기 후퇴기 동안에 노동조합들은 설상가상으로 널리 퍼져 있는 대중의 적대감이라는 문제에 직면하였다. 고용주들과의 노동쟁의가 때때로 그렇게 되듯이 격렬하고 폭력적인 것이 되었을 때, 상당수 대중들은 본능적으로 그 분쟁에 대해 고용주가 아니라 노동자들(혹은 대중들이 노동자들에게 영향을 미치고 있다고 믿었던 '급진주의자'나 '무정부주의자')을 비난하였다. 중간계급의 미국인들에게 각별히 경종을 울려 주었던 것은 서부 펜실베니아 주의 무연탄 지역에서 '몰리 맥과이어'(Molly Maguire)가 등장했다는 사실이었다. 이 호전적인 노동조직은 석탄 광산주들과의 전투에서 때때로 폭력을 행사하였고 심지어 살인을 저지르기도 하였다. 그러나 몰리 맥과이어의 탓으로 돌려진 폭력의 상당수는 광산주들이 고용한 정보원과 대리인들이 의도적으로 유발시킨 것이었다. 광산주들은 노동조합을 억압할 무자비한 조치를 취하기 위한 구실을 원했던 것이다.

몰리 맥과이어를 둘러싼 흥분은 1877년의 철도 파업 동안에 미국을 휩쓸었던 병적 흥분 상태를 무색하게 하였다. 이 파업은 동부 철도회사가 10%의 임금 삭감을 발표했을 때 시작되었고, 곧 계급 전쟁에 근접하는 수준으로 확대되었던 것이다. 파업자들은 볼티모어에서 세인트루이스에 이르는 철도 운행을 중단시켰고, 각종 설비를 파괴하였으며, 피츠버그 및 다른 도시의 거리에서 폭동을 일으켰다. 주 민병대가 소집되었고 7월에는 헤이즈 대통령이 웨스트버지니아 주의 혼란을 진압하기 위해 연방 군대 출동을 명령하였다. 볼티모어에서는 노동자와 민병대 사이의 충돌에서 11명의 시위대가 사망하였고 40명이 부상하였다. 필라델피아에서는 주 민병대가 철도 건널목을 봉쇄하려는 수천 명의 노동자와 그들의 가족에게 발포하여 20명을 사살했다. 전체적으로 파업이 시작된 지 몇 주 뒤에 결국 실패로 돌아가기까지 100명 이상이 사망하였다.

철도 대파업은 미국 최초의 주요한 전국적 노동 갈등이었고 그것은 노동과 자본간의 분쟁이 증대되는 전국 규모의 경제에서 더 이상 지방 차원에 머물러 있을 수 없음을 보여주었다. 그것은 또한 많은 미국 노동자들 사이에 분노가 얼마나 뿌리깊은 것인가와 그 분노를 얼마나 오래 지속시킬 준비가 되어있는지를 잘 보여준 사건이었다. 그리고 마지막으로 그것은 노동운동을 괴롭히는 심각한 문제가 무엇인지를 보여주었다. 파업의 실패는 철도 노조를 심히 약화시켰으며 다른 산업에서도 마찬가지로 노동조직의 명성에 손상을 주었다.

노동기사단

진정한 의미의 전국적 노동조직을 창설하기 위한 최초의 주요한 노력은 1869년 유리아 스티픈스(Uriah S. Stephens)의 지도하에 창설된 노동기사단(Noble Order of the Knights of Labor)이었다. 이 노조의 가입 자격은 '땀흘려 일하는' 모든 사람에게 개방되었다. 이는 모든 노동자, 대다수의 사업하는 사람과 전문직 종사자, 그리고 실제로 공장에서 일하건, 하녀로 일하건, 집에서 일하건 간에 모든 여성이 포함된다는 의미였다. 유일하게 제외된 집단은 법률가, 은행가, 주류 판매인, 전문 도박사들이었다. 노동기사단은 중앙의 지도 없이 느슨하게 조직되었다. 그들의 프로그램도 이와 유사하게 애매했다. 그 지도자들이 비록 일일 8시간 노동제와 아동 노동의 폐지에서 승리를 거두었지만, 그들은 장기적인 경제개혁에 더 큰 관심이 있었다. 노동기사단은 노동자들이 스스로 경제의 상당 부분을 통제하게 될 새로운 '협동 체제'(cooperative system)로 '임금제'를 대신하기를 희망했다.

노동기사단은 여러 해 동안 비밀 우애 조직으로 남아 있었다. 그러나 1870년대 말 테렌스 파우덜리(Terence V. Powderly)의 지도로 노동기사단은 공개적 조직으로 발전하였고 놀라운 팽창기에 접어들었다. 1886년 노동기사단은 온건한 지도부가 항상 통제할 수 없었던 몇몇 호전적 분자들을 포함해 전체 조합원 수가 70만 명 이상이라고 주장하였다. 노동기사단과 연합한 지방 노조와 가맹 노조들은 파우덜리의 소망을 무시하고 1880년대에 일련의 철도 및 기타 파업을 시작하였다. 이들 파업의 실패는 이 조직의 명성을 실추시키는 데 기여하였다. 1890년 노동기사단의 조합원은 10만 명으로 줄어들었다. 몇 년 후 이 조직은 완전히 사라지고 말았다.

미국 노동연맹

노동기사단이 쇠퇴하기 이전에 이미 그들과는 매우 상이한 조직 개념에 입각한 경쟁적 조합이 태동하였다. 1881년 수많은 직업별 노조의 대표들이 미국 및 캐나다의 조직된 직종 및 노동조합 연맹(Federation of Organized Trade and Labor Unions)을 결성하였다. 5년 후 이 조직체는 태동기부터 간직해 온 명칭, 즉 미국 노동연맹(American Federation of Labor, 이하 미노련으로 줄임)을 취하였고 곧 미국에서 가장 중요한 노동집단이 되었다.

모든 이들을 위한 하나의 거대한 노조라는 노동기사단의 사상을 거부했던 미노련은 본질적으로 자치적인 직업별 조합의 연합체였고, 주로 숙련 노동자를 대표하였다. 미노련의 막강한 지도자였던 새뮤얼 곰퍼스(Samuel Gompers)는 자본주의의 기본 전제를 수용하였다. 즉 그의 목표는 단순히 그가 대표했던 노동자들을 위해 자본주의의 물질적 보상에서 더 큰 몫을 보장해 주고자 하는 것이었다. 미노련은 노동이 당면한 목적들, 예를 들면 임금, 노동시간, 노동조건 등에 집중하였다. 미노련은 그들의 목적을 단체교섭을 통해 얻어내기를 희망했지만, 만약 필요하다면 파업을 사용할 준비도 되어 있었다. 미노련은 그들의 첫번째 목적 중의 하나로서 전국적인 일일 8시간 노동을 요구하였고, 그 목적이 1886

년 5월 1일에 달성되지 않을 경우 총파업을 호소하였다. 바로 그날 노동시간 단축을 위한 파업과 시위가 전국에서 일어났다. 그것의 대부분은 미노련이 계획한 것이었고 좀더 급진적 집단에 의한 것은 극소수에 불과했다.

　　노동 및 급진 세력의 중심지가 되었던 시카고의 맥코믹 수확기 회사(McCormick Harvester Company)에서는 파업이 이미 진행중이었다. 시 경찰은 파업자들을 괴롭혀 왔으며, 노동계 및 급진적 지도자들은 헤이마켓 광장(Haymarket Square)에서 항의 집회를 소집하였다. 경찰이 군중에게 해산을 명령했을 때, 누군가가 폭탄을 투척해 7명의 경찰이 사망하고 67명의 다른 사람들이 부상당하는 일이 발생했다. 이틀 전 4명의 파업자들을 사살한 바 있던 경찰은 군중에게 발포하여 4명을 더 사살하였다. 보수적이고 재산을 소중히 여기는 미국인들은 이에 두려움을 느끼면서도 분노하여, 누가 폭탄을 던졌는지도 모르면서 보복을 요구하였다. 시카고 관리들은 마침내 8명의 무정부주의자를 검거하여 그들의 진술이 누구든지 폭탄을 투척하도록 선동했다는 것을 근거로 그들을 살인죄로 기소하였다. 8명의 희생양은 모두 놀라울 정도로 무분별한 재판을 받은 후 유죄판결을 받았다. 7명이 사형선고를 받은 가운데, 그 중 한 사람은 자살하였고, 4명은 처형되었으며, 2명은 종신형으로 감형되었다.

　　대부분의 중간계급 미국인들에게 헤이마켓 폭탄 투척 사건은 사회적 혼돈과 급진주의에 대한 경종을 울리는 상징이었다. 대부분의 무정부주의자들이 새로운 사회질서를 꿈꾸는 상대적으로 평화적인 몽상가였음에도 불구하고, '무정부주의'(Anarchism)는 이제 대중의 뇌리에 테러리즘과 폭력을 상징하는 단어가 되었다. 이후 30년 동안 무정부주의의 망령은 미국인의 상상 속에서 가장 두려운 개념으로 남아 있었다. 무정부주의는 미노련 및 다른 노동조직들의 목표에 대한 끊임없는 장애물로 작용하였고, 특히 노동기사단에게 피해를 주었다. 그러나 노동계 지도자들이 급진주의자들로부터 스스로 거리를 멀리 두려고 노력했음에도 불구하고, 1890년대의 폭력적 파업이 때때로 보여주었던 것처럼 그들은 항상 무정부주의라는 비난에서 벗어나기 힘들었다.

홈스테드 파업

미노련에 가입했던 철강 노동조합(Amalgamated Association of Iron and Steel Workers)은 미국에서 가장 강력한 직종별 노조였다. 이 노조의 조합원들은 고용주들로부터 수요가 많은 숙련 노동자들이었으므로 오랫동안 작업장에서 커다란 힘을 발휘하는 것이 가능했다. 그러나 1880년대 중반 새로운 생산방법과 새로운 거대 규모의 주식회사 조직이 철강 생산과정을 능률적으로 단축시키게 되자, 숙련 노동자에 대한 수요는 감소하였다. 철강산업을 지배하게 된 카네기 체제에서 노조는 이 회사가 보유한 세 군데 주요 공장 중의 하나인 피츠버그 근교 홈스테드(Homestead) 제철소에서만 유일하게 거점을 확보할 수 있었다.

1890년경 카네기와 그의 주요 대리인인 헨리 클레이 프릭(Henry Clay Frick)은 연합노조가 홈스테드에서조차도 "사라져야 한다"고 결정하였다. 그후 2년이 지나도록 그들은 홈스테드에서 반복해서 임금을 삭감하였다. 처음에 노조는 성공적인 파업을 치르기에는 충분히 강력하지 못하다는 것을 깨닫고 회사의 방침에 묵묵히 따랐다. 그러나 1892년 회사는 연합노조와 회사의 결정에 관해 논의하는 것조차도 중지하였다. 이는 사실상 노조의 협상권을 완전히 거부하는 것이었다. 결국 프릭이 홈스테드 제철소에서 또 다른 임금 삭감을 발표하고 노조에게 그것을 수용하기 위한 이틀간의 말미를 주자, 연합노조는 파업에 돌입하였다.

프릭은 뜻밖에도 공장 문을 닫고 회사가 비노조원을 고용하는 것을 가능하게 하기 위해 핑커튼(Pinkerton) 탐정회사로부터 300명의 요원을 불러들였다. 혐오스런 핑커튼 요원들은 악명높은 파업 파괴자들이었고, 그들이 단지 모습을 비치는 것만으로도 노동자들로 하여금 종종 폭력을 선동하기에 충분한 것이었다. 그들은 1892년 7월 6일 바지선을 타고 강을 통해 공장에 접근하였다. 파업 노동자들은 강물에 휘발유를 붓고 그 위에 불을 붙인 다음, 총과 다이너마이트로 무장한 채 부두에서 핑커튼 요원들과 맞섰다. 대접전이 발발하였다. 3명의 핑커튼 요원과 10명의 파업 노동자가 사망하고 다수의 부상자를 낳은 몇 시간에 걸친 접전 끝에

1892년 **홈스테드 파업의 분쇄**: 주 민병대가 파업 파괴 노동자들에게 카네기 소유의 제철소를 열어줌으로써 연합노조의 격렬한 파업을 분쇄하기 위해 펜실베니아 주의 홈스테드로 진입하고 있다. 이 두 장의 사진은 특별한 렌즈(스테레오스코프)를 통해 보았을 때 입체적인 장면을 보는 것과 같은 인상을 주는 '입체사진'이 된다.

핑커튼 요원들은 굴복하였고, 거칠게 호송되어 마을 밖으로 쫓겨났다.

하지만 노동자들의 승리는 일시적인 것이었다. 펜실베니아 주지사는 회사의 요청으로 약 8천 명에 달하는 주 전체의 방위군(National Guard)을 홈스테드에 파견하였다. 이제 파업 파괴자들이 군대의 보호를 받게 되면서 생산은 재개되었다. 그리고 한 급진주의자가 프릭을 암살하려고 시도했을 때 여론도 파업 노동자들을 공격하였다. 노동자들은 서서히 그들의 직장으로 떠밀려 돌아갔고 마침내 파업이 시작된 지 4개월만에 연합노조도 굴복하였다. 1900년경 북동부 지역의 모든 주요 제철소는 이제 실질적으로 저항할 힘을 갖지 못했던 연합노조와 결별하였다. 연합노조의 노조원 숫자도 절정기인 1891년 2만4천 명(가입 자격이 있는 모든 철강 노동자의 3분의 2)에서 10년 뒤에는 7천 명 이하로 줄어들었다.

풀먼 파업

홈스테드 파업과 비교해서 비록 덜 폭력적이었지만 규모는 더 컸고 격렬함에서는 동일했던 쟁의는 1894년의 풀먼 파업이었다. 풀먼 객차회사(Pullman Palace Car Company)는 철도회사를 위해 침대차 및 식당차를 생산하였고 시카고 근교의 공장에서 객차를 만들고 수리하였다. 회사는 그곳에 600에이커에 달하는 풀먼이라는 마을을 건설하고 피고용자들에게 산뜻하고 잘 정돈된 주택을 임대해 주었다. 이 회사의 사주인 조지 풀먼(George M. Pullman)은 그 마을을 산업 문제의 모범적 해결책으로 보았다. 그리고 그는 노동자들을 자신의 '자식들'로 간주하였다. 그러나 많은 거주자들은 통제(그리고 높은 임대료)에 대해 분노하였다.

1893년에서 1894년에 이르는 겨울에 풀먼 객차회사는 공황기에 회사 자체의 수입 감소를 내세우며 임금을 약 25% 정도 크게 삭감하였다. 그와 동시에 풀먼은 주변 지역의 시설과 비교해 20%에서 25% 정도 더 비싼 회사 소유 모델 마을의 임대료 인하를 거부하였다. 노동자들은 파업에 돌입하였고 유진 뎁스(Eugene V. Debs)가 이끄는 호전적인 미국 철도 노조(American Railway Union)에 풀먼 회사의 객차와 차량의 운행을 거부함으로써 지원해 줄 것을 설득하였다. 며칠 내로 22개 주와 준주의 수많은 철도 노동자들이 파업에 돌입하였고 시카고에서 태평양 연안에 이르는 수송은 마비되었다.

대부분의 주지사들은 파업에 위협당하는 기업가들의 호소에 기꺼이 응하였다. 그러나 일리노이 주지사인 존 피터 알트겔드(John Peter Altgeld)는 노동자와 그들의 불만에 대해 공공연한 동조를 표시하는 인물이었다. 알트겔드는 헤이마켓 무정부주의자에 대한 재판을 비판하였고, 그가 주지사가 되었을 때 아직 감옥에 있던 피고인들을 사면하기도 했던 것이다. 그는 이제 고용주들을 보호하기 위한 주 민병대의 소집을 거부하였다. 철도 운영자들은 알트겔드를 무시하고 파업이 기차를 이용한 우편물의 수송을 방해한다는 구실을 둘러대며 연방정부에게 일리노이 주에 정규군을 파견해 줄 것을 요청하였다. 이전에 철도회사의 변호사를 지낸 바 있던 글로버 클리블랜드 대통령과 노조에 대한 극렬 반대자였던 법무장관 리처드 올니(Richard Olney)는 이에 동의하였다. 1894년 7월 대통령은 알트겔드의 반대를 무릅쓰고 2천 명의 연방군을 시카고 지역에 파견할 것을 명령하였다. 연방재판소는 노조에게 파업을 계속하는 것을 금지하는 명령을 발부하였다. 뎁스와 그의 동료들이 이 명령을 무시하자 그들은 체포되어 수감되었다. 연방군대가 새로운 노동자의 고용을 보호해주고 노조 지도자들이 연방감옥에 수감되는 것으로 파업은 빠르게 붕괴되었다.

노동자 세력 약화의 원인

1890년대는 노동이 조직화를 시도하려는 노력에도 불구하고 실질적인 소득을 거의 거두지 못했던 시기였다. 산업 임금은 거의 전혀 오르지 않았다. 노동 지도자들은 노동 입법의 측면에서 극히 적은 승리만 획득하였다. 예를 들면 1885년 의회에 의한 계약 노동법(Contract Labor Law)의 폐지, 1868년 의회에 의해 공공사업 계획에서 일일 8시간 노동제의 확립과 1892년 정부 고용인을 위한 동일한 노동시간제 확립, 노동시간과 안전 기준을 통제하는 주 법 등에서 승리를 거두었던 것이다. 하지만 대부분의 그러한 법들은 시행되지 못하였다. 파업과 저항이 있었지만 실질적 성과는 거의 없었다. 19세기 말 대부분의 노동자들은 그들이 40년 전에 갖고 있었던 것보다 더 적은 정치력과 작업장에 대한 통제력을 갖게 되었다는 것을 발견했을 뿐이었다.

노동자들은 여러 가지 이유로 더 많은 성과를 거두는 데 실패했다. 주요 노동조직들은 산업노동 세력 중에서 오로지 적은 비율만을 대표했다. 예를 들면 가장 중요한 노동조직인 미노련은 산업노동 세력의 핵심으로 떠오르고 있었던 미숙련 노동자를 배제하였다. 이들 미숙련 노동자의 대부분은 여성, 흑인, 최근에 도착한 이민들이었던 것이다. 노동세력 내의 분열은 노조를 더욱 약화시키는 데 기여했다. 상이한 민족 및 인종 집단 사이의 긴장도 노동자들을 분열시켰다.

노동세력 약화의 또 다른 원인은 그 세력의 성격이 변화한 데 있었다. 많은 이민 노동자들은 어느 정도의 돈을 벌어서 귀국하기 위해 잠시 동안만 머무를 생각으로 미국에 왔다. 그들이 미국에서 원대한 장래를 펼칠 생각이 없었다는 사실이 그들로 하여금 조직화를 꺼리게 만들었다. 다른 노동자들, 즉 미국 태생이나 이민 모두 마찬가지로 이 직장에서 저 직장으로, 이 도시에서 저 도시로 끊임없이 이동하였기에 어떠한 류의 제도적 결속을 확립하거나 어떠한 실질적 힘을 발휘하기에 충분할 만큼 한 자리에 오래 있지 못했던 것이다.

더욱이 노동자들은 아마도 그들에 대항해 포진한 세력의 힘으로 말미암아 19세기 말에 성과를 거두기 힘들었다. 그들은 거대한 부와 권력을 지닌 기업 조직에 직면하였는데 이들은 일반적으로 그들의 특권에 도전하는 노동자들의 어떠한 노력도 분쇄하려고 결심했던 것이다. 그리고 홈스테드와 풀먼 파업이 시사하듯이 기업들은 지방, 주, 연방 당국자들의 지원을 받았으며, 이들 당국자들은 '질서를 유지하고' 노동 소요를 분쇄하기 위해 요청을 받는 대로 기꺼이 군대를 파견했던 것이다.

새로운 노조의 창설에도 불구하고, 1880년대와 1890년대에 놀랄 만한 비율에 달한 파업 및 저항의 파도에도 불구하고, 19세기 말의 노동자들은 전반적으로 성공적인 조직을 창출하거나 거대 기업들이 감쪽같이 해낸 방식으로 자신들의 이익을 지키는 데 실패했다. 대두하는 산업경제 내에서의 세력 다툼에서 거의 모든 이점은 자본에 놓여 있는 것처럼 보였다.

제18장

도시의 시대

미국의 산업화와 상업화는 수많은 방향에서 사회의 모습을 바꾸어 놓았다. 그러나 가장 큰 변화는 도시의 성장과 도시 사회 및 문화의 창조에서 이루어졌다. 미국은 일차적으로 농업 중심적 공화국으로서 국가적 삶을 시작했지만, 19세기 말에는 도시적 국가가 되어 가고 있었다.

1. 새로운 도시의 성장

시골에서 도시로 사람들의 대이동은 미국만의 독특한 현상이 아니었다. 그것은 산업화와 공장제에 부응해 서양 세계의 상당 지역에·걸쳐 일제히 일어나고 있었다. 그러나 대도시에 대한 경험이 거의 없다시피 한 사회인 미국은 도시화가 각별히 잘 맞지 않음을 발견하였다. 도시는 농촌 공동체에서는 찾아보기 힘든 편리함, 흥미거리, 문화적 경험을 제공해 주었기 때문에 사람들을 끌어들였다. 그러나 도시는 무엇보다도 시골에서 얻을 수 있는 것보다 보수가 더 좋은 직업을 더 많이 제공해 주었기 때문에 사람들을 매혹시켰다. 그 이유가 무엇이든지 간에 미국의 도

시 인구는 남북전쟁 이후 반세기 내에 7배가 증가하였다. 그리고 1920년
의 국세조사(census)는 처음으로 미국민의 과반수가 2천5백 명이나 그
이상이 사는 공동체로 정의되는 '도시' 지역에 산다는 것을 밝혔다.

　　도시의 성장에서 인구의 자연 증가는 작은 비중만을 차지할 뿐이었
다. 도시 가정들은 높은 유아 사망률, 낮은 출산율, 질병으로 인한 높은
사망률을 경험하였다. 이민이 없었다면 도시들은 상대적으로 느리게 성
장했을 것이다.

인구의 이동

　　19세기 말은 미국인들이 극적인 비율로 쇠퇴하는 동부 농업지역을
떠난 것에서 보여지듯이 전례없는 지리적 이동의 시대였다. 떠난 사람
중 일부는 새로 개발된 서부 농장지로 이동하고 있었다. 그러나 거의 같
은 수의 사람들이 동부 및 중서부의 도시로 이동하고 있었던 것이다.

　　1880년대 미국의 농촌지역을 떠나 산업도시로 향한 사람들 중에는
남부의 흑인들도 있었다. 19세기 말 남부에서 흑인들이 부닥친 것은 빈
곤, 부채, 폭력, 억압 등이었다. 그들이 도시에서 발견한 기회는 제한된
것이었지만 그럼에도 불구하고 그들이 뒤에 남겨놓고 온 것보다는 더
나았다. 흑인을 위한 공장의 일자리는 드물었고 전문직에 종사할 기회는
거의 존재하지 않았다. 도시 흑인들은 다른 서비스 부문의 직업뿐 아니
라 요리사, 수위, 하인 등으로 일하려는 경향이 있었다. 상당수 그러한
일자리가 여성의 일로 생각되었기 때문에 흑인 여성은 종종 도시에서
흑인 남성의 숫자를 능가하였다. 19세기 말경 30개 이상의 도시에 상당
수의 흑인(1만 명 혹은 그 이상이 사는) 공동체가 있었다.

　　그러나 19세기 말 도시 인구가 증가하게 된 가장 중요한 원인은
해외로부터 상당수의 새로운 이민의 도착이었다. 일부는 캐나다와 라틴
아메리카로부터 왔고, 그리고 특히 서부 해안 지대는 중국과 일본에서
온 이민이 많았다. 하지만 무엇보다도 가장 많은 수의 이민은 유럽으로
부터 왔다. 1880년 이후 새로운 이민의 유입은 처음으로 남부 및 동부

유럽에서 온 많은 수의 사람들을 포함하기 시작하였다. 1890년대 무렵 전체 이민의 절반 이상이 이들 새로운 지역에서 왔는데, 1860년대에는 이들 이민의 수가 2% 이하에 불과했던 것이다.

이민의 초기 단계에서 유럽으로부터 온 대부분의 신이민(특히 독일인과 스칸디나비아인)들은 최소한 어느 정도 부유하고 교육받은 사람들이었다. 그들은 일반적으로 세인트루이스, 신시내티, 밀워키와 같은 중서부에서 농부가 되거나 사업가, 전문직 종사자, 숙련 노동자로 일하기 위해 서부로 향하였다. 하지만 19세기 말 대부분의 신이민은 농장을 구입하기 위한 자본도 없었고 전문직에 입신할 교육도 받지 못하였다. 따라서 그들은 남북전쟁 이전의 가난한 아일랜드계 이민와 유사하게 산업도시에 압도적으로 많이 정착하였다. 그곳에서 그들은 대개 미숙련 일자리를 차지하였다.

도시의 소수인종 집단

1890년경 주요 도시 지역 인구의 대부분은 이민으로 이루어져 있었다. 예를 들면 시카고에서는 87%, 뉴욕에서는 80%, 밀워키와 디트로이트에서는 84%의 인구가 이민이었다(유럽 최대의 산업도시였던 런던은 이와는 대조적으로 인구의 94%가 토착민이었다).

마찬가지로 놀라운 사실은 이민 인구의 다양성이었다. 이 시기 대량 이민을 겪은 다른 나라에서는 이민의 대부분이 한 나라 아니면 두 나라 정도에서 온 사람들이었다. 그러나 미국에서는 어느 한 나라의 이민 집단도 지배적이지 못했다. 19세기의 마지막 40년 동안에 이탈리아, 독일, 스칸디나비아, 오스트리아, 헝가리, 러시아, 영국, 아일랜드, 폴란드, 그리스, 캐나다, 일본, 중국, 네덜란드, 멕시코 등지에서 상당한 집단이 왔다. 어떤 도시에서는 수십 개의 상이한 소수인종 집단이 서로 매우 근접하여 살기도 하였다.

대부분의 신이민은 농촌 출신이었고 도시 생활에 대한 그들의 적응은 종종 고통스러운 것이었다. 이러한 이행 과정을 용이하게 하기 위해 많은 민족 집단들은 도시 안에 유대가 긴밀한 공동체를 형성하였다. 예를 들면 이탈리아계, 폴란드계, 유태계, 슬라브계, 중국계, 프랑스계, 캐나다계, 멕시코계 및 기타 지역 출신들(이들은 종종 '이민 빈민가'[immigrant ghettoes]라고 불렀다)은 구세계의 많은 특색을 신세계에서 재창조하려고 시도했던 것이다. 일부 소수인종 지역은 같은 지방, 소읍, 마을에서 미국으로 이주한 사람들로 구성되었다. 하지만 인구가 한층 다양할 때조차 이 공동체는 신참자에게 친숙한 것들을 많이 제공해 주었다. 그들은 모국어를 사용하는 신문과 극장, 모국 식품을 파는 상점, 모국의 과거와 연결시켜 주는 교회와 친목 조직을 발견할 수 있었다. 많은 이민들은 또한 그들의 모국과 긴밀한 결속을 유지할 수 있었다. 그들은 모국에 남아 있는 친척들과 접촉을 유지했다. 일부(아마도 초기에 3분의 1 정도) 이민은 상대적으로 짧은 기간 머문 뒤에 유럽으로 돌아간 반면에, 다른 사람들은 유럽에 남은 가족들이 미국으로 오는 것을 도와주었다.

　　소수인종 공동체의 문화적 응집력은 분명히 이민들에게 모국으로부터의 분리에서 오는 고통을 완화시켜 주었다. 그것이 이민으로 하여금 미국 경제생활에 흡수되는 데 어떤 역할을 하였는가는 대답하기 더욱 힘든 문제이다. 일부 소수인종 집단(특히 유태계와 독일계)은 다른 집단(예컨대 아일랜드계)보다 한결 빠르게 경제적으로 향상되었다는 것은 분명하다. 이에 대한 한 가지 설명은 한 이민 그룹이 서로 함께 모여 살아 여러 소수인종과 이웃해 살면서 그들이 이전에 살았던 사회의 문화적 가치를 강화하는 경향이 있었다는 점이다. 예를 들면 유태인들이 교육에 높은 가치를 두었던 것처럼 그러한 가치들이 경제적 향상과 특히 잘 맞아떨어졌을 때, 소수인종 집단의 동질성은 그 집단의 구성원들이 자신들의 운명을 개선하는 데 도움이 되었을 것이다. 만약 다른 가치들, 예컨대 공동체의 연대감을 유지하는 일, 가족적 결속을 강화하는 일, 질서를 유지하는 일 등이 우세했다면 진보는 그다지 빠르지 못했을 것이다.

동화와 배척

하지만 여러 이민 공동체 사이의 차이점을 과장하기는 쉬울 것이다. 왜냐하면 실질적으로 모든 집단은 공통적인 어떤 것들을 갖고 있었기 때문이었다. 물론 대부분의 이민은 도시에서의 삶(그리고 과거 시골에서 현재 도시로의 적응)이라는 경험을 공유하였다. 대부분의 이민은 젊었다. 예를 들면 새로이 도착한 사람들의 대다수는 15세에서 45세 사이의 나이였다. 그리고 실제로 모든 이민 공동체에서 소수인종적 결속력은 또 다른 강력한 힘, 즉 동화하고자 하는 욕구와 경쟁해야 했다.

상당수의 신이민은 신세계에 대한 로맨틱한 전망을 갖고 미국에 왔다. 그리고 그들이 미국과의 첫 접촉에서 환멸스럽다는 것을 발견하게 될지라도 그들은 대개 진정한 '미국인'이 되고 있다는 꿈을 간직하였다. 심지어 일부 제1세대 이민들조차도 철저하게 미국화되기 위해 자신의 옛 문화의 모든 흔적을 스스로 없애기 위해 열심히 노력하였다. 제2세대의 이민들은 자신들이 진정한 미국 문화라고 생각한 것에 완전히 동화되기 위해 예전의 방식과 결별하려고 한층 더 시도한 것 같다. 일부는 심지어 전통적 소수인종의 습관과 가치를 계속해서 옹호하거나, 성인이 된 아이들에 대한 통제를 유지하려고 애쓰는 부모와 조부모를 경멸의 눈길로 바라보기조차 했다. 특히 젊은 여성들은 때때로 결혼을 조정하거나(혹은 방해하거나) 여성의 취업을 허용하지 않는 부모에 대해 반항하기도 하였다.

물론 동화는 전적으로 선택의 문제는 아니었다. 미국 태생의 미국인들은 무수한 방법으로 고의적으로든 우연히든 모두 동화를 조장하였다. 공립학교에서는 영어로 아이들을 가르쳤고 고용주들도 종종 노동자들에게 직장에서 영어로 말할 것을 강요하였다. 대부분의 상점에서는 이민들로 하여금 그들의 식사, 의복, 생활방식 등을 미국적 기준에 맞추게끔 하면서 주로 미국산 생산품을 판매하였다. 일부는 심지어 이민들의 신학과 예배 의식을 미국의 기준과 양립할 수 있도록 개혁하였다. 교회 지도자들은 종종 미국 태생의 미국인이거나 그들의 교구민에게 미국적 방식에 적응할 것을 장려했던 한결 동화된 이민이었다. 예를 들어 개혁 유태교(Reformed Judaism)는 그들의 신앙을 주로 기독교 국가의 지배적 문화에 대해 덜 '외래적'으로 만들기 위한 미국 유태계 지도자들의 노력이었다.

이들 방대한 수의 신이민의 도착과 그들 중 상당수가 이전의 방식에 집착하고 문화적으로 구별되는 공동체를 형성한 방식은 초기의 이민들이 했던 것과 상당히 같은 방식으로, 일부 미국 태생 미국인들 사이에 두려움과 적의를 불러일으켰다. 일부 사람들은 일반화된 두려움과 편견을 뛰어넘어 이민의 '외래성'(foreignness)을 도시 세계의 무질서와 타락의 근원으로 보아 이민에 대해 반대하였다. 다른 사람들은 경제적인 측면에서 이민에 대해 관심을 가졌다. 미국 태생 노동자들은 종종 낮은 임금을 기꺼이 받아들이고 파업 노동자들의 일자리를 인계받으려는 이민으로 인해 격분하였다.

대두하는 토착주의(nativism)는 정치적 대응을 불러일으켰다. 1887년 카톨릭 교도와 외국인들에 대한 증오에 사로잡힌 독학의 변호사 헨리 바우어즈(Henry Bowers)는 이민을 중지시키기 위한 집단인 미국보호협회(American Protective Association)를 창설하였다. 1894년경 이 조직의 회원은 보고에 의하면 북동부와 중서부 지역에 걸친 지부와 더불어 50만 명에 달하였다. 같은 해 한결 상류층으로 구성된 조직인 이민 제한 동맹(Immigration Restriction League)이 5명의 하바드대 졸업생에 의해 보스턴에서 창설되었다. 이 동맹은 '바람직스러운 자'와 '바람직스럽지 못한 자'를 구분하기 위해 고안된 문맹 테스트와 다른 기준들을 통해 이민이 걸러져야만 한다는 믿음을 위해 헌신하였다.

이들 새로운 조직이 대두하기 이전에도 정치가들은 '이민 문제'에 대한 답을 찾기 위해 투쟁하고 있었다. 1882년 의회는 캘리포니아 주와 도처에서 강력한 반아시아인 감정에 부응하였고, 서부 해안 지대에 많은 수의 사람들이 도착하고 있었고 무엇보다도 서부 철도 건설 노동력 중에서 중요한 부분을 차지하였던 중국인들을 배척하였다. 같은 해 의회는 죄수, 빈민, 정신이상자와 같은 '바람직스럽지 못한 자'의 입국을 거부하

였고 입국이 허가된 사람에게 각각 50센트의 세금을 부과하였다. 나중에
1890년대의 입법은 이민이 금지되는 사람들의 목록을 확대하였고 세금

앤찌아 예찌에르스카(Anzia Yezierska)

과거에 대한 어느 유태인 이민의 긴장

17년 동안 나는 (아버지의) 일장 연설과 괴롭힘을 참아왔다. 하지만 이제 내가 태어난 이래로 줄곧 들어왔던 망치로 두들겨 대는 것 같은 모든 꾸지람은 내 머리를 돌게 만들었다. 어머니에 대한 아버지의 비정함, 베시의 유일한 사랑의 기회를 박탈한 무정함, 화니아를 도박꾼에게, 마샤를 협잡꾼에게 (이들이 각각 애인을 얻는 행운을 갖게 되었을 때), 넘긴 일, 이 모든 학대는 내게로 돌진했다. 아버지가 그들을 좌절시킨 것처럼 나도 뭉개버리도록 내버려 두어야만 하는가? 아니다. 여기는 어린이들이 인간인 미국인 것이다. (…)

나는 무턱대고 내 물건을 한꺼번에 움켜쥐고 꾸러미에 쑤셔 넣었다. 나는 어디로 가는지 혹은 무엇이 되는지 상관하지 않았다. 오로지 나의 어두운 과거로부터 도망가기 위함이었다. 오로지 아버지의 장광설을 다시 듣지 않으면 되었다.

내가 꾸러미를 들고 문으로 나오자, 아버지가 내 모습을 보았다.

"이게 뭐냐? 어디 가는 거냐?"

"저는 뉴욕으로 일하러 돌아가요. (…) 저는 제 자신의 삶을 살려고 해요. 어머니와 다른 사람들이 아버지를 위해 산 것만으로도 충분해요. (…) 제가 옛날에 살지 않았던 것을 하나님께 감사드려요. 내가 미국에 살고 있는 것을 감사드린다구요! 당신은 다른 자식들의 인생을 망쳐 놓았어요. 저는 제 자신의 인생을 시작하려고 해요!"

그러자 아버지는 손을 날려 내 뺨을 갈겼다.

"이 망할 년! 하나님을 욕되게 하다니! 내가 율법을 경외하도록 가르쳐 주마!"

나는 뒤로 뛰어넘어 문을 향해 돌진하였다. 구세계는 그 최후를 내게 알렸다.

출전: 앤찌아 예찌에르스카의 소설 『부양자』(*Bread Giver*)

을 인상하였다.

　　그러나 이 법들은 단지 적은 수의 외국인들의 입국을 막았을 뿐이고 한층 야심적인 제한 계획은 의회에서 별다른 진전을 이룩하지 못하였다. 그것은 이민을 두려워하지 않는 많은 토착 미국인들이 이민을 환영하였고 이민 제한에 대해 강력한 정치적 압력을 행사했기 때문이었다. 이민은 급속하게 성장하고 있는 경제에 값싸고 풍부한 노동력을 공급해 주고 있었던 것이다. 그리고 많은 사람들은 미국의 산업(그리고 사실상 농업) 발전이 이민 없이는 불가능할 것이라고 주장하였다.

도시의 생활 모습

　　도시는 놀라운 대비를 보여주는 장소였다. 도시는 거의 상상이 안 될 정도의 크기와 웅대함을 지닌 집들과, 형언하기 힘든 지저분함을 지닌 판잣집을 동시에 보유하였다. 도시는 이전 세대에게는 알려지지 않았던 편리함을 주었고 사회의 능력으로는 해결하기 힘들어 보이는 문제들도 갖고 있었다. 도시가 주는 매력과 문제 모두는 도시가 성장한 놀라운 속도의 결과였다. 도시 인구의 팽창은 중요한 신기술과 산업발전을 자극하는 데 기여했다. 그러나 급속한 성장은 또한 실정(失政), 빈곤, 혼잡, 불결, 전염병, 대화재 등을 불러일으켰다. 성장률은 단순히 계획을 세우고 건설을 하는 데 보조를 맞추기에는 너무 빨랐다.

　　가장 큰 문제 중의 하나는 매일 도시로 쏟아져 들어오는 수많은 새로운 거주자들에게 주택을 마련해 주는 것이었다. 부유한 사람들을 위해서는 주택은 거의 걱정거리가 아니었다. 값싼 노동력을 이용할 수 있고 도구와 재료를 입수할 길이 넓어짐으로써 19세기 말에는 건축비가 줄어들었고, 심지어 수입이 그리 많지 않은 사람들조차도 주택을 가질 수 있었다. 가장 부유한 도시 주민 중의 일부는 도시 심장부의 궁전 같은 저택에 살았다. 중간 정도의 부유층 중의 많은 사람들은 도시 가장자리의 덜 비싼 땅의 이점을 취해 중심가와는 기차나 전차로 연결된 새로운 교외에 정착하였다.

　　그러나 대부분의 도시 주민들은 도시에 주택을 소유하거나 교외로 이사할 수도 없었다. 대신에 그들은 도시 중심에 머무르며 주택을 임대하였다. 주택에 대한 수요가 너무 많았고 공간도 너무 부족했기 때문에 그들은 흥정할 능력이 거의 없었다. 집주인들은 가능한 한 많은 세입자들을 최소한의 공간으로 밀어넣으려고 애썼다. 예를 들어 맨해튼에서는 1894년의 평균 인구밀도가 에이커당 143명이었고, 이는 유럽에서 가장 북적거리는 도시의 인구밀도보다 높았으며(파리는 에이커당 127명이었고 베를린은 101명이었다), 당시나 그 이후의 어느 미국 도시보다도 훨씬 높은 인구밀도였다. 집주인들은 또한 이민자가 임대해 사는 집에 많이 투자하려고 하지 않았다. 그들은 이민들이 조건에는 관계없이 그들이 소유한 거처를 임대할 것이라고 확신했던 것이다. 찰스턴, 뉴올리안즈, 리치먼드 같은 남부 도시들에서는 흑인들이 이전에 노예들이 살던 다 쓰러져 가는 숙소에 살았다. 보스턴에서는 이민들이 값싼 3층짜리 목조 가옥('3층 갑판선')으로 이사하였고 그들 중 상당수는 화재의 위험에 스러져 가고 있었다. 볼티모어와 필라델피아에서는 신이민들이 줄지어 늘어선 협소한 벽돌집에서 북적거렸다. 그리고 뉴욕과 기타 여러 도시에서 이민들은 공동주택에 살았다.

　　'공동주택'(tenement)이라는 용어는 본래 단순히 다가구 임대 건물을 의미하는 것이었지만, 19세기 말에는 오로지 빈민가 거주만을 묘사하는 말로 사용되었다. 1850년에 건설된 최초의 공동주택은 빈민을 위한 주택 건설에서 획기적인 향상이라고 환영받았다. 그러나 대부분의 공동주택은 사실상 비참한 곳으로서 대개는 방에 창문도 없었고 배관이나 중앙난방이 거의 없거나 전혀 없었으며, 화장실도 지하층에 줄지어 있었다. 네덜란드 출신의 이민이며 뉴욕에서 활동한 신문기자이자 사진작가인 제이콥 리스(Jacob Riis)는 그가 1890년에 출간한 책『나머지 절반의 사람들이 사는 법』(*How the Other Half Lives*)에서 공동주택에 대한 깜작 놀랄 만한 묘사와 사진으로 많은 중간계급 미국인들을 경악케 하였다. 그러나 개혁가들이 취했던 해결책은 빈민가 거주지를 대신하기 위해 새로운 주택을 짓지도 않으면서, 다만 그것들을 철저히 파괴하는

1910년 뉴욕의 한 공동주택: 후미진 공동주택 침실에 있는 한 여성과 자녀들이 보이는 이 사진은 도시 이민 생활의 북적거림과 지저분함을 보여주기 위한 것이다. 이 사진을 찍은 사진작가는 루이스 하인이었다. 그는 1907년부터 1914년까지 아동 노동을 조사하기 위한 정부 위원회를 위해 일하였고, 사회상을 폭로하기 위한 그의 노력은 입법 활동을 자극하는 데 도움이 되었다.

것이었다.

도시의 성장은 운송 문제에 대해 기념비적인 도전을 가하였다. 오래된 중심가의 거리들은 종종 이제 막 늘어나기 시작하는 많은 교통량을 감당하기에 너무 협소했다. 대부분의 거리는 단단히 포장된 도로가 없었고 날씨에 따라 진흙의 바다나 흙먼지 구름 중의 하나와 유사한 상태가 되었다. 그러나 도시의 운송을 방해한 것은 단순히 거리의 조건만은 아니었다. 그것은 매일 도시의 이쪽에서 저쪽으로 이동해야만 하는 사람들의 숫자였고, 이 숫자가 대량 수송의 발전이 있지 않으면 안 되게끔 만들었다. 궤도를 따라 말이 끄는 합승마차는 남북전쟁 이전에도 몇몇 도시에 도입되었다. 그러나 합승마차는 그리 빠르지 못했기 때문에 많은 공동체에서는 새로운 형태의 대량 운송을 발전시켰다. 1870년 뉴욕 시는 최초의 고가 철도를 개통하였다. 이 철도는 거리 위에 설치된 크고 육중한 철 구조물 위로 시끄럽고 불결한 증기 기관차가 빠르게 다니는 것이었다. 뉴욕, 시카고, 샌프란시스코 등의 도시에서는 또한 끊임없이 움직이는 지하 케이블이 끄는 케이블카를 실험하였다. 버지니아 주 리치먼드 시는 1888년 최초의 전차를 도입하였고, 1895년경 이러한 시내 전차 체계는 850개의 소읍과 도시에서 운행되고 있었다. 보스턴 시는 1897년에 시내 전차선의 일부를 지하로 끌어들임으로써 미국 최초의 지하철을 개통하였다. 그와 동시에 도시들은 도로와 다리 건설의 새로운 공법을 발전시키고 있었다. 1880년대 위대한 기술적 경이 중의 하나는 뉴욕 브룩클린 다리의 완공이었다. 이 다리는 존 로블링(John A. Roebling)이 설계한 것으로 교각 사이에 강철 케이블을 극적으로 매달은 공법이었다.

도시는 밖으로뿐 아니라 위로도 치솟았다. 시카고에서는 비록 나중의 기준으로 보면 10층짜리의 상대적으로 수수한 건물이었지만 최초로 현대식 '마천루'(Skyscraper)를 건설함으로써 도시 건축에서 새 시대를 열었다. 일단 건설자들이 주철과 나중에는 강철 빔(beam)으로 고층건물 건설 기법을 완성하고 다른 발명가들이 전기 엘리베이터를 생산하게 되자, 한층 더 높은 건물을 짓는 일조차 아무런 장애물이 있을 수 없게 되었다.

도시 생활의 긴장

증대되는 도시의 혼잡과 적절한 공공서비스의 부재는 심각한 위험을 불러일으켰다. 주요 도시들에서 잇따라 화재가 발생해 거대한 중심가를 파괴하였다. 시카고와 보스턴은 1871년에 '대화재'의 고통을 겪었다. 다른 도시들 역시 유사한 재앙을 경험하였다. 그 중에서 볼티모어와 샌프란시스코는 1906년에 엄청난 지진이 파멸적인 화재를 야기하였다. 대화재는 끔찍한 경험이었지만 그것들은 또한 도시 발전에 포함된 중요한 사건이었다. 대화재는 화재에도 잘 견디는 건물 건설과 전문적인 소방서의 발전을 촉진하였다. 대화재는 또한 도시로 하여금 새로운 기술 및 건축적 혁신이 가능할 때 재건축을 하지 않으면 안 되게 만들었다. 미국 도시 중에서 현대적인 고층건물이 들어선 일부 중심가는 대화재의 폐허

더미에서 솟아오른 것이다.

화재보다 더 위험한 것은 질병이었고 이는 특히 위생시설이 불완전한 빈민 지역에서 더 위험하였다. 그러나 빈민 지역에서 시작된 전염병은 마찬가지로 다른 지역으로 쉽사리 확산될 수 있었다(그리고 종종 확산되었다). 지방자치 단체의 관리들 중에서 부적절한 오물 처리와 식수 오염이 장티푸스와 콜레라와 같은 전염병과 관계가 있다는 것을 인식한 사람은 거의 없었다. 그리고 많은 도시들은 20세기까지도 오물 처리를 위한 적절한 체계가 없었다.

더욱이 도시의 팽창은 아마도 광범위하고 종종 절망적인 빈곤을 낳았다. 도시 경제의 급속한 성장에도 불구하고 새로운 주민들의 절대적 숫자로 인해 많은 사람들이 알맞은 생계를 꾸리기에 충분한 돈을 벌 수 없게 될 것은 확실했다. 공공기관과 사설 박애 조직들은 매우 제한적인 구호를 제공하였다. 그리고 그 조직들은 전반적으로 중간계급의 사람들이 지배하였는데, 그들은 너무 많은 보조가 의존성을 키울 것이고 빈곤은 가난한 자 자신들 탓이라고 믿는 경향이 있었다. 일부 자선협회들, 예를 들면 런던에서 창설된 지 1년 뒤인 1879년 미국에서 활동을 개시한 구세군(Salvation Army)은 집 없는 사람과 굶주리는 사람들에 대한 구호보다는 종교적 부흥주의에 더욱 집중하였다.

빈곤과 북적거리는 사람들은 당연히 범죄와 폭력을 낳았다. 그 중 상당수는 상대적으로 보잘 것 없는 소매치기, 사기꾼, 협잡꾼, 좀도둑 등이었다. 미국의 살인율은 (유럽조차도 그 비율이 줄어들고 있을 때인) 19세기에 급속하게 증가했는데, 그 수치는 1880년 100명당 25건에서 세기말에는 100건으로 늘어났던 것이다. 범죄 증가율은 많은 도시들로 하여금 규모가 더 크고 한결 전문적인 경찰력을 발전시키도록 촉진하였다. 하지만 경찰력 자체도 부패와 만행을 낳을 수 있었는데, 이는 특히 경찰이라는 직업이 종종 정치적 후원을 통해 채워졌기 때문이었다.

미국인과 유럽인들은 똑같이 두드러진 이중 의식을 갖고 도시에 대한 반응을 보였다. 도시는 강한 매력과 커다란 흥분을 불러일으키는 장소였다. 하지만 도시는 또한 소원한 비인간성, 새로운 익명성의 느낌, 즉 개인이 단지 제한된 동질성을 느낄 수 있는 여러 종류의 일이 있는 장소였다. 일부 사람들에게 도시는 또한 타락과 착취의 장소였다. 시어도어 드라이저(Theodore Dreiser)의 소설 『시스터 캐리』(*Sister Carrie*)는 도시 생활의 불행한 측면, 예를 들면 시골에서 도시로 이주하여 아무런 생계수단이 없는 자신들을 발견한(드라이저 소설의 여주인공인 캐리와 같은) 미혼여성들의 처지를 잘 보여주었다. 캐리는 처음에 시카고의 신발공장에서 힘들고 임금이 보잘 것 없는 일자리를 잡았다. 그 다음에 그녀는 약탈적인 남성들에게 수탈당하는 '죄'짓는 생활로 흘러들었다. 많은 여성들은 소설에서 캐리가 겪었던 딜레마를 현실에서 경험하고 있었다. 극도의 빈곤과 역경 속에서 살면서 일부 여성들은 매춘의 길로 접어들었다. 매춘이란 늘 그렇듯이 타락하고 위험한 것이면서도 절망적인 사람들을 위한 생계수단과 공동체 의식을 창출해 주었다.

정당 조직과 정치적 보스

새로 도착한 이민들은 많은 수의 사람들이 영어를 할 줄 몰랐기에 미국의 도시 생활에의 적응을 도와줄 제도를 상당히 필요로 하였다. 하지만 그들은 정부나 중간계급의 박애 기관으로부터의 지원을 거의 기대할 수 없었다. 일부 소수인종 공동체들은 그들 자신의 자조(自助) 조직을 설립하였다. 하지만 대도시 중심부의 저소득자 거주 지역의 상당수 거주자들을 위한 지원의 주요 원천은 정치적인 '정당 조직'(machine)이었다.

도시의 정당 조직은 미국의 가장 독특한 정치제도였다. 정당 조직은 무질서한 도시 성장(그리고 매우 제한적인 정부의 성장)이 만들어낸 권력의 진공 상태에 존재 기반을 두었다. 정당 조직은 또한 거대한 이민 공동체의 잠재력 있는 투표력의 산물이었다. 그러한 투표력을 동원할 수 있는 정치가는 엄청난 영향력이나 공직을 획득할 수 있었다. 그래서 거기에서 그들 스스로가 종종 외국 태생이거나 외국 태생의 부모를 둔 일군의 시정(市政) '보스들'이 등장하였다. 그들 중 많은 사람들이 아일랜드계였는데, 이것은 그들이 영어를 할 줄 알았고 일부는 모국에서 영국에 대항한 아일랜드인의 장구한 투쟁에서 이미 정치적 경험을 쌓았기 때문이었다.

정당 조직은 또한 돈을 벌기 위한 수단이기도 했다. 정치가들은 다양한 형태의 뇌물과 증회(贈賄)를 통해 자신들과 동료들을 부유하게 만들었다. 그 중 일부는 뉴욕 태머니홀(Tammany Hall)의 조지 워싱턴 플런킷(George Washington Plunkitt)이 '정직한 뇌물'이라고 부른 것처럼 우아하게 공개되기도 했다. 예를 들면 어느 정치가는 새로운 도로나 전차선이 건설될 지점을 미리 찾아내어 그 부근 땅의 소유권을 사들인 다음, 시 당국이 그 정치가로부터 그 땅을 사야만 하거나 건설의 결과 재산 가치가 상승했을 때 이익을 거둘 수도 있었다. 하지만 비밀스런 뇌물도 있었다. 공직자들은 거리, 하수도, 공공건물, 기타 토목공사 건설계약의 대가로 청부업자로부터 리베이트를 받았다. 그리고 그들은 거리 전차, 상수도, 전기 및 전력 체계와 같은 공공시설의 운영권을 팔아 뇌물을 챙기기도 했다. 가장 악명높게 타락한 시정 보스는 1860년대와 1870년대에 뉴욕 시 태머니홀의 보스였던 윌리엄 트위드(William M. Tweed)였다. 그는 태머니홀 조직에 뇌물을 주었던 사업 계획에 공공기금을 헤프게 사용해 결국 1872년에 감옥에 가고 말았다. 중간계급 비판자들은 부패를 정당 조직의 주요 특징이라고 언급하였으나 다른 것들도 최소한 마찬가지로 중요했다. 정치 조직들은 도시의 하부구조를 현대화하고 정부의 역할을 확대하며, 중심을 잃게 되었을지도 모를 정치 및 사회적 분위기에서 안정을 창출하는 데 기여하였다.

몇 가지 요인이 보스의 지배를 가능하게 만들었다. 한 가지 요인은 이민 유권자들이 정치적 도덕성에 대한 중산계급의 생각에 관심을 가지기 보다는 개혁가들이 제공해 주지 못한 서비스를 정당 조직들이 제공해 주는 데 대해 더 관심을 가졌다는 사실이다. 또 다른 요인은 정치 조직과 보스들과의 거래에서 이득을 얻었고 그들을 타도하려는 노력에 저항하였던 많은 부유하고 저명한 시민과의 유대였다. 마지막 요인은 급속하게 성장하는 도시에서 증대되는 세수와 하부구조 사업에 대한 엄청난 공공지출이 있었음에도 불구하고 시 정부의 구조는 그러한 지출을 감당할 확립된 수단을 거의 갖지 못했다는 사실이었다. 지방자치 단체 정부 내에서는 어느 유일한 공직자도 대개 결정권이나 책임을 갖지 못했다. 대신에 권한은 대체로 많은 관직자들 사이에 나뉘어져 있었으며 주 입법부에 의해 제한당하였다. 시정 보스는 자신의 정당 조직에 대한 통제력 행사 덕으로 본래의 정부가 지닌 불완전함에 대해 대안을 마련해 주었던 '보이지 않는' 정부를 구성하였다.

도시 정당 조직도 경쟁이 없는 것은 아니었다. 개혁 집단들은 빈번하게 시정 보스들의 부패에 대한 대중의 분노를 불러일으켰으며, 종종 정당 조직 정치인들을 관직에서 몰아내는 데 성공하기도 했다. 예를 들면 태머니는 1890년대에 시장 및 기타 시의 고위관직 선거를 위한 후보가 승리를 거둔 것만큼이나 거의 자주 패배하는 것을 보았다. 하지만 개혁 조직들은 전형적으로 정당 조직의 능력을 결여했다. 그러므로 종종 그들의 세력은 몇 년 후 쇠약해지게 되었다. 따라서 정당 조직에 대한 많은 비판자들은 한결 기본적인 개혁, 즉 시 정부 성격의 구조적 변화를 주장하기 시작했다.

2. 도시화된 미국의 사회와 문화

도시 중간계급 미국인들에게 1890년대는 극적인 진보의 시기였다. 실제로 독특한 중간계급의 문화가 전체 미국인의 생활에 강력한 영향력을 행사하기 시작한 것도 이 시기였다. 사회의 다른 집단들은 비교적 덜 급속하게 발전하거나 전혀 발전하지 못하였다. 그러나 새로운 도시적 소비자 문화의 대두에 영향을 받지 않았던 사람은 거의 아무도 없었다.

대중 소비의 대두

미국 산업의 성장은 생산된 상품을 위한 시장의 팽창 없이는 일어날 수 없었다. 산업 상품을 위해 등장한 대량소비 시장의 상당 부분은 점점 더 부유해진 중간계급으로 이루어져 있었다. 하지만 그것의 상당 부분 역시 대량생산과 대량분배가 소비재 상품을 더 저렴하게 해주었기 때문에, 더 많이 소비했던 비교적 덜 부유한 사람들로 이루어져 있기도 했다.

산업시대에서 비록 매우 불균등한 비율이었지만 소득은 거의 모든 이에게서 상승하고 있었다. 새로운 경제의 가장 돋보이는 결과는 거대한 부의 창조였지만, 사회 전체적으로 가장 중요한 결과는 중간계급의 성장과 증대되는 번영이었다. 점원, 회계원, 중간 관리자, 기타 '화이트 칼라' 노동자들의 봉급은 1890년과 1910년 사이에 평균 3분의 1 정도 상승하였고, 중간계급 일부에서는 그 비율이 더 높았다. 예를 들면 의사, 변호사, 기타 전문직 종사자들은 그들 직업의 명성과 수익성 모두에서 특히 극적인 증가를 경험하였다. 노동계급의 수입도 이 시기에 비록 한결 낮은 수준과 종종 한층 느리긴 했지만 역시 늘어났다. 철 및 강철산업 부문에서는 1890~1910 사이에 노동자의 시간당 임금이 3분의 1 정도 인상되었다. 그러나 신발, 섬유, 제지산업과 같은 많은 여성 노동력이 일하는 산업부문에서는 남부의 거의 모든 산업에서처럼 한결 낮게 증가했다.

새로운 대량소비 시장에 대해서 또한 중요한 것은, 처음으로 많은 소비재 상품을 대량소비 시장에 내놓을 수 있게 해주었던 판매 가능한 생산물의 발전과 새로운 매매 기법의 창출이었다. 그러한 변화의 좋은 본보기는 기성복의 등장이었다. 19세기 초 대부분의 미국인들은 대개 상인으로부터 구입한 옷감이나 때로는 스스로 실을 자아 직조한 옷감으로 자기 옷을 만들어 입었다. 재봉 기계의 발명과 남북전쟁(그리고 군복에 대한 전쟁의 수요)이 의류 제조업에 가져다준 자극이 기성복 생산에 전념하는 거대한 산업을 창출하였다. 19세기 말경 실질적으로 모든 미국인들은 상점에서 그들의 의복을 구입하였다. 부분적으로 그 결과 더 많은 수의 사람들이 개인적 옷맵시에 관심을 갖게 되었다. 예를 들면 여성의 패션에 대한 관심은 상대적으로 부유한 사람들을 위해 예비된 사치이기도 했다. 이제 중간계급 및 노동계급의 여성조차도 독특한 옷맵시를 발전시키기 위해 힘쓸 수 있었다.

또 다른 본보기는 미국인들이 음식을 구입하고 장만한 방식이었다. 1880년대 대량생산과 깡통의 개발은 통조림 음식과 연유(煉乳)를 깡통에 담고 판매하는 데 주력하는 새로운 거대 산업을 창출했던 것이다. 냉장철도 화물차는 상하기 쉬운 것들, 예를 들면 육류, 야채, 유제품, 기타 식품 등을 상하지 않고도 먼 거리로 수송하는 것을 가능하게 해주었다. 인공적으로 얼린 얼음은 한층 더 많은 가정들이 아이스박스를 갖추게 하는 것을 가능하게 만들었다. 이러한 변화는 무엇보다도 식단이 풍성해지고 건강이 더 나아지게 되었다는 것을 의미했다. 1900년에서 1920년 동안에 평균수명은 6년이나 늘어났다.

판매 기법의 변화 역시 미국인들이 상품을 구입하는 방식을 바꾸어 놓았다. 소규모 지방 상점들은 새로운 '연쇄점'과 경쟁에 직면하였다. 대서양 및 태평양 차 회사(Atlantic and Pacific Tea Company, A & P)는 1870년대에 전국적인 식료잡화점 연결망을 시작하였다. 시어즈 앤 로박(Sears and Roebuck)은 매년 엄청난 상품 목록을 발송함으로써 거대한 우편 주문판매 시장을 확립하였다. 멀리 떨어진 농촌지역에 사는 사람들조차도 이 상점의 상품을 주문할 수 있었다.

대도시에서는 거대한 백화점이 등장해 구매 습관을 바꾸고 쇼핑을 더욱 유혹적이고 매력적인 행동으로 변화시키는 데 일조하였다. 시카고의 마샬 필드(Marshall Field)는 미국 최초의 백화점 중의 하나를 창건하였다. 백화점이란 경이로움과 흥분을 불러일으키도록 의도적으로 고안된 장소였다. 유사한 상점들이 뉴욕, 브룩클린, 보스턴, 필라델피아 등지에서 등장하였다.

대량소비의 대두는 가정 내에서 대체로 제일가는 소비자였던 미국 여성들에게 특히 극적인 영향을 미쳤다. 여성의 옷맵시는 남성보다 한층 더 빠르고 극적으로 변화하였다. 여성은 대체로 가족을 위해 음식을 구입하고 장만했기 때문에 새로운 식료품의 이용도는 모든 사람이 먹는 방식뿐 아니라 여성이 구입하고 요리하는 방식에 따라 변하였다. 통조림 제조와 냉장은 식단이 더 많이 다양해지는 것을 의미했다. 그것은 또한 먹거리를 항상 그날 먹기 위해 구입하지 않아도 된다는 것을 의미했다.

1892년경의 백화점 모습: 광고에 나온 이 세부 묘사는 뉴욕 시 브룩클린에 있는 에이브러햄과 스트라우스(Abraham and Straus) 백화점 내부의 교차 부분을 보여준다. 초기의 백화점들은 상품의 다양함뿐 아니라 그들이 창조한 소비자 세계의 불가사의한 특질도 자랑하였다.

소비자 경제는 또한 백화점의 판매원이나 빠르게 늘어나는 레스토랑의 여종업원으로서 여성에게 새로운 고용기회를 만들어 주었다. 그리고 그것은 여성이 결정적인 역할을 했던 새로운 운동, 즉 소비자 보호운동의 탄생을 낳았다. 1890년대에 플로렌스 켈리(Florence Kelley)의 지도력으로 형성된 전국 소비자 연맹(National Consumers League)은 소매상과 제조업자에게 임금을 인상하고 노동조건을 개선하지 않으면 안 되게 하기 위해 소비자로서의 여성의 힘을 동원하려고 했다.

여가 활용과 운동

소비의 성장과 밀접하게 관련된 것은 많은 사람들에게 빠르게 늘어나고 있던 여가시간에 대한 증대되는 관심이었다. 도시 중간계급 및 전문직 계급의 구성원들은 그들이 일하지 않는 여분의 시간, 예를 들면 저녁 시간, 주말, 심지어 휴가 등을 가졌다. 많은 공장에서도 노동시간은 1860년에 주당 평균 거의 70시간에서 1900년에는 60시간 이하로 줄어들었다. 많은 미국인들의 생활은 과거에는 존재하지 않았던 노동과 여가 사이의 뚜렷한 경제로 한결 구분되고 있었다. 이러한 변화는 새로운 형태의 레크리에이션과 오락을 탐색하게 만들었다.

이러한 탐색에 대한 가장 중요한 대응으로서 나타난 것이 조직화된 운동경기 관람의 등장이었다. 그 중에서도 특히 야구는 19세기 말 '국민적 운동'이 되어가는 도상에 있었다. 크리켓에서 파생되었으며 '라운더즈'(rounders) 라고 알려진 야구와 매우 유사한 경기는 19세기 초 영국에서 한정된 인기만 누렸다. 야구의 원조격이 되는 경기는 미국에서 1830년대 초에 등장하기 시작했다. 이는 (야구를 발명한 것으로 잘못 알려져 있는) 애브너 더블데이(Abner Doubleday)가 1839년 뉴욕 주 웨스트 포인트에서 다이아몬드 모양의 내야를 구획짓고 규칙을 표준화하려고 시도하기 훨씬 전의 일이었다.

　남북전쟁 막바지 무렵 야구에 대한 관심은 빠르게 증대되었다. 200개 이상의 아마추어와 준프로 팀이나 클럽이 존재하였고, 그 중 상당수는 전국 야구협회에 가입하였고 일련의 표준적 규칙을 선포하였다. 야구 경기가 인기를 얻게 되자 그 경기는 이득을 얻을 기회도 제공하였다. 봉급을 받았던 최초의 팀인 신시내티 레드 스타킹즈(Red Stockings)는 1869년에 창설되었다. 다른 도시들도 곧 프로야구 팀을 출범시켰고 1876년 그 팀들은 내셔널 리그(National League)로 한데 모였다. 그와 경쟁적인 리그인 아메리칸 협회도 곧 등장하였다. 이 협회는 결국 붕괴되었지만 1901년 아메리칸 리그(American League)가 그것을 대신해 나타났다. 그리고 1903년에 최초의 근대적 월드 시리즈 경기가 열렸고, 이 경기에서 아메리칸 리그의 보스턴 레드 삭스(Red Sox)가 내셔널 리그의 피츠버그 파이어리츠(Pirates)를 꺾었다. 그 무렵 야구는 때로는 5만 명에 달하는 유료 관중을 끌어들이는 중요한 사업과 커다란 (최소한 남성들 사이에서) 국민적 관심을 집중시키는 운동경기가 되었다.

　야구는 노동계급 남성들에게 커다란 관심을 불러 일으켰다. 두번째로 가장 인기있는 운동경기인 미식 축구는 처음에 남성 인구 중에서 좀 더 엘리트층에 속하는 사람들의 관심을 끌었다. 이는 부분적으로 미식 축구가 단과대 및 대학에서 시작되었기 때문이었다. 미국 최초의 대학간 미식 축구 경기는 1869년 프린스턴 대학과 러트거스(Rutgers) 대학간에 치러졌고, 미식 축구 경기는 곧 대학생활의 일부로서 확고해지기 시작했다. 초기의 대학간 미식 축구는 오늘날의 경기와는 단지 간접적인 관련만 있었다. 그것은 오늘날 럭비라고 알려진 운동경기와 좀더 비슷했다. 그러나 1870년대 말 미식 축구는 표준화되어 갔고 오늘날의 형태로 모습을 취하고 있었다. 농구는 1891년 매사추세츠 주 스프링필드에서 한 지방대학의 체육 감독으로 일하던 캐나다인 제임스 내이스미스(James A. Naismith) 박사가 발명하였다. 주로 도시의 하층계급 사이에서 오랫동안 집중을 끌었고, 평판이 나빴던 권투는 1880년대 무렵 좀더 대중적이 되었고, 일부 지역에서는 한결 평판이 좋아지기도 했다.

이 시대의 주요 관전용 운동경기는 거의 전적으로 남성들에게만 개방된 활동이었다. 그러나 몇 가지 운동경기에서 여성이 중요한 참여자가 되었다. 골프와 테니스는 19세기 말에는 거의 군중을 끌지 못하였지만 두 운동 모두 상대적으로 부유한 남녀 사이에서 참여자의 수가 급격하게 증가하였다. 자전거 타기와 크로켓 역시 1890년대에 남성뿐 아니라 여성들 사이에서 광범위한 인기를 누렸다. 여자대학들도 마찬가지로 좀더 격렬한 운동경기, 예를 들면 육상, 조정, 수영, (1890년대 말에 시작된) 농구 등을 도입하기 시작했다. 이것은 격심한 운동이 여성에게 위험하다는 기존 관념에 대한 도전이었다.

여가와 대중문화

도시에서는 다른 형태의 대중오락이 거대한 잠재력을 지닌 시장의 요구에 부응해 발달하였다. 많은 소수인종 공동체들은 자신들의 극장을 보유하였다. 그곳에서 이민들은 조국의 음악을 들었고 신세계에서의 그들의 경험을 깔보는 코메디언들의 재담에 귀를 기울였다. 도시의 극장에서는 또한 가장 독특한 미국적 오락 형식의 일부를 소개하였다. 예를 들면 그것은 유럽 극장의 희극적 오페레타에서 점차 발전한 뮤지컬과 1910년대 가장 대중적인 도시 오락으로 남아 있었고 프랑스의 모델에서 채택한 극장 형식인 가벼운 희가극이었다. 살롱과 소규모 공동체 극장들조차도 그들의 고객들에게 다양한 연기자(음악가, 코메디언, 마술사, 요술사 등등)로 이루어지고 최소한 처음부터 제작 비용이 많이 들지 않았던

5센트 극장: 음악가들이 무성영화에 실제 반주를 해주고 있는 초기의 영화관. 최초의 장편 유성영화(또는 'talkie')인 『재즈 가수』(*The Jazz Singer*)는 1927년에 등장하였다.

희가극을 제공할 수 있었다. 희가극(vaudeville)의 경제적 잠재력이 증대되자 일부 프로모터들, 가장 유명하게는 뉴욕의 플로렌츠 지그펠트(Florenz Ziegfeld) 같은 사람은 한층 더 세련된 쇼를 무대에 올렸다.

희가극은 또한 흑인 연기자에게 문호가 개방된 몇 안 되는 흥행물 중의 하나였다. 흑인 연기자들은 희가극에 그들이 일찍이 19세기 말에 흑인 관객을 위해 발전시킨 흑인 연예단 쇼(minstrel show)의 요소를 도입하였다. (가장 유명했던 알 졸슨(Al Jolson)을 포함한) 일부 흑인 연예단 쇼의 가수들은 두터운 분장(또는 '흑인 분장')을 한 백인이었지만 대다수는 흑인이었다. 흑백 양 인종의 연예인들은 농장에서의 복음 성가나 민요와 도시 흑인 공동체의 재즈나 래그타임(ragtime)에 입각한 음악을 연주하였다. 이 두 인종의 연기자들은 또한 비천한 전형(stereotype)을 연기하는 가운데 흑인들을 조롱하면서 백인들의 일반적인 편견에 그들의 연기를 맞추었다.

(라디오와 텔레비전이 발명되기까지) 가장 중요한 형태의 대중오락이

자 전국에 걸쳐 광범위하게 영향을 미쳤던 오락은 영화였다. 토마스 에디슨과 다른 사람들은 1880년대에 활동사진의 기술을 창조하였다. 그 이후 곧 당구장, 오락실, 놀이 공원 등에서 핍쇼(peepshow)를 보던 구경꾼들은 짧막한 영화를 볼 수 있게 되었다. 곧 커다란 영사기가 거대한 스크린에 영상을 투영하자 많은 수의 관객들이 극장에서 영화를 볼 수 있게 되었다. 1900년경 많은 미국인들은 이들 초기의 영화, 즉 대체로 기술을 보여주기 위해 주로 기획된 기차, 폭포, 기타 장관 등을 보여주는 줄거리가 없는 영화에 매혹되었다. 위대한 그리피스(D. W. Griffith)는 그의 무성 영화인 「국가의 탄생」(*The Birth of a Nation*), 「불관용」(*Intolerance*) 등으로 활동사진의 새 시대를 열었다. 그의 영화는 영화 제작에(비록 악명높은 인종주의 영화였지만) 진지한 구성과 세련된 제작방식을 도입하였다. 영화는 최초의 진정한 대중오락 매체였다. 영화는 미국의 전 지역과 거의 모든 집단의 사람들에게 영향을 미쳤던 것이다.

그러나 모든 대중오락이 대중적 사건들을 포함했던 것은 아니었다. 많은 미국인들은 소설과 시를 읽으며 개인적인 즐거움을 누렸다. 염가로 제본되어 널리 읽혔던 소위 10전짜리 소설(dime novel)은 남북전쟁 이후에 대중적인 것이 되었다. 그 소설들 중에는 대서부 이야기, 탐정 소설, (톰 스위프트〔Tom Swift〕의 이야기 같은) 과학적 모험의 무용담과 '도덕적 향상'을 위한 소설(그러한 것들 중에는 호레이셔 얼져〔Horatio Alger〕의 것도 있었다)이 있었다. 출판사들은 동물과 자라나는 어린이들에 관한 소설처럼 여성들 사이에서 광범위한 독자층을 확보한 연애 이야기를 다룬 순정소설도 출간하였다. 대부분의 독자가 여성이었던 루이사 메이 앨콧(Louisa May Alcott)의 『작은 아씨들』(*Little Women*)은 200만 부 이상이 팔렸다.

대중매체

도시 산업사회는 뉴스와 정보를 전달하기 위한 새로운 수단을 필요로 하였다. 따라서 미국의 출판 및 언론계는 남북전쟁 이후의 수십 년 동안에 중대한 변화를 겪게 되었다. 1870년과 1910년 사이에 일간신문의 구독은 (3백만 부 이하에서 2천4백만 부 이상으로) 거의 9배나 증가하였고, 그 비율은 인구 증가율의 3배나 되었던 것이다. 그리고 신문에 따라 기준은 서로 크게 달랐지만 미국의 언론계는 전문적인 정체성의 서막을 발전시키기 시작하였다. 기자들의 봉급은 인상되었으며, 많은 신문들은 주장의 표현으로부터 뉴스 보도를 분리시키기 시작하였고, 신문 자체가 중요한 사업이 되었다.

한 가지 놀라운 변화는 전국 통신 서비스의 등장이었다. 그것은 전국에 걸쳐 뉴스와 특종을 신문사에 공급하기 위해 전신을 사용하였고 그 결과 보도의 표준화에 기여하게 되었다. 마찬가지로 세기의 전환기에는 중요한 신문사 체인이 등장하였다. 그 중 윌리엄 랜돌프 허스트(William Randolph Hearst)가 소유한 것이 가장 막강했다. 그는 1914년경 9개 신문과 2개의 잡지를 소유하였다. 허스트와 경쟁 신문사주인 조셉 퓰리처(Josheph Pulitzer)는 '황색 저널리즘'(yellow journalism)이라고 알려지게 된 것을 대중화하는 데 기여했다. 이 황색 저널리즘은 좀더 전통적인 신문의 건전하고 상세한 보도에 무관심한 대중 독자에 다가서기 위해, 굵직한 글씨체로 제시된 의도적으로 선정적이고 심지어 섬뜩하기까지 한 보도 방식을 의미했다. 또 다른 주요한 변화는 미국 잡지의 성격에서 나타났다. 1880년대부터 시작해 대량 구독을 달성하기 위해 고안된 새로운 종류의 잡지가 출현하였다. 이 분야의 선구자 중의 한 사람은 1899년에 「레이디즈 홈 저널」(*Ladies' Home Journal*)을 인수한 에드워드 복(Edward W. Bok)이었다. 그는 여성 대중 독자층을 겨냥함으로써 이 잡지의 구독률이 70만 부 이상이 되기도 했다.

3. 도시 시대의 고급 문화

도시 및 산업의 대두와 더불어 등장한 대중문화에서의 중대한 변화 이외에도 '고급 문화'(high culture), 즉 지식인들과 엘리트의 활동과 사상의 영역에서도 중요한 변화가 있었다. 심지어 '지식인 취향'(highbrow)과 '저속한'(lowbrow) 문화를 구별하는 생각도 산업시대에 새로이 나타난 것이었다. 19세기 전반 대부분의 문화적 활동은 매우 다양한 배경을 지닌 사람들을 끌어당겼으며 모든 계급의 사람들을 겨냥하였다. 그러나 19세기 말에는 엘리트들이 도시 대중의 대중적 여흥과는 매우 다른 문화적·지적 생활을 발전시키고 있었다.

미국의 도시 문학

19세기 말 많은 외국의 관찰자들과 심지어 일부 미국인들까지 미국 문화를 경멸의 눈길로 바라보았다. 비판자들은 미국적 생활이 외형적 화려함에도 불구하고 본질적으로 문화적 깊이가 거의 없는 탐욕스럽고 타락한 것이라고 주장하였다. 그러나 19세기 말 미국의 문화와 사회의 질이 어떻든지 간에 산업의 성장과 도시의 대두는 그것들에 상당한 영향을 미쳤다. 일부 작가와 예술가들, 예를 들면 남부의 지방색 강한 작가들과 마크 트웨인(Mark Twain)은 『허클베리 핀』(*Huckleberry Finn*)과 『톰 소여의 모험』(*Tom Sawyer*)과 같은 소설에서 이전의 좀더 자연적인 세계를 환기시켜 줌으로써 새로운 문명에 응수하였다. 그러나 다른 사람들은 현대적 질서와 직접 맞붙어 싸웠다.

19세기 말과 20세기 초 미국 문학에서 가장 강력한 자극 중의 하나는 도시의 사회적 현실을 재창조하려는 노력이었다. 사실주의를 향한 이런 경향은 스티픈 크레인(Stephen Crane)으로부터 초기의 모습을 발견할 수 있다. 그는 남북전쟁에 관한 소설 『붉은 용기 훈장』(*Red Badge of Courage*)으로 가장 잘 알려져 있지만 노동계급의 곤경에 대한 초기의 강력한 고발을 한 작가였다. 크레인은 1893년 도시의 빈곤과 빈민가 생활에 대한 우울한 묘사인 『거리의 소녀, 매기』(*Maggie: A Girl of the Streets*)를 출판해 센세이션을 불러일으켰다. 시어도어 드라이저, 프랭크 노리스, 업튼 싱클레어 등은 비슷하게 사회적 문제를 주제로 택하였다(싱클레어의 1906년 소설 『정글』〔*Jungle*〕은 육류 포장 산업에서의 부패에 대한 폭로로 연방 입법을 불러일으켰다). 전통적인 결혼의 억압적 성격을 찾아낸 남부 출신 작가 케이트 초핀(Kate Chopin)은 1899년 그녀의 충격적 소설 『각성』(*The Awakening*)의 출간 이후에 광범위한 대중으로부터 모욕을 당했다. 그 소설은 개인적 성취를 위해 자신의 가족을 버린 한 젊은 부인이자 어머니인 여성을 묘사했던 것이다. 윌리암 딘 하우얼즈(William Dean Howells)는 『사일러스 래펌의 대두』(*The Rise of Silas Lapham*)와 다른 소설에서 평범한 미국인의 생활양식에서 천박함과 타락이라고 생각한 것을 묘사하였다.

미국 사회의 다른 비판자들은 새로운 문명에 대해 그것을 공격하는 것이 아니라 그로부터 물러나는 것으로 대응하였다. 역사가인 헨리 애덤스(Henry Adams)는 1906년 자서전인 『헨리 애덤스의 교육』(*The Education of Henry Adams*)을 출간하였는데, 그는 이 책에서 비록 그가 그 속에서 계속 살았지만 그가 속한 사회에 환멸을 느끼고 관계할 수 없는 한 사람을 묘사하였다. 소설가인 헨리 제임스(Henry James)는 성인이된 후 삶의 주요 시기를 영국과 유럽에서 살았으며, 일련의 냉정한 사실주의 소설들, 예컨데 『미국인』(*The Americans*, 1877), 『숙녀의 초상』(*Portrait of a Lady*, 1881), 『대사들』(*The Ambassadors*, 1903) 등을 발표하였다. 그는 이 소설들에서 미국과 유럽 양대 문명의 장점에 관한 자신의 이중 감정을 보여주었다.

도시 시대의 미술

19세기 대부분에 걸쳐 미국의 미술은 유럽의 미술만 못해 보였다. 그러나 1900년 많은 미국인 미술가들은, 비록 그들 중 일부가 유럽에서 계속 공부하였고 심지어 살기까지 했지만 구세계의 전통으로부터 떨어져 나와 새로운 양식을 실험하였다. 윈슬로우 호머(Winslow Homer)는 뉴잉글랜드의 해변 생활과 기타 토속적 주제로 그림을 그린 활력적인 미국인이었다. 제임스 맥닐 휘슬러(James McNeil Whistler)도 일본 채색 판화의 아름다움을 이해하고 동양적 관념을 미국 및 유럽의 미술에 소개한 최초의 서양 미술가 중의 한 사람이었다.

20세기 초 일부 미국 미술가들은 (훌륭한 초상화가인 존 싱어 사전트〔John Singer Sargent〕에 의해 미국에서 아마도 가장 잘 예증된 양식인) 전통적인 아카데믹 양식과 결정적으로 결별했다. 대신에 많은 소장 화가들은 미국 문학의 주제가 되고 있었던 것과 동일한 현대 생활의 무정한 측면을 탐구하고 있었다. 소위 애쉬캔 학파(Ashcan School)의 구성원들은 놀라운 자연주의적 작품과 당대 사회 현실의 묘사에서 꾸밈없는 작품을 창조하였다. 존 슬로앤(John Sloan)은 미국의 도시 빈민가의 음울함을 묘사하였고, 조지 벨로우즈(George Bellows)는 프로복싱에 관한 그림과 데생에서 당대의 활력과 폭력을 포착하였으며, 에드워드 후퍼(Edward Hooper)는 현대 도시의 황량함과 쓸쓸함을 탐색하였다. 애쉬캔 학파 화가들은 또한 표현주의와 추상을 이해한 최초의 미국인들이었다. 그리고 그들은 1913년 뉴욕 시에서 유명한 '아모리 쇼'(Armory Show)가 무대에 올려지도록 도움으로써 새로운 형식에 대한 그들의 관심을 보여주었다. 이 쇼에서는 프랑스 후기 인상파와 약간의 미국 현대 화가들의 작품이 전시되었다.

진화론의 영향

19세기 말 가장 중요하고 유일한 지적(知的) 발전은 가장 탁월하게는 영국의 박물학자 찰즈 다윈을 연상시키는 진화론의 광범위한 수용이었다. 진화론〔Darwinism〕은 인간의 종(種)은 '자연도태'의 과정을 거쳐 생명의 초기 형태로부터(그리고 가장 가까이는 원숭이와 유사한 유인원으로부터) 진화해 온 것이라고 주장하였다. 그것은 전통적인 종교적 신앙의 거의 모든 신조에 도전을 가하는 것이었다. 진화론은 역사란 대부분의 미국인들이 항상 믿어 온 것처럼 신의 계획으로 움직이는 것이 아니라고 암시하였다. 그것은 가장 잔인하거나 가장 운좋은 경쟁자들이 지배하는 맹목적인 과정이었던 것이다.

진화론은 처음에 교육자, 신학자, 심지어 많은 과학자들로부터도 심한 저항을 받았다. 그러나 19세기 말 진화론자들은 도시의 전문가 계급과 식자층의 대다수 구성원들을 개종시켰다. 심지어 많은 중간계급 프로테스탄트 종교 지도자들도 진화론에 적응하기 위해 신학에서 중대한 수정을 가하면서 그 이론을 받아들였다. 진화론은 각급 학교와 대학에서 신성시되었다. 실제로 진지한 과학자들도 그것의 기본적 타당성을 더 이상 의심하는 사람은 아무도 없었다. 그러나 당대의 대다수 도시의 미국인들에게는 보이지 않았지만, 다윈주의의 등장은 진화론과 같은 새로운 사상을 받아들일 준비가 되어 있었던 새로운 코스모폴리탄적 도시 문화와, 근본주의 종교적 믿음과 오래된 가치에 젖어 있었던 한결 전통적이고 지방적인 일부 농촌지역의 문화 사이에 커다란 틈을 만들고 있었다. 따라서 19세기 말은 새로운 과학적 발견과 조화를 이룬 자유주의적 프로테스탄티즘의 대두만 있었던 것은 아니었다. 그 시대에는 또한 조직적인 프로테스탄트 근본주의의 출발도 있었던 것이다. 이 프로테스탄트 근본주의는 1920년대와 1980년대에 다시 정치적으로 그 존재를 느끼게 만들 것이었다.

진화론은 다른 새로운 지적 조류를 낳았다. 그것들 중의 하나는 산업가들이 미국 생활에서 특별한 편의를 누리고 있는 자신들의 입장을 정당화하기 위하여 그토록 열정적으로 이용하였던 윌리암 그래험 섬너(William Graham Sumner)와 다른 사람들의 사회적 진화론〔Social Darwinism〕이었다. 그리고 이러한 지적 조류 중에는 한결 정교한 철학이 있었고, 그중에서는 독특하게 미국의 변화하는 물질 문명의 산물로 보이는 '실용주의'〔pragmatism〕라고 알려지게 된 이론이 있었다. 비록 찰스 퍼어스(Charles S. Peirce)와 같은 초기의 지식인과 존 듀이(John Dewey) 같은 후기의 지식인도 이 이론의 발전과 전파에 중요했지만, 하바드 대학의 심리학자였던 (그리고 소설가 헨리 제임스의 형제인) 윌리암 제임스(William James)는 이 새 이론의 가장 탁월한 선전가였다. 실용주의에 의하면 현대 사회는 전수받은 이상과 도덕적 원리가 아니라 과학적 탐구의 실험에 따른 안내에 의존해야 한다는 것이었다. 그들은 작용하지도 않고 경험이라는 시험도 견디지 못하는 사상이나 제도는 (심지어 종교적 신앙까지도) 타당하지 않다고 주장하였다.

　과학적 탐구에 대한 유사한 관심은 사회과학에 스며들고 있었고 전통적 정통성에 도전을 가하고 있었다. 리처드 엘리(Richard T. Ely)와 사이먼 패튼(Simon Patten) 같은 경제학자들은 더 한층 적극적이고 실용적인 경제학의 이용을 주장하였다. 에드워드 로스(Edward Ross)와 레스터 프랭크 워드(Lester Frank Ward) 같은 사회학자들은 사회 및 정치적 문제의 해결을 위해 과학적 방법을 적용할 것을 주장하였다. 프레드릭 잭슨 터너(Frederick Jackson Turner)와 찰스 비어드(Charels A. Beard)와 같은 역사가들은 정신적인 이상보다 경제적 요인이 역사 발전에서 지배적 힘이 되어 왔다고 주장하였다. 존 듀이는 전통적인 지식에 대한 기계적인 학습을 덜 강조하고 학교 교육에 대한 유연하고 민주적인 접근에 더 큰 강조를 두는 교육에 대한 새로운 접근을 제안하였다. 그렇게 함으로써 학생들로 하여금 그들 사회의 현실을 처리할 수 있게 해줄 지식의 습득을 가능하게 해준다는 것이었다. 진화론에 담긴 상대적 함의(含意)는 또한 인류학의 발전을 촉진하였고 일부 학자들로 하여금 다른 문화, 아마도 가장 중요하게는 아메리카 인디언 문화를 새로운 방법으로 연구하도록 장려하였다. 일부 미국 백인들은 인디언 사회를 비록 그것이 백인의 것들과 상이하다 할지라도 존중할 만하고 보존할 가치가 있는 그 자체의 규범과 가치를 지닌 응집력있는 문화로서 보기 시작하였다.

보통교육의 확산

　전문적인 기술과 과학적 지식에 점차 의존하기 시작하는 사회는 물론 교육에 대한 수요가 많은 사회였다. 따라서 19세기 말은 미국의 각급 학교와 대학의 급속한 팽창과 개혁의 시대였다.

　그 한 가지 본보기는 무료 공립 초등 및 중등교육의 확산이었다. 1860년 전 미국에는 오직 100개의 공립 고등학교만 있었다. 1900년경 그 수는 6천 개에 달하였고 1914년경에는 1만2천 개가 넘었다. 1900년경 의무교육법(Compulsory school attendance laws)이 31개 주와 준주에서 효력을 발휘하였다. 그러나 교육은 아직 보편적이라고 하기에는 까마득했다. 농촌지역은 공공교육에 재원을 조달하는 데에서 도시 산업지역보다 한참 뒤져 있었다. 그리고 남부에서 흑인들은 어떤 학교든 진학하기가 매우 힘들었다.

교육 개혁가들은 인디언 부족들에게 마찬가지의 교육 기회를 마련해 주려고 하였다. 그것은 인디언들을 '문명화시키고' 백인 사회로의 적응을 돕기 위한 노력에서 추진되었던 것이다. 1870년대 개혁가들은 (본래 흑인 대학이었던) 햄프턴 기술학교(Hampton Institute)에 입학시키기 위해 소규모 집단의 인디언을 모집하였다. 1879년 그들은 펜실베니아 주에 칼라일 인디언 산업학교(Carlisle Indian Industrial School)를 조직하였다. 많은 흑인 대학들처럼 칼라일 학교도 부커 워싱턴(Booker T. Washington)이 흑인들에게 촉구했던 일종의 실용적인 '산업' 교육을 강조하였다. 그러나 결국 이러한 개혁은 실패하였다. 이는 부분적으로 부족한 재원과 참여 때문이었고 한편으로는 그러한 모험 자체가 그것이 의도한 수혜자들에게 인기가 없었기 때문이기도 했다. 사실 그 모험은 인디언들을 그들의 전통적 환경에서 떼어내 백인 사회의 일원으로 변하게 하려는 노력이었던 것이다.

19세기 말 단과대와 대학 역시 급속하게 증가하고 있었다. 대학들은 특히 남북전쟁 시대의 모릴 토지 공여법(Morrill Land Grant Act)으로부터 혜택을 받았다. 이 법은 연방정부가 대학의 설립을 위해 주에 토지를 기증할 수 있도록 한 것이었다. 1865년 이후 남부 및 서부 주들은 이 법의 특별한 이점을 누렸다. 전부 69개의 '토지 무상 불하' 대학들이 19세기 말에 설립되었다. 그 중에는 캘리포니아, 일리노이, 미네소타, 위스컨신의 주립대학 체제가 포함되었다. 다른 대학들은 기업 및 금융계의 거두들이 기증한 수백만 달러의 혜택을 받았다. 록펠러, 카네기, 기타 거부들은 콜럼비아, 시카고, 하바드, 노스웨스턴, 프린스턴, 시라큐즈, 예일대 등에 아낌없이 기부하였다. 다른 박애주의자들은 새로운 대학을 설립하거나 이전의 대학을 재조직해 그들의 성(姓), 예를 들면 밴더빌트, 존스

합킨스, 코넬, 듀크, 툴레인, 스탠포드 등을 영구적으로 남게 만들었다.

여성 교육

남북전쟁 이후의 시대에는 또한 여성의 교육 기회가 남성에 비해 계속해서 훨씬 지체되었고, 흑인 여성들에게는 거의 예외없이 거부되었음에도 불구하고 상당히 확대되었다.

대부분의 공립 고등학교는 여성을 기꺼이 받아들였지만 고등교육을 위한 기회는 훨씬 적었다. 남북전쟁 말기 단지 3개의 미국 대학만이 남녀공학이었다. 남북전쟁 이후 몇 년 내에 중서부의 많은 토지 무상 불하 대학들과 코넬이나 웨슬리언(Wesleyan) 같은 사립대학들은 남학생과 더불어 여학생을 받아들이기 시작했다. 그러나 남녀공학은 여자대학망(網)의 창설보다 이 시대 여성 교육에서 그다지 결정적인 것은 아니었다. 중부 매사추세츠 주의 마운트 홀리요크(Mount Holyoke) 대학은 1836년 여성을 위한 '신학교'(seminary)로 출범하였으며 1880년대에는 어엿한 단과대학이 되었다. 그와 동시에 전적으로 새로운 여자대학들, 예를 들면 배써(Vassar), 웰즐리(Wellesley), 스미스(Smith), 브린모어(Bryn Mawr), 웰즈(Wells), 고셔(Goucher) 등이 등장하였다. 규모가 더 큰 사립대학 중 일부는 대학 구내에 여성을 위한 별도의 단과대학을 창설하였다(예를 들면 콜럼비아 대학 내의 바나드〔Barnard〕와 하바드 대학 내의 래드클리프〔Radcliffe〕 등이다). 여자대학의 찬성자들은 이 대학들을 주로 남학생과 남자 교수진에 의해 여학생들이 '2류 시민'으로 취급당하지 않게 될 장소로 보았다.

여자대학은 미국 현대 여성사에서 중요한 현상, 즉 독특한 여성 공동체가 등장한 첫번째 사례로 꼽힌다. 많은 교수진과 많은 관리자들은 (대개는 미혼의) 여성이었다. 그리고 대학의 생활은 교육받은 여성들 사이에 여학생 클럽과 참여의 정신을 불러일으켰다. 이는 나중에 여성이 많은 개혁 활동의 지도자가 됨으로써 중요한 결과를 낳게 되었던 것이다. 대부분의 여자대학 졸업생들은 결국 결혼하게 되었지만 그들은 대학을

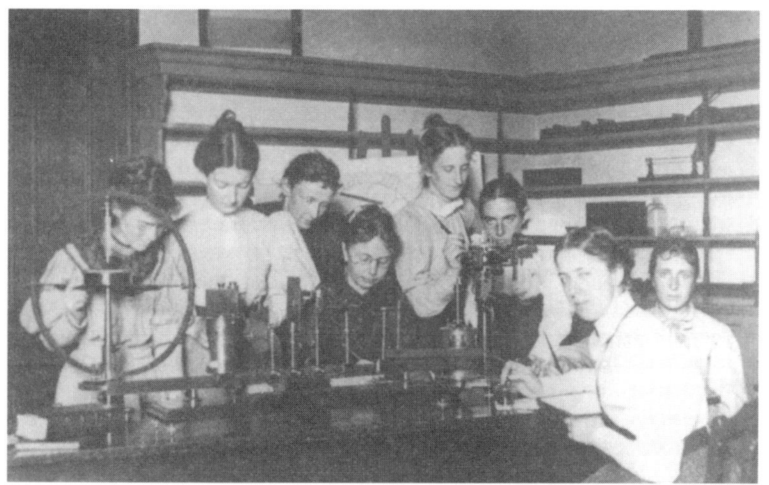

물리학 수업중인 **웰즐리 대학 여학생들**: 1870년에 창립된 웰즐리 대학은 이 사진에서 보는 것처럼 물리학 실험실을 포함한 과학 실험실을 갖춘 미국 최초의 여자대학이었다. 웰즐리 대학은 젊은 여성들에게 고등교육을 받을 수 있게 해주기 위해 남북전쟁 직후에 설립된 많은 교육기관 중의 하나였다.

나오지 않은 동년배 여성들보다 훨씬 더 늦은 나이에 결혼하였다. 아마도 25% 이상 되는 무시할 수 없는 소수의 여성들은 전혀 결혼하지 않았지만 나름대로 직업에 전념하였다. 여성 고등교육의 발전은 분명히 몇몇 여성에게 그들이 아내와 어머니로서의 역할 이외에도 사회에서 수행할 수 있는 역할이 있다는 것을 확신시켜 주는 해방의 경험이 되었다.

제19장

교착 상태에서 위기로

19세기 말 미국이 겪고 있던 엄청난 변화는 미국의 전통적 사회 구조뿐만 아니라 정치제도들도 긴장하게 만들었다. 경제성장은 진보와 혼란 두 가지 모두를 초래하였다. 그리고 그것은 점차 미국인들이 안정을 모색하는 과정에서 정부의 지도력을 기대하기 시작하였다.

하지만 이 시대의 상당 기간 동안 미국 정부는 당면한 새로운 도전에 대응할 준비가 제대로 되어 있지 못했다. 전례없는 딜레마에 직면해 미국 정부는 눈에 띄게 소극적이었고 갈피를 잡지 못했다. 정부 지도자들은 대부분 평범한 정치인으로 보였다. 그들이 관심을 가진 문제들은 대체로 미국의 가장 중요한 문제와는 아무런 관련이 없었다. 미국이 극적으로 변화하는 가운데서 미국의 정치체제는 적극적인 지도력을 발휘하기보다는 재건 시대 이후 거의 20년 동안(이 시대는 종종 마크 트웨인이 사용한 구절인 '도금 시대'(Gilded Age)라고 부른다) 미국에서 일어나고 있는 놀라운 변화를 그저 바라보기만 하고 거의 아무런 일도 하지 않는 경직된 교착 상태에 빠져 있었다. 그 결과는 아무런 자연적 출구도 없이 자라나 곪은 일련의 문제와 불만뿐이었다. 이러한 환경에서 미국이 1890년대에 국가적 위기의 시대에 들어서게 된 것은 놀랄 일이 아니었다.

1. 균형의 정치

오늘날의 눈으로 보면 19세기 말 미국 정치체제의 본질은 여러 가지 면에서 역설적인 것으로 나타난다. 두 개의 정당은 이 시기 동안에 둘 중 어느 쪽도 다시 누리지 못했던 활력과 안정을 구가하였다. 그러나 양당이 조종하려고 투쟁하고 있었던 연방정부는 중요한 일은 거의 하지 못하고 있었다. 사실 대부분의 이 시기 미국인들은 특별한 문제에 대한 관심 때문이 아니라 광범위한 지역적·인종적, 또는 종교적 감정 때문에 정치 활동에 관계하였다. 정당에 대한 충성심은 공공정책에 대한 입장과는 별다른 관계가 없었고 미국인들이 스스로를 문화적으로 규정한 방식과 관계가 있었다.

정당체제

19세기 정당체제의 가장 놀라운 양상은 두드러진 안정이었다. 재건시대 말기에서 1890년대 말까지 유권자는 공화당과 민주당으로 거의 정확하게 똑같이 나뉘어져 있었다. 정당에 대한 충성도는 거의 전혀 동요하지 않았다. 16개 주는 철저하고 일관성 있게 공화당이었고 (대부분이 남부 주들이었던) 14개 주는 역시 굳세고 일관되게 민주당이었다. 오직 5개 주(그 중 가장 중요한 주는 뉴욕 주와 오하이오 주였다)는 대체로 불확실했다. 그리고 바로 그 5개 주들 중에서 종종 유권자의 참여도에 입각해 전국적 선거의 양상이 대개 결정되었다. 공화당은 그 시대에 두 차례에 걸친 선거를 제외하고 대통령직을 차지하였지만 그러한 승리들이 생각했던 것만큼 실제로 지배적인 것은 아니었다. 1876년부터 시작된 5차례의 대통령 선거에서 민주당과 공화당 후보간의 일반 투표 표차는 1.5%였다. 의회 의석수의 균형도 이와 비슷하게 안정적이었다. 1875년과 1895년 사이에 공화당은 전반적으로 상원을 지배하였고 민주당은 대체로 하원을 지배하였다. 기존의 어떤 선거에서 이 당에서 저 당으로 바뀐 의회 의석수는 매우 적었다.

정당 사이의 균형만큼이나 놀라운 것은 양당에 대한 대중의 충성도가 높았다는 점이었다. 미국 대부분의 지역에서 미국인들은 뒷세대가 이해하기 힘든 열정과 열성으로 자신들의 당적(黨籍)을 바라보았다. 1860년에서 1900년 사이에 대통령 선거에서의 유권자 참여율은 전체 유권자 중에서 평균 78% 이상이었다(이는 1970년대와 1980년대에 50% 약간 웃도는 정도에 비교하면 상당한 수치였다). 심지어 대통령 선거가 없는 중간 선거철에도 60%에서 80%에 이르는 유권자들이 의원 후보들에게 투표하기 위해 참여하였다. 거대한 잠재적 유권자 집단이 이 시기에는 선거권을 갖지 못하였다. 예를 들면 대부분 주의 여성과, 남부의 거의 모든 흑인과 상당수 가난한 백인이 투표권을 갖지 못했던 것이다. 그러나 남부 이외의 지역에서 백인 성인 남성들에게는 선거권 제한이 거의 없었다. 놀라운 참여율은 진실로 대중에 토대를 둔 정치를 보여주었다.

19세기 말 정당 정치는 어떤 면에서 오늘날 관전용 운동과 대중오락이 하는 역할과 비교해 보면 미국 문화에서 중심적 위치를 차지하였다. 선거운동은 종종 공동체의 생활에서 가장 중요한 공공 행사였다. 정치 조직들은 중요한 사회·문화적 기능을 수행하였다. 정치적 동질성은 교회나 소수인종 집단의 동질성만큼이나 대다수 개인들에게 중요한 것이었다. 당파심은 강한 감정적 힘이었고 폭넓게 찬양되었으며 종종 애국심과 동일시되었다.

양당에 대한 이 놀라운 충성도를 어떻게 설명할 것인가? 그것은 확실히 양당이 중요한 공공 문제에 대해 독특한 입장을 취했기 때문은 아니었다. 정당에 대한 충성도는 다른 요인들을 반영했다. 아마도 지역이 가장 중요했다. 남부 백인들에게 민주당에 대한 충성은 의문의 여지가 없는 신앙의 문제였다. 그것을 통해 그들은 남북전쟁 후의 '재건'에 대해 승리를 거두었고 백인 지배권을 보존한 수단이었다. 많은 뿌리깊은 북부의 백인과 흑인에게 공화당에 대한 충성도는 마찬가지로 반대의 이유로 열렬한 것이었다. 링컨의 정당은 노예를 해방시켰고 연방을 존속시켰다. 따라서 공화당은 노예제와 반역에 대항한 방벽이었던 것이다.

종교 및 소수인종적 차이도 정당에 대한 충성을 결정하였다. 민주당은 대다수 카톨릭 유권자들과 최근의 이민, 그리고 대다수 가난한 노동자들을 유인하였다. 물론 이 세 집단은 종종 중첩되기도 했다. 공화당은 북부 프로테스탄트와 유서깊은 가문의 시민들에게 호소력을 지녔다. 정당들이 뚜렷하게 다른 입장을 취한 극소수의 실질적인 문제들 중에는 이민에 관련된 문제가 있었다. 공화당은 한층 더 토착주의적이었고 이민을 제한하는 법을 지지하는 경향이 있었다. 공화당은 마찬가지로 금주(禁酒)에 관한 입법을 찬성하는 경향이 있었다. 카톨릭 교도와 이민들은 그러한 계획을 그들의 문화와 생활양식에 대한 공격으로 보았으며 민주당은 이러한 그들의 태도를 지지했던 것이다.

당시 정당에 소속된다는 것은 대체로 경제적 이해관계를 고려한 것이라기보다는 문화적 성향을 반영한 것이었다. 개인들은 자신들의 부모가 그렇게 했기 때문에, 그렇지 않으면 그 당이 그들이 지역, 교회, 소수 인종 집단이 지지하는 정당이었기 때문에 특정 정당에 가입했을 것이다. 대다수의 사람들은 강한 고집과 열정을 갖고 자신들의 정당에 대한 충성을 고집하고 있었다.

대통령들과 후견권

민주·공화 양당이 실질적 문제에 대한 큰 갈등을 잘 피할 수 있었던 한 가지 이유는 연방정부가 (대부분의 주 및 지방정부도 마찬가지로) 거의 아무 것도 하지 않았다는 점이었다. 의견이 일치하지 않을 구체적 정책 문제는 거의 없었다. 따라서 양당의 지도자들은 주로 정책이 아니라 관직, 즉 선거에서 승리하고 후원자를 관리하는 문제에 관심을 기울였다. 막강한 정치 보스와 정당조직에 지배되었던 양당은 주로 일자리를 관리하고 나누어주는 일에 관여했다. 민주당원들은 그들에게 이민의 표를 동원하는 것을 가능하게 해주었던 (뉴욕의 태머니홀과 같은) 대도시 조직에 의존했다. 공화당원들은 뉴욕 주의 로스코 콘클링(Roscoe Con-kling)이나 펜실베니아 주의 매트 퀘이(Matt Quay)와 같은 주 전체에 걸친 강력한 조직에 의존하는 경향이 있었다.

정당 보스들의 권세는 대통령의 권한에 중대한 영향을 미쳤다. 대통령이라는 자리는 커다란 상징적 중요성을 지녔지만 그 자리를 차고 앉은 사람들은 정부의 임명직을 나누어주는 일 이외에 많은 일을 할 수 없었다. 신임 대통령은 거의 10만 건에 달하는 임명을 해야 했고(그 중 대부분은 실제로 유일한 최대 정부기관인 우체국 직원의 임명이었다), 그 일을 하기 위해 그는 백악관 내의 몇 안 되는 사무실에 있는 소규모 참모들의 작업에 의존해야 했다. 심지어 임명을 하는 데에서도 대통령은 제한된 활동 범위만 가졌다. 왜냐하면 대통령은 자기 당 내의 다양한 파당의 비위를 거슬리는 일을 피해야 했기 때문이었다.

때때로 러더포드 헤이즈(Rutherford B. Hayes)가 대통령 재임기에 보여준 것처럼 그러한 일이 불가능하다는 것이 판명되기도 하였다. 그의 임기 말 당내의 두 집단, 즉 뉴욕 주의 로스코 콘클링이 이끄는 강건파(Stalwarts)와 메인 주의 제임스 블레인(James G. Blaine)이 우두머리로 있는 혼혈파(Half-Breeds)가 공화당의 지배권을 놓고 경쟁하였으며 분당을 위협하고 있었다. 강건파와 혼혈파 사이의 분쟁은 그 시대 정쟁(政爭)의 특징이었다. 그것은 실제로 아무런 실제적인 근거가 없었다. 수사학적으로 강건파는 전통적인 전문적 정당조직 정치를 찬성했고 반면에 혼혈파는 개혁을 선호했다는 점이었다. 사실 둘 중 어느 집단도 정치적 변화에는 그다지 관심이 없었다. 각자는 단순히 후견권이라는 떡에서 더 큰 몫을 챙기기 원했던 것이다. 헤이즈는 두 파를 모두 만족시키려고 노력했으나 둘 중 어느 쪽도 만족시키지 못한 채 임기를 끝내고 말았다.

후견권을 둘러싼 싸움은 헤이즈의 불행한 대통령 재임 동안의 다른 모든 업적의 빛을 잃게 만들었다. 그의 한 가지 중요한 실질적인 발의, 즉 전문 공무원제(civil-service system)를 창조하려는 노력은 어느 당으로부터도 지지를 끌어내지 못하였다. 그리고 그가 재선에 출마하지 않을 것이라는 성급한 발표는 더 이상의 정책 추진력을 약화시키기만 했던 것이다. 그는 실질적으로 의회에 아무런 힘을 행사하지 못하였다. 민주당은 헤이즈의 재임 기간에 걸쳐 하원과 그의 임기 마지막 2년 동안

러더포드 헤이즈 대통령 부부:
헤이즈는 독자적인 지도력을 발휘할 여지가
거의 없는 극심한 경쟁적 정당제에 종속된,
19세기 후반에 대체로 존재가치가 희미했던
몇 명의 대통령 중의 한 사람이었다.
이 사진은 헤이즈와 그의 부인이 대중에게
심어주려고 했던 위엄과 진지함을 포착하고 있다.

상원을 지배하였다. 그리고 공화당 상원의원인 로스코 콘클링은 관직 임명에서 정당조직에 도전하려는 헤이즈의 노력에 반대하였다('레모네이드 루시'〔Lemonade Lucy〕로 잘 알려진 금주 옹호자인 그의 부인이 백악관에서 주류를 제공하는 것을 못마땅하게 생각했던 탓에 워싱턴 정가에서 헤이즈의 인기는 그리 높지 못했다). 헤이즈의 대통령 재직은 절망적인 노력이었다.

공화당은 1880년에, 부분적으로는 번영의 증대와 부분적으로는 공화당원들이 강건파와 혼혈파로 하여금 잠시 그들의 차이를 접어두는 것을 가능하게 해준 후보 단일화에 가까스로 동의했기 때문에, 대통령직을 간신히 보유할 수 있었다. 장시간의 당 대회가 막다른 상태에 이르게 된 이후에 그들은 오하이오 주 출신의 노련한 하원의원이자 혼혈파인 '다크호스' 제임스 가필드(James A. Garfield)를 대통령 후보로 지명하였다. 강건파를 달래기 위해 당 대회는 콘클링의 심복인 뉴욕 주 출신의 체스터 아서(Chester A. Arthur)를 부통령 후보로 지명하였다. 민주당은 가필드에 대적하기 위해 전국적인 지지자를 갖지 못하였고 남북전쟁에서 그리 빛을 발하지도 못한 군사령관 출신의 윈필드 스콧 핸콕(Winfield

Scott Hancock) 장군을 대통령 후보로 지명하였다. 1879년 경기 후퇴의 종식 덕분에 가필드는 일반 투표의 표차는 매우 근소한 것이었지만 선거인단 표에서는 결정적인 승리를 거두었다. 공화당도 상하 양원을 휩쓸었다.

가필드는 공직 임명에서 콘클링과 강건파들에게 도전을 가하려 애쓰며 공무원 개혁에 대한 지지를 보여줌으로써 대통령직을 시작하였다. 그는 곧 콘클링과 뉴욕 주 출신의 상원의원이자 강건파의 또 다른 중요 지도자인 토마스 플랫(Thomas Platt) 두 사람 모두와 추악한 공적 다툼에 휘말리게 되었다. 하지만 그것이 해소되기 전에 가필드는 한층 끔찍한 의미에서 엽관제(spoils system, 獵官制)의 희생자가 되었다. 1881년 7월 2일 가필드는 취임한 지 4달만에 워싱턴의 기차역에 서 있는 동안 분명히 정신착란을 일으킨 총잡이(그리고 그는 관직을 얻는 데 실패한 사람이었다)가 쏜 총탄 2발을 맞았다. 그 총잡이는 그 자리에서 "나는 강건파이다. 그리고 아서가 이제 대통령이다!"라고 외쳤던 것이다. 가필드는 거의 3달 동안 간신히 목숨을 부지하였지만 결국 사망하였다. 그는 부상도 부상이지만 서투른 치료에 희생되었던 것이다.

가필드를 승계한 체스터 아서는 헌신적이고 노련한 공개적 엽관 운동가이자 로스코 콘클링의 가까운 동지로서 정치적 생애를 보냈다. 하지만 대통령이 되면서 그는 그 이전의 헤이즈와 가필드처럼 독자적인 길을 걸으려 했고 심지어 개혁을 추진하려고까지 했다. 그는 의심할 여지 없이 그를 대통령에 이르게 만든 끔찍한 환경과 가필드의 암살이 전통적인 엽관제의 평판을 어느 정도 떨어뜨리게 했다는 인식에서 영향을 받았다.

'새로운' 아서의 변신은 정당 보스들을 실망시켰다. 그는 가필드가 임명한 대부분의 공직을 그대로 두었다. 그는 또한 그가 지지하던 하지 않던 간에 입법이 이루어질 것 같다는 생각에서 공무원제 개혁을 지지하였다. 1883년 의회는 마침내 최초의 연방 공무원법인 펜들턴 법(Pendleton Act)을 통과시켰다. 이 법은 일부 연방의 일자리가 후견제에 의해서가 아니라 경쟁적인 필기시험으로 채워지게 된다는 것을 확인시켜 주었다. 처음에 상대적으로 극히 적은 관직이 공무원제에 들어왔으나 그 자리는 꾸준히 확대되어 20세기 중반에는 대부분의 연방 고용인들이 공무원의 신분을 갖게 되었다.

민주당의 복귀

1884년의 불미스런 선거는 정책 대결보다는 인신 공세를 강조하는 19세기 말 전형적인 전국적 정치 경쟁이었다. 공화당원들은 아서를 거부하고 대신에 그들의 가장 인기있고 논쟁적인 인물인 메인 주 출신 상원의원 제임스 블레인을 선택하였다. 블레인은 그의 열정적인 찬양자들에게는 '깃털 장식의 기사'로 알려졌으나 수많은 다른 미국인들에게는 보기 흉한 정당 정치의 상징으로 알려진 인물이었다. 비판자들로부터 조롱조로 '머그웜프'(mugwumps)라고 불렸던 독립 개혁파는 그들이 공화당을 탈퇴해 정직한 민주당을 지지할 것이라고 발표하였다. 민주당은 유혹에 넘어가서 뉴욕 주 출신의 '개혁' 주지사 글로버 클리블랜드(Glover Cleveland)를 후보로 지명하였다. 그는 실질적인 문제에서 블레인과 다른 점이 없었지만 부패의 적이라는 명성을 획득했던 것이다.

인신 모독이 난무한 선거전에서 당락을 결정지었을지도 모를 것은 마지막 순간에 도입된 종교적 논쟁이었다. 선거 막판에 프로테스탄트 목사들의 한 대표가 뉴욕 시에 있는 블레인을 방문하였으며, 그들의 대변인인 새뮤얼 버차드(Samuel Burchard) 박사는 민주당을 "술, 로마 카톨릭, 반역"(rum, Romanism, and rebellion)의 당이라고 불렀다. 블레인은 버차드의 경솔한 언동을 좀체로 거부하지 않았으며 민주당은 재빨리 블레인이 카톨릭 교회에 대한 모독을 용인했다는 소식을 퍼뜨렸다. 클리블랜드의 근소한 승리는 아마도 뉴욕 주에서 이례적으로 엄청난 카톨릭 교도의 민주당에 대한 지지표의 결과였다. 클리블랜드는 선거인단 표에서 219표를 얻어 블레인의 182표에 승리를 거두었다. 그러나 일반 투표의 표차는 단지 2만3천 표에 지나지 않았던 것이다.

글로버 클리블랜드는 정치가, 부패한 관리, 압력 집단, 태머니홀 등에 대한 준엄하고 올바른 반대로 사람들이 그리 좋아하지는 않았지만 존경을 받았다. 그는 "아니오"라고 말하는 것을 두려워하지 않았던 공무원 시절만큼이나 '거절하는 주지사'로서 유명하게 된 인물이었다. 그는 연방정부가 많은 것을 할 수 있거나 해야 한다고 믿는 미국인이 거의 없던 시대의 화신이었다. 그의 행정부는 처음부터 끝까지 흔들림 없이 경제에 헌신하였다는 특징을 보여주었다.

클리블랜드는 한 가지 주요한 경제 문제와 씨름하였다. 그는 항상 보호관세(국내 생산자를 보호하기 위해 수입품에 과세하는 것)가 지혜로운 것이라는 점에 대해 의심을 품었다. 그리고 그는 마침내 기존의 고율 관세로 말미암아 연방 세입이 매년 남게 된다고 결론지었다. 이것은 의회로 하여금 그가 그토록 빈번하게 거부권을 행사하였던 '무분별하고,' '사치스러운' 입법을 통과시키도록 유혹하는 요인이었다. 따라서 그는 1887년 12월 의회에 관세율을 낮출 것을 요청하였다. 하원의 민주당은 관세 인하를 승인하였지만 상원의 공화당 의원들은 도전적으로 실제로 세율을 올리는 자체의 법안을 통과시켰다. 이에 따른 막다른 상태는 관세를 1888년 선거의 이슈가 되게 만들었다.

민주당은 클리블랜드를 재지명하였고 관세인하를 지지하였다. 공화당은 잘 알려지지는 않았지만 존경을 받고 있던 (또한 윌리암 헨리 해리슨 대통령의 손자였던) 인디애나 주 출신의 전직 상원의원 벤저민 해리슨(Benjamin Harrison)으로 후보를 결정하였다. 그리고 그들은 보호관세를 보장하였다. 선거전은 남북전쟁 이래 처음으로 양당간에 경제적 차이라는 뚜렷한 문제가 포함되었다. 그것은 또한 미국사에서 가장 타락한 (그리고 가장 근소한 표차가 난) 선거 중의 하나였다. 해리슨은 선거인단 투표에서 233 대 168로 과반수를 획득하였으나, 클리블랜드의 일반 투표수가 10만 표차로 그를 능가하였다. 클리블랜드는 새뮤얼 틸든과 더불어 남북전쟁 이래로 일반 투표에서는 승리하였으나 선거인단 투표에서 패배한 오직 두 명의 대통령 후보 중의 한 사람이 되었다.

대두하는 문제들

　　대통령으로서 벤저민 해리슨의 기록은 취임 후 1달 만에 사망한 그의 조부에 비해 별다를 것이 없었다. 해리슨이 실패한 이유는 그의 행정부 구성원들의 지적 무능력 때문이었다. 이는 대통령 자신에서 시작해 그의 내각으로 확대된 것이기도 했다. 또 다른 이유는 해리슨이 의회에 영향력을 행사하려는 어떠한 노력도 달가와하지 않았다는 점이었다. 그리고 해리슨의 따분한 행정부 기간 동안에 여론은 정부로 하여금 당대의 당면한 몇몇 사회·경제적 문제에 맞서도록 강요하기 시작하고 있었다. 아마도 가장 주목할 만한 점으로는 트러스트 세력을 완화시키기 위한 입법을 찬성하는 분위기가 대두하고 있었다는 점이었다.

　　1880년대 중반 서부 및 남부의 15개 주들은 경쟁을 제한하는 기업 연합을 금지시키는 법을 채택하였다. 그러나 기업들은 그들에게 특권을 제공하는 뉴저지나 델라웨어 같은 주에서 합병함으로써 제한을 벗어나는 것이 용이하다는 것을 발견하였다. 트러스트 금지법이 효력을 발휘하기 위해서는 그 법은 연방정부로부터 오는 것이라야 할 것이었다. 점증하는 대중의 요구에 부응하기 위해 연방의회의 상하 양원은 거의 반대 없이 1890년 7월 셔먼 트러스트 금지법(Sherman Antitrust Act)을 통과시켰다. 대부분의 의원들은 그 법을 대체로 상징적 수단으로 보았다. 즉 그 법은 대중의 비판을 잠재워줄 것이고 주식회사의 세력에는 아무런 실질적 효과를 미치지는 않을 것 같았던 것이다.

　　셔먼 트러스트 금지법은 통과된 지 10년 이상이나 실제적으로 아무런 충격을 주지 않았다. 1901년의 경우 법무부는 노조에 대해 많은 트러스트 반대 소송을 제기하였으나 기업 연합에 대해서는 오직 14건의 소송만을 제기하였으며, 그것도 유죄로 인정받은 경우는 거의 없었다. 그 사이 법원은 그 법을 상당히 약화시켰다. 단일 트러스트가 미국 설탕 정제업의 98%를 지배한다고 정부가 기소한 「미국 대 E. C. 나이트 주식회사」(*United States v. E. C. Knight Co.*, 1895) 판결에서 대법원은 정부의 고소를 기각하였다. 대법원은 설탕 트러스트가 제조업에 종사하고 있는 것이지 주간(州間) 통상에 관여하고 있는 것이 아니라고 선언하였다. 따라서 설탕 트러스트의 명백한 독점적 성격에도 불구하고 그것은 불법적인 것이 아니라는 것이었다. 왜냐하면 셔먼 트러스트 금지법의 유일한 법적 근거는 헌법이 의회에게 주간 통상을 규제할 권한을 준 구절에 있었기 때문이었다.

그러나 공화당원들은 그들을 1888년 선거에서 승리하게 만들어 주었다고 믿었던 문제, 즉 관세에 더 관심이 있었다. 오하이오 주 출신의 하원의원 윌리암 맥킨리(William McKinley)와 로드아일랜드 주 출신의 상원의원 넬슨 올드리치(Nelson W. Aldrich)는 연방의회에 제출된 것 중에서 가장 고율의 관세법을 기초하였다. 맥킨리 법으로 알려진 이 법은 1890년 10월 법제화되었다. 그러나 공화당의 지도자들은 분명히 대중의 감정을 잘못 해석하였다. 왜냐하면 공화당은 1890년의 의회 선거에서 깜짝놀랄 역전을 겪었기 때문이었다. 공화당의 상원에서의 실질적인 다수석은 8석으로 크게 줄어들었으며 하원에서도 공화당은 323석 중에서 오직 88석만 보유하였다. 맥킨리 자신도 의석을 잃은 사람들 축에 끼게 되었다. 다음 2년 동안 재기할 수 있는 공화당원은 전혀 없었다. 1892년 대통령 선거에서 벤저민 해리슨은 다시 한번 보호관세를 지지하였다. 민주당에서 재지명된 글로버 클리블랜드는 다시금 그에 반대하였다. 제임스 위버(James B. Weaver)가 후보로 나선 새로운 제3당인 민중당(People's party)만이 오직 신중한 경제개혁을 옹호하였다. 클리블랜드는 해리슨의 145표에 비해 277표의 선거인단 표를 획득하였고 일반 투표의 표는 38만 표가 났다. 위버는 훨씬 뒤쳐졌다. 1878년 이래 처음으로 민주당은 상하 양원의 다수를 차지하였다.

클리블랜드의 2차 임기 중의 정책은 첫번째 임기중의 것과 매우 비슷했다. 그것은 최소한의 정부를 추구하고 사회적·경제적 문제를 다루는 데에서 적극적인 주 법들에 대해 적대적인 정책이었다. 그러나 이번에는 중요한 경제 위기가 한층 더 적극적인 정부에 대한 대중의 요구를 불러일으켰다. 클리블랜드는 대부분 이러한 압력에 저항하였다.

그는 다시 하원은 승인하였지만 상원이 파괴해 버린 관세인하를 지지하였다. 클리블랜드는 그 결과를 비난하였지만 그것이 윌슨-고먼 관세법(*Wilson-Gorman Tariff*)으로 제정되는 것을 허용하였다. 그 법은 농민의 이해관계에 조그만 타격, 즉 소액의 연방 수입세(4천 달러 이상의 소득에 대한 2%의 세금)를 부과하였다. 그러나 연방대법원은 새로운 세금이 위헌이라고 선언하였다. 1913년 헌법수정조항 제16조가 비준된 이후에야 연방정부가 소득세를 부과할 수 있었다. 1880년대에는 철도의 규제에 대한 대중의 압력 또한 높아지고 있었다. 중서부의 농장 조직들(대부분은 주로 그랜저들[Grangers]이었다)은 1870년대 초에 몇몇 주 입법부에게 규제 입법을 통과시킬 것을 설득하였다. 그러나 1886년 대법원은 「와배쉬」 소송 사건으로 알려진 「세인트루이스의 와배쉬와 태평양 철도회사 대 일리노이 주」(*Wabash, St. Louis, and Pacific Railway Co. v. Illinois*) 판결에서 일리노이 주의 그랜저 법 중의 하나를 위헌이라고 판결하였다. 대법원은 그 법이 연방의회의 배타적인 권한을 침해하는 주간 통상을 통제하기 위한 시도라고 판시하였다. 나중에 대법원은 자기 주 자체의 경계 내에서조차 통상을 규제하는 주들의 권한을 제한하였다.

이제 철도 규제는 오직 연방정부로부터 올 수 있다는 것이 분명해졌다. 연방의회는 1887년 주간 통상법(Interstate Commerce Act)을 제정함으로써 마지못해 대중의 압력에 부응하였다. 이 법은 장거리와 단거리 운송 사이에 운임률 차별을 금지하고, 철도회사가 운임률 계획표를 출판하고 그것을 정부에 제출하며, 모든 주간 철도 운임률은 비록 그 법이 그것이 무엇을 의미하는지 정의내리지 않았지만 "타당하고 정당해야" 한다고 선언하였다. 5명의 위원으로 구성된 주간 통상위원회(Interstate Commerce Commision, ICC)가 이 법을 관리하였다. 그러나 그 위원회는 이 법의 조항을 집행하기 위해서는 법원에 의지해야 했다. 이 법이 통과된 이후 거의 20년 동안 주간 통상법은 아무렇게나 집행되고 법원에 의해 엄격하게 해석됨으로 말미암아 실질적인 효력을 발휘하지 못하였다.

관세, 트러스트, 철도에 대한 민심의 동요는, 미국 경제에서의 극적인 변화가 상당수 대중이 무시하기에는 너무도 중요하고 위험하다고 생각한 문제들을 만들어내고 있다는 징조였다. 그러나 이러한 동요에 대한 연방정부의 대응은 미국이라는 나라의 계속된 취약성을 반영하였다. 정부는 아직 미국의 경제 생활에서 어떤 중요한 역할을 수행하기에 적합한 제도를 결여하였다. 그리고 미국 정치는 아직 정부 책임의 커다란 확대를 정당화하기에 충분한 이념을 갖고 있지 못하였다. 그러한 제도를 창출하고 그러한 이념을 만들어내기 위한 노력은 다가올 시대에서 미국의 공공 생활에서 많은 부분을 차지하게 될 것이었다. 그리고 그것은 미국이 이전의 20년 동안 겪었던 정치적 균형을 파괴했던 극적인 반대 운동에서 처음 눈에 띄게 되었다.

2. 농민의 저항

1880년대 미국의 농부들보다 연방정부의 활동을 한층 실망스런 눈길로 바라본 집단은 없었다. 국민적 생활을 지배하기 시작하고 장기간 지속된 고통스런 경기 하락에 고통당하던 도시 산업사회로부터 고립되었고 쇠퇴감에 고통당했던 농촌의 미국인들은, 현대 경제의 문제들을 날카롭게 간파하였으며 특히 그 문제들을 처리하는 데에서 정부의 지원을 갈망하였다. 그 결과, 미국사에서 가장 강력한 정치적 저항 중의 하나였던 민중주의(Populism)가 등장하였다.

농민 공제조합원

농민들은 1880년대 이전 수십 년간 정치적으로 조직하려는 노력을 기울여 오고 있었다. 최초의 중요한 농민 조직은 남북전쟁 직후에 남부 전체를 여행하였던 농업부 하급관리 올리브 켈리(Oliver H. Kelley)에 그 기원을 두었다. 그는 그가 농촌 생활의 소외와 단조로움이라고 생각한 것에 섬뜩함을 느끼게 되었던 것이다. 1867년 그는 관직을 떠나 지방 조직망으로부터 출범하였던 전국 농업 후원자의 농민 공제조합(National

Grange of the Patrons of Husbandry)을 창설하는 것을 도왔다. 처음에 농민 공제조합은 단순히 새로운 과학적 영농기법을 가르치고 농촌 생활의 쓸쓸함을 덜어주기 위해 공동체 의식을 심어주려고 시도하였다. 그러나 1873년의 공황이 농산물 가격의 급속한 하락을 초래했을 때 그 회원수는 빠르게 증가하였고 조직의 방향도 바뀌었다. 중서부의 농민 공제조합들은 농민들로 하여금 혐오스런 중개인의 농간에 넘어가지 않게 해줄 판매 협동조합을 조직하기 시작했다. 그리고 공제조합들은 철도회사와 창고회사의 독점적 관행을 누그러뜨리기 위한 정치적 행동을 장려하였다.

농민 공제조합들은 잠시 동안 인상적인 농장 협동조합 조직망을 창설하고 주 입법부에 효과적인 압력을 가하는 데 성공하였다. 전성기에 공제조합 지지자들은 대다수 중서부 주에서 입법부를 조종하였다. 그 결과 1870년대 초 많은 주들이 철도 운임과 관행에 엄격한 규제를 부과하였던 농민 공제조합법(Granger Laws)이 제정되었던 것이다. 그러나 새로운 규제가 법원에 의해 취소된 일과 많은 농민 공제조합 지도자들의

잠자는 사람들을 일깨우는
농민 공제조합: 이 1873년의
시사 풍자만화는 농민 공제조합이
나중에 농민동맹과 민중당이
표현했던 것과 동일한 관심을 상당수
포용했던 방식을 보여주고 있다.
한 농민이 ('침목'의 자리에 누워 있거나
철길에 매여 가로질러 있는) 수동적인
시민들을 깨우려고 시도하고 있다.

정치적 경험 미숙 및 1870년대 후반의 경기 회복이 결합되어, 1870년대 말에는 조합의 세력이 극적으로 쇠퇴하였다.

농민동맹

농민 저항의 주도적 수단이었던 농민 공제조합의 후계자는 그 운동이 사라지기 전에 이미 등장하기 시작했다. 1875년 초 남부 일부 지역(가장 주목할 곳으로는 텍사스 주)의 농민들은 소위 농민동맹(Farmers' Alliances)으로 함께 뭉치고 있었다. 1880년경 남부 농민동맹은 400만 명 이상의 회원을 보유하였으며, 이와 비교되는 북서부 농민동맹(Northwestern Alliance)은 대평원 지역의 주들과 중서부에서 뿌리를 내리고 있었으며 남부 농민동맹과의 연대를 발전시키고 있었다.

농민동맹도 농민 공제조합처럼 협동조합과 기타 판매조직을 형성하였다. 그들은 조합원들을 위한 상점, 은행, 농산물 가공 공장 및 기타 시설을 설립하였다. 이는 너무도 많은 농민들을 빚더미에 올라앉게 만든 가증스런 '외상 판매 상인들'(furnishing merchants)에 대한 의존으로부터 조합원들을 자유롭게 만들기 위함이었다. 그러나 일부 농민동맹 지도자들은 이 운동을 더 넓은 관점에서 보았다. 예컨대 그들은 경제적 경쟁이 협동에 길을 내어줄 수 있는 새로운 사회를 건설하기 위한 노력으로 보았던 것이다. 이 협동이란 다시 말해 엄격한 집산주의가 아니라 농민들로 하여금 억압적인 외부의 세력에 저항할 수 있게 해줄 상호 부조적이며 이웃과 잘 어울리는 책임감이었다. 농민동맹의 강연자들은 극소수의 거대 기업과 금융기관의 수중에 권력이 집중되는 것을 비난하며 농촌지역을 구석구석 여행하였다.

농민동맹은 농민 공제조합이 전에 그랬던 것보다 한층 빠르게 더 널리 퍼지게 되었지만 그들도 유사한 문제에 직면하였다. 그들의 협동조합은 항상 잘 운영되지는 않았는데 이는 부분적으로 그들에 대항해 움직이는 시장 세력이 때때로 극복하기에는 너무 강했기 때문이었고 부분적으로 협동조합 자체가 종종 잘못 운영되었기 때문이었다. 이러한 경제적 좌절이 이 운동을 1880년대 말에 새로운 국면, 즉 전국적인 정치조직의 창설로 나아가게 만들었다.

1889년 남부 및 북서부 농민동맹은 두 조직 사이의 계속되는 차이에도 불구하고 느슨한 합병에 동의하였다. 다음 해 이 두 동맹은 플로리다 주 오칼라(Ocala)에서 전국대회를 열고 사실상 정당의 강령이었던 소위 오칼라 요구사항(Ocala Demands)을 발표하였다. 1890년의 중간선거에서 농민동맹이 지지하는 후보들은 12개 주에서 주 입법부의 부분적 또는 완전한 지배권을 획득하였다. 그들은 또한 6개 주의 주지사 자리와 연방상원의 3개 의석, 연방하원의 대략 50개 의석을 차지하였다. 승리를 차지한 농민동맹 후보 중 상당수는 농민동맹의 보증 선전으로 (종종 수동적으로) 혜택을 입은 민주당원들이었다. 하지만 농민들은 이 선거 결과로부터 그들 자신의 정당 결성을 포함한 더 이상의 정치적 행동을 생각해 볼 수 있게끔 해주는 충분한 자극을 이끌어내었다.

제3당을 결성하기 위한 계획은 1891년 5월 신시내티와 1892년 2월 세인트루이스의 회합에서 논의되었다. 이 회합에는 상당수 북부 농민동맹 회원과 소규모이기는 했지만 아직 상당수를 차지하는 남부 동맹의 지도자들, 그리고 일부 농민 지도자들이 제휴를 기대했던 쇠퇴해 가는 노동기사단의 대표들이 참석하였다. 그 뒤 1892년 7월 1천3백 명의 의기양양한 대표들이 네브래스카 주 오마하에 운집하여, 새 정당의 창설을 선포하고 공식 강령을 승인하였으며 대통령 및 부통령 후보를 지명하였다. 이 새 조직의 공식 명칭은 민중당(People's party)이었지만 이 운동은 대체로 민중주의라고 불렸다.

1892년의 선거는 이 새로운 운동의 잠재력을 보여주었다. 민중주의자 대통령 후보이자 이전의 그린백 운동가였던 아이오와 주 출신의 제임스 위버(James B. Weaver)는 전체 투표수의 8.5%인 100만 표 이상을 획득하였으며, 6개 산악 및 대평원 지역 주들을 확보해 22표의 선거인단 표를 얻었던 것이다. 근 1천5백 명에 이르는 민중주의 후보들이 주 입법부와 지방 관직 선거에서 승리하였다. 그들은 또한 민중주의 정서에 호소해 당선된 의회 내의 많은 공화당 및 민주당 의원들의 지지를 요구할 수 있었던 것이다.

민중주의의 지지 세력

그러나 이미 민중주의 세력의 한계를 보여주는 징후가 있었다. 민중주의는 농민들, 특히 광범위한 경제적 방어 수단을 거의 갖지 못한 소규모 농민들에게 커다란 호소력을 지녔다. 이들은 영농장비라야 최소한도로 기계화되었고, 고작해야 한 가지 작물에 의존하였으며 제한적이고 불만족스러운 신용 대부만 얻는 것이 가능했던 사람들이었다. 하지만 민중주의는 이러한 집단을 넘어선 더 많은 사람들을 움직이는 데에는 실패했다. 연합을 통해 노동계를 포함시키려는 활력적인 노력이 있기는 했다. 노동기사단의 대표들은 조직을 위한 초기의 회합에 참석하였고 민중당은 강령에 노동에 관련된 항목들을 추가하기도 하였다. 그 항목의 내용은 노동자를 위한 노동시간 단축과 이민의 제한을 요구하는 것과, 노동쟁의에서 파업 파괴자로서 사립탐정 요원들을 이용하는 것을 비난하는 것이었다. 하지만 민중주의는 확고한 노동계의 지지를 얻지는 못하였다. 이는 부분적으로 노동계의 경제적 이해관계와 농민들의 이해관계가 자주 충돌했기 때문이었다.

남부에서는 특히 백인 민중주의자들이 민중당에 흑인들을 받아들일 것인가의 문제를 놓고 투쟁하였다. 왜냐하면 흑인들의 숫자와 그들의 빈곤은 그들을 값진 동맹자로 만드는 것이 가능했기 때문이었다. 그리고 실제로 이 운동에는 중요한 흑인 구성원들이 있었다. 이것은 1890년경 회원수가 125만 명이 넘었던 '유색인 농민동맹'(Colored Alliances)의 조직망이었다. 그러나 대부분의 백인 민중주의자들은 백인이 의론의 여지없이 지배적이 될 것이 분명한 한에서만 흑인들의 지원을 수용할 생각이었다. 남부 보수주의자들이 백인 지상권을 은밀히 침식한다고 민중주의자들을 공격하기 시작하자 민중주의 운동의 인종 혼합적 성격은 재빨리 사라졌다.

민중주의 사상

민중주의자들의 개혁 프로그램은 1890년 오칼라 요구사항에서 처음으로, 그리고 나서 1892년의 오마하 강령에서 한결 분명하게 천명되었다. 그것은 농민 공제조합과 농민동맹이 여러 해 동안 실험해 온 협동조합을 대체하고 강화시켜 줄 '분고'(分庫) 제도를 제안하는 것이었다. 분고 제도란 농민들이 자신들의 작물을 저장할 수 있는 창고 연결망을 설립해주는 것이었다. 저장된 작물을 담보로 이용해 경작자들은 낮은 금리의 이자로 정부로부터 돈을 빌린 다음, 자신들의 상품을 팔기 전에 그것이 오르기를 기다릴 수 있게 하자는 것이었다. 그뿐 아니라 민중주의자들은 권력을 집중시키는 위험한 제도라고 믿었던 전국적 규모의 은행을 폐지할 것, 부재 지주제를 종식시킬 것, (보수적인 주 입법부의 권한을 약화시켜 줄) 연방 상원의원을 직선제로 선출할 것과 사람들이 정치 과정에 영향력을 행사할 능력을 향상시켜 줄 기타 장치를 마련해 줄 것을 요구하였다. 그들은 마찬가지로 철도, 전화, 전신의 규제와 (1892년 이후에는) 정부 소유를 요구하였다. 그리고 그들은 정부가 운영하는 우편 저축 은행 제도, 누진소득세, 통화의 인플레이션, 그리고 나중에는 은(銀)의 재통용을 요구하였다.

일부 민중주의자들은 공개적으로 반(反)유태인적이었다. 다른 민중주의자들은 반(反)지성주의적, 반(反)동부적, 반(反)도시적이었다. 하지만, 일부 민중주의자들에게서 이따금씩 발견되는 고집스러움이 실제적 문제에 대한 해결책을 발견하려는 진지하고 대체로 책임감있는 노력이었던 민중주의의 이미지를 전체적으로 지배했다고 생각해서는 안 된다. 민중주의자들은 당대의 자유방임적 정통론, 즉 소유권은 절대적이라는 사상을 단호하게 거부하였다. 그들은 미국의 산업 자본주의가 나아가고 있는 방향에 대해 그 시대의 가장 공개적이고 강력한 도전을 가하였다. 민중주의는 산업화나 자본주의 자체에 대한 도전이었다기보다 민중주의자들이 생각하기에 경제가 발전하고 있는 잔인하고 혼란스런 방식에 대한 대응이었다. 그들은 진보와 성장은 계속되어야 하지만 개인과 공동체의 필요에 의해 엄격하게 정의되어져야 한다고 역설하였다.

3. 1890년대의 위기

농민의 저항은 1890년대에 등장한 많은 국가적 정치 위기 중의 단한 가지 사례에 불과했다. 그 위기 중에는 1893년에 시작된 혹심한 공황이 있었다. 그 위기 중에는 1894년의 폭발적인 파업으로 절정에 달한 광범위한 노동 불안과 폭력이 있었다. 또한 양당 중 어느 당도 증대되는 고통에 대응하는 데 계속 실패하였다. 그리고 그 위기에는 경제가 붕괴되었던 바로 그 순간에 두번째 대통령에 취임한 글로버 클리블랜드의 경직된 보수주의가 있었다. 이처럼 증대되는 위기의 외중에서 1896년의 극적인 선거전에서 절정에 달한 미국사상 가장 달아오른 몇 가지 정치 투쟁이 발발하였다. 많은 미국인들은 이 선거전에 미국의 장래가 달려 있다고 믿게 되었던 것이다.

1893년의 공황

1893년의 공황은 미국이 경험한 공황 중에서 가장 극심한 공황을 촉진하였다. 그 공황은 필라델피아 및 리딩 철도회사(Philadelphia and Reading Railroads)가 막대한 돈을 빌려온 영국 은행들의 지불 요구를 감당할 수 없게 되자 파산을 선언하였던 1893년 3월에 시작되었다. 두 달 후 내셔널 코드 회사(National Cordage Company)도 마찬가지로 쓰러졌다. 이 두 주식회사의 파산은 증권시장의 붕괴를 야기시켰다. 그리고 뉴욕의 주요 은행들의 상당수가 주식시장의 큰 투자가였기 때문에 은행 도산의 물결이 곧 이어졌다. 그것은 신용의 위축을 초래했던 바, 이는 최근에 운영을 시작한 많은 새로운 공격적 기업들이 필요로 하는 대출금을 확보할 수 없었기 때문에 곧 파산했다는 것을 의미했다. 금융 붕괴에는 다른 장기적으로 지속된 원인들이 있었다. 1887년 이래의 물가

하락은 미국 인구의 최대 집단인 농민들의 구매력을 약화시켜 왔다. 유럽에서 한결 먼저 시작되었던 공황은 미국의 해외시장 상실과 미국에 금을 투자한 외국 투자가들의 철수라는 결과를 가져왔다. 철도와 그 밖의 주요 산업들은 시장 수요를 훨씬 초과할 정도로 너무나 빠르게 팽창했던 것이다.

공황은 미국 경제의 모든 부분들이 상호 연결되어 있는 정도, 즉 한 지역의 실패가 다른 모든 지역에 영향을 미치는 정도를 반영하였다. 그리고 공황은 경제가 미국의 가장 강력한 기업이자 으로 남아 있었던 철도회사의 건실함에 얼마나 의존적이었는가를 보여주었다. 철도회사가 1893년부터 시작해 고통을 겪게 되자 모든 것이 고통을 겪게 되었던 것이다.

일단 공황이 시작되자 파급 효과는 놀라운 속도로 확산되었다. 6개월 이내에 8천 개 이상의 기업, 156개의 철도회사, 400개의 은행이 문을 닫았다. 이미 낮은 수준에 있었던 농산물 가격은 더 폭락하였다. 노동력의 20% 정도인 100만 명에 달하는 노동자들이 일자리를 잃었다. 이는 그때까지 미국사상 최고의 실업률이었고 1930년대의 대공황에 비견되는 수준이었다. 이 공황은 혹독함의 측면에서뿐 아니라 지속성의 측면에서도 전례가 없는 것이었다. 1895년에 시작된 약간의 향상이 있었다고 하지만 1898년 이후까지도 번영을 충분히 회복되지 못하였다.

공황이 초래한 고통은 당연히 엄청난 수의 실업 노동자 사이에서 적잖이 사회불안을 불러일으켰다. 1894년 오하이오 주 출신의 사업가이자 민중주의자인 제이콥 콕시(Jacob S. Coxey)는 통화의 인플레이션과 실업자를 위한 직업 창출을 위해 대규모 공공사업 계획을 옹호하기 시작했다. 그의 제안이 의회에서 아무런 진전을 이루지 못하고 있다는 것이 분명해지게 되자 콕시는 정부에 자신의 요구사항들을 제시하기 위해 워싱턴까지 ('콕시의 군대'라고 알려진) 실업자 행진을 조직하였다. 의회는 그 요구사항에 대해 아무런 행동도 취하지 않았다. 이 시기 동안에는 마찬가지로 중요한 노동의 격변이 있었으며, 그 중 홈스테드와 풀먼 파업은 가장 두드러진 사례에 불과했다. 많은 중간계급의 미국인들에게 노동

콕시의 군대: 제이콥 콕시의 실직자 '군대'는 연방정부로부터의 구호를 요구하기 위해 1894년 워싱턴을 향해 행진하였다. 처음에는 수천 명의 사람들이 이 행진 대열에 합류하기 위해 전국 각지에서 출발했으나 약 400명만이 국회의사당에 도착하였다. 이 저항은 콕시와 몇몇 사람들이 미국 국회의사당 지역에 '불법 침입'했다는 이유로 체포된 이후 해체되었다.

자의 불안은 위험한 사회적 불안정, 어쩌면 혁명의 징조이기도 했다. 노동 급진주의(그 중 일부는 사실이었지만 상당 부분은 겁에 질린 중간계급이 상상한 것이기도 하다)는 전반적 위기감에 고조된 대중의 생각에서 그리 멀리 있지 않았다.

은화 문제

금융 공황은 미국의 통화체계를 약화시켰으며 많은 보수주의자들의 생각에는, 특히 그 중에서도 클리블랜드 대통령의 생각에는 통화 불안정이 공황의 가장 큰 원인이었다. '화폐 문제'가 당대의 가장 극적인 몇 가지 정치 갈등의 기초가 되었다.

통화 문제는 복잡하고 혼동스러운 것이고 종종 후대 사람들에게도 그 논쟁이 불러일으킨 엄청난 열정은 이해하기 힘든 것이었다. 그 논쟁의 핵심은 무엇으로 달러화의 기초를 삼을 것인가, 즉 달러화는 무엇으로 떠받치며 무엇으로 가치를 부여하게 할 것인가에 관한 것이었다. 오늘날 달러의 가치는 정부에 대한 대중의 신뢰에 의지하는 것에 지나지 않는다. 그러나 19세기에는 통화란 만약 그 이면에 구체적인 무언가가 없다면 소용없는 것이라고 간주되었다. 구체적인 무언가란 지폐의 소지자가 그것을 은행이나 재무부에 제시한다면 그가 받을 수 있는 값진 금속〔正金: specie〕을 의미하였다.

미국은 한 나라를 이룩해 온 대부분의 기간 동안 달러화의 토대로서 '복본위제'(bimetallism)라고 알려진 방식인 두 가지 금속, 즉 금와 은을 인정해 왔다. 그러나 1870년대에 그것이 바뀌었다. 통화를 창출하기 위한 목적으로 금화 가치에 대한 은화 가치의 공식 비율('주조 비율'〔mint ratio〕)은 16 대 1이었다. 즉 16온스의 은은 1온스의 금과 같았다. 그러나 실제적인 은의 상업적 가치('시장 비율')는 그것보다 더 높았다. 은의 소유자는 주화로 주조함으로써 얻을 수 있는 것보다 보석이나 다른 물건으로 만들기 위해 그것을 판매함으로써 더 많이 받을 수 있었다. 따라서 그들은 은을 주조소로 가져가는 것을 그만두고, 주조소도 은화를 주조하는 것을 중단하였다.

1873년 의회는 공식적으로 은의 주조를 중단시킴으로써 단순히 기존의 상황을 인정하는 것처럼 보이는 법을 통과시켰다. 당시에는 거의 아무도 이에 반대하지 않았다. 그러나 이후 1870년대에 은의 시장 가치가 공식적인 주조 비율인 16 대 1 훨씬 이하로 하락하였다(다른 말로 16온스의 은은 이제 1온스의 금보다 훨씬 적은 가치를 갖게 되었던 것이다). 은은 갑자기 다시 화폐로 이용 가능하게 되었고 곧 의회가 통화팽창의 잠재적 방법을 배척했다는 것이 분명해지게 되었다. 얼마 되지 않아 많은 미국인들은 거대 은행가들의 음모가 은의 '통화 유통 중지'에 책임이 있다고 결론내렸으며 그 법을 '1873년의 범죄'라고 불렀다.

특히 두 집단의 미국인들이 '1873년의 범죄'를 파기하기로 결심하였다. 은광 소유주로 이루어진 한 집단은 이제 정부가 그들의 잉여 은을 납득이 갈 정도로 구입하여 시장 가격보다 훨씬 더 많이 지불해 주기를 열망하였다. 불만에 가득 찬 농부들로 구성된 다른 집단은 농산물 가격을 인상해 주고 농민들의 부채 지불을 용이하게 해주는 수단으로써 통화량의 증가, 즉 통화의 인플레이션을 원했다. 통화 팽창론자들은 정부가 즉각 '은화의 자유 주조'(free silver), 즉 이전의 비율인 16 대 1로 "은화의 자유롭고 무제한한 주조"로 복귀할 것을 요구하였다. 그 무렵 1893년의 공황이 시작되었고, 의회는 그들의 요구에 대해 명목상의 대응 이상을 하지 않았다.

그와 동시에 미국의 금 보유고는 꾸준히 줄어들고 있었다. 그리고 1893년의 공황은 금 보유량에 대한 요구를 더 확대하였다. 클리블랜드 대통령은 금 보유고가 줄어들게 된 주 요인이 1893년의 셔먼 은 매입법 (Sherman Silver Purchase Act)이라고 믿었다. 이 법은 정부가 은을 (주조하는 것이 아니라) 매입하고 그것을 금으로 지불해 주는 것이었다. 따라서 클리블랜드의 두번째 임기 초 의회의 특별회기가 열려 민주당을 영구적으로 갈라놓는 데 기여한 격렬하고 분열을 일으킨 다툼이 있고 나서, 그의 요구에 부응해 셔먼 법을 폐기하였다. 대통령의 금 정책은 남부 및 서부 민주당원으로 하여금 대통령과 그의 동부 지지자들에 대항한 견고한 집결체를 형성하게 만들었다.

이제 양측은 커다란 상징적·감정적 중요성을 지닌 통화 문제에 집중하였다. 금본위제의 지지자들은 그것을 존속시키는 것이 미국의 명예와 안정에 필수적인 것이라고 생각하였다. 왜냐하면 금의 공급은 한정적이었기 때문에 금을 본위로 한 통화는 안정적이고 장기적인 가치를 보장해주게 될 것이었다. 은의 자유 주조 지지자들은 금본위를 폭정의 도구로, 은을 자유의 도구라고 간주하였다. 이 문제는 1896년의 소란스런 대통령 선거에서 절정에 달하였던 미국 정치에서 보기 드문 광범위한 열정을 불러일으켰다.

'황금의 십자가'

공화당은 클리블랜드와 민주당이 공황에 효과적으로 대처하는 데 실패한 것을 보면서 1896년의 선거에서 승리를 확신하였다. 오하이오 주 출신의 정치 보스인 마커스 핸나(Marcus A. Hanna)가 이끄는 당 지도자들은, 1890년의 관세법의 작성자이자 현직 오하이오 주지사인 전직 상원의원 윌리암 맥킨리를 공화당 대통령 후보로 결정하였다. 공화당의 강령은 (모든 사람들이 그럴 가망이 없다고 생각했던) 주도적 상업 국가들의 동의를 얻는 경우를 제외하고 은화의 자유 주조에 반대하였다. 산악 및 대평원 지역 주에서 온 34명의 대의원들은 이에 저항해 탈당하고 민주당에 합류하였다.

　　1896년의 민주당 당 대회는 보기 드문 드라마의 한 장면이었다. 민중당의 도전을 격퇴시킬 것을 열망한 남부 및 서부 대의원들은 보수적인 동부인들로부터 당의 지배권을 장악하기로 결심하고 민중주의의 요구사항 일부, 그 중에서 은화의 자유 주조를 민주당 강령에 편입시켰다. 그들은 또한 은화의 자유 주조를 지지하는 후보를 지명하기를 원했다. 분열된 강령 작성 위원회는 당 대회에 두 개의 보고서를 제출하였다. 서부 및 남부 대의원들의 작품인 다수 의견이 담긴 보고서는 관세인하, 소득세, 트러스트 및 철도에 대한 '더 엄격한 통제,' 그리고 가장 두드러지게는 은화의 자유 주조를 요구하였다. 당 내 동부 대의원들이 작성한 소수 의견이 담긴 보고서는 국제적인 동의가 있는 경우를 제외하고는 은화의 자유 주조에 반대한다는 공화당의 강령을 그대로 흉내낸 것이었다. 이와 같은 두 개의 경쟁적인 강령에 대한 논쟁이 당 대회를 지배하였다.

　　마지막 연설이 있기 전까지는 금본위제의 옹호자들이 논쟁에서 우세한 것처럼 보였다. 그때 네브래스카 주 출신의 약관 36세의 미남 하원의원이자 이미 뛰어난 웅변가로 잘 알려진 윌리암 제닝스 브라이언이 당 대회에서 연설을 하기 위해 단상에 뛰어 올랐다. 그가 미국사상 가장 유명한 정치 연설의 하나로 꼽히는 은화의 자유 주조에 관한 연설을 하였을 때 그의 사자후가 홀 전체에 울려 퍼졌다. 청중을 향한 다음과 같은 마지막 구절은 마치 광기의 발작에 가까운 것이었다. "만일 그들이 공개석상에 나와 감히 금본위제가 좋은 것이라고 옹호한다면, 우리는 그들과 끝까지 싸울 것입니다. 상업적 이해관계, 노동의 이해관계, 그리고 모든 곳에 있는 노동자들의 지지를 받는 이 나라와 세계의 생산 대중을 우리들 뒤에 두고서, 우리는 그들에게 이렇게 말함으로써 금본위제에 대한 그들의 요구에 답하고자 합니다. '당신들은 가시 면류관을 노동자의 이마에 씌울 수 없으며, 황금의 십자가에 인류를 못박을 수는 없을 것이라고 말입니다.'" 이것은 '황금의 십자가' 연설로 알려지게 되었다.

당 대회는 은화의 자유 주조를 옹호하는 강령을 채택하였다. 아마도 더 중요한 것은 농민들이 지도자를 발견했다는 점이었다. 다음 날 브라이언은 (그가 열렬히 공공연하게 희망했던 대로) 5번째 투표에서 대통령 후보로 지명되었다. 그는 이제까지 주요 정당으로부터 대통령 후보로 지명된 최연소자로 남아 있다.

브라이언의 선출과 민주당 강령의 특성은 민중주의자들에게 당혹감을 안겨 주었다. 그들은 민주·공화 양당이 보수적 강령을 채택하고 보수적 후보를 지명함으로써 민중주의자들에게 증대되는 저항 세력을 대표할 수 있도록 해주리라 기대했던 것이다. 그러나 이제 민주당이 그들의 특성을 상당히 훔쳐갔던 것이다. 민중주의자들은 자체의 후보를 지명

윌리엄 제닝스 브라이언: 초기부터 그의 공적 생활의 특징이었던 화려한 연설 모습을 보여주듯이 말년에 군중에게 연설하고 있다. 연단의 왼쪽 아래에 있는 포스터는 1890년대에 그가 등장했을 당시의 모습을 보여준다. 그는 그때 네브래스카 출신의 젊은 하원의원으로서 '대평원 지역의 소년 웅변가'와 전국적인 은화 자유 주조 운동의 지도자로 알려지게 되었다.

해서 저항 세력을 갈라 놓느냐, 아니면 브라이언을 지명해서 정당으로서의 정체성을 상실하느냐의 기로에 놓이게 되었다. 민중주의자들은 은화의 자유 주조론을 포용하기는 했지만 어느 정도 마지 못해 지지했던 것이었고, 다른 문제들도 여전히 중요한 것으로 남아 있다고 확신하였다. 많은 민중주의자들은 은화의 자유 주조는 찬성하였지만 그 밖의 더 중요한 민중주의자들의 요구사항을 무시한 민주당과의 '제휴'가 민중당을 파괴할 것이라고 주장했다. 하지만 다수의 민중주의자들은 그 밖의 다른 대안이 없다고 결론내렸다. 신랄한 설전의 와중에서 당 대회는 브라이언을 지지하기로 투표하였다. 민중주의자들은 자신들의 독립성을 유지하기 위한 갸냘픈 노력으로, 민주당이 지명한 부통령 후보를 거부하고 자체의 후보로서 조지아 주 출신의 톰 왓슨을 선택하였다.

보수주의의 승리

1896년의 선거는 보수주의자들 사이에 절망을 안겨 주었다. 사업가 및 금융 공동체는 브라이언의 승리가 가져다줄 어두운 전망에 이유없이 겁을 먹고 공화당 선거운동에 아낌없이 돈을 기부하였다. 이 선거전에서 공화당은 민주당이 30만 달러를 쓴 데 비해 700만 달러를 지출했을 것으로 추정되었다. 많은 미국인들이 너무 공개적인 대통령 선거운동은 품위없는 일이라고 생각하던 시절에, 맥킨리는 자신의 고향인 오하이오 주 캔튼에서부터 공화당의 충실하고 관례적인 선거운동 순례에 비해 위엄 있는 '현관 앞' 선거 유세를 펼쳤다.

브라이언은 그러한 절제를 보여주지 않았다. 그는 전국을 체계적으로 누비고 다니며 마을과 촌락에 나타나 유세를 한 미국사상 최초의 대통령 후보였다. 그는 실제로 유권자에게 자신이 대통령이 되기를 바란다고 솔직하게 말한 최초의 인물이기도 했다. 그는 (주로 서부와 남부에서) 약 29만 킬로미터를 여행하였고 약 500만 명의 사람들에게 연설하였다. 하지만 브라이언은 자신에게 득보다는 해가 된 일을 한 것 같았다. 그의 종교부흥 집회 같은 천막 집회 스타일은 전통적인 프로테스탄트들을 즐

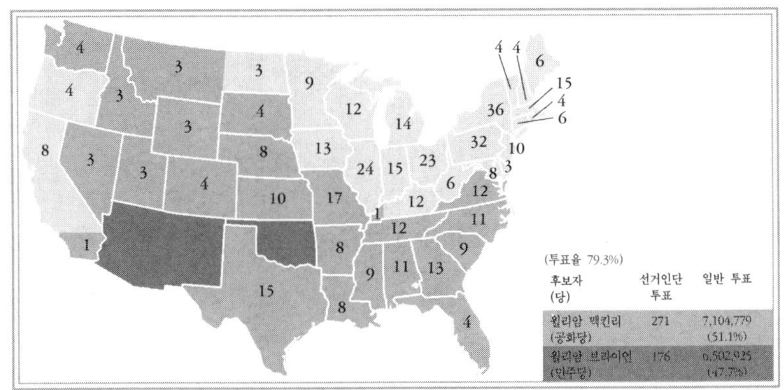

1896년의 선거

겁게 했지만, 정상적으로는 민주당에 표를 던졌던 많은 카톨릭 이민과 다른 소수인종들을 소외시켰다. 그 사이 고용주들은 노동자들에게 브라이언이 승리하면 일자리를 잃게 될 것이라고 경고하였고, 이것은 따라서 많은 전통적 민주당원들을 위협해 맥킨리를 지지하거나 아니면 투표를 전혀 하지 않는 쪽으로 나아가게 만들었다.

선거일에 맥킨리는 브라이언이 176표의 선거인단 표를 얻은 데 비해 271표를 얻었고, 일반 투표에서는 브라이언이 47.7%를 얻은 데 비해 51.1%를 획득하였다. 브라이언은 광산지대의 광원들과 환금작물 재배 농부들이 우세했던 지역인 남부와 서부에서만 승리하였다. 민주당의 프로그램은 민중주의자들의 강령과 마찬가지로 전국 선거에서 승리하기에는 너무 편협한 것이었다.

민중주의자들과 그들의 동맹자들에게 선거 결과는 재앙이었다. 그들은 민주당과의 '제휴'에 모든 것을 걸었으나 모두 잃고 말았다. 선거가 치러진 지 몇 달 내에 민중당은 붕괴하기 시작했다. 미국의 농민들은 경제개혁을 요구하기 위해 그처럼 전투적으로 결코 다시 연합하지 못하게 될 것이었다. 그리고 그렇게 거대한 미국인의 한 집단이 산업경제의 본질에 대항하여 그토록 강력한 저항을 결코 다시는 일으키지 못할 것이었다.

맥킨리와 번영

혼란의 여파 속에 시작된 윌리암 맥킨리 행정부는 상대적인 평온함으로의 복귀를 목격했다. 그 한 가지 이유는 반발의 기운이 소진되었다는 사실이었다. 맥킨리가 취임한 1897년에는 많은 중간계급 미국인들을 그토록 두렵게 만들었고 노동계급 사람들을 그토록 흥분하게 만들었던 노동계의 불안은 진정되었다. 동시에 농민 저항이 쇠퇴함과 더불어 미국 정치에서 가장 커다란 불안정 세력 두 가지가 최소한 일시적으로나마 제거되었다. 또 다른 이유는 정치적으로 약삭빨랐고 안정을 되찾는 데 주력하였던 맥킨리 행정부 자체의 성격이었다. 그러나 가장 중요한 것은 경제 위기의 점진적 완화였다. 그것은 변화를 선동하고 있었던 많은 사람들의 호소를 일축시켰던 변화였던 것이다.

맥킨리와 그의 동맹자들은 그들이 실질적으로 모든 공화당원이 동의했다고 알았던 한 가지 문제, 즉 고율의 관세 필요성에만 전력투구하였다. 맥킨리가 취임한 지 몇 주 내에 행정부는 관세를 미국사상 최고율로 올렸던 딩글리 관세법(Dingley Tariff)의 승인을 얻어냈다. 행정부는 (맥킨리 자신은 어떤 경우든 결코 매우 중요한 것으로 생각하지 않았던) 폭발적인 은화 문제에 대해 한결 신중하게 대처했다. 맥킨리는 영국과 프랑스가 은화에 동의할 가능성을 탐색하기 위해 유럽에 위원회를 파견하였다. 그와 모든 사람들이 예상했던 대로 그러한 노력은 아무런 동의를 이끌어내지 못했다. 그러자 공화당은 미국이 금본위제를 고수할 것을 확인해준 1900년의 통화법 또는 금본위제법(Gold Standard Act)을 제정하였다.

따라서 '본위제를 둘러싼 전투'는 보수주의 세력의 승리로 끝났다. 당대의 경제발전은 그들을 지지하는 것처럼 보였다. 1898년부터 번영이 회복되었다. 외국의 흉작은 미국의 농산물 가격을 치솟게 만들었으며 미국의 기업은 또 다른 호황 팽창 주기에 진입하였다. 번영과 금본위제는 긴밀하게 결합되어 있는 것처럼 보였다.

그러나 은화 자유 주조 운동이 실패로 돌아간 반면에 그것은 미국

경제에 대해 중요한 문제를 제기하였다. 1900년 이전의 4반세기에 서양 세계의 여러 나라들은 생산 설비와 인구에서 괄목할 만한 성장을 경험하였다. 하지만 통화의 공급은 경제발전과 보조를 맞추지 못하였다. 왜냐하면 통화 공급은 금과 연결되어 있었고 금의 총량은 실질적으로 일정한 상태에 있었기 때문이었다(저품위 원광으로부터 금을 추출해내는 새로운 기법과 알라스카, 남아프리카, 오스트레일리아에서 새로운 엄청난 금 매장지가 발견된 결과). 1890년대에 극적인 금의 공급 증가가 없었다면, 금융재앙에 대한 민중주의자들의 예언은 사실 정확한 것으로 판명되었을지도 몰랐다. 1898년 1890년에 비해 2배 반 정도의 금이 생산됨으로써 통화 공급은 곧 브라이언과 은화 자유 주조론자들이 제안했던 것을 훨씬 능가할 정도로 팽창했던 것이다.

그러나 그 무렵 브라이언은 다른 많은 미국인들처럼 또 다른 중요 문제, 즉 세계적 문제에서 미국의 역할이 증대되고 미국이 제국주의 국가가 될 가능성에 매달리고 있었다.

민중주의

민중주의의 본질에 관한 학문적 논쟁은 대중적 민중운동의 본질에 관한 더 큰 논의를 반영하는 경향이 있다. 일부 역사가들에게 대중 반란은 위험스럽고 잠재적으로 반(反)민주주의적인 것으로 보였다. 그리고 그들에게 민중주의 운동은 대체로 불길한 것으로 나타났다. 다른 역사가들에게는 그러한 반란은 억압에 대항한 건전한 민주주의적 저항이었다. 그리고 그들에게 민중주의는 전반적으로 한층 호소력 있는 것으로 보였다.

후자의 관점이 여러 해 동안에 최초의 유일한 일반적인 민중주의의 역사, 즉 존 힉스(John D. Hicks)의 『민중주의자의 반란』(*The Populist Revolt*, 1931)을 형성시켰다. 프레드릭 잭슨 터너의 영향을 반영하면서 힉스는 민중주의를 서부의 건전한 민주주의 감정의 표현이라고 묘사하였다. 민중주의자들은 농업사회에 대한 동부 산업 성장의 가혹한 충격에 대해 합리적이고 건설적으로 대응하였으며, 새로운 금융 거부들의 권세를 제한하기 위해 잠재적으로 가치있는 개혁을 제안했다는 것이었다. 힉스는 민중주의가 "기나긴 투쟁이었지만 아마도 지고 있는 투쟁의 마지막 국면, 즉 산업적 미국의 아귀 같은 아가리로부터 농업적 미국을 구해내려는 투쟁"이었다고 기술하였다.

1950년대 초 유럽의 파시즘과 동시대의 공산주의의 활력에 민감해진 학자들은, 집단적 대중정치에 대해 더욱 의심스러운 눈길을 보내고 민중주의에 대해 한층 적대적인 관점을 취하였다. 이러한 해석을 한 주도적 인물은 리처드 홉스태터(Richard Hofstadter)였다. 그는 『개혁의 시대』(*The Age of Reform*, 1955)에서 민중주의자들이 진짜 불만을 갖고 있었고 약간 현명한 개혁을 발전시켰다는 점을 인정하였다. 그러나 그는 그 운동의 '나약하고,' '어두운' 측면이라고 부른 것을 밝히는 데 집중하였다. 홉스태터는 민중주의가 미국 사회에서 낭만화된 시대에 뒤떨어진 전망에 의존했다고 주장하였다. 그리고 그것에는 완고함과 무지가 스며들었다는 것이었다.

홉스태터의 무자비한 묘사는 일련의 왕성한 도전을 불러일으켰다. 1962년에 시작된 노먼 폴락(Norman Pollack)의 주장에 따르면, 농민의 반란은 향수적이고 낭만적인 관념이 아니라 개혁에 대한 세련되고 심지어 급진적이기까지 한 전망에 의존하였다는 것이었다. 1년 뒤 월터 뉴전트(Walter T. K. Nugent)는 민중주의자들이 편협하지 않았으며 그들은 유대인과 다른 소수 인종들을 자신들의 당에 받아들이는 데 관용적이었을 뿐 아니라 환영하였다는 것을 보여주려고 시도하였다. 그리고 1976년에 로렌스 굿윈(Lawrence Goodwyn)은 45년 전의 힉스의 연구 이래로 민중주의 운동에 대한 최초의 본격적인 역사인 『민주적 약속』(*Democratic Promise*)을 출간하였다. 굿윈은 민중주의를 "떠오르고 있는 코포라티즘적 국가(corporate state)의 억압적인 잠재력"에 대항한 전투를 치르는 '협동조합적 운동'(cooperative crusade)으로 묘사하였다. 그것은 현대적인 주식회사적 자본주의(corporate capitalism)의 불평등에 대해 진정한 대안을 제공하였고, 열렬하게 민주적인 대중운동을 발전시킴으로써 그러한 대안을 창출하고 있었다는 것이었다.

역사가들은 민중주의의 의미에 대해 논쟁을 벌이는 동시에 민중주의자들은 어떤 사람들이었는가에 대해서도 논란을 벌이고 있었다. 힉스, 홉스태터, 굿윈은 그들 사이의 많은 의견의 불일치에도 불구하고, 민중주의자들이 경제공황의 희생자였으며, 또한 대체로 가뭄과 부채에 희생당한 경제적으로 변두리 지역에 있던 단일작물 재배농이었다는 믿음을 공유하였다. 그러나 다른 학자들은 이러한 묘사가 만약 틀리지 않았다면 최소한 부적당한 것이라고 암시하였다. 쉘던 핵크니(Sheldon Hackney)는 1969년에 앨라배마 주의 민중주의자들은 경제적으로 고통을 받고 있었을 뿐 아니라 "경제적 기능, 개인적 관계, 안정적인 공동체 구성원 의식, 정치 참여, 남부의 독특한 신화에 대한 심리적 동일시에 의해서만 빈약하게나마 사회에 연결되었던" 사회적으로 뿌리가 없는 사람들이었다고 주장하였다. 피터 애저신저(Peter Argersinger), 스탠리 파슨즈(Stanley Parsons), 제임스 터너(James Turner)와 여타 학자들은 이와 유사하게, 민중주의자들은 사회적으로 심지어 지리적으로도 고립된 사람들었던 경향을 보인다고 주장하였다. 스티븐 한(Steven Hahn)의 1983년 연구 『남부 민중주의의 뿌리』(*The Roots of Southern Populism*)는 현대 자본주의 경제와 거의 전적으로 아무런 관련이 없는 사람들로서 민중주의자가 된 조지아 주 '고지대'의 가난한 농민에 대해 묘사하였다. 그들은 단순히 '뒤에 남겨진' 공황에 대해서뿐만 아니라 그들의 생활방식에 대한 진정한 경제적 위협에 대하여 반대하고 있었던 것이다. 그것은 새로운 상업적 질서, 즉 그들이 그것의 한 부분도 아니고 또 거기에서 이득을 볼 것 같지도 않은 것이 그들의 세계로 침투해 들어오는 것에 반대했던 것이다.

　　마지막으로 민중주의가 20세기까지 살아남았는가, 즉 그것이 휴이 롱(Huey Long)과 조지 월리스(George Wallace), 또는 심지어 로스 페로(Ross Perot)와 같은 이후의 대중적 지도자들에 의해 사용된 지속적인 정치적 언어의 한 부분인가, 아니면 민중주의 사상은 단지 1890년대의 반란에 관하여만 의미를 지니는가에 대해서도 계속적으로 의견은 일치되지 않았다.

제 20 장

제국주의 공화국

미국은 건국 초부터 팽창주의 국가였다. 19세기 전반부에 걸쳐 미국의 인구가 늘고 서부로 확장하게 되자 미국 정부는 매입과 정복을 통하여 계속 새로운 영토를 획득하였다. 그렇게 얻어진 영토는, 예를 들면 애팔래치아 산맥 이서 지역, 루이지애나 영토, 플로리다, 텍사스, 오리건, 캘리포니아, 뉴멕시코, 알라스카 등이었다. 많은 미국인들은 새로운 지역으로 확장해 가는 것이 미국의 '명백한 운명'(Manifest Destiny)이라고 믿었다.

19세기 말의 마지막 몇 해를 남기고 북아메리카 대륙에는 더 이상 영토적 성장이 가능한 지역이 남지 않게 되자 팽창주의는 새로운 단계로 접어들었다. 미국은 과거에는 일반적으로 기존 국경 주변에 존재하던 지역을 병합해 왔다. 그리고 미국 시민들은 상대적으로 그곳에 쉽게 이주할 수 있었으며 새 영토는 궁극적으로 미국의 한 주가 될 수 있었다. 그러나 새로운 명백한 운명인 1890년대의 팽창주의는 미 대륙과 멀리 떨어져 있는 지역의 획득을 포함하게 되었다. 예를 들면 이러한 지역에서는 멀리 떨어져 있는 도서 영토들 중 많은 섬들은 인구가 조밀하였고, 대부분 지역은 미국으로부터 대대적인 이주를 끌어들일 만하지 않았고,

또 그런 것들 중 어느 것도 미국의 주로 승격될 기대도 할 수 없는 지역이 포함되었다. 미국은 19세기 말에 많은 산업화되지 않은 국가들을 서구 산업화된 열강의 지배하에 놓는 거대한 제국주의 정책의 추진에서 영국, 프랑스, 독일 및 기타 국가들과 제휴하고 있었다.

1. 제국주의 소동

남북전쟁 이후 20년이 지나도록 미국은 지리적으로 거의 팽창하지 않았다. 그러나 1890년대에 일부 미국인들은 1840대의 팽창주의 시기에 멕시코로부터 제국을 획득하도록 그들의 조상을 자극하였던 명백한 운명의 길을 다시 걸어 볼 준비가 되어 있었으며, 사실은 이를 매우 원하고 있었던 것이다.

새로운 명백한 운명

몇 가지 일들이 미국인들의 관심을 해외 영토로 돌려놓도록 했다. 인디언 부족들을 정복하던 경험이 미국인들로 하여금 약한 국민들에 대해 식민지 통치를 가하기 위한 선례가 되었다. 1890년대 프레드릭 잭슨 터너(Frederick Jackson Turner)와 다른 사람들이 널리 주장했던 소위 '프런티어의 종식'은 자연자원이 곧 고갈될 것이기 때문에 대체 자원이 반드시 해외에서 발견되어야 한다는 우려를 낳았다. 1893년에 시작된 경제불황은 일부 사업가들로 하여금 해외의 새로운 시장으로 눈을 돌리게 만들었다. 당대에 격심한 사회적 저항 운동, 예컨대 민중주의 운동, 은화 자유 주조 운동, 유혈 노동쟁의 등은 몇몇 정치가들로 하여금 국내 생활을 불안정하게 만들 좌절에 대한 탈출구로써 공격적인 외교정책을 추진하도록 했다.

19세기 후반 미국 경제에서 해외무역은 점점 중요해지고 있었다. 미국의 수출은 1870년에 약 3억 9천2백만 달러에 달했고, 1900년경에는 그 금액이 140억 달러에 이르렀다. 많은 미국인들은 해외시장을 더욱 확장시켜 줄 수 있는 식민지 획득 가능성을 고려하기 시작했다. 1899년 인디애나 주 출신 상원의원 앨버트 비버리지(Albert J. Beveridge)는 "오늘날 우리는 우리가 소비하는 것보다 더 많은 것을 기르고 있다. 오늘날 우리는 우리가 사용할 수 있는 것보다 더 많은 것을 만들고 있다. 따라서 우리는 반드시 우리 생산품을 위한 새로운 시장, 우리 자본을 위한 새로운 사업, 그리고 우리 노동을 위한 새로운 일거리를 찾아야 한다"고 외쳤다.

더욱이 미국인들은 유럽에서 일어나고 있던 제국주의 열기를 잘 알고 있었다. 그것은 열강들로 하여금 자기들끼리 아프리카의 대부분을 분할하게 만들었고 또한 그들의 야욕의 눈길을 극동과 나약한 중국으로 돌리게 했다. 몇몇 미국인들은 미국이 그러한 활동에서 제외될 것을 걱정하였고, 또한 획득가능한 영토가 하나도 남아 있지 않게 될 것을 걱정하였다.

학자들과 그 밖의 사람들은 찰스 다윈의 이론에서 팽창에 대한 철학적인 정당성을 찾았다. 그들은 국가나 '종족'은 생물학적 종(種)과 마찬가지로 생존을 위해 끊임없이 투쟁하며 오직 적자만이 생존할 수 있다고 주장하였다. 따라서 강한 국가가 약한 국가를 지배하는 것은 자연 법칙에 일치하는 것이었다(이것은 다윈주의를 국제 문제에 적용한 것이었고, 똑같은 논리로 산업가들과 다른 사람들은 사회적 다윈주의의 형태로 국내 경제 문제에 오랫동안 다윈주의를 적용해 왔다).

제국주의의 가장 유능하고 효과적인 전도자는 알프레드 테이어 마한이었다. 마한은 당시 해군 대령이었으나 나중에 해군 제독이 된 인물이었다. 『제해권이 역사에 끼친 영향』(*The Influence of Sea Power upon History*, 1890)과 다른 저서에 나타난 마한의 이론은 단순하다. 즉 제해권을 가진 국가는 역사에서 강력한 국가였다는 것이다. 두 개의 대양으로 경계를 이루고 있는 미국의 막강함은 해군력에 의존하게 될 것이다. 무엇보다도 효과적인 해군력은 식민지를 필요로 하였다. 마한은 미국이 적어도 카리브해와 태평양에 방어를 위한 기지를 획득해야 하며 하와이 및 기타 태평양 도서들을 소유해야 한다고 믿었다.

마한은 미국이 그가 꿈꾸는 큰 역할을 할 만큼 거대한 해군을 보유하지 못한 것을 걱정했다. 그러나 1870년대와 1880년대 동안에 미국 정부는 함정 건조 계획을 시작하였으며, 1898년경 미국은 해군력에서 세계 5위였고 1900년경에는 3위에 이르렀다.

서반구의 주도권

1880년대에 두 차례 걸쳐 공화당 행정부의 국무장관을 지낸 제임스 블레인(James G. Blaine)은 라틴아메리카로 미국의 영향력을 확대하기 위한 초기의 노력을 이끌었다. 블레인은 그곳에서 미국이 잉여생산물을 위한 시장을 찾아야만 한다고 믿었다. 1889년 10월 그는 첫번째 범아메리카 회의(Pan-American Congress)를 조직하도록 도왔다. 그 회의는 19개 국가로부터 대표를 불러들였다. 대표들은 범아메리카 연합(Pan-American Union)을 창설하기로 합의하였다. 그것은 워싱턴에 본부를 둔 약한 국제기구로써 회원국들에게 정보를 제공하는 일종의 어음교환소 같은 정도의 기능을 하였다. 그러나 그들은 블레인의 더욱 구체적인 제안, 즉 아메리카 대륙 내 국가간의 관세연합, 그리고 서반구의 분쟁에 대한 조정절차 등은 거부하였다.

제2차 임기의 클리블랜드 행정부는 라틴아메리카에서 이와 유사한 활기찬 관심을 보였다. 1895년 클리블랜드 행정부는 베네주엘라와 영국령 가이아나 사이의 국경 문제에 관한 영국과 베네주엘라간의 분쟁에서 베네주엘라를 지지하였다. 영국이 그 문제는 국제 조정에 맡겨야 한다는 미국의 주장을 무시하자, 국무장관 리처드 올니(Richard Olney)는 영국이 먼로 선언을 위반했다고 비난하였다. 영국이 아무런 조치를 취하지 않자 클리블랜드는 국경선을 확정짓기 위한 특별위원회를 구성하였다. 그는 만약 영국이 위원회의 결정을 거부한다면 미국이 그것을 집행하기 위하여 전쟁도 불사할 것임을 강조하였다. 전쟁 여론이 미국에서 비등하게 되자 영국 정부는 마침내 절박한 외교적 위기에 봉착하였음을 깨달고 국제 조정에 동의하였다.

하와이와 사모아

태평양 가운데 있는 하와이 제도는 19세기 초 이래로 중국과 무역을 하던 미국 선박을 위한 중요한 거점이었다. 1880년대 무렵 확대일로에 있던 미국 해군의 장교들은 미국 함정을 위한 영구적인 기지로서 오아후 섬의 진주만을 욕심어린 눈으로 바라보고 있었다. 마찬가지로 하와이에서 미국의 존재가 증대되어야 한다는 데 대한 압력이 또 다른 근거에서 대두되고 있었다. 왜냐하면 그 섬에 정착해 점차 하와이의 경제와 정치를 지배하게 된 미국인의 수가 늘어났기 때문이었다.

상업적 관계가 하와이를 가차없이 미국의 세력권으로 밀어넣었다. 1875년의 조약은 하와이산 설탕이 미국에 면세로 수입될 수 있게 했고 하와이 왕국이 다른 열강들에게 어떠한 영토적·경제적 양보를 하지 못하게 만들었다. 1887년의 새로운 조약은 미국이 진주만을 해군기지로 단독 사용할 수 있도록 해주었다. 1890년의 맥킨리 관세법(MacKinley Tariff)은 하와이 거주 미국인들 사이에 그곳을 미국의 일원으로 만들고자 하는 분위기를 더 강하게 만들었다. 이 관세법은 미국 내 설탕 생산 업자들에게 보조금을 주면서 하와이가 미국 설탕 시장에서 갖고 있던 특권적 지위를 박탈하는 것이었다. 합병은 하와이 사탕수수 농장주들에게 미국 농장주들이 받던 것과 같은 보조금을 주게 될 것이었다. 그것은 하와이의 경제적 몰락을 방지할 유일한 대안으로 보였다.

1891년 하와이를 미국에 편입시켜야 한다는 감정이 하와이 백인들 사이에서 점점 증대되는 가운데 소극적인 성격의 원주민 국왕 칼라카우아(Kalakaua)가 사망하고 릴리우오칼라니(Liliuokalani) 여왕이 그 자리를 계승하였다. 그녀는 자국 정부에 대한 미국의 영향을 제거하기로 결심했던 민족주의자였다. 미국인 주민들은 이에 저항하였다. 1893년 그들은 혁명를 일으켰고 미국의 보호를 요청하였다. 미국 공사가 호놀룰루 항구에 있던 전함에서 해병을 상륙시켜 반란군을 돕도록 명령하자 여왕은 자신의 권한을 이양하였다. 미국인들이 지배하던 임시정부는 즉각 합병 조약을 협상하기 위한 대표단을 워싱턴에 파견하였다. 해리슨 대통령은 1893년 2월 기꺼이 합병 조약에 서명하였다. 그러나 상원은 조약의 인준을 거부하였고 또 새로 대통령이 된 글로버 클리블랜드도 지지를 거부하였다. 하와이 합병을 둘러싼 논쟁은 1898년까지 계속되었고 그해에 공화당이 정권을 다시 잡자 조약을 승인하였다.

하와이에서 4천8백 킬로미터 남쪽에 위치한 사모아 제도도 미국 선박이 태평양 무역을 하기 위한 중간 거점으로 오랫동안 이용되어 왔다. 아시아와 미국의 상거래가 증가하자, 미국의 사업계는 사모아를 새로운 관심을 갖고 보기 시작하였으며 미 해군은 사모아의 파고파고(Pago Pago) 항구를 눈여겨 보기 시작했다. 1878년 헤이즈 행정부는 사모아 지도자들로부터 파고파고에 미국의 해군기지를 제공한다는 내용의 조약을 이끌어냈다. 그 조약은 미국이 사모아와 다른 국가 사이의 분쟁을 조정하도록 하였다. 미국은 이제 분명히 사모아 문제에 대해 관여할 것으로 기대되었다.

그러나 영국과 독일도 사모아 제도에 대해 관심을 갖고 있었으며, 그들 역시 원주민 왕자들로부터 조약권을 얻어냈다. 향후 10년 동안 세 열강은 사모아를 지배하기 위하여 각축전을 벌였다. 그것은 원주민 지배자를 차례로 제거하면서 위험할 정도로 전쟁에 다가가는 것이었다. 마침내 세 열강은 사모아를 3자 보호령으로 두는 것에 동의하였고 원주민 추장들은 단지 명목상의 권한만 행사할 수 있게 되었다. 3자 협의는 그 구성원간의 음모와 경쟁을 멈추게 할 수 없었다. 그리고 1899년 미국과 독일은 자기들끼리 그 섬들을 분할하면서, 영국에 대해서는 태평양에 있는 다른 영토로 보상해 주기로 하였다. 미국은 파고파고 항구를 계속 보유하였다.

2. 스페인과의 전쟁

따라서 제국주의적 야심은 1890년대 후반 훨씬 이전부터 미국에서 들끓기 시작하였다. 그러나 1898년 스페인과의 전쟁은 그와 같은 소동을 공공연한 팽창주의로 바꾸어 놓았다. 그 전쟁은 미국과 세계의 나머지 나라와의 관계를 변화시켰으며 미국을 광범위한 해외 제국으로 만들어 놓았다.

쿠바를 둘러싼 논쟁

미국-스페인 전쟁은 쿠바 사태에서 기원하였다. 쿠바는 푸에르토리코와 더불어 스페인이 아메리카에 보유했던 광대한 제국의 마지막 식민지였다. 쿠바인들은 적어도 1868년 이래로 스페인의 통치에 반대해 왔다. 당시 그들은 오래 끌었지만 결국 성공하지 못했던 독립전쟁을 시작했던 것이다. 많은 미국인들이 10년간이나 투쟁한 쿠바인들을 동정했지만 미국은 개입하지 않았다.

1895년 쿠바인들은 다시 일어섰다(비록 그들의 목표는 스페인의 실정을 종식시키는 것이었으나, 그 섬의 문제는 부분적으로 1894년의 윌슨-고먼 관세법의 결과였다. 이 법으로 설탕에 부과된 관세는 쿠바의 주요 시장인 미국에 대한 수출을 단절시킴으로써 쿠바의 중요한 설탕 경제를 약화시켰던 것이다). 이 반란은 미국인들로 하여금 치를 떨게 했던 쿠바와 스페인 양측의 잔학한 행동을 초래하였다. 쿠바인들은 고의적으로 섬을 황폐화시킴으로써 스페인인들이 떠나도록 만들었다. 발레리아노 웨일러(Valeriano Wayler) 장군(미국 언론에는 '도살자' 웨일러로 알려져 있었다) 지휘하에 있던 스페인인들은 급히 만들어진 수용소에 민간인들을 수용하였는데, 그곳에서 그들은 질병과 영양실조로 수천 명씩 죽어갔다. 스페인인들은 미국인들의 감정을 해치지 않고도 쿠바인의 초기 투쟁 기간 동안에 이와 동일한 야만적인 방법을 사용한 적이 있었다. 그러나 1895년의 반란은 미국 신문들에서, 특히 윌리엄 랜돌프 허스트와 조셉 퓰리처의 '황색 언론'에 의하여 더 자세하고 요란하게 보도되었다. 그들은 뉴욕 시나 그 밖의 지역에서 서로 독자를 확보하기 위한 무자비한 전쟁을 하고 있었다. 그들은 대중의 감정에 접근하려는 노력의 일환으로 스페인에 의한 잔학 행위가 쿠바에서 영구화되고 있다는 인상을 심어 주었다.

미국에서 그 수가 증가하던 쿠바인 망명자들은 플로리다 주, 뉴욕, 필라델피아, 트렌턴, 뉴저지 주 등에 몰려 있었고, 이들은 쿠바 혁명당에 대해 대대적인 지지를 보냈으며(그들의 본부는 뉴욕에 있었다), 1895년 쿠바에서 사망한 그들의 지도자 호세 마르티(Jose Marti)를 대중들의 영웅으로 만들었다. 나중에 쿠바계 미국인은 「자유 쿠바」(Cuba Libre)지의 운동을 지지하기 위해 클럽과 동아리 조직을 만들었다. 미국의 일부 지역에서 그들의 노력은 혁명에 대한 대중적 지지를 불러일으키는 데서 황색 언론인 만큼이나 중요했다.

스페인에 대해 폭풍처럼 일어나던 격분도 클리블랜드 대통령으로 하여금 쿠바 사태에 개입하도록 만들지는 않았다. 그는 미국의 중립을 선언하였고 뉴욕 시에 있던 쿠바 난민의 선동을 막으려고 노력하였다. 그러나 1897년 맥킨리가 대통령이 되자 그는 더 강력한 입장을 취했다. 그는 정식으로 스페인의 '반문명적이고 비인간적인' 행위에 항의함으로써, 스페인 정부로 하여금 (미국의 개입을 두려워하여) 웨일러를 소환하고 강제수용소 정책을 완화시키며 쿠바에 실질적인 자치를 허용하도록 만들었다. 1897년 말 반란이 세력을 잃게 되자, 미국의 참전은 피할 수 있는 것처럼 보였다.

그러나 어떤 기회가 있었던지 간에 1898년 2월 두 가지 극적인 사건으로 말미암아 평화적인 해결책은 완전히 사라져 버렸다. 첫번째 사건은 아바나에 있던 쿠바인 간첩이 워싱턴 주재 스페인 공사 듀푸이 드 로메(Dupuy de Lome)가 쓴 개인 서신을 훔쳐서 미국 언론에 넘겨주었을 때 발생하였다. 그 편지는 맥킨리를 나약하고 "군중들의 환심이나 사려는 자"로 묘사하였다. 이것은 일부 공화당원을 포함한 많은 미국인들이 자신들의 대통령에 대하여 이야기하던 정도 이상은 아니었다(해군부 차관보였던 시어도어 루즈벨트는 맥킨리를 "쵸코렛 입힌 과자보다 의지가 약한 사람"으로 묘사했다). 그러나 외국인에게서 그런 평가가 나오자 그것은 군중들의 강력한 분노를 유발시켰다. 듀푸이 드로메는 즉시 사임하였다.

이 드로메 편지에 대한 흥분이 아직 높을 때 미국 전함 메인호가 아바나 항구에서 폭발하여 260명 이상의 사망자가 발생하였다. 이 군함은 스페인 충성파들이 저지를지도 모를 공격에 대비해 미국인의 생명과 재산을 보호하기 위해 1월에 쿠바를 향하도록 명령받았다. 많은 미국인들은 스페인인들이 배를 침몰시켰다고 생각했다. 특히 해군 재판소가 잠수함 기뢰에 의한 외부 폭발이 사고의 원인이었다는 보고를 내놓자 그러한 생각은 더욱 굳어졌다(나중에 나온 증거는 사고가 기관실 내부의 우연한 폭발의 결과였을 가능성을 시사해 주고 있다). 전쟁의 광기가 미국을 휩쓸었다. 의회는 군사적 준비를 위해 만장일치로 5천만 달러의 지출을 승인하였다. "메인호를 기억하라!"라는 노래가 복수를 부추겼다.

맥킨리는 아직도 전쟁을 피하길 원했다. 그러나 그의 행정부 내의 다른 사람들은(시어도어 루즈벨트를 포함하여) 전쟁을 부르짖었다. 1898년 3월 맥킨리 대통령은 스페인에게 휴전과 영구 평화를 위한 협상 및 강제수용소의 폐지에 동의할 것을 요청하였다. 스페인은 전투 중지에 동의

황색 언론과 메인호의 잔해:
1898년 2월 미국 전함 메인호를 침몰시켰던
아바나 만에서의 폭발을 스페인인과
연계시켜 주는 아무런 증거도
발견된 적이 없었다. 그럼에도 불구하고
미국 신문들은 스페인인에 대항한 전쟁을
지지하는 대중의 감정을 불러일으키기 위해
의도된 선정적인 기사를 게재하였다.
조셉 퓰리처 소유의 「뉴욕 월드」지에 실린
이 첫 페이지는 이 사건이 실렸던
선정적인 신문 보도의 한 예이다.

하였고 수용소를 폐지하였다. 그러나 스페인은 반란군과의 협상을 거부하였고 전투를 재개하는 것은 자신들의 판단에 의한다는 단서를 붙였다. 그러한 조치는 여론과 의회 그 어느 쪽도 만족시키지 못했다. 며칠 후 맥킨리는 의회에 선전포고를 요청했고 의회는 4월 25일 선전포고를 결정하였다.

"눈부신 작은 전쟁"

국무장관 존 헤이는 미국 - 스페인 전쟁을 "눈부신 작은 전쟁"(a splended little war)이라고 불렀고, 그 전쟁에 참전했던 많은 징집병을 제외한 대부분의 미국인들은 이 의견에 동의하였던 것 같다. 이 전쟁은 4월에 선전포고가 이루어졌고 8월에 끝났다. 그것은 부분적으로 쿠바 반란군이 이미 스페인의 저항을 약화시켰기 때문에 미국의 개입은 많은 점에서 '패잔병을 소탕하는' 훈련에 지나지 않았다. 460명의 미국인만이 전사하거나 부상으로 사망하였으나, 약 5천2백 명의 미국인이 질병, 예를 들면 말라리아, 이질, 장티푸스 등으로 죽었다. 전투에 계속 가담했던 쿠바 반란군의 사상자 수는 훨씬 많았다.

그러나 미국의 전쟁 수행 노력도 어려움이 없었던 것은 아니었다. 미군은 심각한 보급 문제에 직면하였는데, 예를 들면 그들은 현대화된 총과 실탄이 부족했고, 군복은 카리브의 열대기후에는 너무 두꺼웠으며, 의약품도 부적합했으며, 음식은 소화시키기 어려운 빈약한 것들이었다. 정규군은 단지 2만8천 명의 사병과 장교에 불과했으며, 그들 대부분은 인디언의 소요 사태를 진압해 본 경험은 있었지만 대규모 전투 경험은 없었다. 그것은 남북전쟁 때와 마찬가지로 미국이 방위군(National Guard)에 대한 의존도가 높았음을 보여주었다. 방위군은 지역 주민들로 구성되었고 대부분 군 경험이 없는 지역 지도자들이 지휘했던 것이다. 전체적인 전쟁 동원 체제는 매우 비효율적인 방식으로 수행되었다.

또한 인종 갈등 역시 무시할 수 없었다. 미국 침략군의 상당수는 흑인 병사들로 구성되어 있었다(비록 몇몇 주지사들은 그러한 부대 구성을 허락하길 거부했지만). 일부 병사들은 흑인 지역에서 모여든 지원병이었다. 다른 병사들은 정규군 소속의 4개 흑인 연대에 배속된 군인들이었다. 그들은 인디언에 대항해 백인 정착민을 보호하기 위해 프런티어에 주둔하고 있었으나, 이제 쿠바에서의 전투를 위해 동쪽으로 이동하였다. 흑인 병사들이 훈련소로 가기 위해 남부 지역을 통과해 갈 때, 그들은 엄격한 흑백 분리 대우에 불만을 표시했고 때로는 공개적으로 규제에 저항하였다. 조지아 주에서 흑인 병사들은 의도적으로 '백인 전용' 공원을 사용하였고, 플로리다 주에서는 그들에게 음료수 판매를 거부하는 판매원을 폭행했으며, 탬파(Tampa)에서는 백인의 도발에 흑인이 보복하는 사건이 밤새도록 이어져 30명이나 부상하였다.

　　인종 갈등은 쿠바에서조차 계속되었다. 그곳에서 미국 흑인들은 전쟁 중 (유명한 샌후안힐(San Juan Hill)을 포함한) 중요한 몇 차례 전투에서 결정적인 역할을 했고 많은 훈장을 받았다. 미국인들과 함께 싸웠던 쿠바 반란군은 거의 반수 이상이 흑인이었으며, 이들은 미국 흑인들과 달리 반란군에 완전히 통합되어 있었다(사실 두 사람의 주도적 반란군 지휘자 안토니오 마케오(Antonio Maceo)와 퀸틴 반데라(Quintin Bandera)

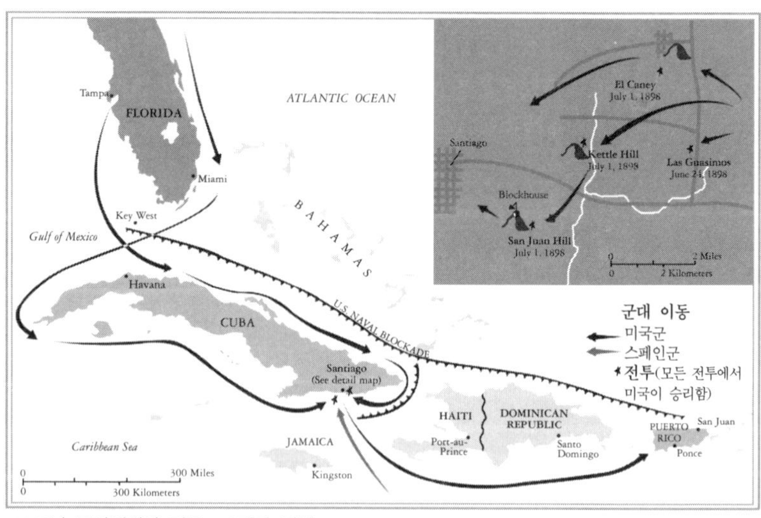

1898년 쿠바에서의 미국 - 스페인 전쟁

는 흑인이었다). 쿠바 흑인군이 백인들과 완전히 동등한 입장에서 싸우는 광경은 미국 흑인들에게는 자신들의 불공평한 처지에 대한 더 강한 느낌을 주었다.

필리핀 획득

미군의 어떤 기관도 전략 계획에 관한 분명한 권한을 갖고 있지 않았다. 당시 해군만이 목표를 설정하였으나 그 목표는 쿠바를 해방시키는 것과는 아무 상관이 없었다. 해군 차관보 시어도어 루즈벨트는 열렬한 제국주의자였고, 전쟁을 적극 지지하였으며, 군 지휘계통에서 비교적 낮은 서열에 있었음에도 불구하고 별로 개의치 않는 인물이었다. 루즈벨트는 일방적으로 태평양 함대를 강화시켰고, 전쟁이 발발하게 될 경우 스페인 식민지인 필리핀 주둔 스페인 함대를 공격하라고 태평양 함대 사령관인 조지 듀이(George Dewey) 함장에게 훈령을 내렸다.

전쟁이 선포되자마자 듀이는 필리핀으로 진격하였다. 1898년 5월 1일 그는 마닐라만으로 진입하였고 그곳에 있던 스페인 함대를 완전히 궤멸시켰다. 단지 1명의 미군 수병만이 (그것도 심장마비로) 전투에서 사망했다. 그리고 조지 듀이는 즉시 제독으로 승진했으며 미국-스페인 전쟁의 첫 영웅이 되었다. 몇 달 후 미국 정벌군이 도착한 이후 스페인은 마닐라 시를 포기하였다. 듀이의 승리에 기분이 들떠 있는 가운데 미국인들 중에서 그 전쟁의 성격이 변했음을 눈치챈 사람은 거의 없었다. 쿠바를 해방시키려고 시작한 전쟁이 스페인의 식민지를 탈취하기 위한 전쟁이 되고 있었던 것이다.

쿠바를 위한 전쟁

그러나 쿠바는 미국 군사작전의 핵심이었다. 처음에 미국 지휘관들은 실제로 군대를 전투에 투입시키기 전에 장기 훈련을 계획하고 있었다. 그러나 파스쿠알 세르베라(Pascural Cervera) 제독 휘하의 스페인

함대가 쿠바 남부 해안의 산티아고 항구로 미 해군을 비켜 지나 들어갔을 때 계획은 재빨리 변경되었다. 미 대서양 함대는 재빨리 세르베라 함대를 항구에 가두고 입구를 막아 버렸다. 그리고 육군 지휘관 넬슨 마일즈(Nelson A. Miles) 장군은 급히 자신의 전략을 바꾸었다. 그는 윌리엄 새프터(William R. Shafter) 장군에게 6월에 1만7천 명의 군대를 이끌고 탬파를 떠나 산티아고를 공격하도록 명령하였다. 플로리다에서 출발할 때와 쿠바에 상륙할 때 모두 그들의 모습은 참으로 엉성하였다. 소규모의 부대가 해변에 도착하는 데 5일이나 걸렸는데 그나마 적의 공격이 전혀 없는 상태에서 그랬던 것이다.

새프터는 산티아고를 향해 이동하였다. 그는 그곳을 포위해 점령할 계획이었다. 도중에 그는 라스구아시마스(Las Guasimas)에서 스페인 군대를 만나 격퇴시키고 1주일 후에 엘캐니(El Caney)와 샌후안힐에서 동시에 벌어진 두 전투에서 승리하였다. 이 모든 교전 기간 중 전투의 중심에 있던 (그리고 신문의 일면을 장식했던) 것은 러프라이더(Rough Rider)라고 알려진 기병대였다. 이 기병대는 명목상으로는 레오나드 우

러프라이더 기병대: 중앙에 시어도어 루즈벨트가 샌후안힐의 전투에서 유명한 돌격을 감행한 후에 일부 러프 라이더들과 포즈를 취하고 있다. 이 여단은 다음과 같은 비공식 군가를 불렀다. "거칠게, 거칠게, 우리는 폐물이다. 우리는 싸움을 원하지만, 만족할 수 없네."

드(Leonard Wood) 장군이 지휘했으나 실질적 지휘자는 시어도어 루즈벨트 대령이었다. 그는 전쟁에 참전하기 위해 해군부에서 사임하였으며, 전투가 끝나기 전에 그의 연대가 전선에 도착하도록 거의 필사적인 노력을 하였다. 루즈벨트는 빠른 속도로 전쟁영웅으로 떠올랐다. 그의 명성은 주로 케틀힐(Kettle Hill) 전투에서(그 공격은 바로 곁에 있던 샌후안힐 전투의 일부분이었다) 용감했지만 아마도 조심성없이 스페인 포격을 무릅쓰고 직접 돌격하는 데 앞장선 것에 기인하였다. 루즈벨트 자신은 부상을 입지 않았지만 거의 100명에 달하는 그의 병사들이 전사하거나 부상당하였다. 그는 이 전투를 "내 일생 중 위대한 날"이라고 회고하였다.

비록 샤프터가 산티아고를 공격할 위치에 있었지만 그의 군대는 질병으로 약화되어 있었고, 특히 산티아고를 봉쇄하고 있던 미국 해군 지휘관은 기뢰(機雷)가 설치되어 있다는 이유로 항구에 진입하기를 거부하자 자신의 위치를 포기해야 할지도 모른다고 걱정했다. 재앙은 임박한 것처럼 보였다. 하지만 스페인 정부는 (미국인들은 그 사실을 몰랐지만) 이제 산티아고를 잃은 것으로 판단하여 세르베라에게 철수를 명령했다. 7월 3일 세르베라는 그러한 노력이 가망없다는 것을 알았지만 항구를 탈출하려고 시도했다. 기다리고 있던 미군의 소규모 함대가 그의 함대를 전멸시켰다. 7월 16일 산티아고 주둔 스페인 지상군 사령관이 항복했다. 거의 동시에 미군은 푸에르토리코에 상륙하였고 거의 아무런 저항이 없는 상태에서 그곳을 점령하였다. 8월 12일 휴전으로 전쟁은 끝났다.

제국주의를 위한 결정

휴전 조약하에 스페인은 쿠바의 독립을 인정하였다. 스페인은 (이제 미군에게 점령된) 푸에르토리코와 괌을 미국에 양도하였다. 그리고 스페인은 필리핀의 최종적인 양도는 보류한 채 우선 미국이 마닐라에 계속 주둔하는 것을 용인하였다.

필리핀에 대한 협약이 이처럼 모호했던 것은 미국이 바로 그곳에서 무엇을 해야할지에 대해 혼동을 느꼈다는 사실을 반영했다. 인근에 있는 푸에르토리코나 멀리 떨어져 있으며 별로 중요하게 보이지 않았던 괌의 합병에 반대한 미국인은 거의 없었지만 필리핀의 합병은 격렬한 논쟁거리가 되었다. 지지자와 반대자 모두 그렇게 크고 중요한 영토를 획득하는 것은 미국의 세계적 위치에 커다란 변화를 의미하게 될 것이라는 점을 인식했던 것이다.

맥킨리는 합병을 지지하는 데 소극적이었다고 주장했다. 그러나 그자신의 설명에 따르면 고통스러운 철야 기도를 통해 달리 수용할 수 있는 대안이 없다고 확신하게 되었다는 것이다. 맥킨리는 필리핀을 스페인에 되돌려 준다는 것은 "비겁하고 불명예스러운" 일이 될 것이라고 주장하였다. 필리핀을 또 다른 제국주의 열강(프랑스, 독일, 또는 영국)에 넘겨준다는 것도 "안 좋은 일이고 체면이 안 서는" 일이 될 것이었다. 맥킨리가 보기에 그렇다고 필리핀인들에게 독립을 허용하는 것도 무책임한 일이었다. 즉 필리핀인들은 "자치에 적합하지 않았던" 것이다. 유일한 해결책은 "필리핀을 전부 취하여 필리핀인들을 교육시키고 도덕적으로 고양시켜 기독교도가 되게 하고, 하나님의 은혜로 우리가 그들에게 할 수 있는 한 최선을 다하는 것이었다." 합병을 지지하는 대중의 증대되는 요구와 자기 당의 제국주의 지도자들의 압력은 분명히 맥킨리로 하여금 이러한 양심의 결정에 도달하도록 도와주었을 것이다.

1898년 12월에 체결된 파리 조약은 전쟁을 공식적으로 종결지었다. 그 조약은 쿠바, 푸에르토리코, 괌에 관한 휴전 조약의 내용을 재확인했다. 그러나 미국의 협상자들은 필리핀을 미국에 양도할 것을 요구함으로써 스페인인들을 놀라게 했다. 스페인인들은 잠시 동안 반대했으나, 미국이 필리핀에 대한 대가로 2천만 달러를 제공하겠다고 하자 저항을 누그러뜨렸다. 그들은 미국의 제안을 모두 받아들였던 것이다.

그러나 미국 상원의 반대는 격렬한 것이었다. 조약의 비준에 대한 논의가 진행되는 동안 필리핀 획득에 반대하는 강력한 제국주의 반대 운동이 전국적으로 일어났다. 제국주의 반대자들 가운데에는 당시 미국에서 가장 부자이면서도 가장 막강한 인물들, 즉 앤드루 카네기, 마크 트웨인, 새뮤얼 곰퍼스, 상원의원 존 셔먼(John Sherman) 등이 있었다. 그들의 동기는 다양했다. 어떤 사람들은 단순히 제국주의는 부도덕한 것이 며 인간을 해방시키려는 미국의 정신을 부인하는 것이라고 믿었다. 어떤 사람들은 '열등한' 아시아인들을 미국인에 포함시킴으로써 미국인을 '오 염'시키게 될 것을 두려워했다. 산업노동자들은 새로운 식민지로부터 값 싼 노동자들이 몰려들어옴으로써 임금이 삭감될 것을 걱정했다. 보수주 의자들은 그들 생각에 제국주의가 필요로하게 될 거대한 상비군과 해외 동맹체제에 얽메이게 될 것을 두려워했다. 그리고 그들은 그것이 미국의 자유를 위협할 것이라고 걱정하였다. 설탕 재배업자들과 그 밖의 사람들 은 새로운 영토에서 나타날 바람직하지 않은 경쟁을 걱정했다. 1898년 후반에 보스턴의 상류 인사들, 뉴욕 사람들 및 기타 사람들이 주축이 되 어 합병에 반대하기 위해 결성된 반제국주의 동맹(Anti-Imperialist League)은 북동부에서 광범위한 지지를 이끌어냈고, 파리 조약의 비준에 반대하는 운동을 전개하였다.

비준에 찬성하는 사람들도 마찬가지로 다양한 집단으로 구성되었 다. 그 중에는 시어도어 루즈벨트와 같은 역동적인 제국주의자들도 있었 다. 그는 제국을 건설하는 것이 미국의 기력을 회복시키고, 전쟁이 가져 다주는 건전하고 부흥적인 영향력이라고 생각되는 것을 계속 유지시키 는 방법이라고 보았다. 일부 사업가들은 필리핀에서 사업 기회를 기대했 고, 합병이 미국을 동방 무역에서 지배적인 위치에 올려놓을 것으로 믿 었다. 그리고 대부분의 공화당원들은 공화당 정부가 싸워 이긴 전쟁을 통해서 가치있는 새 영토를 획득하는 것이 당에게 유리할 것으로 보았 다. 아마 합병에 찬성하는 가장 강한 주장은 그것이 완수됨으로써 생길 명백한 안정이었다. 결국 미국은 이미 필리핀을 소유하였다.

제국주의 반대자들이 미국 시민될 많은 사람들이 살고 있는 영토를 획득하는 데 따른 위험에 대해 경고했을 때, 제국주의자들에게는 이미 준비된 답이 있었다. 인디언에 대한 미국의 오랜 정책, 즉 그들을 시민으 로서가 아니라 의존적인 사람들로 취급했던 정책은, 사람들은 받아들이 지 않고 영토만 합병하는 선례를 이미 만들어 놓았던 것이다. 의회에서 주도적인 제국주의자 중의 한 사람이자 매사추세츠 주 출신 상원의원인 헨리 캐봇 롯지(Henry Cabot Lodge)는 그 점을 다음과 같이 분명히 밝혔다.

전날 (…) 위대한 민주당 사상가는 공화국이 종속민을 가질 수 없다고 선언하였다. 그는 이 공화국이 처음부터 종속민을 갖고 있었을 뿐 아니라 (…) (우리가) 그들을 매매행위로 얻었다는 것을 망각한 듯이 보인다. (우리는) 인디언 부족에게 심지어 충성을 선택하거나 시민이 될 수 있는 권리조차 거부하였다.

조약의 운명은 윌리암 제닝스 브라이언의 예기치 않던 지지를 받을 때까지 몇 주 동안 의문에 쌓여 있었다. 브라이언은 그 문제를 상원에서 다루지 않고, 그가 민주당 대통령 후보로 다시 지명되리라 기대되었던 1900년에 국민투표로 합병 문제를 결정짓기를 희망한 열렬한 제국주의 반대자였다. 브라이언은 1900년의 논쟁을 마련하기 위해 많은 민주당 제국주의 반대자들이 그 조약을 지지하도록 설득하였다. 1899년 2월 6일 상원은 마침내 그 조약을 비준하였다.

그러나 브라이언은 잘못 판단했다. 만약 1900년 선거가 필리핀 문제에 관한 국민투표였다면, 그가 시도했던 것처럼 그것은 의심할 여지 없이 미국이 제국주의를 찬성하는 쪽으로 결정했음이 입증되었을 것이다. 브라이언은 다시 한번 맥킨리에 대항해 출마하였다. 그리고 맥킨리는 다시금 1896년보다 더 결정적인 승리를 거두었다. 하지만 오직 식민지 문제가 맥킨리의 승리를 보장했던 것은 아니었다. 공화당은 증대되고 있는 미국의 번영의 덕을 보고 있었고, 또한 샌후안힐의 영웅이자 다양한 기질의 소유자인 루즈벨트 대령이 부통령 후보로 나선 것도 이점으로 작용했던 것이다.

3. 제국으로서의 공화국

새로운 미국 제국은 유럽의 거대한 제국주의 열강에 비교하면 작은 제국이었다. 하지만 그것은 커다란 문제를 야기시켰다. 그것은 미국으로 하여금 과거에 항상 회피하려고 노력했던 유럽과 극동의 정치에 연루되게 만들었던 것이다. 그것은 또한 미국인으로 하여금 필리핀에서 처절한 전쟁에 휘말리게 만들었다.

식민지 통치

세 개의 새로운 미국의 보호령, 즉 하와이, 알라스카, 푸에르토리코는 비교적 별다른 문제를 일으키지 않았다. 그 지역들은 준주의 지위(그리고 미국 시민으로서 주민들의 지위)를 비교적 빠르게 받아들였다. 예를 들면 하와이는 1900년, 알라스카는 1912년, 그리고 푸에르토리코는 (여러 단계를 거쳐) 1917년에 이 같은 지위를 받아들였던 것이다. 해군은 괌과 투틸라(Tutila)를 관리하였다. 그리고 미국이 획득하였던 크기도 아주 작고 인구도 적은 태평양의 몇 개 섬들은 그냥 방치해 두었다.

쿠바 문제는 좀더 어려웠다. 레오나드 우드 장군이 지휘했던 미군은 1902년 쿠바가 독립을 준비할 때까지 주둔하였다. 그들은 도로, 학교, 병원을 건설했고 법무, 재무, 행정 제도를 재조직했으며, 의료 및 보건을 개혁하였다. 그러나 미국은 또한 여러 해 동안 쿠바에 대한 미국의 경제적 지배를 위한 토대를 마련하고 있었다. 쿠바가 미국과 아무런 관련이 없게 만드는 헌법을 기초하자 미국 의회는 1901년 플랫 헌법수정조항(Platt Amendment)을 통과시켜 그것을 쿠바의 헌법에 삽입시키도록 압력을 가하였다. 플랫 헌법수정조항은 쿠바로 하여금 다른 나라와 조약을 맺지 못하게 하는 것이었다(따라서 사실 미국으로 하여금 쿠바의 대외정책을 효과적으로 통제하게 만드는 것이었다). 그것은 미국으로 하여금 쿠바의 독립, 생명, 재산을 보존하기 위해 쿠바에 개입할 수 있는 권한을 부여했다. 그리고 그것은 쿠바로 하여금 자국 영토에 미국의 해군기지를 허용

엉클 샘에게 새 옷을 맞춰 주다: 1900년 잡지 「퍽」에 실린 퍼기(J.S. Pughe)의 작품.
이 그림에서는 미국 - 스페인 전쟁의 결과 미국이 획득한 새로운 소유지를 수용하기에 충분한
커다란 옷을 만들기 위해 고객의 신체 치수를 재고 있는 재단사의 모습으로 윌리암 맥킨리
대통령이 아주 잘 묘사되고 있다. 이 시사 풍자만화는 이 팽창을 초기의 논쟁이 적었던 팽창,
즉 루이지애나 매입과 같은 팽창과 연결시키고자 애쓰고 있다.

할 것을 요구하였다. 이 수정안은 쿠바가 다만 명목상으로만 정치적으로
독립한 것으로 해주었던 것이다. 그리고 쿠바의 경제를 재빨리 지배한
미국의 자본은 이 신생국을 미국의 경제적 부속물로 만들었다.

필리핀 전쟁

미국인들은 자신들이 유럽식의 제국주의 통치자라고 생각하는 것을
좋아하지 않았다. 그러나 미국은 다른 제국주의 열강들처럼, 곧 그들이
국내에서 인디언들과의 관계에서 발견했던 것과 같이 또 다른 국민을
굴복시킨다는 일이 이상만 갖고는 안 된다는 것을 알게 되었다. 그것은
또한 힘과 야만적 행동을 필요로 했다. 그것이 적어도 미국인들이 필리
핀에서 겪은 경험에서 배운 교훈이었다. 그곳에서 미군은 곧 독립을 위
해 싸우는 반란군과 기나긴 유혈 전쟁을 치르게 되었다.

필리핀에서의 전쟁은 미국이 치른 전쟁으로서 기억되지는 않고 있다. 하지만 그것은 또한 가장 길었던 전쟁 중의 하나였고(1898년부터 1902년까지 지속되었다) 가장 부도덕한 전쟁 중의 하나였다. 20만 명의 미군이 참전해 4만3천 명이 사망했는데, 이는 미국-스페인 전쟁에서 전사한 사망자의 10배 가까운 숫자였다. 이 전쟁 중 사망한 필리핀인의 숫자는 아직 논란거리가 되고 있지만 적어도 5만 명이 넘었던 것으로 보인다. 미국 점령자들은 필리핀에서, 1898년 이전 스페인인들이 쿠바에서 겪었던 것과 아주 비슷한 게릴라 전술에 직면해야 했다. 그리고 그들은 곧 웨일러가 카리브해에서 잔학 행위를 했을 때 많은 미국인들이 분노했던 것과 똑같은 유형의 행위를 하게 되는 자신들을 발견했던 것이다.

필리핀인들은 1898년 이전에 이미 스페인의 통치에 대항하여 반란을 일으킨 바 있었다. 그리고 그들은 미국인들이 계속 머물러 있으려 한다는 것을 알아차리자마자 마찬가지로 미국인들에 대항해 반란을 일으켰다. 필리핀인들이 합법적인 정부의 지도자라고 주장한 에밀리오 아귀날도(Emilio Aguinaldo)가 유능하게 이끈 결과, 그들은 3년 이상 미국 주둔군을 이 섬 저 섬에서 괴롭혔다. 처음에 미국 지휘관은 반도(叛徒)들에게는 소규모의 추종자만 있다고 믿었다. 그러나 필리핀 주둔 미군 사령관인 (더글러스 맥아더 장군의 부친인) 아더 맥아더(Arthur MacArthur) 장군은 1900년 초에 다음과 같이 썼다. "나는 내키지는 않지만 필리핀 민중이 아귀날도와 그가 이끄는 정부에 대해 충성하고 있다고 믿지 않으면 안 되었다."

맥아더와 그 밖의 사람들에게 이러한 인식은 미국의 전술을 완화하거나 반도들의 환심을 사야 할 이유가 되지 못했다. 그것은 한층 더 가혹한 조치를 취하기 위한 이유였다. 미국의 군사적 노력은 더욱 더 체계적으로 악랄하고 잔혹한 것으로 되어 갔다. 포로로 잡힌 필리핀 게릴라들은 전쟁 포로가 아니라 살인자로 취급되어 대부분이 즉결 처형되었다. 어떤 섬에서는 전 주민이 소개(疏開)되어 미군이 마을, 농장, 곡식, 가축 등을 파괴하는 동안 주민들은 강제수용소에 강제로 수용되었다. 미군 병사들 사이에서 야만성이 증대되어 필리핀인을 거의 인간 이하로 보게

되었고, 때로는 거의 마음대로 죽이는 것에서 즐거움을 느끼는 것처럼
보였다.

1902년경 잔학 행위와 미국인 사상자에 대한 보고는 미국 대중들
로 하여금 전쟁에 염증을 느끼게 하였다. 그러나 그 무렵 반란군은 대체
로 전력이 소진되었고 점령군들은 대부분의 섬에 대한 지배권을 확립하
였다. 점령군이 승리를 거둘 수 있었던 열쇠는 1901년 3월 아귀날도의
생포였다. 그는 나중에 그의 동지들에게 전투를 중지하라는 문서에 서명
하고 그 자신이 미국에 충성하겠다고 선언하였다(아귀날도는 그때 공적
생활에서 은퇴하여 1964년까지 조용하게 살았다). 전투는 그후 1년 동안 몇
군데에서 계속되었고, 전쟁은 1906년 말까지 간헐적으로 재개되었다. 하
지만 미국의 필리핀 소유는 이제 확실해졌다.

1901년 여름 군대는 윌리암 하워드 태프트(William Howard Taft)
에게 필리핀 제도에 대한 지배권을 넘겨주었으며, 그는 최초의 민간인
총독이 되었다. 태프트는 필리핀에서 미국의 사명은 그 제도의 독립을
준비하는 것이라고 선언하였으며, 필리핀인들에게 더 광범위한 지방자치
권을 부여하였다. 미국은 또한 도로, 학교, 교량, 하수도 등을 건설했으며,
중요한 행정 및 재정개혁을 단행하였고, 공공보건 체계를 확립하였다. 필
리핀인의 자치는 서서히 증대되었다. 그러나 1946년 7월 4일까지 필리
핀은 독립을 완전히 획득하지는 못하였다.

문호개방

필리핀의 획득은 아시아에 대한 미국의 기존의 강한 관심을 더욱
고조시켰다. 미국인들은 특히 중국의 장래에 대해 관심을 가졌다. 미국은
중국과 이미 중요한 무역거래를 하고 있었고, 중국은 너무 나약했기 때
문에 더욱 강력한 국가들에 의해 매력적인 착취 대상이 되었던 것이다.
1900년경 영국, 프랑스, 독일, 러시아, 일본은 중국을 자기들끼리 분할하
기 시작했으며, 중국 정부에 압력을 가해 여러 지역에 걸쳐 효과적인 경
제적 통제를 가능하게 할 '이권 양도'를 강요하거나, 어떤 경우에는 중국

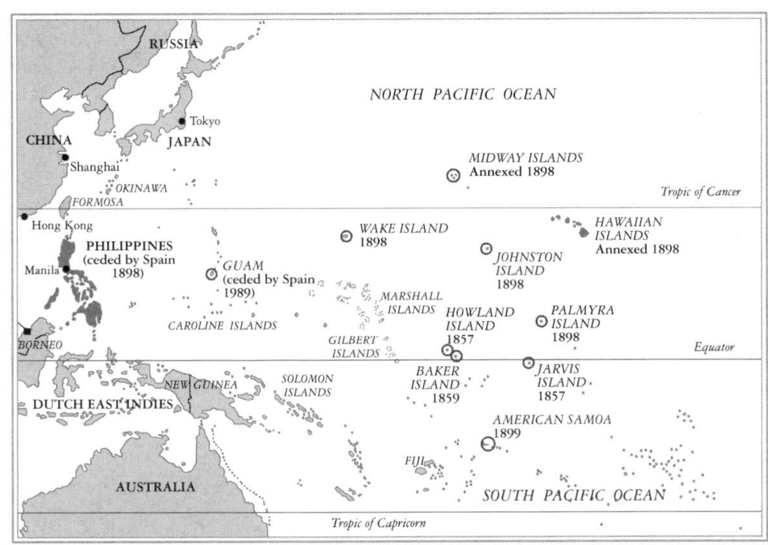

미국의 남태평양 제국, 1900

영토를 점령하고 그 지역을 자국의 '세력 범위'(spheres of influence)
라고 주장하였다. 많은 미국인들은 그 과정이 자신들을 중국 무역으로부
터 완전히 단절시키게 될 것을 염려하였다.

전쟁이라는 모험을 하지 않고도 중국에서 미국의 이해관계를 보호
하기 위한 방법을 갈망하던 맥킨리는 1898년에, 미국은 중국에 접근하기
를 원하지만 그곳에서 아무런 특권을 바라지는 않는다는 다음과 같은
성명을 발표하였다. "우리는 단지 우리 자신을 위한 문호개방을 요구하
면서 다른 나라들에 대해서도 문호개방에 동의할 준비가 되어 있다." 나
중에 국무장관 존 헤이는 '문호개방 각서'(Open Door notes)로 알려지
게 된 동일한 메시지를 영국, 독일, 러시아, 프랑스, 일본, 이탈리아에 전
달할 때, 맥킨리 대통령의 말을 정책으로 변화시켰다. 그는 그 나라들에
게 세 가지 원칙을 승인하도록 요구하였다. 즉 중국에 대해 '영향권'을
갖고 있는 각국은 그 지역에 있는 다른 나라의 권리와 특권을 존중해야
한다. 중국 관리는 중국 내 모든 열강의 영향권에서 관세를 계속 징수해
야 한다(기존의 관세는 미국에 유리했다). 그리고 각국은 자국의 영향권에

서 항구 이용료와 철도 운임을 부과하는 데 있어서 다른 나라에 대해 차별하지 말아야 한다는 것이었다. 이러한 원칙들은 미국으로 하여금 열강의 개입에 대한 두려움 없이, 그리고 그 지역에 대한 군사적 개입을 하지 않고도 중국과 자유롭게 무역을 할 수 있게 해줄 것이었다.

그러나 문호개방의 제안은 유럽과 일본에서 냉대를 받았다. 러시아는 공개적으로 그것을 거부했다. 각 열강들은 그것을 원칙적으로 받아들이겠다고 했으나 다른 나라들이 동의하지 않는 한 받아들일 수 없다고 주장하였다. 헤이는 이것을 거절로 생각하지 않았다. 그는 모든 열강이 문호개방 원칙을 받아들였고 미국은 그들이 이 원칙을 준수하기를 기대한다고 발표하였다. 그러나 미국이 전쟁도 불사하지 않는 한 어떤 나라가 문호개방 원칙을 위반하지 못하게 막을 수는 없었다.

문호개방에 대한 외교적 노력이 끝나자마자 중국의 비밀 무술 단체인 의화단(義和團)이 중국에 있는 외국인들을 습격하기 시작했다. 의화단

의화단 반란: 미군이 1900년 의화단 반란 동안에 베이징에 있는 선농단(先農壇)의 마당을 행진하고 있다. 이들은 중국에 출병한 5천 명의 미군 병사 중의 일부였다. 8월 중순 미군은 의화단원들로부터 스스로를 보호하기 위해 6월에 베이징의 외교 구역에서 바리케이트를 치고 있었던 외교관, 외국인, 기독교도들을 구출하기 위해 영국, 러시아, 일본, 프랑스 군대와 합류하였다.

반란의 절정은 베이징 주재 영국 대사관에서 외국의 전체 외교관들을
포위한 사건이었다. (미국을 포함한) 제국주의 열강들은 외교관들을 구출
하기 위해 중국에 국제 원정군을 파병하였다. 1900년 8월 원정군은 베
이징에 진격하여 포위망을 해체하였다.

맥킨리와 헤이는 반란을 해결하는 과정에서 발언권을 확보하고 중
국의 분할을 저지하기 위해 미국의 참여에 동의하였다. 헤이는 이제 영
국과 독일로부터 자신의 문호개방적 접근에 대한 지지를 획득하였고, 다
른 참여국들이 의화단 반란이 초래한 손실에 대해 중국으로부터의 보상
을 수용하도록 유도하였다. 중국의 영토 보전은 최소한 존속하였고 미국
은 수지맞는 무역을 계속할 수 있게 되었다.

군사체제의 현대화

스페인과의 전쟁은 미국 군체제의 결점을 역력히 노출시켰다. 육군
이 가장 취약한 모습을 보여주었으나 전체 군대 조직도 상호협력에 실
패하였다. 만약 미국이 더 막강한 나라와 싸웠다면 재앙이 초래되었을지
몰랐다. 미국-스페인 전쟁 후 맥킨리는 뉴욕의 유능한 기업 변호사인 일
라이휴 루트(Elihu Root)를 국방장관으로 임명하여 전군 조직의 재정비
를 감독하도록 하였다 (루트는 공직과 개인사업을 쉽게 오가며 소위 미국
'대외정책 조직체'〔foreign policy establishment〕라고 불리던 것을 구성하
였던 몇 세대에 걸친 변호사 정치인〔attorney-statesmen〕의 첫세대였다).
1900년과 1903년 사이에 루트는 새로운 군체제를 창안해냈다.

루트의 개혁은 정규군을 2만5천 명에서 최대 10만 명으로 증원하
는 것이었다. 그들은 방위군의 연방 지휘계통을 수립하여, 연방정부가 단
지 제한된 통제만 행사할 수 있었던 지원병만으로 전쟁을 수행하지 않
도록 보장해 주었다. 그들은 캔자스 주 포트레븐워스에 육군 참모대학
(Army Staff College, 나중에 지휘 및 총 참모 학교〔Command and Ge-
neral Staff School〕로 개명), 그리고 워싱턴에 육군 대학(Army War
College)을 포함한 장교 훈련 학교 체제를 창설하는 기폭제가 되었다.

그리고 1903년에 그들은 (지금은 합동참모부(Joint Chiefs of Staff)로 알려져 있는) 총참모부를 설치하여 국방장관에 대한 군사 조언자 역할을 하도록 하였다. 새로운 개혁의 결과 미국은 현대 군사 체제를 닮은 체제를 갖고 20세기에 접어들었다. 미국은 다가오는 혼란의 세기에 그것을 상당히 유용하게 이용하게 될 것이었다.

제21장

혁신주의의 대두

　많은 미국인들은 20세기가 도래하기도 전에 미국 사회의 급속한 산업화와 도시화가 커다란 문제를 만들어냈다고 확신하게 되었다. 즉 미국이 가장 절실하게 필요로 하는 것은 증대되는 혼돈에 질서를 부여하고, 산업사회에서 가장 불거지고 있는 불의를 바로잡는 것이라고 생각하게 되었다. 20세기 초 이러한 생각은 혁신주의(Progressivism)라는 이름을 갖게 되었다.

　스스로를 혁신주의자라고 불렀던 사람들조차도 '혁신주의적'이라는 단어가 실제로 무엇을 의미하는지에 대해서는 항상 의견이 일치할 수 없었다. 실제로 여러 역사가들이 그 단어가 너무나 많은 사람들에게 너무나 많은 사물을 의미하기 때문에 결국 아무것도 의미하지 않게 되었다고 말하기도 했다. 그러나 만약 혁신주의가 다양성을 지닌 광범위한 현상이라면, 그것은 또한 일련의 확인 가능한 중심적인 가정들에 의거하고 있기도 했다. 혁신주의란 우선 낙관적인 전망이었다. 혁신주의자들은 그들의 명칭이 암시하듯이 진보 사상을 믿었다. 그들은 사회가 개선 가능할 뿐 아니라 심지어 완벽해질 수 있으며, 계속적인 성장과 진전이 미국의 운명이라고 믿었던 것이다. 그러나 혁신주의자들 역시 성장과 진보도 그들이 19세기 말에 겪었던 것처럼 앞뒤 가리지 않고 계속 일어날 수는 없을 것이라고 믿었다. 시장의 '자연법,' 자유방임의 원리, 그리고 이들 법칙을 찬양했던 사회적 진화론(Social Darwinism) 등은 성장하는 사회가 필요로 하는 질서와 안정을 창출하는 데 충분치 못했다. 국가의 문제를 해결하기 위해 필요한 것은 인간의 의도적인 간섭이었다. 혁신주의자들은 간섭이 어떤 형식을 갖추어야 하는지에 대해서는 항상 의견이 일치하지 않았으나, 대부분의 혁신주의자들은 정부가 그 과정에서 중요한 역할을 맡아야 할 것이라고 생각했다.

1. 혁신주의적 충동

이러한 중심적 전제를 넘어서 혁신주의의 물줄기는 여러 상이한 방향으로 밖을 향해 흘러 나왔다. 혁신주의 운동의 물결을 일으킨 첫번째 강력한 충동은 '독점 반대'(antimonopoly)의 정신, 권력 집중에 대한 두려움, 권세와 부의 분산과 제한 촉구 등이었다. 두번째 혁신주의적 충동은 사회적 단결의 중요성에 대한 믿음이었다. 예컨대 이것은 개인이란 자치체가 아니라 거대한 사회적 관계망의 부분이며, 어느 한 개인의 복지도 사회 전체의 복지에 의존한다는 믿음이다. 그리고 세번째 혁신주의적 충동은 조직과 효율성에 대한 믿음이었다. 즉 이것은 사회질서란 지적(知的)인 사회조직과 사회적·경제적 삶을 인도하기 위한 합리적 행동의 결과라는 믿음이다. 이들 다양한 개혁 충동은 서로 서로 전적으로 상반된 것은 아니었다. 많은 혁신주의자들은 그들이 동요하고 있는 사회에 질서와 안정을 회복시키기 위해 노력하게 되면서 때때로 이 모든 사상을 이용했던 것이다.

폭로 기자들과 사회 복음

새로운 개혁정신을 뚜렷하게 보여준 최초의 사람들 중에는 19세기 말과 20세기 초에 사회·경제·정치적 불의에 대해 대중의 주목을 끌기 시작한 일군의 개혁 지향적 언론인들이 있었다. 그들은 '폭로 기자들'(muckrakers)로 알려지게 되었는데, 이는 시어도어 루즈벨트가 그들 중 한 사람이 자신의 글 속에서 너저분한 것을 캐어 밝혔다고 비난한 데서 비롯된 것이었다. 그들은 대중의 눈에 추문, 부패, 부정 등으로 보이는 것을 폭로하는 데 전력하였다.

처음에 폭로 기자들의 주요 표적은 트러스트와 그 중에서도 특히 철도회사에 집중되었다. 폭로 기자들은 그것들이 위험할 정도로 막강했고 심하게 부패했다고 생각했던 것이다. 거대 기업조직에 대한 폭로는 찰즈 프랜시스 애덤스 2세(Charles Francis Adams, Jr.)와 다른 사람들이 철도 재벌 사이의 부정을 파헤쳤던 1860년대 초부터 나타나기 시작했다. 20세기가 도래할 무렵에는 많은 폭로 기자들이 정부와 특히 도시의 정치적 보스들에 대해 눈길을 돌렸다. 그 중 가장 큰 영향을 끼쳤던 사람은 「맥클루어즈」(*McClure's*) 잡지 기자였던 링컨 스티픈스(Lincoln Steffens)였다. '정부기관'(machine government)과 '보스들의 지배'(boss rule)에 관한 묘사, 세인트루이스, 미네아폴리스, 클리블랜드, 신시내티, 시카고, 필라델피아, 뉴욕 등 여러 도시의 '독직 공무원들'(boodlers)에 대한 폭로, 의도적으로 도덕적 분노를 일으키고자 하는 그의 어조 등(이는 그의 연재기사와 그것을 바탕으로 출간된 책 제목, 『도시의 수치』(*The Shame of the Cities*)에 반영되었다), 이 모든 것은 도시의 정치개혁을 위한 분위기를 조성하는 데 기여하였다. 폭로 기자들의 영향력은 1910년대에 절정에 달하였다. 그들은 정부, 노동조합, 기업들을 조사하였다. 그들은 아동노동, 이민 거주지, 매춘, 가정파괴 등의 문제를 파헤쳤다. 그들은 자연자원의 낭비와 파괴, 여성의 종속, 심지어 때로는 흑인의 억압 등을 규탄하였다.

폭로 기자들의 폭로가 지닌 도덕주의적 경향은 당시 대두하고 있던 혁신주의적 감정의 한 가지 중요한 측면, 즉 사회 및 경제적 불의에 대한 분노를 반영했다. 이러한 분노는 사회적 책임감이라는 인도주의적 정서와 결합하여 많은 개혁가들의 핵심적 사명 중의 한 가지, 즉 '사회 정의'의 추구를 불러일으키는 데 기여했다. 그러한 관심이 분명하게 표현된 것으로는 '사회 복음'(Social Gospel)으로 알려지게 된 운동의 대두였다. 20세기 초에 사회 복음은 미국 프로테스탄트교 내에서 (그리고 그보다 약간 뒤지기는 하지만 미국 카톨릭교와 유태교 내에서도) 이 나라의 도시들을 구원하기 위한 강력한 운동으로 자리잡았다. 영국에서 시작되었지만 곧 미국으로 확산되었던 구세군(Salvation Army)은 애매하기는 하지만 군사적 구조를 지닌 기독교 사회복지 조직이었다. 1900년경 구세군은 3천 명의 '장교'와 2만 명의 '사병'을 확보하였고, 도시의 빈민들에게 물질과 정신 양면의 봉사를 제공하였다. 그 밖에 많은 개신교 목사, 카톨릭 성직자, 유태교 랍비들도 곤경에 처한 도시에서 봉사하기 위해 전통적인 교구 일을 떠났다. 빈민 사이에서 일하기 위해 안락한 자리를 포기한 젊은 목사의 이야기인 찰즈 쉘던(Charles Sheldon)의 『주님의 발자취를 따라』(*In His Steps*)는 1천5백만 부 이상이 팔렸고, 그 책 자체가 당대의 소설 베스트셀러라는 기록도 수립하였다. 이렇듯 개혁에 종

「맥클루어즈」 1903년 5월호: 「맥클루어즈」는 개혁을 촉진하기 위한 바람에서 사회 및 경제적 추문을 폭로했던 '폭로 기자'로 알려진 저널리즘의 한 형태를 위한 주도적인 출구였다. 이 5월호는 두 명의 주도적인 폭로 기자들, 즉 링컨 스티픈스와 아이다 타벨이 쓴 기사를 담고 있다.

교가 참여하게 된 것은 혁신주의에 강력한 도덕적 충동을 불어넣었고, 사회의 가장 빈곤하고 비참한 사람들의 처지에 대한 관심을 불러일으키는 데 기여했다.

사회복지관 운동

혁신주의적 사고에서 가장 강력한 요소 중의 하나는 환경이 개인적 발전을 형성한다는 믿음이었다. 윌리암 그래햄 섬너 같은 사회적 다원주의자들은 인간의 사회적 지위는 그들의 타고난 생존에의 '적합성'을 반영해 준다고 주장하였다. 그러나 대부분의 혁신주의 이론가들은 이에 반대하였다. 그들은 무지, 빈곤, 심지어 범죄행위조차도 타고난 도덕적 혹은 유전적 결함이나 섭리가 작용한 결과가 아니라고 주장하였다. 그것들은 오히려 해로운 환경의 소산이었다. 따라서 빈민의 상태를 향상시키기 위해서는 빈민이 생활하는 환경의 개선이 필요했던 것이다.

많은 개혁가들은 미국 도시들에서 북적거리는 이웃의 이민들보다 더 빈곤을 창출하는 것은 아무것도 없다고 믿었다. 이러한 공동체들의 문제에 대한 하나의 대처 방식은 영국에서 그 모델을 빌려온 사회복지관(settlement house)이었다. 이 사회복지관 중 최초로 세워졌으며 가장 유명했던 것은 제인 아담스(Jane Addams)의 노력으로 1889년 시카고에서 문을 열었던 헐하우스(Hull House)였다. 그것은 미국 전역에 걸쳐 400개 이상의 유사한 기관이 설립되는 모델이 되었다. 일정 정도 교육을 받은 중산층 회원들에 의해 운영되는 사회복지관은 이민 가족들에게 그들이 새로 도착한 나라의 언어와 관습에 적응할 수 있도록 도와주려 하였다. 사회복지관은 시혜적 태도와 초기의 박애주의적 노력에 대한 도덕적 비난을 피하였다. 그러나 그들은 전반적으로 중산층의 미국인들이 그들 자신의 가치를 이민에게 전해주고 중산층적 생활방식을 영위해 나가는 방법을 가르쳐 줄 책임이 있다는 믿음을 구현하였다. 심지어 '사회복지관'(settlement)이라는 단어도 다음과 같이 많은 것을 암시하였다. 즉 중산층은 도시 안에 '거주하면서'(settling) 도시의 변두리에 문명

제인 아담스

헐하우스의 초창기

처음부터 우리가 가장 초라한 이웃에 대한 봉사를 수행할 준비가 되어 있었다는 것은 이해할 수 있는 것처럼 보였다. 우리는 신생아를 씻기고, 사망자를 매장할 준비를 하며, 병자를 보살피고, '어린이를 돌봐줄' 것을 부탁받았다. 때때로 이 친절한 관청들은 예기치 않게 추악한 인간의 특성을 폭로해 주었다. (…) 15세밖에 안 된 어린 이탈리아인 새색시가 11월 어느날 저녁 피난처를 찾기 위해 우리에게 왔다. 그녀는 1주일 동안이나 매일 밤 자기가 결혼반지를 잃어버렸다는 이유로 일터에서 돌아온 후 그녀를 때렸던 남편에게서 탈출하기 위해 그곳에 왔던 것이다. 의사가 늦게 도착하였고, 정직한 아일랜드계 부인들 중에서는 아무도 "그녀와 같은 사람들을 만지지" 않을 것이기 때문에, 우리 두 사람은 매우 쓸쓸하게 사생아의 출산을 도와주었다. (…)

우리는 (…) 처음에 다수의 이민이 이상하게 소외되었다는 인상을 받았다. 예를 들면, 어느 이탈리아계 여성은 언젠가 우리가 베푼 리셉션에서 본 붉은 장미가 "이탈리아에서 가져온 것이 어쩌면 이렇게도 싱싱할까"하고 놀라와 하면서 즐거움을 표현한 적이 있었다. 그녀는 그 장미가 미국에서 재배한 것이라는 사실을 한 순간도 믿지 않았던 것이다. (…) 미국에 대해 그녀가 가지고 있는 생각은 그녀가 살고 있는 복잡한 거리와, 그녀 스스로를 미국식 생활방식에 적응시키기 위한 오랜 투쟁뿐이었다.

그러나 약간 탐탁치 않은 경험에도 불구하고 우리는 늘 우리가 받았던 한결같은 친절과 예의에 감명을 받았다. 아마도 이러한 초창기 나날들이 확실히 빈민들 사이에서 계속 살아가는 데 필수적인 단순한 인간적 토대를 놓았을 것이다. (…) 예컨대 인간을 서로 닮게 만드는 것은 인간을 서로 떼어놓게 하는 것보다 더 좋고 더 나아지게 만드는 일이라는 (…) 확신, 그리고 이러한 기본적 유사성은 만약 그것이 적절하게 강조된다면 인종, 언어, 신조, 전통 등의 비교적 비본질적인 차이점은 쉽게 극복될 수 있다는 점이다.

출전: Jane Addams, *Twenty Years at Hull House*(New York: The Macmillan Company, 1910), pp. 88-89.

을 전해준다는 식이었던 것이다.

　사회복지관에서 중심적 역할을 한 사람들은 대학을 졸업한 여성들이었다. 실제로 이 운동은 엘리노어 루즈벨트(Eleanor Roosevelt)를 포함한 20세기의 많은 중요한 여성 지도자들의 훈련장이 되었다. 사회복지관은 또한 또 다른 중요한 개혁 기관을 낳는 데 기여하였던 바, 그것은 바로 사회복지 사업의 창출이었던 것이다. 이 사업에서 여성들은 중요한 역할을 하였다. 전문적인 사회복지가들은 빈민에 대한 연민과 관료적인 점진주의적 가치들, 예를 들면 과학적 연구, 효율적 조직, 전문가에 대한 의존 등에 대한 헌신을 결합시켰던 것이다.

전문적 지식의 매력

　사회복지 사업의 등장이 암시해 주듯이, 인도주의적 활동에 참여한 혁신주의자들은 종종 지식과 전문적 경험에 높은 가치를 두었다. 그들은 심지어 비과학적 문제들까지도 과학적으로 분석할 수 있고 해결될 수 있다고 믿었다. 많은 개혁가들은 개화된 전문가와 잘 정비된 관료제만이 미국이 필요로 하는 안정과 질서를 만들어낼 수 있다고 믿었다.

　이러한 믿음은 여러 가지 방식으로 표현되었는데, 그 중에는 새로운 집단의 학자와 지식인들의 저술이 있었다. 19세기의 사회적 다윈주의자들과는 달리 이들 이론가들은 단순히 기존의 산업체제를 정당화하는 데 더 이상 만족하지 않았다. 대신에 그들은 새로운 문명의 창조를 이야기했다. 그것은 과학자와 기술자들의 전문적 지식이 경제 및 사회의 제 문제에 대해 영향을 미칠 수 있으리라는 것이었다. 그 중에서 가장 영향력있는 인물은 사회과학자인 소스타인 베블렌(Thorstein Veblen)이었다. 베블렌은 19세기 말 산업계의 거두에 대해 격렬하게 비판하면서, 대신에 권력이 고도로 훈련된 기술자들의 수중에 속하게 될 새로운 경제체제를 제안하였다. 그는 일찍이 이 산업계의 거두들에 대해 그의 최초의 주요 저서인 『유한계급론』(*A Theory of the Leisure Class*, 1899)에서 풍자적으로 "유한계급"이라고 묘사한 바 있다. 그는 기술자들만이 근대사회가 통치되어야 하는 방식인 "기계적 과정"(machine process)을 충분히 이해할 수 있을 것이라고 주장하였다.

전문적 지식과 조직에 대한 충동은 실제적인 측면에서 과학적 경영의 사상, 혹은 '테일러주의'(Taylorism)를 창출하는 데 기여하였다. 그것은 근대적 대량생산 기술과 무엇보다도 일관생산 공정(assembly line)의 발전을 자극하였다. 그것은 또한 미국의 교육에 혁명적 변화를 가져왔고 사회 및 그 제도의 연구에 과학적 기법을 이용하는 사회과학이란 새로운 학문분야를 창조해 냈다. 그것은 조직의 구조에 관심을 가지고 근대사회의 관리를 가능케 해주는 새로운 정치 및 경제 제도를 건설하는 데 전념한 관료적 개혁가의 세대를 낳았다. 그것은 또한 그 수가 늘어나고 있는 중산층 전문직 종사자들의 새로운 집단이 조직화하려는 움직임을 돕는 데에도 기여했다.

전문직들

19세기 말에는 관리직이나 전문직에 종사하게 된 미국인의 수가 극적으로 증가하였다. 산업계는 노동자는 물론이고 경영자, 기술자, 회계 담당자들을 필요로 하였다. 도시에서는 상업, 의료, 법, 교육 등에 종사할 사람들을 필요로 했다. 신기술은 과학자와 기술자들을 필요로 했는데, 이는 역으로 이들이 종사할 연구소와 이들을 훈련시킬 사람들을 필요로 하게 만들었다. 20세기에 접어들 무렵 이러한 분야에서 종사하는 사람들은 뚜렷한 사회 집단, 즉 신(新)중산층이라고 불리게 되는 집단을 구성하게 되었던 것이다.

신중산층은 교육과 개인적 성취에 높은 가치를 두었다. 20세기 초 수백만 명의 신중산층은 사회에서의 자신들의 지위를 보장받기 위하여 조직을 건설하고 기준을 확립하고 있었다. 이를 달성하기 위한 주요한 수단으로서 그들은 조직된 근대적 전문직업을 만들어 냈다. 전문가적 직업의식(professionalism)이라는 것은 1880년 말까지만 해도 미국에서 그다지 인정받는 것이 아니었다. 그러나 전문직에 대한 수요가 증대하자 개혁에 대한 압력도 커졌던 것이다.

이러한 요구에 부응한 최초의 사람들 중에는 의료업계가 있었다. 스스로를 훈련받은 전문가라고 생각했던 의사들은 1890년대에 걸쳐 지방적 차원에서 협회와 학회를 조직하기 시작했다. 1901년 그들은 미국 의학협회(American Medical Association, AMA)를 전국적인 전문직 학회로 재조직했다. 1920년경 전체 미국 의사의 약 3분의 2가 이 학회의 회원이었다. 미국 의학협회는 재빨리 의료행위를 하는 데 필요한 허가를 얻기 위한 엄격하고 과학적인 표준을 요구했으며, 의사들 스스로도 그러한 표준의 수호자로서 기여하였다. 주 및 지방정부도 모든 의사들에게 면허를 요구하고 의사들에 의해 인정받은 사람들로만 면허를 제한하는 새로운 법을 통과시킴으로써 이에 부응하였다.

다른 전문직에서도 유사한 움직임이 있었다. 1916년 48개 주의 변호사들은 전문적인 변호사협회를 설립하였다. 이 협회는 실제로 변호사 자격 취득을 규제하기 위하여 변호사로 구성된 중앙 시험관리 위원회를 만드는 데 성공하였다. 점차 야심있는 법률가들은 대학원 등록이 필수적이라는 것을 발견하게 되었으며, 따라서 미국의 법대들은 학생 수와 교과목의 엄격함이라는 두 가지 측면 모두에서 크게 팽창하였다. 사업가들은 경영대학원 설립을 지원하면서 그들 자신의 전국적 조직, 즉 1895년에는 전국 제조업자협회(National Association of Manufacturers)와 1912년에는 미국 상공회의소(U.S. Chamber of Commerce)를 창설하였다. 심지어 오랫동안 로맨틱한 개인주의 정신의 상징이었던 농부들조차도 전국 농촌진흥연합(National Farm Bureau Federation)을 결성함으로써 새로운 질서에 부응하였다. 이 조직은 과학적 영농방법을 전파하고, 건전한 판매기법을 가르치며, 회원들의 이익을 위해 로비활동을 하기 위해 고안된 농업 조직망이었다.

새로운 전문직 조직들의 주요 목적 중의 하나는 전문직으로의 가입을 보호하기 위한 것이었다. 이것은 단지 부분적으로는 전문직 훈련을 받지 못한 부적격자로부터 전문직을 지키기 위한 노력이었다. 가입 허가 조건 또한 과도한 경쟁으로부터 기존의 전문직 종사자를 보호하고 전문직종에 명성과 지위를 더해 주었다. 일부 전문직에서는 그들의 가입 요건을 흑인, 여성, 이민, 그리고 그들의 입장에서 기타 '바람직스럽지 못한 사람들'을 배제하기 위해 이용하였다. 다른 전문직에서는 단순히 기존 회원에 대한 수요를 높게 유지하기 위해 회원수를 줄이기 위한 방편으로 회원의 자격 요건이란 것을 이용하였다.

여성과 전문직

미국 여성들은 자신들이 관습에 의해서건 법과 편견이라는 현실적 장애물에 의해서건 새로 대두하는 대부분의 전문직에서 배제되고 있다는 것을 발견하였다. 그러나 상당수의 중산층 여성들, 특히 새로 창설된 여자대학과 남녀공학 주립대학을 졸업한 여성들은 그럼에도 불구하고 전문직에 들어갔다.

극소수의 여성들은 가까스로 의사, 변호사, 기술자, 과학자, 기업 경영자 등으로 자립하였다. 몇몇 주도적 의대들은 여성의 입학을 허가하였고 1900년에는 전 미국 의사의 약 5%가 여성이었다(이 비율은 1960년대까지도 변하지 않았다). 그러나 부득불 여성에게 돌아간 전문직의 대부분은 사회가 여성에게 '적합하다고' 생각한 것들이었다. 사회복지관과 사회복지 사업은 여성을 위해 두 가지의 '적절한' 전문직종으로의 출구를 마련해 주었던 것이다. 하지만 가장 중요한 것은 가르치는 일이었다. 실제로 19세기 말 전체 문법학교 교사의 3분의 2 이상이 여성이었고, 전체 전문직 종사 여성의 대략 90%가 교사였다. 특히 교육받은 흑인 여성을 위해서는 교사직이야말로 종종 그들이 취업을 희망할 수 있는 유일한 전문직종이었다. 남부에서 흑백 분리가 행해지는 가운데 흑인 학교의 존재는 흑인 교사들에게 상당한 취업 시장을 창출해 주었던 것이다.

여성들은 또한 다른 전문직도 지배하였다. 간호는 그것이 아직도 하녀 일과 유사한 천한 직업으로 생각될 때에는 주로 여성의 일터였다. 그러나 20세기 초에 그 일 역시 전문적 기준을 채택하였다. 장차 간호사가 될 사람들은 일반적으로 간호학교의 증명서를 필요로 했고, 그렇지

않고는 단순히 그 일을 배울 수도 없었다. 여성들은 또한 전문적인 차원
에서 그 직업 자체를 규정하기 시작한 또 다른 분야인 사서직에서 직업
의 기회를 발견하였다. 그리고 많은 여성들은 학계로 진출하여 종종 시
카고 대학, 매사추세츠 공과대학(MIT), 콜럼비아 대학 등과 같은 남성이
우세한 대학에서 석·박사 학위를 받거나, 새로 개교하거나 확장된 여자
대학에서 교수직을 획득하였다.

　　여성의 전문직은 다른 전문직들과 많은 공통점을 지니고 있었다.
예컨대 그 공통점이란 훈련과 전문성에 가치를 둔 점, 전문직 조직과 전
문직으로서의 '자기 정체성'의 창조, 전문직에 들어서는 사람들에 대한
심사 등이었다. 그러나 여성 전문직 또한 뚜렷한 특질을 지니고 있었다.
교사, 간호사, 사서와 같은 직업은 남을 '도와주는' 전문직이었다. 그 일
들은 주로 다른 여성이나 어린이들과 함께 하는 것에 관련되었다. 그들

사회복지관 직원들: 뉴욕의 헨리가(街) 사회복지관의 간호사들이 맨해튼 남단의 가난한 이민 가정 방문을 시작하기 위해 본부를 떠나고 있다. 이 사진은 1900년대 초에 찍은 것이다.

의 활동은 남성이 우세한 사업계와 전문적 세계를 지배하였던 직장들과는 상이하게 여겨졌던 장소에서 이루어졌다. 즉 학교, 병원, 도서관과 같은 장소는 막연하게 '가사적'(家事的) 또는 '여성적'이라는 인상을 풍겼던 것이다.

클럽 여성들

전문직에 들어가지 못한 많은 중산층 여성들은 그럼에도 불구하고 사회를 개조하는 데에서 중요한 역할을 하였다. 혁신주의적 사회개혁의 선봉에는 1880년대와 1890년대부터 출발하여 그 수가 급속하게 증가한 광범위한 여성 협회들의 조직망이 있었다. 많은 여성들은 당시 확대일로에 있었던 금주 운동에 이끌렸다. 다른 여성들은 여성 클럽들에 눈길을 돌렸다.

여성 클럽은 주로 중산층 및 상류층 여성들에게 그들의 지적 활기를 배출하기 위한 출구를 마련해 주는 문화적 조직으로 출발하였다. 1892년 여성들이 지방 조직의 활동을 조정하기 위해 여성 클럽 총연맹(General Federation of Womens Club's)을 조직했을 때, 거의 500여 개의 클럽에 10만 명 이상의 회원이 있었다. 8년 후에는 그 수가 16만 명으로 늘었고, 1917년경에는 100만 명 이상이 되었다.

20세기 초에 이르러 여성 클럽들은 문화적 활동에는 비교적 덜 관여하게 되었고 사회적 향상을 위해 기여하는 데 좀더 관여하였다. 여성 클럽들이 한 일 중 많은 것들은 다음과 같이 논쟁의 여지가 없는 일이었다. 예컨대 여성 클럽들은 나무 심기를 비롯해 학교, 도서관, 사회복지관에 지원을 해주었고 병원과 공원을 건설하기도 하였다. 그러나 클럽에 소속된 여성들은 아동 노동법, 노동자 보상제, 순정 식품 및 의약품법, 직업 안정, 인디언 정책의 개혁, (1914년에 시작된) 여성 참정권 등과 같은 논란의 여지가 있는 법안 또한 지지하였다. 많은 수의 클럽 회원들이 부유한 가문 출신이었기 때문에, 몇몇 조직은 그들의 영향력이 느껴질 수 있도록 하기 위해 자유로이 쓸 수 있는 상당한 기금을 보유했다.

흑인 여성들도 때때로 백인이 지배하는 클럽에 가입했다. 그러나 흑인들 역시 자신들만의 클럽을 결성했고, 그것들 중 일부가 여성 클럽 총연맹에 가입하기도 했지만, 더 많은 수의 클럽들은 독자적인 전국 유색인 여성 협회(National Association of Colored Women)의 일부가 되었다. 흑인 여성 클럽들은 주로 백인 여성 클럽을 모델로 하였으나, 일부 흑인 여성 클럽들 또한 흑인들에게 특별히 관계되는 문제에 관한 입장을 취하였다. 몇몇 클럽들은 사형(私刑)에 대항한 운동을 전개하였고 사형을 연방 범죄로 정하기 위한 연방의회의 입법을 요구하였다.

여성 클럽 운동은 사회에서 여성의 적합한 역할에 관한 전통적인 생각에 대해 거의 아무런 뚜렷한 도전을 가하지 않았다. 그러나 그 운동은 여성들이 가정과 가족구조 내에서의 전통적인 여성의 영역을 넘어서 그들의 영향력을 확대하기 위한 중요한 노력을 대표했다. 여성 클럽의 구성원 중에서 샬롯트 퍼킨스 길먼(Charlotte Perkins Gilman)과 같은 헌신적인 여권론자의 주장을 기꺼이 받아들일 수 있는 여성은 거의 없었다. 길먼은 1898년에 그녀의 저작 『여성과 경제학』(*Women and Economics*)에서 전통적인 성의 역할에 대한 정의는 착취적이고 쓸모없는 것이라고 주장했던 것이다. 이러한 여성 클럽 운동은 차라리 여성들로 하여금 스스로 기존의 남성 지배적 질서에 공개적으로 도전을 가하지 않고도 공적 세계에서의 공간을 분명히 할 수 있게 해주었다.

그러나 여성 클럽 운동의 중요성은 단순히 그것이 중산층 여성을 위해 무언가를 했다는 데에만 있지 않았다. 그것의 중요성은 또한 중산층 여성들이 돕고자 했던 노동계급의 사람들을 위해 무언가를 했다는 데 있는 것이다. 여성 클럽 운동은 여성 및 아동 노동의 조건을 규제하고, 작업장에 대한 정부의 검사 제도를 확립하며, 식품 및 의약품 산업을 규제하고, 도시의 주택에 새로운 표준을 적용하는 등의 주법(그리고 궁극적으로는 연방법)이 통과되는 과정에서 중요한 세력이었던 것이다. 이런 많은 노력 가운데에서도 여성 클럽의 구성원들은 여성 노조원들과 상층계급의 개혁가들에 의해 1903년에 창립되어 여성들로 하여금 노조에 가입하도록 설득하는 데 주력했던 여성 노동조합 동맹(Women's Trade

Union League)과 같은 다른 여성 집단들과 연합하기도 했다.

2. 정당에 대한 공격

대부분의 혁신주의적 목적들은 머지않아 정부의 개입을 요구하는 것을 포함하게 되었다. 개혁가들은 오직 정부만이 국가를 위협하는 막강한 사적 이해관계에 대항해 효과적으로 맞설 수 있을 것이라는 데 동의했다. 하지만 혁신주의자들은 새로운 세기의 여명에 서 있는 미국 정부가 그들의 야심찬 과업을 완수하기 위해서는 빈약하게 적응했다고 믿었다. 정치제도는 모든 측면에서 시대에 뒤떨어지고, 비효율적이며, 부패했다. 사회가 효과적으로 개혁되기 전에 정부 자체가 개혁되어야 하는 것이 필수적인 일이었다. 처음에 많은 혁신주의자들은 최소한 그러한 개혁은 그들이 생각하기에 부패하고, 비민주적이며, 반동적인 정당들에 의한 정부 및 정치의 지배에 대한 공격과 더불어 시작되어야 한다고 믿었다.

초기의 공격

정당 지배에 대한 공격은 19세기 말에 빈번한 현상이었다. 예를 들면 그린백 운동과 민중주의 운동은 공화당과 민주당이 공공생활을 통제하는 지배구조를 파괴하기 위한 노력이었다. 독립파 공화당원들(Independent Republicans, 또는 머그웜프들(mugwumps): 263쪽을 보라)은 당파심의 지배에 도전을 가하려고 시도하였다. 그리고 이전의 머그웜프들은 1890년대와 이후에 혁신주의적 정치개혁 활동의 중요한 지지자가 되었다.

정당 지배에 대한 초기의 공격은 약간의 성공을 향유했다. 예를 들면 1880년대와 1890년대에 대부분의 주에서는 비밀투표를 채택하였다. 그 이전에는 정당들이 자체적으로 인쇄한 투표용지(또는 '표')를 지지자들에게 나누어 주었고, 지지자들은 투표소에 가서 그 표를 투표함에 넣기만 하면 되었던 것이다. 이전의 방식은 정치 보스들로 하여금 그들의 선거구민의 투표 행태를 감시할 수 있도록 해주었고, 또한 유권자들이 자신들의 표를 '분할 투표'하는 것, 즉 여러 상이한 관직을 놓고 서로 다른 정당의 후보에게 투표하는 것을 어렵게 만들었다. 새로운 비밀투표 방식은 정부가 투표용지를 인쇄해서 투표소에서 나누어 주고 그곳에서 기표를 한 다음 남에게 보이지 않게 투표함에 넣는 것이었다. 이 방식은 유권자에 대한 정당의 위세를 제거하는 데 기여하였다(이 방식은 또한 많은 글을 모르는 사람들이나 영어를 할 줄 모르는 유권자는 배제하였다).

1890년대 말경 정당의 비판자들은 그들의 목표를 확대하였다. 그들은 둘 중 하나의 방식으로 정당의 지배를 파괴할 수 있을 것이라고 믿었다. 그것은 민중의 힘을 증대시키는 방식으로, 즉 민중으로 하여금 파당적 제도들을 포위하게끔 하고 그들의 의지를 직접투표로 표현하도록 함으로써 파괴할 수 있는 것이었다. 그렇지 않으면 정당 지배는 파당적이지 않으면서 정치 생활로부터 분리되어 있는 비선출직 관리의 수중에 더 많은 권력을 줌으로써 파괴할 수도 있었다. 개혁가들은 이 두 가지 방법 모두를 충족시키는 법령을 추진하였다.

시정 개혁

많은 혁신주의자들은 정당 지배의 영향이 도시에서 가장 심각하다고 믿었다. 따라서 지방자치 정부는 정치개혁을 위해 일하는 사람들의 첫번째 목표물이 되었다. 링컨 스티픈스 같은 추문 폭로 기자들은 시정(市政)의 부패와 무능에 대한 대중의 분노를 불러일으키는 데 특히 성공하였다.

폭로 기자들은 도시의 중간계급 혁신주의자들의 막강한 집단 사이에서 호응을 받았다. 남북전쟁 이후 몇 십 년간 미국 대도시의 '덕망있는' 시민들은 시정에 참여하는 것을 피해 왔다. 그들은 정치를 타락하고 야비한 활동으로 보고 공공생활을 지배하려고 하는 '천한' 요소들과의 접촉을 회피했다. 그러나 19세기 말경 활동가들의 신세대는 정부에 대해

새로운 관심을 갖고 있었다. 그들 중 일부는 이전의 귀족적 가문의 구성
원이었고 다른 사람들은 새로운 중간계급의 일부였다.

이들 신세대는 막강한 진용의 반대자들에 직면하였다. 이 신세대는
강력한 시정 보스들과 그들의 견고한 정치조직에 대해 도전을 가하는
것과 더불어 특별한 유착 관계를 지닌 거대한 집단, 즉 술집 소유주, 포
주, 그리고 아마도 가장 중요하게는 도시 보스들과 수지맞는 관계를 확
립하고 개혁을 자신들의 이익에 위협이 된다고 보았던 사업가들을 공격
하였다. 이러한 유착 관계와 손을 잡았던 것 중에는 개혁가들을 순진한
공상적 사회 개혁론자라고 조롱한 많은 영향력있는 신문들이 있었다. 마
지막으로 도시 노동자들의 거대한 집단이 있었는데 그들 중 상당수는
최근에 이민 온 사람들로서 그들에게는 도시의 보스들이 필요한 직업과
용역을 제공해 주었던 것이다. 그러나 개혁가들은 점차 정치적 힘을 확
보하였다. 그렇게 될 수 있었던 이유는 부분적으로는 그들의 수가 늘어
나고 있었기 때문이었고 다른 한편으로는 기존의 정치 지도력이 실추되
었기 때문이었다. 그리고 20세기 초에 그들은 몇 가지 중요한 승리를 거
두기 시작했던 것이다.

최초의 주요 승리 중의 하나는 텍사스 주 갈베스턴에서 이룩되었
다. 그곳에서는 오래된 시 정부가 1900년의 엄청난 파괴를 동반한 해일
의 결과를 처리하는 데서 철저하게 무능하다는 것이 판명되었다. 개혁가
들은(그들 중 상당수는 지방의 사업가들이었다) 대중의 낙담을 계기로 새
로운 시 헌장의 승인을 얻어냈다. 시장과 시의회는 선출직의 비당파적
위원회로 대체되었다. 1907년 아이오와 주의 데모인에서는 자체의 위원
회 계획안을 채택하였고 다른 도시들도 곧 뒤를 이었다.

시 정부를 정당의 수중에서 구제하기 위한 바람과 유사한 동기에서
출발한 개혁을 위한 또 다른 접근 방식은 (1908년 버지니아 주 스탠턴에
서 최초로 채택된) 도시 경영인(city-manager) 계획이었다. 이는 선출된
관리로 하여금 시 정부를 돌보기 위해 외부 전문가(이들은 종종 전문적
으로 훈련받은 기업 관리자나 기사였다)를 고용하도록 하는 것이었다. 도
시 관리자들은 부패한 정치의 영향으로 인해 타락하지 않을 것이라고

생각되었다. 혁신주의 시대 말기에는 거의 400개의 도시가 위원회 아래에서 움직였고 또 다른 45개의 도시가 도시 관리자를 고용하였다.

대부분의 도시 지역에서, 특히 한결 큰 도시에서 정당에 반대하는 사람들은 비교적 작은 승리로 만족해야 했다. 몇몇 도시에서는 시장 선거에서 정당인을 배제하거나(그렇게 함으로써 정당들은 후보를 선택할 수 없었다) 선거 자체를 대통령 선거나 의원 선거가 없는 해로 옮겼다(이는 선거철에 정당조직이 동원한 세몰이의 영향을 감소시키기 위함이었다). 개혁가들은 시의회 의원들이 자유롭게 출마하도록 만들기 위해 노력하였는데, 이는 시 행정구역의 지도자와 지역 보스들의 영향력을 제한하기 위함이었다. 그들은 시의회를 희생해서라도 시장의 권력을 강화시키고자 하였다. 이것은 개혁가들이 시의회 전체의 통제력을 확보하기보다 그들에게 동조적인 선출된 시장을 확보하기가 더 용이할 것 같다는 가정에 입각한 것이었다.

주 정부 개혁

그러나 도시에서의 보스 지배에 대한 공격은 개혁가들에게는 종종 만족스런 결과를 가져다 주지는 않았다. 그 결과 많은 혁신주의자들은 개혁을 이룩할 수 있는 기관으로서 주 정부에 눈을 돌렸다. 이들 주 차원의 혁신주의자들은 지방자치 단체의 개혁가들처럼 기존의 주 정부가 개혁을 마련하기에는 적합하지 않다고 생각하였다. 그들은 주 입법부에 대해 각별히 냉소적인 눈길로 바라보았다. 그들은 보수도 적고 상대적으로 평범한 사람들인 주 입법부의 의원들이 전반적으로 무능하고 대개는 타락했으며, 항상 정당의 보스에 의해 조종된다고 믿었다. 많은 개혁가들은 유권자의 힘을 증대시킴으로써 주 입법부(그리고 그들을 조종하는 정당의 보스들)를 계책으로 굴복시킬 방법을 모색하기 시작했다.

가장 중요한 변화 중 두 가지는 1890년대에 민중주의자들이 최초로 주창한 혁신적 방안인 주민 발의와 주민 투표였다. 주민 발의는 유권자들이 입법안을 일반 선거에서 직접 제출하게 함으로써 개혁가들로 하여금 주 입법부를 완전히 굴복시킬 수 있게 해주었다. 주민 투표는 입법 행위가 주민의 승인을 받도록 하기 위해 유권자에게 회부될 수 있는 방도를 마련해 주었다. 1918년경 20개 이상의 주가 이러한 개혁 중 한 가지 아니면 두 가지 모두를 법제화하였다.

이와 유사하게 직접적인 예비 선거제와 공직자 소환제는 정당의 권력을 제한하고 선출된 관리의 자질을 향상시키기 위한 노력이었다. 예비 선거제는 후보의 선택권을 보스들로부터 박탈해 그것을 국민에게 주기 위한 시도였다(남부에서는 그것은 또한 흑인을 투표에서 제외시키기 위한 장치였다). 공직자 소환제는 일정한 수 이상의 시민이 청원에 서명한 뒤에 소집될 수 있는 특별한 투표에서 공직자를 관직에서 축출할 수 있는 권리를 유권자에게 주었다. 1915년경 미국의 모든 주에서 최소한 몇몇 관직의 선출에 예비선거제를 도입하였다. 공직자 소환제는 한층 격렬한 반대에 부딪쳤지만 몇몇 주에서는 마찬가지로 그 제도를 채택하였다.

이러한 개혁 노력은 주 정치 차원에서 활기차고 헌신적인 정치가들이 지도자의 위치에 오르는 데 가장 효과적임이 입증되었다. 뉴욕 주에서는 찰스 에반스 휴즈(Charles Evans Hughes) 주지사가 공공시설을 규제하기 위한 위원회를 만들기 위해 혁신주의적 분위기를 이용하였다. 캘리포니아 주에서는 하이럼 존슨(Hiram Johnson) 주지사가 남태평양 철도회사(Southern Pacific Railroad)의 정치적 권력을 제한하기 위해 개혁을 촉진시켰다. 뉴저지 주에서는 프린스턴 대학의 총장 출신으로서 1910년에 주지사로 선출된 우드로 윌슨이 '트러스트의 어머니'라는 뉴저지 주의 널리 알려진 오명을 씻기 위해 의도된 개혁을 성취하기 위해 행정적 지도력을 이용하였다.

그러나 가장 주목할 만한 주 차원의 개혁가는 위스콘신 주의 로버트 라폴레트(Robert M. La Follette)였다. 그는 1900년에 주지사로 선출되어 개혁가들이 전국적으로 위스콘신 주를 "혁신주의의 실습실"이라고 묘사할 정도로 변화시키는 데 기여하였다. 위스콘신의 혁신주의자들은 직접적인 예비선거제, 주민 발의제, 주민 투표제를 얻어내는 데 성공하였다. 그들은 철도와 공공시설을 규제하였고, 또한 작업장에 대한 규제를

위스콘신 주에서 선거운동을 하고 있는 로버트 라폴레트: 라폴레트는 위스콘신 주지사로서 세 차례 봉직한 뒤에 1906년 미국 상원에서 오래 계속될 의원 생활을 시작하였다. 그는 상원의원으로 있는 동안에 진보적인 혁신주의적 개혁을 위해 고집스럽게 노력하였다. 사실 그는 너무도 단호했기 때문에 종종 거의 완전히 고립되기도 했다.

가능케 해주고 직업상 상해를 입은 노동자에게 보상해 주는 법을 통과시켰다. 그들은 또한 상속 재산에 대한 누진세를 제정하였으며, 철도와 다른 기업의 이익에 대한 주의 세금 부과를 거의 2배로 늘렸다. 궁극적으로 라폴레트는 다른 국민적인 혁신주의 지도자의 그늘에 가리워지게 될 것이었다. 하지만 20세기 초에 개혁의 메시지를 대중화하는 데 그만큼 효과적인 인물은 거의 없었다. 주 정부를 개혁이라는 목표로 이끄는 데 라폴레트만큼 성공적인 인물은 없었던 것이다.

정당과 이익집단들

물론 개혁가들은 미국의 정치 생활에서 정당을 제거하지는 못했다. 그러나 그들은 정당의 중앙화를 사라지게 만들었다. 그것에 대한 증거는 다른 것들 중에서도 유권자의 투표 참여의 쇠퇴에서 찾아볼 수 있다. 19세기 말 선거권이 있는 유권자의 81%가 전국적 선거에서 일상적으로 투표에 참여하였다. 20세기 초에는 참여자가 오늘날의 참담한 기준에 비해서는 매우 높은 수준을 유지하긴 했지만 그 숫자는 놀라울 정도로 줄어들었다. 1900년의 대통령 선거에서 유권자의 73%가 투표하였다. 1912년에는 그 숫자가 약 59%로 떨어졌다. 그후로는 투표율이 70%를 넘은 적이 한번도 없었다.

그와 동시에 정당들도 쇠퇴하고 있었으며 또 다른 종류의 권력 중심, 즉 '이익집단'(interest groups)이 그것들을 대체하기 시작하고 있었다. 19세기 말에 시작해서 20세기에 급속하게 수가 증가하게 된 새로운 조직들은 정당체제 외부에서 정부에 압력을 가해 자체 조직원들의 부탁을 처리하기 위해 등장하였다. 예를 들면 이러한 조직들로는 전문직 조직, 특정 사업과 산업을 대표하는 직종별 협회, 노동조직, 농민을 위한 로비 조직 등등이 있었다. 사회사업가, 사회복지관 운동, 여성 클럽 등은 그들의 요구를 관철하기 위해 이익집단으로 움직이는 방법을 배웠다. 새로운 정치의 유형, 즉 많은 개별 이해관계들이 정당 구조를 통해 움직이기보다는 정부에 직접 영향을 주기 위해 조직되는 유형이 등장하고 있었다. 그것은 20세기에 미국 정치의 특징적인 형태가 되었다.

정당조직에 의한 개혁

정당에 대한 공격으로 얻어진 한 가지 결과는 정당조직 자체의 변화였다. 정당조직들은 그들의 영향력을 유지하기 위해 새로운 현실에 적응하려고 했던 것이다. 그러한 노력은 상당한 성공을 거두었다. 혁신주의 시대에 등장한 몇몇 정당조직들은 그것들이 혁신주의 시대에 시작된 만큼이나 강력했다. 이것은 대부분 보스들이 생존을 위해서는 스스로 변해야 한다는 것을 인식했기 때문이었다. 따라서 그들은 때때로 자신들의 정당조직이 사회개혁의 도구가 되는 것을 허용했다. 그 중 한 예가 미국에서 가장 오래되고 악명높았던 도시 정당조직인 뉴욕의 태머니홀(1789

년 뉴욕 시에서 조직되었던 민주당의 한 파벌의 본부로서 19세기 말에는 부패 및 보스 정치의 온상이 되었다: 역자주)이었다. 태머니홀의 교활한 지도자인 찰스 프랜시스 머피(Charles Francis Murphy)는 20세기 초에 보스 정치의 술책과 사회개혁가의 관심 일부를 결합시키기 시작하였다. 머피는 태머니홀의 근본적인 운영에 도전을 가하는 일은 아무 것도 하지 않았다. 하지만 그와 동시에 태머니는 전통적으로 경멸하였던 주 및 전국적 정치에 커다란 관심을 갖기 시작하였다. 그리고 태머니홀은 법률 제정 대신에 노동조건을 개선하고, 아동 노동자를 보호하며, 산업경제의 가장 나쁜 남용을 제거하기 위해 정치력을 이용하였다.

1911년에 끔찍한 화재가 뉴욕의 트라이앵글 셔츠 회사(Triangle Shirtwaist Company)의 공장을 휩쓸어 대다수가 여성이었던 146명이 사망하였다. 사망자 중 다수는 불타는 건물에 갇혀 있었는데, 이는 경영자측에서 무단 외출을 방지하기 위해 비상구를 잠궈 놓았기 때문이었다. 이후 3년 동안 주 위원회는 화재의 배경뿐 아니라 산업현장의 전반적 상황에 대해 조사를 하였으며, 1914년 그 위원회는 근대적 노동조건에서의 주요 개혁을 요구하는 일련의 보고서를 발행하였다.

그 보고서 자체는 전문가의 증언에 입각해 통계 및 기술적 자료들로 채워진 고전적인 혁신주의 문서였다. 그러나 그 보고서의 권고 사항이 뉴욕 주 의회에 도달했을 때, 이에 대한 가장 유능한 지지자는 중간계급의 혁신주의자가 아니라 두 명의 태머니 소속 민주당원, 즉 상원의원 로버트 와그너(Robert F. Wagner)와 하원의원 알프레드 스미스(Alfred E. Smith)였다. 머피의 지지와 태머니 소속 의원들의 후원으로, 그들은 공장주들에게 엄격한 규제를 부과하고 강제 시행을 할 수 있는 효과적인 장치를 확립하는 일련의 선구적인 노동법을 이끌었다.

3. 질서와 개혁을 위한 운동

개혁가들은 그들이 지닌 역량의 상당 부분을 정치 과정에 지향하였다. 그러나 그들 역시 도덕적 문제라고 생각한 것을 위해서도 운동을 펼쳤다. 그러한 운동 중에는 국민 생활에서 술을 추방하고, 매춘을 억제하며, 이혼을 조정하는 것들이 있었다. 그리고 이민을 제한하거나 산업경제에서 독점 세력을 억제하기 위한 노력도 있었다. 또한 많은 사람들이 오랫동안 지속되어 온 부당함이라고 생각한 것을 해소하기 위한 운동도 있었다. 그 중에서 가장 유명한 것은 여성의 참정권을 위한 운동이었다. 이들 각각의 개혁운동 지지자들은 그것의 성공이 사회를 전체적으로 혁신시켜줄 것이라고 믿었다.

금주 운동

많은 혁신주의자들은 미국인의 생활에서 술을 제거하는 것이 사회질서를 회복시키는 데 필수적인 단계라고 생각하였다. 사회복지관과 사회사업 기관 종사자들은 술이 노동계급 가정에 끼치는 결과를 끔찍하게 생각했다. 가뜩이나 부족한 임금은 노동자들이 술집에서 시간을 보내게 됨에 따라 흔적없이 사라졌고, 술 취한 상태는 도시의 가정 내에서 폭력과 때로는 살인을 낳기도 했다. 여성들은 특히 술을 노동계급의 부인과 어머니들이 직면한 가장 큰 문제의 근원이라고 보았으며, 금주를 통해 학대적이고 무책임한 남성의 행태를 개혁하고 나아가 여성의 삶을 향상시켜 주기를 희망하였다. 고용주들 역시 술을 산업의 효율성에 대한 방해물로 생각하였다. 예를 들면 노동자들은 종종 음주로 인해 직장에 지각하기 일쑤였고, 더 나쁜 경우에는 술이 덜 깬 상태에서 공장에 나와 부주의하고 위험스럽게 작업을 수행했던 것이다. 경제적 특권에 대한 비판자들은 주류(酒類) 산업이야말로 미국의 가장 불길한 트러스트 중의 하나라고 비난하였다. 그리고 술집을 정당조직의 중심적 기관 중의 하나라고 (정확하게) 본 정치개혁가들은 음주에 대한 공격을 정치 보스들에 대한 공격의 일부라고 보았다. 그러한 분위기에서 금주 운동이 대두했던 것이다.

금주는 많은 수의 사람들(특히 많은 수의 여성들)을 강력한 복음주의적 의미를 지닌 운동에 동원했던 남북전쟁 이전의 주요 개혁운동이었다. 금주 운동은 1870년대부터 시작하여 주로 부흥하였다. 남북전쟁 이전 시기에서처럼 그것은 주로 여성이 이끌고 지지했던 운동이었다. 1873년 금주 옹호론자들은 기독교 여성 금주 연합(Women's Christian Temperance Union)을 결성하였으며, 이 단체는 1879년 이후에 프랜시스 윌러드(Francis Willard)가 이끌었다. 1911년 기독교 여성 금주 연합은 24만 5천 명의 회원을 보유했고 그때까지 미국사상 가장 거대한 단일 여성 조직이 되었다. 여성 금주 연합은 술의 해악과 만취와 가정폭력, 실업, 빈곤, 질병 사이의 관련성에 대해 공표하였다. 1893년 술집 반대 동맹(Anti-Saloon League)은 금주 운동에 가담하였고 여성 금주 연합과 더불어 특별한 법적 해결, 즉 술집의 법적 폐지를 위한 압력을 가하기 시작하였다. 점차 주류의 판매 및 제조의 완전한 금지를 포함한 요구가 증대되었다.

이민 및 노동계급 유권자로부터의 상당한 반대에도 불구하고 금주에 대한 압력은 20세기 초에 걸쳐서 꾸준히 증대되었다. 1916년경 19개 주가 금주법을 통과시켰다. 그러나 규제를 받지 않는 많은 지역에서는 주류 소비가 실제로 증가하고 있었기 때문에 금주 지지자들은 전국적인 금주법을 옹호하기 시작했다. 미국의 제1차 세계대전 참전과 그것이 촉발시킨 도덕적 열기가 금주 옹호자들에게 최후의 일격을 가할 기회를 제공해 주었다. 1917년 도덕 및 종교적 이유에서 술에 반대했던 농촌 근본주의자들의 지지로 혁신주의적 금주 옹호자들은 연방의회를 통해 그들의 요구를 구현한 헌법 수정으로 나아가게 하였다. 2년 후 (카톨릭 이민의 보루였던) 코네티컷 주와 로드아일랜드 주를 제외한 미국의 모든 주의 비준을 받은 뒤에 헌법수정조항 18조는 입법되었고 1920년 1월에 발효되었다.

이민 제한

실제로 모든 개혁가들은 이민 인구의 증가가 사회문제를 발생시킨다는 데 동의하였다. 그러나 이에 대해 어떻게 대응하는 것이 최선인가에 대해서는 각기 다양한 의견이 제시되어 일치하지 않았다. 일부 혁신주의자들은 이 새로운 거주자들이 미국 사회에 적응하도록 돕는 것이 적합한 접근 방법이라고 믿었다. 다른 사람들은 이들을 동화시키려는 노력은 실패하였고 유일한 해결책은 새로운 이민의 유입을 제한하는 것이라고 주장하였다.

따라서 1910년대에는 미국의 이민 문호를 닫아버리자는 압력이 증대되었다. 새로운 학문적 이론들은 전문가에 대한 혁신주의자들의 존경심에 호소하면서, 미국 사회로의 이민 도입은 미국의 인종적 혈통의 순수성을 옅어지게 하는 것이라고 주장하였다. 우생학이라는 사이비 '과학'이 인간의 불평등은 유전적인 것이며 이민이 부적격자의 증가에 기여하고 있다는 믿음을 유포시켰다. 버몬트 주 출신의 상원의원 윌리엄 딜링엄(William P. Dillingham)이 의장을 맡아 본 소위 '전문가들'의 연방 특별위원회는 통계자료와 학술적 증언으로 가득 찬 상세한 보고서를 발행하였다. 그 보고서는 새로 막 들어온 이민 집단들, 주로 남부 및 동부 유럽인 이민들이 이전의 이민들보다 동화력이 약하다는 것이 입증되었다고 주장했다. 그 보고서는 이민은 국적에 따라 제한되어야 한다는 주장을 내포하였다. 심지어 인종적 논의를 거부하는 많은 사람들도 인구 과잉, 실업, 무리한 사회복지 사업, 사회불안과 같은 도시 문제들을 해결하기 위한 방편으로써 이민의 제한을 지지하였다.

이러한 관심들이 결합되어 토착주의자들(nativists)은 시어도어 루즈벨트, 상원의원 헨리 캐봇 롯지 등과 같은 몇몇 미국의 주도적 혁신주의자들의 지지를 점차 획득하였다. 강력한 이민 제한 반대자들, 즉 이민을 값싼 노동력의 근원으로 보았던 고용주들, 이민 자신들, 그리고 이민의 정치적 대표자들은 잠시 동안 이민 제한 운동을 가까스로 막아내었다. 그러나 (그 자체가 일시적으로 이민을 효과적으로 봉쇄하였던) 제1차 세계대전이 시작될 무렵 토착주의의 물결은 분명히 힘을 얻어 가고 있었다.

여성 참정권

혁신주의 시대에 아마도 최대의 단일 개혁운동이자 실제로 미국사에서 가장 큰 운동 중의 하나는 여성 참정권을 위한 투쟁이었다. 그리고 이 운동은 여성과 남성 모두에게서 지지를 이끌어냈다.

오늘날의 미국인들에게는 참정권(또는 투표권) 문제가 20세기 초에 그토록 엄청난 논쟁의 근원이 될 수 있었던 이유를 이해하기란 때때로 어려운 일이다. 하지만 당시에는 참정권은 그것에 대한 비판자들에게는 매우 급진적인 요구로 여겨졌다. 그 이유는 부분적으로 일부 참정권 지지자들이 개진시키곤 하였던 이론적 근거 때문이었다. 19세기 후반에 걸쳐서 많은 여성 참정권 옹호론자들은 여성이 남성과 마찬가지로 무엇보다 먼저 투표권을 포함한 평등한 권리를 누릴 자격이 있다고 주장하면서 '자연권'의 관점에서 자신들의 견해를 피력하였다. 예를 들면 엘리자베스 캐디 스탠턴(Elizabeth Cady Stanton)은 1892년에 여성에 대해 "자기 자신의 운명의 조정자이며 (…) 만약 우리가 여성을 한 사람의 시민으로서 또한 위대한 국가의 구성원으로서 생각한다면, 여성은 다른 모든 구성원들과 마찬가지로 평등한 권리를 가져야만 한다"라고 썼다. '어머니, 아내, 자매, 딸'로서의 여성의 역할은 사회의 한 부분으로서의 여성의 더 큰 역할에 '부수적인 일'이었다.

이것은 사회가 독특한 여성의 '영역', 즉 여성은 무엇보다 먼저 아내와 어머니로서 기여할 것을 요구한다고 믿었던 많은 남성들(심지어 많은 여성들까지)의 관점에 커다란 도전을 가한 주장이었다. 그래서 기존 사회질서에 대한 분명한 위협에 대한 반작용으로 강력한 여성 참정권 반대운동이 등장하기도 하였다.

여성 참정권 운동은 20세기 초에 이러한 반대를 극복하고 약간의 실질적인 승리를 거두기 시작했다. 그것은 부분적으로 여성 참정권 옹호자들이 그들의 반대자보다 더 잘 조직되었고 정치적으로 더 세련되어 있었기 때문이었다. 보스턴의 사회사업가인 안나 하워드 쇼우(Anna Howard Shaw)와 아이오와 주 출신의 언론인 캐리 채프먼 캐트(Carrie

여성 참정권 운동가들:
여성 참정권 운동가들이 뉴저지 주
롱브랜치(Long Branch) 해변 마을의
산책로를 따라 포스터를 걸고 있다.
29개 주가 1920년 헌법수정조항 19조가
비준되기 전에 여성에게 최소한
일부 선거에서 투표할 수 있도록
허용하였다. 하지만 뉴저지 주는 그러한
주에 속하지 않았다.

Chapman Catt)의 영도하에 전국 여성 참정권 협회(National American Woman Suffrage Association)는 회원수가 1893년의 13만 명으로부터 1917년 200만 명 이상으로 성장하였다. 제인 아담스와 같이 잘 알려지고 널리 존경받는 여성들이 참여함으로써 이 운동에 품위를 더해 주었다.

그리고 이 운동은 또한 대다수의 탁월한 지도자가 여성 참정권을 '한층 안전한,' 다시 말해 덜 위협적인 방식으로 합리화하기 시작했기 때문에 힘을 얻었다. 몇몇 지지자들은 여성 참정권이 여성이 속해 있는 '별도의 영역'에 도전을 가하지 않을 것이라고 주장하기 시작하였다. 그것은 사회의 제 문제에 영향을 미치기 위해 여성들의 특별하고 독특한 덕성을 한층 폭넓게 가져오는 것을 여성들에게 허용해 줄 것이었다. 그들은 여성이 독특한 영역을 차지하고 있기 때문에, 다시 말해 어머니와 아내와 주부로서 여성은 공공생활에 가져다 줄 수 있는 특별한 경험과 감수성을 갖고 있기 때문에 여성 참정권은 정치에 중요한 기여를 할 수 있으리라고 주장하였다. 많은 여성 참정권론자들은 특히 참정권을 지닌 여성들이 가장 거대한 지지자 집단이 정치적으로 한 목소리를 냄으로써 금주 운동을 도울 수 있을 것이라고 주장했다. 일부 여성 참정권 옹호자들은 일단 여성이 투표권을 갖게 되면 전쟁은 과거지사가 될 것이라고 주장하였다. 왜냐하면 여성이 (그들의 주장에 따르면 여성의 평화적 영향력이) 남성의 호전성을 억제하는 데 일조할 것이기 때문이었다. 그것이 제1차 세계대전이 여성 참정권 운동에 최후의 결정타를 가한 한 가지 이유였다.

모든 여성 참정권론자들이 자신들의 주장을 제한한 것은 아니었다. 특히 노동계급, 이민 및 흑인 여성들 사이에서 여성 참정권은 계속해서 상당한 지지를 불러일으켰는데, 이는 엄밀하게 그것이 너무도 급진적인 것처럼 보였고, 여성의 역할을 새로 형성해주고 사회질서를 개혁할 것을 약속했기 때문이었다. 그러나 중간계급의 여성들 사이에서 한결 급진적인 페미니스트적인 목표에서 참정권 운동의 분리가 이루어지고, 많은 미국인들이 관심을 갖는 다른 개혁운동들과 제휴하게 된 것도 이 운동이 광범위한 지지를 획득하는 데 도움이 되었다.

여성 참정권 운동의 중요한 승리는 1910년에 시작되었다. 바로 그해 워싱턴 주가 14년 내에 참정권을 여성에게 확대하기로 한 최초의 주가 되었다. 캘리포니아 주가 1년 후에 이러한 방식에 합류하였고, 1912년에는 다른 서부의 4개 주가 같은 방식을 채택하였다. 1913년 일리노이 주가 미시시피 강 동쪽에서 여성의 참정권을 채택한 최초의 주가 되었다. 그리고 1917년과 1918년에 각각 미국에서 인구밀도가 가장 높은 두 주인 뉴욕 주와 미시건 주가 여성에게 투표권을 주었다. 1919년 39개 주가 최소한 몇몇 선거에서 여성에게 투표권을 부여하였으며 그 중 15개 주는 여성에게 모든 투표의 참여를 허용하였다. 결국 1920년 여성 참정권론자들은 전국에 걸쳐서 여성에게 정치적 권리를 보장해 주는 헌법수정조항 19조의 비준을 획득하였다.

그러나 몇몇 페미니스트에게는 그 승리가 완벽함에는 약간 못미치는 것으로 여겨졌다. 호전적인 전국 여성당(National Woman's party, 1916년에 창립)의 우두머리인 앨리스 폴(Alice Paul)은 상대적으로 보수적인 '별도의 영역'에 입각한 참정권 정당화론을 결코 수용할 수 없었다. 그녀는 헌법수정조항 19조만으로는 여성의 권리를 보호하기에 충분치 않을 것이라고 주장하였다. 여성은 더 많은 것을 필요로 했다. 예를 들면 여성의 권리를 위한 뚜렷한 법적 보호장치를 마련해 주고 성(性)에 기초한 모든 차별을 금지시켜 줄 헌법의 수정이었다. 그러나 앨리스 폴의 주장은 최근에 승리를 얻은 참정권 운동의 가장 중요한 지도자들 사이에 서조차도 제한된 호응만 받았다.

사회주의의 꿈

그때까지의 미국 역사에서 어느 시기도, 그리고 그 이후의 어느 시기도 1900년에서 1914년 사이의 시기보다도 자본주의 체제에 대한 급진적 비판이 더 많은 지지를 받았던 때는 없었다. 미국 사회당(Socialist party of America)은 비록 두 개의 주요 정당에 대한 경쟁 세력이 되거나 심지어 심각한 위협이 되지는 못하였지만, 혁신주의 시대 동안에 상당한 힘을 지닌 세력으로 성장하였다. 1900년의 선거에서 미국 사회당은 10만 명에도 못 미치는 지지를 이끌어냈으나, 1912년에 사회당의 영속적인 지도자이자 영원한 대통령 후보인 유진 뎁스(Eugene V. Debs)는 거의 100만 표를 획득하였다. 사회당은 도시의 이민 공동체에서 세력이 가장 강하였고 (특히 독일계 및 유태계 사이에서) 남부 및 중서부 지역의 상당수 프로테스탄트 농부들의 충성을 이끌어내기도 하였다. 사회주의자들은 1천개 이상의 주 및 지방 관직의 선거에서 승리하였다. 그리고 그들은 때때로 지방자치 단체의 부패에 대항한 운동가인 링컨 스티픈스와 재능있는 소장 언론인이자 사회비평가인 월터 립프먼(Walter Lippmann)과 같은 일부 지식인들의 지지를 받기도 하였다. 플로렌스 켈리(Florence Kelley), 프랜시스 윌러드와 여타 여성 개혁가들도 사회주의에 매혹되었는데, 이는 사회주의가 평화주의와 노동의 호전성을 지지했기 때문이었다.

실제로 모든 사회주의자들은 경제의 기본적인 구조 변화의 필요성에 대해 동의하였지만, 그러한 변화를 이룩하는 데 필요한 변화의 범위와 전술에 대해서는 폭넓은 이견(異見)을 보였다. 일부 사회주의자들은 유럽 마르크스주의자들의 급진적 목표를 지지하였고, 다른 사람들은 소규모의 개인 사업은 존속시키되 주요 산업은 국유화하게 될 한결 온건한 개혁을 생각하였다. 사회당 내의 호전적인 집단은 투쟁적인 직접 행동을 선호하였다. 그 중 가장 돋보였던 집단은 급진적인 노조였던 세계산업노동자조합(Industrial Workers of the World, IWW)으로서, 그 노조원들은 반대자 사이에서 '떠돌이'(Wobblies)라고 알려졌다. 윌리암('빅 빌') 헤이우드(William 'Big Bill' Haywood)의 영도하에 세계산업노동자 조합은 모든 노동자들을 위한 단일 노조를 옹호하였고, 미숙련 노동자를 조직하고 '임금 노예제'를 폐지하는 데 전념함으로써 당대에서는 보기 드문 노동조직을 만들고자 하였다. 이 조합은 또한 파업, 특히 총파업을 선호해 정치적 행동을 거부하였다. '떠돌이들'은 그들이 실제 그러한 행동에 참여한 증거가 빈약했음에도 불구하고 철로와 발전소에 다이너마이트를 설치한 주모자들이라고 널리 알려졌다.

한층 온건한 사회주의자들은 정치적 투쟁을 통한 평화적 변화를 옹호하였으며, 바로 그들이 사회당을 지배했다. 그들은 점진적인 대중 교육을 통해 대중에게 변화의 필요성을 주지시키고 체제 내에서 그것을 법제화하기 위한 인내심있는 노력을 강조하였다. 그러나 제1차 세계대전의 종전 무렵 사회당이 전쟁 수행 노력을 거부하고, 사회주의자들에게 엄청난 괴로움과 박해를 당하게 했던 반(反)급진주의의 물결이 증대되었기 때문에 중대한 정치 세력으로서의 사회주의는 쇠퇴하였다.

분산 및 규제

많은 개혁가들은 미국 경제에 대한 가장 커다란 위협은 과도한 집중화와 통합이라는 점에서 사회주의자들과 일치하였지만, 자본주의 체제 내에서의 개혁의 가능성에 대한 신념은 갖고 있었다. 그들은 기간(基幹)산업을 국유화하는 것보다는 경제를 좀더 인간적인 규모로 회복시키기

를 희망했다. 하지만 소규모의 지방적 사업이 진행되는 사회로의 복귀를
생각한 사람은 거의 없었다. 그들은 약간의 통합은 불가피하다는 점을
인식하였다. 그러나 그들은 연방정부가 가장 거대한 기업 연합을 파괴하
는 일에 나서야 하고, 거대함에 대한 욕구와 경쟁의 필요성 사이에 균형
을 강행해야 한다고 주장하였다. 이러한 관점은 훌륭한 법률가이자 나중
에 대법원장이 된 루이스 브랜다이스(Louis D. Brandeis)의 관점과 각
별히 밀접하게 동일시되었다. 그는 '거대함의 재앙'(curse of bigness)에
대해 (가장 주목할 만하게는 1913년 그의 책 『다른 사람의 돈』(*Other
People's Money*)에서) 폭넓게 언급하였고 글을 썼던 것이다.

　다른 혁신주의자들은 경쟁의 미덕에 대해 그다지 열정적이지 못했
다. 그들에게 한층 더 중요했던 것은 경제적 집중이 촉진시켜 준다고 믿
었던 능률이었다. 그들은 정부가 해야하는 일은 '거대함'과 싸우는 것이
아니라 거대한 제도로부터 나오는 권력의 남용을 막는 것이라고 주장하
였다. 정부는 '좋은 트러스트'와 '나쁜 트러스트'를 구별해야 하고 좋은
것은 장려하면서 나쁜 것은 제재해야 했다. 경제적 통합이 미국 사회에
서 영속적인 국면으로 남아 있게 될 운명이었기 때문에, 강력한 대통령
이 이끄는 강하면서도 현대화된 정부가 계속해서 감독하는 것은 필수적
인 일이었다. 이처럼 새로이 떠오르는 '국가주의'(nationalist) 입장의 가
장 영향력있는 대변인 중의 한 사람은 1909년 『미국적 삶의 약속』(*The
Promise of American Life*)를 출간해 가장 영향력있는 혁신주의 문서
중의 하나가 되게 만든 허버트 크롤리(Herbert Croly)였다.

　통합이 이루어져야 할 방법에 대한 주장은 매우 다양했다. 그러나
점차 몇 가지 형태의 산업경제의 조정에 이목이 집중되었다. 몇몇 사람
들에게 그것은 기업 스스로가 새로운 협동과 자기 규제의 방식을 배워
야 한다는 것을 의미했다. 사실 당대의 가장 활동적인 '혁신주의' 개혁가
의 일부는 그들 자신의 혼란스러운 세계에 질서를 부여해줄 방법을 모
색하고 있던 기업가들이었다. 다른 사람들에게 해결책은 정부가 경제 생
활을 규제하고 계획하는 데 한층 더 적극적인 역할을 하는 것이었다. 이
러한 입장을 인정하게 된 사람 중의 한 사람은 (비록 1910년 이후까지도

충분히 인정한 것은 아니었지만) 잠시 동안 전국적 차원에서 개혁 추진의
가장 강력한 상징이 되었던 시어도어 루즈벨트였다.

혁신주의

*1*950년대 초까지 대부분의 역사가들은 20세기 초 혁신주의의 중심적 특징에 대해 일치한 것으로 보인다. 그것은 바로 혁신주의자들 스스로가 말했던 것과 같은 '특정 이해관계'의 권세를 억제하기 위해 '민중'에 의한 운동이었다. 좀더 특별하게는 도시 보스들, 기업의 거물들, 부패한 선출직 관리들의 과도한 권세에 대항한 분기한 시민들의 저항이었다.

1951년 조지 마우리(George Mowry)는 캘리포니아 주의 혁신주의자들을 연구하고 그들을 소규모 기업의 특권 엘리트와 전문직 인물들이라고 묘사함으로써 앞서의 주장에 도전을 가하기 시작했다. 예컨데 혁신주의자란 스스로를 사회의 선천적 지도자라고 생각하고 그들 대신에 들어선 새로운 자본주의 제도로부터 자신들의 사라져 가는 영향력을 회복하려고 노력했던 사람들이었다는 것이다. 다른 말로 혁신주의는 대중적인 민주적 운동이 아니라 자리를 빼앗긴 엘리트가 자신의 권위를 되찾으려는 노력이었다는 것이다. 리처드 홉스태터(Richard Hofstadter)는 『개혁의 시대』(*The Age of Reform*)에서 이러한 생각을 더 확대하였다. 그는 개혁가들을 '지위 불안'(status anxiety)에 시달리는 사람으로서 경제적 불만이 아니라 심리적 불만으로 고통당하는 쇠퇴하는 엘리트로 묘사했다.

마우리-홉스태터의 주장은 곧 일련의 도전에 직면하게 되었다. 1963년 가브리엘 콜코(Gabriel Kolko)는 영향력있는 연구인 『보수주의의 승리』(*The Triumph of Conservatism*)를 출간하였다. 그는 이 책에서 혁신주의에 대한 이전의 '민주적' 관점이나 새로운 '지위 갈망' 관점 모두를 거부하였다. 그는 혁신주의적 개혁이 기업으로부터 민중을 보호하려는 노력이 아니라 그것은 오히려 기업 지도자들이 경쟁으로부터 자신들을 지키기 위해 정부를 이용한 수단이었다고 주장하였다. 콜코는 규제가 "규제받는 산업의 지도자들에 의해 변함없이 통제되었고 그들이 받아들일 수 있거나 바람직한 목적을 지향한 것이었다"고 주장하였다.

한결 온건한 재해석은 나중에 20세기 미국사에 대한 '조직적' 접근이라고 불리게 되는 것을 수용한 역사가들에 의해 이루어졌다. 처음에는 새뮤얼 헤이즈(Samuel Hayes)의 『산업주의에 대한 대응』(*The Response to Industri-*

alism, 1957)과 그 뒤 로버트 위비(Robert Wiebe)의 책 『질서의 모색』(*The Search for Order*, 1967)은 혁신주의를 정치 및 경제적 생활에 질서와 능률성을 부여하려는 기업가, 전문가, 기타 중간계급 사람들의 광범위한 노력으로 묘사하였다. 이들에 의하면 새로운 산업 사회에서 사회적·정치적 생활은 주로 지방 공동체에 중심을 두었던 반면에 경제력은 점차 거대한 전국적 조직으로 집중되었다는 것이다. 위비는 혁신주의가 대두하고 있는 국가적 경제에 연결되어 있는 계급인 '새로운 중간계급'이 이러한 두 세계를 한데 묶음으로써 사회에서 그들의 위치를 안정시키고 고양시키려 한 노력이었다고 주장하였다.

1970년대와 1980년대에 혁신주의에 대한 연구는 너무도 많은 상이한 방향으로 진행되어서 일부 역사가들은 혁신주의라는 용어에서 어떤 일관된 의미를 찾는다는 것에 대해 실망하게 되었다. 새로운 학자들 중 많은 사람들은 '혁신주의적' 사상과 노력이 왕성했던 사람들 사이에서 새로운 집단을 발견하는 일에 초점을 맞추었다. 역사가들은 소비자들이 그들의 이해관계를 규정하기 위해 대두하고 있던 소비자 운동, 흑인들 사이에서 일어난 개혁운동의 성장, 도시 정당조직의 변화하는 성격 등에서 혁신주의의 증거를 발견하였다. 그중 각별히 영향력있던 것은 여성들이 급격하게 변화하는 가정적 영역에서 그들의 이해관계를 지키거나, 공적 세계에서 그들의 역할을 확대하기 위한 방편으로서 개혁을 창출하는 데 결정적 역할을 했다는 것을 밝히려는 노력이었다.

다른 학자들은 혁신주의를 정치 구조와 문화에서의 광범위한 변화와 동일시하려고 시도하였다. 리처드 맥코믹(Richard McCormick)은 1981년의 저술에서 '혁신주의 시대'의 결정적 변화는 정당의 쇠퇴와 특정의 사회적·경제적 목적을 위해 일하는 이해집단들의 상대적 흥기라고 주장하였다. 맥코믹과 다른 학자들은 혁신주의란 응집력있는 '운동'이라기보다는 미국인들이 근대 산업사회의 현실에 자신들의 정치적·사회적 체제를 적응시키려고 한 광범위한 과정의 일부였다고 생각했다. 그와 동시에 많은 역사가들은 혁신주의적 노력에서 여성의 역할은 20세기 초 개혁의 특질을 결정하는 데 도움이 되었고, 여성은 많은 개혁 활동을 지배하였을 뿐 아니라 그러한 활동을 여성들이 자신들의 성(gender)에 이익이 된다고 생각한 것을 위해 기여하도록 만들었다고 주장하였다.

혁신주의의 '본질'을 찾기 위한 탐색은 말할 나위 없이 계속될 것이다. 그러나 최근 몇 십 년간의 연구는 혁신주의적 개혁의 본질에 대한 진정한 해답은 그 운동의 엄청난 다양성에 대한 인식이 될 수도 있을 것이라는 점을 시사해 준다.

제22장

국가 개혁을 위한 투쟁

산업경제를 개혁하려는 노력은 주와 지방 차원 모두에서 계속 좌절에 직면되었다. 거대한 기업들은 전국적인 규모로 연합하였고, 개혁가들은 점차 국가적 차원의 행동만이 그러한 기업 연합들의 세력들을 효과적으로 통제할 수 있다고 결론지었다. 개혁가들은 20세기 초부터 연방정부에 기대를 걸기 시작했다.

그러나 주 및 지방 차원에서와 마찬가지로 중앙정부도 파당적 정치의 수렁에 빠져서 개혁에 앞장서기에는 그리 적합치 않아 보였다. 혁신주의자들은 중앙정부가 자신들의 요구에 더 많이 부응할 수 있게 만들려고 노력하였다. 예를 들면 일부 개혁가들은 주 입법부의 연방 상원의원 선출을 종식시킬 것을 촉구하였다. 그들은 대신에 주민의 직접선거를 제안하였다. 이 방법이 채택되면 상원이 대중의 요구를 한층 더 반영할 것이라고 그들은 믿었다. 1912년 의회에서 통과되고 1913년 주들에 의해 비준된 헌법수정조항 17조로 그러한 변화는 이룩되었다.

그러나 개혁 지향적인 연방의회조차도 개혁가들의 계획에 필요한 일관성 있는 지도력을 마련해 줄 것으로 기대할 수 없었다. 연방의회는 너무 서툴렀고 분열되어 있었으며 지역 및 편협한 이해관계에 얽매여 있었던 것이다. 개혁가들은 만약 연방정부가 진정으로 본연의 임무를 완수하고자 한다면 '근대적'이고 '효율적인' 지도력을 발휘할 수 있는 직책, 즉 대통령직으로부터 나오는 지도력이 필요하다는 데 동의하였다.

1. 시어도어 루즈벨트와 혁신주의 대통령

혁신주의 개혁가 세대에게 시어도어 루즈벨트는 대중의 존경을 한 몸에 받았던 인물 이상이었다. 한마디로 그는 그 세대의 우상이었다. 어느 대통령도 그만한 애정과 존경을 받지 못했다. 하지만 개혁가들 사이에서 누린 인기를 제외한다면 루즈벨트는 여러 면에서 단호한 보수주의자였다. 그는 그가 이룩한 여러 개혁 때문이라기보다는 그의 열정적인 대중적 친근감과, 그가 대통령직에 심어 놓은 광범위한 권력과, 국가 정치의 중심으로서 대통령직에 근대적 위치를 부여하였기 때문에 놀라운 인기를 얻었던 것이다.

우연히 탄생한 대통령

1901년 9월 윌리암 맥킨리 대통령이 암살에 희생되어 갑자기 서거했을 때, 루즈벨트(그는 부통령으로 선출된 지 채 1년도 안 되었다)는 약관 42세였으며 최연소의 기록으로 대통령의 자리에 올랐다. 하지만 그는 이미 공화당 내에서 매우 다루기 힘든 인물로서 명성을 얻고 있었다. 당의 지도자들은 그의 독자성을 느끼고 그를 제어할 수 없는 데 대해 실망했던 것이다. 루즈벨트를 러닝메이트로 선택한 것에 대해 맥킨리에게 경고한 바 있었던 마크 해너(Mark Hanna)는 다음과 같이 외치기도 했다. "보라! 저 망할 카우보이가 미국의 대통령이라니!" 그러나 대통령으로서의 루즈벨트는 결코 자기 당 지도자들을 공개적으로 거역하지는 않았다. 그는 오히려 조심스럽고 온건한 변화의 옹호자가 되었던 것이다.

루즈벨트는 연방정부를 어떤 특정 이해집단의 대리인이 아니라 대

통령을 중심으로 한 공익의 중개자로서 생각하였다. 이러한 태도는 거대
산업 연합에 대한 루즈벨트의 정책에서 발견된다. 그는 경제 집중의 원
리에 대해서는 반대하지 않았지만, 기업 합동이 위험천만한 권력의 남용
을 초래할 것이라는 점은 인정했다. 따라서 그는 트러스트에 대한 (파괴
가 아닌) 규제를 촉구하는 혁신주의자들과 연합했던 것이다.

　　루즈벨트 정책의 핵심은 정부가 기업들의 활동을 조사하고 그 결과
를 공표하는 권한을 갖게 하는 데 있었다. 그는 지식인층 여론의 압력만
이 기업 세력의 남용을 제거할 수 있다고 믿었다. 그런 뒤에 정부가 입
법을 통해 해결되지 않는 문제를 해결할 수 있다고 생각했다. 루즈벨트
는 속으로는 트러스트 파괴자(trust buster)가 아니었지만, 기업 연합을
파괴하기 위한 몇 가지 널리 알려진 노력에 간여하였다. 1902년 그는 북
서부의 새로운 거대한 철도 독점, 즉 북부 증권회사(Northern Securities
Company)에 대항해 법무부에 셔먼 트러스트 금지법(Sherman Antitrust
Act)을 적용할 것을 명령했다. 그러나 그와 동시에 그는 금융 지도자들
에게 그 소송이 트러스트를 해체하기 위한 총체적 운동의 신호가 아니
라는 것을 보장하였다. 루즈벨트가 자신의 대통령 잔여 임기 동안에 40
개 이상의 반(反)트러스트 소송을 제기했다 하더라도, 그는 경제적 집중
을 향한 당시의 경향을 뒤집기 위한 진지한 노력을 기울이지는 않았다.

　　정부를 공정한 규제 장치로 만들려는 노력은 루즈벨트의 노동정책
에서도 나타났다. 과거 노동문제에 관한 연방정부의 간섭은 거의 고용주
측을 대신한 행동을 의미했다. 루즈벨트는 노동계의 입장을 기꺼이 고려
하려고 했다. 1902년 광부 노조연합이 무연탄 산업체에 대항하여 격렬한
파업을 일으켰고, 이것이 다가오는 겨울의 석탄 공급을 위협할 정도로
오래 끌게 되자, 루즈벨트는 고용주와 광부 양측에게 공정한 연방정부의
중재를 받아들일 것을 당부했다. 그러나 광산주들이 이를 거절하자 루즈
벨트는 연방군대를 출동시켜 광산을 접수하고 석탄 생산을 재개하겠다
고 위협하였다. 고용주들은 결국 이에 굴복했고 정부의 중재자들은 파업
광부들에게 10%의 임금인상과 일일 9시간의 노동시간이라는 선물을 주
었지만 그들의 노조를 인정해 주지는 않았다. 이는 파업 광부들이 원했

던 것보다 적은 성과였지만 루즈벨트의 간섭이 없었다면 그들이 얻을 수 없었을지도 모를 커다란 소득이었다. 이러한 사례에도 불구하고 루즈벨트는 스스로를 노동자들 대변자가 아니라 경영주의 대표자로 생각하였다. 그는 고용주들을 대신해 파업에 간섭하기 위해 연방군대를 파견하기도 했다.

첫 대통령 임기동안 루즈벨트의 일차적 관심은 개혁이 아니었다. 그는 주로 자력으로 선거에서 승리하는 데 관심이 있었다. 이는 보수적인 공화당 구파(舊派)와 적대관계를 맺지 않는 것을 의미했다. 1904년 초 무렵 루즈벨트는 당내에서 자신의 반대 세력을 무력화시킬 수 있었다. 그는 쉽사리 공화당의 대통령 후보로 지명되었다. 그리고 약세의 보수적인 민주당 대통령 후보인 알튼 파커(Alton B. Parker)의 대통령 선거전에서 그는 일반 투표의 57% 이상을 획득했고 남부를 제외한 모든 주에서 승리하였다. 당면한 정치문제에서 벗어난 루즈벨트는 이제 개혁을 향한 자신의 행보를 자유롭게 (한계도 있지만) 펼칠 수 있게 되었다.

'공정거래' 정책

1904년의 선거전에서 루즈벨트는 무연탄 광산의 파업에서 모든 사람에게 '공정거래'(the Square Deal)를 제공해주기 위해 노력했다고 자랑하였다. 그는 자신의 2차 임기에서 이 공정한 거래를 더욱 확대하기 위해 노력했다. 그의 목표 중의 하나는 막강한 철도산업이었다. 주간 통상위원회(Interstate Commerce Commission, ICC)의 설립을 가져온 1887년의 주간 통상법(Interstate Commerce Act)은 산업을 규제하기 위한 초기의 노력이었다. 그러나 시간이 지남에 따라 법원은 그 법의 영향력을 크게 제한하였다. 1906년의 헵번 철도규제법(Hepburn Railroad Regulation Act)은 주간 통상위원회가 철도회사의 회계 장부를 조사할 수 있는 권한을 줌으로써 정부에게 약간의 규제권을 회복시켜 주려고 한 것이었다. 그러나 그 법은 혁신주의자들을 만족시키기에는 너무도 조심스러운 것이었다.

루즈벨트는 또한 의회에 압력을 가해 순정 식품 및 의약품법(Pure Food and Drug Act)을 제정하도록 했다. 이 법은 강제력이 약했음에도 불구하고 위험하거나 효능이 없는 의약품의 판매를 제한했다. 1906년 업튼 싱클레어(Upton Sinclair)의 강력한 호소력을 지닌 소설 『정글』(*The Jungle*)이 출간되고, 이 책에서 정육 산업에서의 소름끼치는 상황에 대한 묘사가 이루어지자 루즈벨트는 정육검사법(Meat Inspection Act)의 통과를 주장하였다. 이 법은 궁극적으로 불결한 육류를 통해 전염되는 많은 질병을 제거하는 데 기여했다. 그는 1907년부터 더욱 엄격한 법들을 제안하였는데, 예를 들면 노동자들을 위한 일일 8시간 노동제, 산업재해의 희생자들을 위한 광범위한 보상, 상속세 및 소득세, 주식시장에 대한 규제 등의 법이었다. 그는 또한 이러한 계획을 반대하는 의회 및 사법부 내의 보수주의자들을 공개적으로 비판하기 시작했다. 그 결과 루즈벨트의 개혁 청사진이 전반적으로 벽에 부딪치게 되었을 뿐 아니라, 대통령과 여당 내 보수주의자 사이에 간격을 더 넓히게 되었던 것이다.

자연보호를 위한 루즈벨트의 공세적인 정책 또한 이러한 간격을 더 넓히는 데 기여했다. 평생을 스포츠맨이자 자연 연구자로 보낸 루즈벨트는 미국의 자연자원과 남아 있는 미개발지의 무분별한 개발에 대해 오

소시지 만들기: (이 사진에서 보는 것과 같은 시카고 도축장에서) 정육업자들이 소시지를 만들었던 놀라울 정도의 비위생적인 환경은 업튼 싱클레어의 소설 『정글』에 영감을 주었다. 이 소설은 정육 제품에 대한 정부의 검사를 제도화시킨 연방 입법, 즉 1906년의 정육검사법의 제정을 촉진하였다.

랫동안 관심을 기울여 왔다. 그는 행정권을 사용하여 수천만 에이커에 달하는 미개발 정부 소유 토지를 사전에 신중한 국유림 체계에 포함시 킴으로써 개인에 의한 개발을 제한하였다. 1907년 의회 내의 보수주의자 들이 공유지에 대한 대통령의 권한을 제한하자, 루즈벨트와 휘하 산림청 장인 기포드 핀촛(Gifford Pinchot)은 그 법안이 입법화되기 전에 아직 공유지로 남아 있는 모든 산림과 수많은 수력 이용지를 장악하기 위해 맹렬하게 노력하였다.

루즈벨트는 새롭고 열정적인 미국의 자연보호 운동에 적극적인 관 심을 가진 최초의 대통령이었으며, 그의 정책은 국가적인 환경정책에 지 속적인 효과를 가져왔다. 그 어느 공직자보다도 루즈벨트는 자연 애호론 자들, 즉 자연보호 운동 내에서도 토지의 자연적 아름다움을 보호하기 위해 헌신한 사람들의 관심에 동조하였다. 그러나 루즈벨트의 정책은 자 연보호 운동 내에서도 또 다른 분파, 즉 조심스레 관리된 개발을 신봉했 던 사람들에게 호의적인 경향을 보였다. 그것은 부분적으로 최초의 전국 산림청(National Forest Service)장인 핀촛의 영향이었다. 그는 사람들 이 미개발지에 대해 합리적이고 효율적인 사용을 할 것을 지지하였다.

공화당 구파는 광대한 새 토지에 대한 정부의 통제력을 확대하려는 루즈벨트의 노력에 대해 반대했을지라도, 그들은 루즈벨트의 자원 정책 의 또 다른 중요한 측면, 즉 공공개간과 관개사업 계획에 대해서는 열렬 한 지지를 보냈다. 1902년 대통령은 서부 지역에 댐, 저수지, 운하의 건 설을 위해 연방 기금을 마련하는 신토지 개간법(New Lands Reclamat- ion Act)의 제정을 지지하였다. 이것은 경작을 위한 새로운 토지를 개간 하고 수년 후 저렴한 전기를 마련하기 위한 사업계획이었다. 그것은 서 부 주들에서 관개 및 수력 개발을 위한 연방정부의 수년에 걸친 지원의 시발이었다.

루즈벨트가 법제화시킬 수 있었던 개혁의 물결에도 불구하고, 정부 는 아직도 산업경제에 대해 상대적으로 적은 통제력을 지니고 있었다. 그것은 심각한 공황과 경기 후퇴가 시작된 1907년에 분명해지게 되었다. 보수주의자들은 루즈벨트의 '정신나간' 경제정책이 재앙을 불러일으켰다

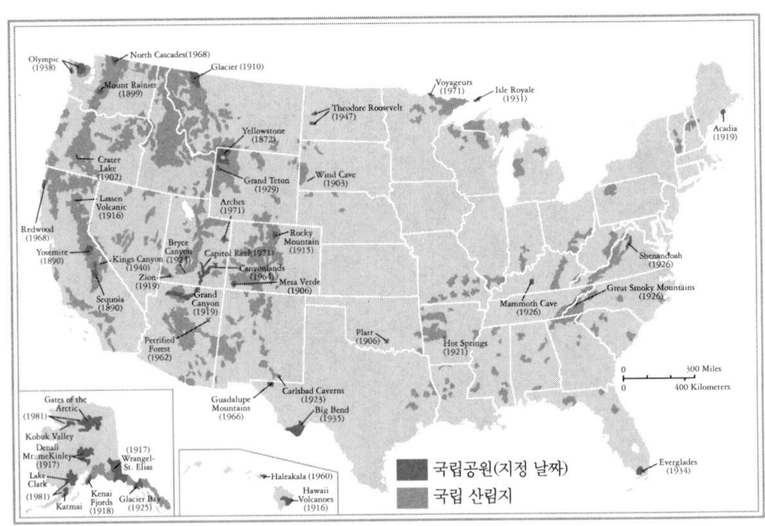

국립공원 및 국유림의 지정

고 비난하였다. 그리고 대통령은 당연히 (그리고 정당하게) 이러한 비난을 일축해 버렸음에도 불구하고 재계의 지도자들에게 그들의 개인적인 경기 회복 노력에 간섭하지 않을 것이라고 재빨리 안심시켜 주었다.

거대 금융가인 모건(J. P. Morgan)은 흔들리는 금융기관들을 떠받치기 위해 몇 개의 중요한 뉴욕 은행들의 자산 공동출자를 구축하는 데 기여하였다. 이러한 조정의 핵심은 당시 위기에 처한 뉴욕 은행이 소유하고 있던 테네시 탄광 철광회사(Tennessee Coal and Iron Company)의 주식을 유에스 제철회사(U.S. Steel)가 구매토록 하는 것이라고 모건은 대통령에게 설명했다. 그는 그러한 구매가 반(反)트러스트적인 행동을 불러일으키지 않을 것이라는 보장이 필요할 것이라고 주장하였다. 그 결과인지 아닌지는 모르지만 공황은 이내 진정되었다.

루즈벨트는 대통령직을 수행하는 것을 좋아했기에, 대통령이 두 차례 임기 이후에 더 이상 대통령에 나서지 않는다는 오래 지속된 전통에도 불구하고 많은 사람들은 그가 1908년의 대선에 출마할 것을 기정사실로 여겼다. 그러나 1907년의 공황은 루즈벨트의 2차 임기 중에 증대된 그의 '급진주의'와 맞물려 공화당 내 보수주의자들과 소원해지는 계기가 되었다. 따라서 그는 대단한 대중적 인기에도 불구하고 3선을 향한 공화당의 대통령 후보 지명을 획득하는 데 어려움을 겪게 될지도 모를 상황이었다. 더욱이 그는 1904년의 선거전에서 4년 후에는 은퇴할 것이라고 공약하기도 했던 것이다. 따라서 백악관에서 근 8년에 걸친 정력적인 직무 수행 이후에, 그리고 이 기간 중 미국 정부 내에서 대통령의 역할을 변화시켜 놓은 이후에 당시 50세였던 시어도어 루즈벨트는 공직 생활에서 (잠시 동안) 은퇴하였다.

2. 불안한 대통령직 승계

1909년 대통령직에 오른 윌리엄 하워드 태프트(William Howard Taft)는 시어도어 루즈벨트가 가장 신뢰했던 측근이자 직접 선정한 후계자였다. 따라서 혁신주의 개혁가들은 태프트가 자기 편이 될 것이라고 믿었다. 그러나 태프트 역시 신중하고 온건한 법률가였고 까다로울 정도로 법적 절차를 존중하는 사람이었다. 따라서 보수주의자들도 그가 루즈벨트가 행했던 적극적인 대통령의 권한 사용을 포기할 것이라고 기대하였다. 거의 모든 사람들에게 받아들여질 것으로 보임에 따라 태프트는 아주 가뿐하게 대통령에 당선되었다. 그는 실제로 경선을 치르지 않고도 공화당의 대통령 후보 지명을 받았다. 11월의 대선에서 민주당 후보로 절망적인 가운데 세번째 출마한 윌리엄 제닝스 브라이언에 대한 그의 승리는 미리 정해진 결론이었다. 태프트는 우호적인 분위기의 물결 속에서 백악관에 입성하였다.

그러나 4년 후 태프트는 20세기의 대통령 중에서 가장 크게 선거에서 패한 채 관직을 떠나게 되었고, 더불어 공화당도 심각하게 분열되었으며, 정부도 20여 년 만에 처음으로 민주당 행정부의 수중에 들어가게 되었던 것이다. 태프트의 실패는 부분적으로는 그 자신의 성격과 태도로 인한 것이었다. 그는 조심스러웠으며 대통령의 권한을 사용하는 데에도 한계를 두었다. 그리고 그는 루즈벨트의 역동적인 성격을 따라가는 데에도 실패했던 것이다(태프트가 별로 활력적이지 못하다는 인상을 주게 된 것은 때때로 160킬로그램이나 나갔던 그의 육중한 체중에 기인하는 것이기도 했다). 하지만 더욱 중요한 것은 그가 혁신주의자와 보수주의자 양측으로부터 기대를 한몸에 모은 인물로서 대통령이 되었지만, 곧 양측을 모두 만족시킬 수 없는 인물로 판명되고 말았기 때문이다. 그는 자신이 진정으로 의도하지는 않았지만 점차 보수주의자들을 즐겁게 하고 혁신주의자들을 소외시키고 있음을 발견했던 것이다.

태프트와 혁신주의자들

태프트의 첫번째 문제는 새 행정부의 임기 초부터 발생했다. 그는 이전부터 혁신주의자들이 요구하던 저율의 보호관세를 위해 의회로 하여금 특별회기를 소집할 것을 요청하였다. 그러나 대통령은 의회 내의 공화당 구파의 반대를 물리칠 아무런 노력을 하지 않았다. 왜냐하면 만약 그가 입법의 문제에 간섭한다면 삼권분립이라는 헌법의 원리를 파괴할 것이라고 생각했기 때문이었다. 그 결과는 관세율을 전혀 낮추지 않았을 뿐 아니라 몇몇 분야에서는 실제로 관세율을 높였던 무기력한 페인-올드리치 관세법(Payne-Aldrich Tariff)의 제정이었다. 혁신주의자들은 대통령의 이러한 수동적 행동에 대해 분개하였고 그의 동기를 의심의 눈길로 바라보았다.

공화당 내 혁신주의자들 사이에서 태프트에 대한 평판이 악화되고 공화당은 더욱 더 심각하게 분열되는 가운데, 1907년 말 이목을 끄는 논쟁이 발생해 개혁가들 사이에서 비교적 호의적이었던 태프트의 인기가 폭락하게 되었다. 많은 혁신주의자들은 태프트가 루즈벨트에 의해 임명된 내무장관이자 적극적인 자연보호론자인 제임스 가필드(James R. Garfield)를 한층 보수적인 기업 법률가인 리처드 볼린저(Richard A. Ballinger)로 교체했을 때, 별로 유쾌하지 않은 기분을 느낀 적이 있었다. 그러던 차에 볼린저가 루즈벨트 재임시 근 100만 에이커에 달하는 산림과 광물 매장지를 개인이 개발 가능한 공유지에서 제외시킨 것을 무효화하려고 했을 때 그에 대한 의혹이 증대되었다.

이처럼 의혹이 점증하는 와중에서 내무부의 감사관인 루이스 글래비스(Louis Glavis)는 신임 내무장관이 상당량의 석탄이 매장되어 있는 알라스카의 공유지를 개인적 이득을 위해 민간기업 투자단(syndicate)에 불하해 주는 것을 묵인한 적이 있다고 고발하였다. 글래비스는 당시 산림청장이며 볼린저의 정책에 대해 비판적이었던 기포드 핀촛에게 그 증거를 제출하였다. 핀촛은 다시 그 고발장을 대통령에게 제출하였다. 태프트는 고발장을 검토한 후 그것이 근거가 없는 것이라고 결정내렸다. 그러나 핀촛은 특히 태프트가 오히려 이번 사건을 기화로 글래비스를 해임시키자 이에 만족하지 않았다. 그는 이 이야기를 언론에 흘렸고 의회에 이 스캔들에 대해 조사해줄 것을 요청하였다. 대통령은 불복종을 이유로 핀촛을 해임시켰고, 이 논쟁을 조사하기 위해 지명된 공화당 구파가 지배하는 하원 위원회는 볼린저가 무죄임을 입증하였다. 그러나 혁신주의자들은 전국적으로 핀촛을 지지하였다. 이 논쟁은 당대의 그 어느 논란만큼이나 많은 대중의 관심을 불러일으켰으며, 그것이 끝났을 때 태프트는 루즈벨트의 지지자들을 완전히 잃게 되었으며 이는 결코 되돌릴 수 없는 일로 보였다.

루즈벨트의 복귀

이러한 논쟁이 벌어지고 있는 동안에 시어도어 루즈벨트는 거기에서 멀리 떨어져 있었다. 그는 그때 아프리카에서 장기간의 사냥 여행을 하고 있었고 나아가 유럽 여행까지 했던 것이다. 그러나 미국 대중에게 루즈벨트는 아직도 강력한 인상을 남기고 있었다. 그리고 그가 1910년 봄 뉴욕으로 돌아온 일은 하나의 중요한 공적 행사였다.

루즈벨트는 현실 정치에 복귀할 계획이 없다고 주장했지만, 그의 결심은 1주일을 넘기지 못했다. 정치가들은 즉각적으로 롱아일랜드의 오이스터 만(Oyster Bay)에 있는 그의 집으로 회동을 위해 몰려들었다. 루즈벨트는 몇몇 뉴욕의 정치적 논쟁에서 적극적인 역할을 했고 1달 내에 여름이 끝나기 전에 전국적인 연설 여행을 떠날 것이라고 발표하였다. 그는 태프트에 대해 격노한 나머지 자신만이 공화당을 재결집시킬 수 있다고 확신하게 되었다.

공화당 개혁가들의 지도력을 떠맡고자 하는 루즈벨트의 결심의 진정한 신호탄은 1910년 9월 1일 캔자스의 오사와토미에서 행한 연설에서 나타났다. 그 연설에서 그는 자신이 '신국민주의'(New Nationalism)라고 이름붙인 일련의 원리를 개괄적으로 제시하였다. 이 원리에서 그는 자신의 대통령 재임 초기의 신중한 보수주의에서 상당히 멀리 벗어나 있음을 분명히 했다. 그는 허버트 크롤리(Herbert Croly)의 저작에 영향을 받아 사회 정의는 오로지 강력한 연방정부의 행정부가 '공공복지의 청지기'(steward of the public welfare)로서 열정적인 노력을 기울이는 활동을 통해서만 이룩될 수 있다고 주장하였다. 재산권과 개인적 이득을 우선적으로 생각하는 사람들은 "이제 인간 복지의 옹호자에게 길을 내주어야 한다. 이들은 재산을 소유하고 있는 모든 사람들이 공공복지가

오사와토미에서의 루즈벨트: 1910년 캔자스 주 오사와토미에서 행한 루즈벨트의 유명한 연설은 그의 정치 경력에서 가장 급진적인 것이었으며 태프트 행정부 및 공화당 지도부와의 결별을 공개적으로 선언한 것이었다.

원하는 것이 어떤 정도이든지 간에 재산의 사용을 규제하기 위한 공동체의 전반적 권리에 종속된다고 정당하게 주장하는 사람들이다." 그는 누진소득세 및 상속세, 산업재해를 입은 노동자에 대한 보상, 여성 및 아동 노동의 제한, 관세 개정, 주식회사에 대한 더 강력한 규제 등을 지지하였다.

태프트에 대한 반발의 확산

1910년의 의원 선거는 혁신주의자들의 반발이 얼마나 널리 확산되었는가를 잘 보여주는 증거였다. 예비선거에서 거의 모든 혁신주의 현직 의원들은 재선된 반면 보수적 공화당원들은 참패에 참패를 거듭했다. 총선에서 자체의 혁신주의 후보를 내세운 민주당은 16년만에 처음으로 하원을 장악했고 상원에서도 세력을 확대했다. 분명 개혁의 분위기가 대두되는 듯이 보였다. 그러나 루즈벨트는 아직도 대통령이 되겠다는 어떠한 야심도 거부하고 자신의 진정한 목적은 태프트에게 압력을 가해 혁신주의 정책으로 복귀토록 하는 것이라고 주장했다. 하지만 다음과 같은 두 가지 사건이 그의 마음을 바꾸어 놓았다.

첫번째 사건은 1911년 태프트 행정부에 의한 트러스트 규제 결정이었다. 태프트는 셔먼 트러스트 금지법의 조항을 적용하는 데에서 루즈벨트보다 더 적극적이었고, 기업 연합에 대항해 수십 건의 소송을 제기한 바 있었다. 1911년 10월 27일 태프트 행정부는 유에스 철강회사가 여러 가지 일 중에서 특히 1907년에 테네시 석탄 및 철광회사를 차지한 것은 불법이라고 고발하면서 소송을 제기한다고 발표하였다. 루즈벨트는 그것이 1907년의 공황의 와중에서 일어난 일이었음을 인정한 바 있었다. 그는 태프트 행정부의 이러한 조치가 자신이 부적절하게 행동했음을 은연중에 암시하는 것이라는 것을 깨닫고 분개하게 되었던 것이다.

그러나 루즈벨트는 처음에 대통령 후보가 되는 것을 그다지 마음내켜 하지 않았다. 그 주된 이유는 상원의원 로버트 라폴레트가 스스로 대통령 후보 지명을 획득하기 위해 1911년 이래로 공을 들여왔기 때문이었다. 그러나 라폴레트의 경선 도전은 1912년 2월 좌초되고 말았다. 왜 냐하면 딸의 병에 신경을 너무 많이 써 지친 나머지 필라델피아에서 연설하는 도중에 신경쇠약 증세를 보였기 때문이었다. 루즈벨트는 2월 22 일 공화당 대통령 후보경선 출마를 선언하였다.

시어도어 루즈벨트와 태프트의 대결

라폴레트는 아직 약간의 완강한 지지자를 확보하고 있었지만, 모든 현실적인 목적을 제외하고는 공화당의 대통령 후보 지명을 위한 선거전은 이제 혁신주의자들의 대표 격인 루즈벨트와 보수주의자들의 후보인 태프트 사이의 격전이 되었다. 루즈벨트는 13개 주의 대통령 예비선거에서 압도적인 승리를 기록하였고, 자기야말로 공화당 평당원들의 유일한 선택이라고 확신하면서 전당대회장에 도착하였다. 그러나 태프트는 결정적인 영향력을 갖고 있는 대부분의 당 지도자들이 선택한 인물이었다.

후보 지명을 위한 격전장이 된 시카고 전당대회에는 총 254명에 달하는 평상시와는 달리 많은 수의 자격이 의심스러운 대의원들이 운집하였다. 루즈벨트는 후보 지명을 최종적으로 획득하기 위해서는 논란이 된 대의원 좌석 중 절반 이하만 필요하였다. 그러나 구파가 지배하는 공화당 전국위원회는 그 좌석 중 19석만 제외하고 모두 태프트의 대의원에게 배정하였다. 전당대회 개최 전야의 한 대회에서 루즈벨트는 그에게 환호하는 5천여 명의 지지자들에게 연설을 했고, 그 자리에서 그는 만약 당이 자신을 지지하는 대의원들에게 좌석을 배정해 주지 않는다면 당을 떠나서라도 자신의 후보 자리를 계속 지켜나갈 것이라고 선언하였다. 그는 포효하는 군중들에게 "우리는 선과 악의 대결전에 직면해 있습니다. 하지만 우리는 주님을 위해 싸울 것입니다"라고 외쳤다. 그 다음날 그는 자신의 지지자들을 전당대회장 밖으로 이끌고 나와 당을 떠났다. 태프트는 그때 1차 투표에서 조용히 후보로 지명되었다.

루즈벨트는 또 다른 전당대회를 위해 지지자들을 8월에 시카고로 다시 불러들였다. 이 전당대회는 새로운 혁신당(Progressive party)을

출범시키고 루즈벨트 스스로 이 당의 대통령 후보로 지명되기 위한 것
이었다. 루즈벨트가 "성난 숫사슴처럼 훈련하자"(따라서 이 숫사슴은 그의
신당의 지속적인 별명이 되었다)라고 말했을 때에는 이미 전의(戰意)를 다
지고 있었던 것이다. 하지만 그 무렵 그는 자신의 선거운동이 사실상 절
망적이라는 사실을 깨달았다. 그것은 부분적으로는 예비선거 기간 중 그
의 지지자 중 상당수가 공화당을 떠나 그를 추종하기를 거부했기 때문
이었다. 또 한 가지 이유는 민주당이 대통령 후보로 지명한 사람 때문이
기도 했다.

3. 우드로 윌슨과 '신자유'

1912년의 대통령 선거전은 단순히 보수주의자와 개혁가 사이의 경
쟁은 아니었다. 그것은 또한 두 부류의 혁신주의자들, 즉 미국의 미래에
대해 두 개의 상이한 관점을 반영했던 사람들 사이의 경쟁이었다. 그리
고 그것은 20세기 초 두 명의 가장 중요한 국민적 지도자가 서로 상대
도 안 되는 경쟁을 벌인 선거전이었다.

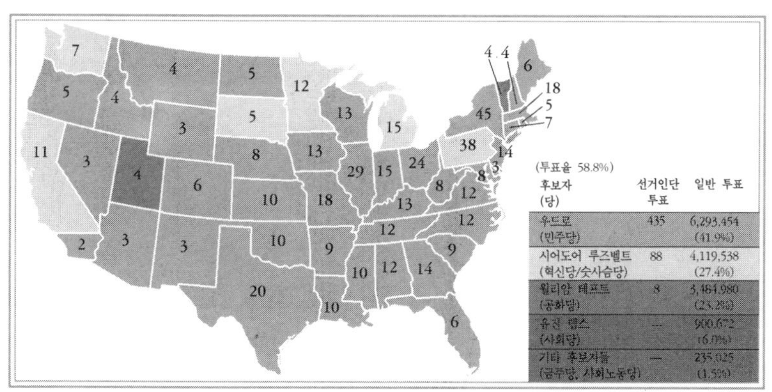

후보자 (당)	선거인단 투표	일반 투표
우드로 (민주당)	435	6,293,454 (41.9%)
시어도어 루즈벨트 (혁신당/숫사슴당)	88	4,119,538 (27.4%)
윌리암 태프트 (공화당)	8	3,484,980 (23.2%)
유진 뎁스 (사회당)	—	900,672 (6.0%)
기타 후보거들 (금주당, 사회노동당)	—	235,025 (1.5%)

1912년의 선거

우드로 윌슨

개혁의 분위기는 20세기 초 공화당에서와 마찬가지로 민주당 내에서도 세력을 얻고 있었다. 1912년 6월 볼티모어에서 열린 민주당 전당대회에서 보수적인 하원의장이었던 챔프 클라크(Champ Clark)는 혁신주의자들의 반대로 말미암아 지명에 필요한 3분의 2의 다수표를 모을 수 없었다. 결국 46차례에 걸친 투표에서 뉴저지의 주지사이자 경선에 출마한 후보 중에서 유일하게 순수한 혁신주의 후보였던 우드로 윌슨이 민주당의 대통령 후보 지명자로 등장하였다.

윌슨은 흔치 않은 길을 거쳐 정치적 명성을 얻게 되었다. 그는 프린스턴 대학 총장으로 지명된 해인 1902년까지 그 대학의 정치학 교수였다. 1910년 그는 뉴저지 주의 주지사로 선출되어 이미 대학 총장으로서 보여준 바 있었던 개혁 역량을 아낌없이 펼쳤다. 주지사로 2년 동안 재임하는 동안 그는 혁신적 입법을 통과시킴으로써 전국적인 명성을 획득했던 것이다.

윌슨은 1912년의 대통령 후보로서 '신자유'(New Freedom)라고 부르게 될 혁신주의적 계획을 제시하였다. 윌슨의 신자유는 경제정책에 대한 접근과 트러스트에 대한 대처 방식에서 루즈벨트의 '신국민주의'와 가장 뚜렷하게 달랐다. 루즈벨트는 경제적 집중은 받아들이되 그것을 규제하고 통제하기 위해 정부를 이용해야 한다고 믿었다. 윌슨은 거대함이라는 것은 불공정하고 비효율적이라고 믿었던 (루이스 브랜다이스 같은) 사람들의 편을 들었던 것처럼 보였고, 따라서 독점에 대한 완벽한 대응은 그것을 규제하는 것이 아니라 파괴하는 것이었다.

1912년의 대통령 선거전은 예상 밖의 결과를 가져왔다. 윌리암 하워드 태프트는 체념 상태에서 몇 차례에 걸친 산만한 보수주의적 연설을 한 뒤 침묵하고 말았다. 루즈벨트는 (암살 미수자가 쏜 총격에 의한 부상으로 말미암아 선거 막바지 몇 주일 동안 선거전의 2선으로 물러나지 않으면 안 될 때까지) 열정적인 선거전을 펼쳤지만, 많은 수의 민주당 혁신주의자들을 윌슨으로부터 빼내오는 데는 실패했다. 11월 루즈벨트와 태프트는 공화당원들을 둘로 쪼개어 나눠 가졌던 반면에 윌슨은 민주당원들의 지지를 계속 확보했고 결국 승리하였다. 그는 일반 투표에서 루즈벨트가 27%, 태프트가 23%, 사회주의자인 뎁스가 6%를 차지한 것에 비하면 42%를 얻음으로써 다수(초과 투표수)만 차지했을 뿐이었다. 그러나 선거인단 표에서 윌슨은 총 531표 중 435표를 획득하였다. 루즈벨트는 주별로 보면 단지 6개 주, 태프트는 2개 주에서 승리하였고, 뎁스는 전무했다.

학자 출신 대통령

윌슨은 대담하고 강력한 대통령이었다. 윌슨은 윌리엄 하워드 태프트 이상으로, 심지어 시어도어 루즈벨트 이상으로 행정부의 권력을 자기 수중에 집중시켰다. 그는 휘하의 내각에 대해 강력한 통제력을 행사하였고, 자신에 대한 충성심에 의심의 여지가 없는 사람들에게만 실질적 권한을 위임하였다. 이러한 그의 지도력 스타일을 가장 잘 보여주는 사례는 그의 행정부에서 가장 막강한 인물이었던 에드워드 하우스(Edward M. House) 대령의 경우였다. 텍사스 출신으로 지적이면서도 야심만만한 하우스 대령이 아무런 관직을 맡지 않았지만 막강한 권한을 행사할 수 있었던 것은 대통령과 개인적으로 친밀하다는 사실 한 가지 때문이었다.

입법에 관한 문제에서도 윌슨은 당의 지도자로서의 자신의 위치와 임명권을 노련하게 이용하여, 남부 보수주의자와 그가 생각하기에 자신의 계획을 지지해 줄 북부 및 서부 혁신주의자를 한데 묶어 보혁(保革) 제휴를 이룩하였다. 의회의 상하 양원에서 민주당이 다수였다는 점 역시 그의 정책 집행을 한층 용이하게 해주었다. 여기에는 많은 민주당원들이 의회 내 다수 의석을 유지하기 위해서는 민주당이 혁신주의적 계획을 입법화해야 한다는 인식을 갖게 된 점도 작용하였다.

대통령으로서 윌슨의 첫번째 성과는 보호 관세율을 상당히 낮춘 것이었다. 윌슨이 취임한 지 얼마 되지 않아 소집한 의회의 특별회기에서 통과된 언더우드-시몬즈 관세법(Underwood-Simmons Tariff)은, 혁신주의자들이 생각하기에 미국 시장에 진정한 경쟁을 도입하고 그럼으로써 트러스트의 세력을 파괴하는 데 도움이 될 정도로 상당한 관세율의 인하를 가져왔다. 그 법은 하원에서는 쉽게 통과되었다. 반면에 상원에서는 그 법의 조항들을 약화시키려는 노력이 있었음에도 불구하고, 그 법은 다소간 원형 그대로 존속되었다. 한 마디로 윌슨은 루즈벨트와 태프트가 이룩하지 못한 성공을 거두었던 것이다. 새로운 관세법으로 인한 세수의 결손을 보완하기 위해 의회는 최근에 채택된 헌법수정조항 16조로 말미암아 이제 헌법으로도 허용되게 된 누진소득세를 승인하였다. 이 최초의 근대적 소득세는 연 소득 4천 달러가 넘는 개인과 기업에 대해 1%의 세금을 부과하고 소득 비율에 따라 5만 달러가 넘는 경우에는 6%까지 이르도록 하였다.

윌슨은 의회가 여름 내내 회기를 계속 지속해 미국의 은행 체계에 대한 주요한 개혁 작업을 진행하도록 했다. 그러한 변화가 필요없다고 주장하는 사람은 거의 없었다. 그러나 그 문제를 해결하기 위한 최선의 방법에 관해서는 많은 상이한 주장이 있었다. 일부 의원들, 특히 그 중에서 버지니아 출신 하원의원 카터 글래스(Carter Glass)는 정부 권력을 실질적으로 증대시키지 않고도 월스트리트의 거대 금융가들의 세력을 제한하기 위해 은행 체계의 통제력을 분산시키기를 원했다. 윌리암 제닝스 브라이언과 동료 농본주의자들을 포함한 다른 의원들은 확고한 정부의 통제를 원했다. 윌슨은 은행 체계에서 권한의 분산을 꾀하는 계획을 승인하였다. 이 계획에 따르면 정부는 국가적인 차원에서 실질적인 통제력을 갖게 될 것이지만, 은행가들도 지방적인 차원에서 통제력을 보유하게 될 것이었다. 따라서 연방 지불 준비법(Federal Reserve Act)이 상하 양원을 통과하였고 대통령은 1913년 12월 3일 이 법에 서명하였다. 그것은 윌슨 행정부가 이룩한 국내 문제 입법 중에서 가장 중요한 법이었다.

연방 지불 준비법은 각 지역의 개별 은행이 소유하고 관리하는 12개의 지역 은행을 창출하였다. 지역 연방 준비 은행은 각 지역 가맹 은행들의 자산 중 일정 비율을 지불준비금으로 확보한 다음 이 지불준비금을 연방 준비 체제가 정하는 이자율(또는 할인율)에 따라 개인 은행들에게 대출해 주는 데 사용하였다. 그리고 지역 연방 준비 은행은 새로운 형태의 지폐, 즉 연방 지불 준비 은행권을 발행하였다. 이 화폐는 미국 내 통상의 기본 매개체가 될 것이었고 정부가 보증해 주게 될 것이었다. 아마도 가장 중요한 것은 이 준비 은행들이 그 기금을 증대된 신용 수요에 부응하거나 위기에 처한 은행들을 보호하기 위해 재빨리 문제가 된 지역으로 옮길 수 있는 중심적인 기관으로 기여하게 될 것이라는 점이었다. 이러한 전체 체제를 감독하고 규제하는 것은 전국적인 연방 지불 준비국이었고 그 이사들은 대통령에 의해 임명되었다. 모든 '전국적인 규모의' 은행들은 이 체제에 가입할 것이 요구되었고 소규모 은행들도 가입이 장려되었다. 1년 내에 거의 절반에 달하는 전국의 은행들이 이 체제에 가입하였고 1920년대 말에는 80%에 달하였다.

월슨의 대선을 위한 선거전의 토대는 경제적 집중에 대한 공격, 그 중 가장 주목할 만한 것으로는 독점 트러스트를 파괴하겠다는 약속이었다. 그러나 그의 제2차 임기가 시작될 무렵 트러스트에 대한 그의 접근 방식은 변화된 것으로 나타났다. 그는 정부가 기업 연합을 해체할 것이라는 초기의 주장에서 그것을 규제하는 데 몰두하겠다는 쪽으로 옮겨가고 있었던 것이다. 이 문제에 관한 한 신자유는 신국민주의와 닮아 가기 시작했던 것이다.

1914년 월슨은 독점 문제에 대처하기 위해 두 개의 법안을 제안하였다. 그 제안에는 하나의 연방기관을 창설하고 이를 통해 정부가 기업 경찰 자체를 도울 수 있는, 다른 말로 하면 루즈벨트가 1912년에 주장한 바 있었던 형태의 규제 위원회를 창설하자는 안이 담겨 있었다. 이와 더불어 그 제안에는 트러스트를 기소하고 해체하기 위한 정부의 권한을 강화하는 것도 들어 있었다. 이는 월슨의 선거운동에서 한층 특징적인 측면이라고 할 수 있는 해체적인 접근 방식이었다. 결국 이 두 개의 법안은 연방 통상위원회법(Federal Trade Commission Act)와 클레이튼 트러스트 금지법(Clayton Antitrust Act)으로 구현되었다.

연방 통상위원회법은 기업이 앞으로 자신들의 행동이 정부에 의해 받아들여질 것인지 아닌지를 결정하는 데 도움이 될 동일한 명칭의 규제 기관을 창설할 수 있게 해주었다. 이 연방 통상위원회는 법이 규정하지 않았던 '불공정 거래 관행'에 대해 고발할 권한을 갖게 되었고, 기업의 행위를 조사할 폭넓은 권한을 지녔다. 한마디로 이 법은 정부의 규제 권한을 상당히 증대시켜 주었던 것이다. 윌슨은 즐거이 이 법에 서명하였다. 그러나 그는 클레이튼 트러스트 금지법에 대해서는 관심을 잃은 듯이 보였고 보수주의자의 공격으로부터 그 법안을 지키는 데 거의 아무런 노력을 기울이지 않았다. 따라서 그 법안은 상당히 약화되게 되었다. 윌슨이 1912년에 약속했던 독점에 대한 강력한 법적 조치는 결코 현실화되지 않았다. 그는 미래는 정부의 감독에 달려 있다고 확고하게 결정했던 것이다.

후퇴와 전진

1914년 가을경 윌슨은 신자유 계획이 본질적으로 완성되었고 개혁에의 요구도 이제 가라앉을 것이라고 믿었다. 그는 전국적인 여성 참정권 운동에 대한 지지를 거부하였다. 윌슨은 남부 민주당원들의 뜻을 따르고 자신의 남부 출신 배경을 반영하여 연방정부 기관들에서 흑백 분리를 다시 강요하는 것을 묵과했다(이는 시어도어 루즈벨트가 그러한 장벽을 제거하도록 명령한 것과는 대조적인 일이었다). 의회 내의 혁신주의자들이 새로운 개혁 입법을 위해 윌슨의 지지를 구하려고 시도했을 때, 그는 그들의 제안을 위헌적이고 불필요한 것이라고 일축하였다.

그러나 1914년의 의회 선거는 이러한 대통령의 만족감을 뒤흔들어 놓았다. 민주당은 하원에서 많은 의석을 잃었고, 1912년의 선거에서 혁신당을 지지했던 유권자들은 공화당으로 복귀하기 시작했다. 윌슨은 1916년 재선에 출마했을 때 이전처럼 분열된 반대당에 의지할 수 없는 노릇이었다. 윌슨은 1915년 말경 두번째 개혁 물결을 지지하기 시작했다. 1916년 1월 윌슨은 루이스 브랜다이스(Louis D. Brandeis)를 대법원 판사로 지명하여 그를 최초의 유태계 대법원 판사로 만들었을 뿐 아니라 가장 진보적인 혁신주의 판사로 재직할 수 있도록 하였다. 나중에 그는 농부들이 신용 대출을 받는 것을 더 용이하게 만드는 법령과, 연방에 의해 고용된 사람들을 위한 노동자 보상제를 실시하는 법령도 지지하였다.

이처럼 새로워진 개혁 노력의 상당 부분은 윌슨이 오히려 신국민주의에 더 가까이 다가갔음을 암시해 주는 것이었다. 그는 중요한 방식으로 연방정부의 역할을 확대해 주는 법령들을 후원하였다. 그 법령은 정부가 경제를 규제할 수 있게 함으로써 정부에 새로운 힘을 실어주고 미국의 경제 및 사회구조를 형성할 수 있도록 도와주는 것이었다. 예를 들면 윌슨은 1916년 아동 노동을 규제하는 최초의 연방법인 키팅-오웬 법(Keating-Owen Act)을 지지하였다. 그 법은 일정 연령 이하 아동에 의해 생산된 상품이 주 경계를 넘어 선적되는 것을 금지함으로써 의회에 부여된 헌법상의 구절, 즉 주간 통상을 규제하는 임무에 대해 중요성을 확대해 주는 것이었다(이 법의 제정은 대법원이 헌법 구절의 이 같은 해석을 옹호하게 되기 몇 년 전의 일이었다. 왜냐하면 대법원은 1918년에 키팅-오웬 법을 무효화시켰기 때문이다). 대통령은 이와 유사하게 연방의 과세권을 사회 변혁 입법을 위한 수단으로 사용하는 법을 지지하였다. 대법원이 키팅-오웬 법을 폐기하게 만든 이후 아동 노동에 의한 생산에 대해 중과세함으로써 그 법과 동일한 목적을 달성하기 위한 새 법이 시도되었다(대법원은 후에 그 법 역시 무효화하였다). 그리고 1914년의 스미스-리버 법(Smith-Lever Act)은 다른 방식으로 연방정부가 지방의 활동에 영향을 줄 수 있음을 보여주었다. 왜냐하면 그 법은 농업진흥 교육을 지지하는 데 동의하는 주들에게 연방정부가 그에 상응하는 보조금을 제공함으로써, 대중의 행동을 변화시키기 위해 연방의 재정을 사용하도록 했기 때문이었다.

4. '몽둥이' 외교: 미국과 세계(1901~1917)

혁신주의 시대 기간중 미국의 대외정책은 국내 개혁을 촉발시켰던 것과 같은 여러 자극을 반영하였다. 그러나 그 이상으로 미국의 대외정책은 경제 및 정치적 이해관계가 널리 미치는 세계 강국으로서 미국의 새로운 감각을 반영한 것이었다.

루즈벨트와 '문명론'

시어도어 루즈벨트는 기질적으로나 사상적으로도 적극적인 대외정책에 매우 적합했다. 그는 세계에 미국의 힘을 사용하는 일의 가치와 중요성을 신봉하였다(이는 그가 언젠가 "부드럽게 말하되 몽둥이를 휘둘러라"라는 속담을 인용하면서 기술한 데에서도 보이는 확신이었다). 그리고 그는 세계의 소위 '문명화된' 나라와 '문명화되지 못한' 나라 사이에 중요한 차이가 존재한다고 믿었다. 그가 정의내린 바에 따르면 '문명화된' 나라들은 주로 백인이자 앵글로 색슨족이나 튜튼족이며, '문명화되지 못한' 나라들은 일반적으로 백인이 아니 라틴족 또는 슬라브족이었다. 그러나 인종주의는 단지 차별의 부분적 토대였다. 최소한도로 중요시되어야 할 것은 경제발전이었다. 따라서 그는 급속하게 산업화되고 있는 사회였던 일본은 문명국의 반열에 들어올 수 있다고 생각했다.

루즈벨트의 정의에 따르자면 문명국은 산업 상품의 생산자였다. 반면에 비문명국은 원료와 시장의 공급자였다. 그는 이 두 권역 사이에 양자에게 모두 결정적인 경제적 관계가 있다고 믿었다. 따라서 문명사회는 '후진적인' 국가의 질서와 안정을 유지하기 위해서, 그리고 두 나라 모두를 위해서 그 나라의 문제에 간섭할 권리와 의무가 있었다. 따라서 루즈벨트는 일찍부터 미국 제해권 발전의 옹호자가 되었다. 1906년경 루즈벨트의 지원으로 인하여 미국 해군은 (비록 독일 해군이 빠른 속도로 성장하고 있었지만) 오로지 영국만이 능가할 수 있는 막강한 규모와 힘을 얻게 되었다.

아시아에서의 문호개방의 보호

루즈벨트는 '문호개방'을 태평양에서 미국의 무역을 유지하고 어떤 한 나라가 그곳에서 지배권을 확립하는 것을 방지하기 위한 최선의 방책으로 간주하였다. 따라서 그는 아시아에서 일본, 러시아, 독일, 프랑스 등이 포함된 군사적 경쟁을 경계의 눈으로 바라보았다.

1904년 일본은 러시아와 일본이 모두 장악할 것을 노리던 중국의 한 성(省)인 남만주에 있는 뤼순항(Port Arthur)에 대한 기습 공격을 감행하였다. 루즈벨트는 둘 중 한 나라가 그 지역에서 지배적이 되는 것을 방지하기를 바라며 충돌을 종식시키기 위해 중재에 나서 달라는 일본의 요청에 동의하였다. 그 전쟁에서 전세가 불리했던 러시아는 동의하는 것 이외에 선택의 여지가 없었다. 1905년 뉴햄프셔 주의 포츠머드에서 열린 평화 회담에서 루즈벨트는 러시아로부터는 일본이 그 지역을 차지하는 데 대한 인정을 받아내고 일본으로부터는 전투를 중지하고 더 이상 팽창하지 않겠다는 동의를 얻어냈다. 그와 동시에 그는 미국이 그 지역에서 자유롭게 교역을 계속할 수 있는 권리를 보장받기 위한 비밀 협정을 일본과 체결하였다. 루즈벨트는 1906년 러일 전쟁을 종식시키는 데 기여한 공으로 노벨 평화상을 수상하였다. 그러나 이후 수년 내에 미국과 일본의 관계는 계속 악화되었다. 뤼순항에서 러시아의 함대를 괴멸시킨 후 일본은 이제 태평양에서 주도적 해군국으로 부상하였고, 곧바로 일본이 장악한 지역에서 미국의 무역을 배제하기 시작하였다.

더욱이 1906년 샌프란시스코 교육위원회가 아시아계 학생들을 별도의 학교로 분리하기 위한 투표를 한 것과, 1년 후 캘리포니아 주 입법부가 일본인 노동자의 미국 이민을 제한하는 법을 통과시키려고 시도한 것은 일본과의 관계 해결에 하등 도움이 되지 못했다. 나아가 캘리포니아에서의 아시아인 반대 폭동과 '황화론'(黃禍論, Yellow Peril)에 관한 허스트(Hearst)계 신문의 선동적인 기사는 일본의 분노를 부채질하였다. 루즈벨트 대통령은 샌프란시스코 교육위원회를 설득하여 일본과 캘리포니아로의 농업 이민의 물결을 중지시킨다는 협정에 대한 보답으로 그

조례를 철회하도록 하였다. 그리고 나서 루즈벨트는 일본 정부가 자신의 행동을 나약함의 표시로 해석하지 않을까 염려해서, 미국 신해군이 보유한 16척의 전함을 일본 방문을 포함한 유례없는 세계일주 순방 항해에 파견하였다. 이 순방에 일본이 포함된 것은 일본에게 미국의 잠재력을 상기시키기 위함이었다.

인접국에 대한 철권 통치

루즈벨트는 그가 (그리고 대부분의 다른 미국인들이) 미국의 각별한 이해가 걸려 있다고 생각한 영역, 즉 라틴아메리카에서 일어난 사건에 대해 특별한 관심을 기울였다. 루즈벨트는 다른 나라들과 교역권을 공유하는 것을 꺼리면서 군사적 통제만을 선호했기에 카리브해와 남아메리카에서 일련의 모험을 감행하기 시작하였고, 이는 그의 대통령 재임 기간중 오랫동안 지속될 이들 지역에 대한 미국의 간섭 유형을 확립시켜 주었던 것이다.

이러한 루즈벨트의 생각에 결정적인 역할을 한 것은 그의 행정부 초기에 발생한 한 사건이었다. 1902년 베네주엘라 정부가 유럽의 은행들에게 지고 있던 채무를 이행하지 못하게 되자 영국, 이탈리아, 독일의 해군이 베네주엘라의 해안을 봉쇄하였다. 그때 독일이 그 지역에 영구적인 기지를 건설하려는 계획을 갖고 있다는 소문이 나도는 가운데 독일의 함대가 베네주엘라의 항구에 포격을 가하기 시작했던 것이다. 루즈벨트는 독일 해군에게 철수 압력을 가하기 위해 미국 해군력을 동원해 위협하였다.

이 사건은 루즈벨트로 하여금 라틴아메리카에 대한 유럽의 침입은 직접적인 침략뿐 아니라 라틴아메리카 국가 자체의 불안정이나 (채무 불이행 같은) 무책임에서도 비롯될 수 있다는 생각을 갖도록 만들었다. 그 결과 1904년에 그는 먼로 선언(Monroe Doctrine)에 '루즈벨트의 추론'(Roosevelt Corollary)을 추가하였다. 그는 미국이 서반구에서 유럽의 간섭에 대해 반대할 수 있는 권리뿐 아니라, 만약 이들 인접국들이 자체적으로 질서를 유지할 수 없다는 것이 판명된다면 그 나라들의 국내 문제에 간섭할 권리를 갖고 있다고 주장했던 것이다.

루즈벨트 추론에 동기를 부여해 주었고 그 이론을 사용하기 위한 최초의 기회를 마련해준 것은 도미니카 공화국에서 발생한 위기였다. 도미니카 공화국에서는 1903년 혁명이 일어나 부패하고 파산한 정부를 무너뜨렸다. 그러나 새 정부도 이 나라가 유럽 여러 나라에 지고 있는 2천 2백만 달러의 채무에 대처하는 데에서는 이전 정부보다 나을 바가 없었다. 루즈벨트가 확립한 추론의 근본 원리는 미국이 도미니카의 세관을 장악해 세입의 45%를 도미니카인들에게 주고 나머지는 외국의 채권자들에게 분배하는 방식으로 사실상 미국이 재산 관리를 맡는 것이었다. 이러한 조치는 한 형태 또는 또 다른 형태로 30년 이상이나 지속되었다.

1902년 미국은 쿠바에 정치적 독립을 허용해 주었으나 이는 새 정부가 자국의 헌법에 대해 소위 플래트 헌법수정조항(Platt Amendment)에 동의한 이후의 일이었다. 이 헌법수정조항으로 미국은 이 신생 국가에 대한 어떠한 외국 세력의 간섭도 저지할 수 있는 권리를 갖게 되었

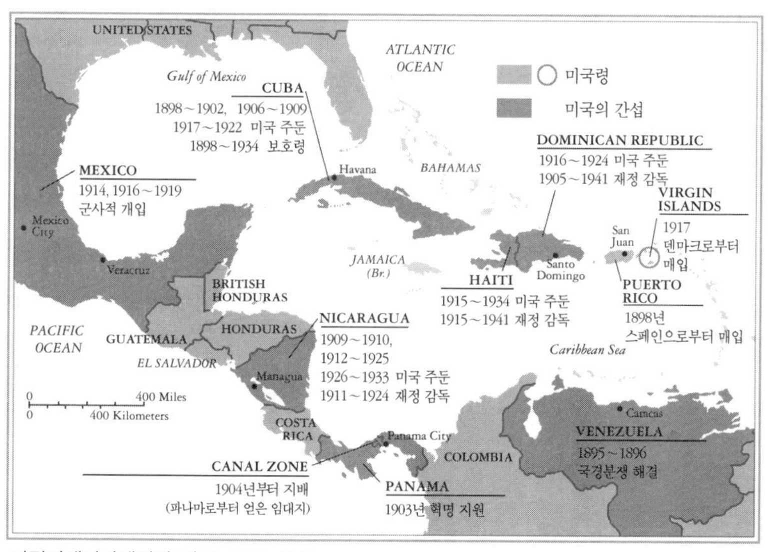

라틴아메리카에서의 미국, 1895~1941

던 것이다. 1906년 쿠바 국내의 폭동이 이 나라의 국내 안정을 위협하는 것처럼 보이자 루즈벨트는 미국이 무질서로부터 쿠바를 '보호하기' 위해 간섭해야 한다고 추론하였다. 미군은 쿠바에 상륙하여 폭동을 진압하고 3년 동안 주둔하였다.

파나마 운하

루즈벨트 재임시 가장 기념할 만한 업적은 파나마 운하의 건설이었다. 중앙아메리카를 관통하는 운하를 건설함으로써 대서양과 태평양을 연결한다는 것은 19세기 중엽 이래로 많은 나라들이 이루지 못한 꿈이었다. 루즈벨트는 그것을 달성하기로 결심하였다.

운하를 건설하기 위한 첫번째 단계는 미국과 영국이 그 지역에 어떠한 운하라도 함께 건설한다는 데 동의한 1850년의 조약을 무효로 하는 헤이-폰스포트(Hay-Pauncefote) 조약을 체결하는 것이었다. 그 결과 미국은 이제 단독으로 행동하는 데 자유롭게 되었다. 그 다음 단계는 운하 건설지를 선택하는 것이었다. 루즈벨트와 다른 많은 사람들은 처음에 니카라과를 가로지르는 통로를 선호하였다. 왜냐하면 이 지역은 대서양과 태평양의 해수면이 같아서 별도의 갑문 설치가 필요없기 때문이었다. 그러나 대신에 그들은 곧 일찍이 프랑스 회사가 운하를 건설하려다 실패한 지역인 콜럼비아의 좁다란 파나마 지협으로 눈길을 돌렸다. 파나마 통로는 두 대양의 해수면이 맞지 않았지만(따라서 갑문이 필요할 것이었다), 그 지역은 니카라과보다 두 대양간의 거리가 더 짧았던 것이다. 그리고 운하 건설도 이미 40% 정도가 완성되어 있었다. 프랑스 회사가 소유하고 있는 지분의 가격을 1억 9백만 달러에서 4천만 달러로 낮추자 미국은 파나마를 선택하였다.

루즈벨트는 워싱턴에서 콜럼비아의 외교관들과 지체없이 운하 건설을 시작하도록 해줄 협정을 맺기 위해 국무장관 존 헤이(John Hay)를 급파하였다. 미국의 엄청난 압력으로 콜럼비아의 대리 대사인 토머스 헤란(Thomas Herrn)은 어리석게도 콜럼비아를 가로지르는 약 10킬로미

파나마 운하의 건설: 1910년 11월 개턴 미들 록스(Gatun Middle Locks)에서 공사가 진행되는 모습. 파나마 운하가 지닌 정치적 속뜻이 무엇이든지 간에, 이 운하는 20세기 초 위대한 공학적 위업 중의 하나였다.

터 폭의 '운하 지역'에 대한 영구적인 권리를 미국에게 부여한다는 협정에 서명하였다. 이 협정은 그에 대한 대가로 미국이 콜럼비아 정부에게 1천만 달러를 지불하고 이와 별도로 매년 25만 달러의 임대료를 지불한다는 것이었다. 이 조약은 콜럼비아 상원의 분노를 불러일으켰으며 결국 그 조약의 비준을 거부하게 만들었다. 그러자 콜럼비아 정부는 미국으로부터 최소한 2천만 달러와 미국이 프랑스에 지불할 돈의 일부를 요구하는 훈령을 지닌 새로운 대표를 미국에 파견하였다.

루즈벨트는 이에 격노하였고 콜럼비아 정부를 궁지에 빠뜨릴 계책을 모색하기 시작하였다. 여기에는 프랑스측 운하 건설 계획을 담당했던 주요 엔지니어였던 펠리페 부나우-바릴라(Phillippe Bunau-Varilla)라는 협력자가 있었다. 1903년 11월 그는 파나마에서 혁명을 조직하고 자금을 지원해 주었다. 파나마에서는 이전에 많은 반란이 있었지만 그것들은 모두 실패로 끝난 바 있었다. 그러나 이번에는 미국이 지원해 주었던 것이다. 루즈벨트는 파나마의 "질서를 유지하기 위해서"라는 명분으로 미국 군함 내쉬빌호(*U.S.S.Nashiville*)를 파견해 군대를 상륙시켰다. 미군의 상륙은 콜럼비아 군대가 파나마의 반란을 진압하지 못하게 만들었고 3일 후 루즈벨트는 파나마를 독립국으로 인정하였다. 새로이 독립한 파나마 정부는 재빨리 콜럼비아 상원이 거부했던 조약에 동의하였다. 운하 건설 작업은 일사천리로 진행되었고 1914년 개통되었다.

태프트와 '달러 외교'

윌리암 하워드 태프트는 그의 전임자들처럼 해외에서 미국의 경제적 이해관계를 증진시키기 위해 노력하였다. 그러나 그는 세계의 안정이라는 루즈벨트의 거창한 전망에는 별다른 관심을 보이지 않았다. 기업 변호사 출신이면서 태프트 행정부의 국무장관이었던 필랜더 녹스(Philander C. Knox)는 저개발 지역에 미국의 투자를 확대하기 위해 적극적으로 앞장섰다. 그에 대한 비판자들은 그의 정책을 '달러 외교'(Dollar Diplomacy)라고 불렀다.

태프트와 녹스의 대외정책은 극동에서 가장 혹독한 시련에 직면하였고 가장 큰 실패를 맛보았다. 새 행정부는 루즈벨트가 미국의 만주 개입을 제한하기 위해 일본과 1905년에 맺은 암묵적 협정을 무시한 채, 미국 은행가들의 압력에 부응해 극동 지역에서 미국의 경제적 영향력을 증대시키기 위해 적극적으로 움직였던 것이다. 특히 녹스는 중국에서 철도 건설을 위해 형성된 서구 열강의 국제 차관단에 미국을 포함시키기 위해 주력하였다. 그리고 유럽 차관단이 이에 동의하자 그는 더 나아가 만주의 철도 부설에서 일본이 어떠한 역할을 맡는 것도 배제하기 위해 노력하였다. 그러나 일본이 러시아와 느슨한 제휴를 맺으면서 이에 대응하자, 철도 부설 사업계획 전체가 급속하게 무산되었던 것이다.

태프트의 새 행정부는 카리브해 지역에서도 유럽의 영향력을 제한하고 미국의 영향력을 확대하는 루즈벨트 시절의 정책을 지속시켰고 심지어 확대하기까지 했다. 태프트와 녹스의 생각에 그것은 무질서를 방지하는 것일 뿐 아니라 그 지역에 대한 유럽 열강의 투자를 미국의 투자로 대체함으로써 미국이 중요한 경제적 실체로 확립될 수 있게 하는 것이었다. 그러나 달러 외교 역시 한결 폭력적인 측면을 지니고 있었다. 1909년 니카라과에서 혁명이 발발했을 때 태프트 행정부는 재빨리 (미국의 광산회사에 의해 반란을 사주받은 적이 있었던) 반도들 편에 서서 미군을 그 나라에 파견해 세관을 장악하도록 하였다. 녹스는 평화가 회복되자마자 미국의 은행가들로 하여금 새로이 들어선 정부에 상당한 액수의 차관을 제공해 주도록 분위기를 조성하였고, 따라서 니카라과에 대한 미국 정부의 재정적 영향력을 증대시켰다. 그리고 이 친미적인 새 정부가 2년도 되지 않아 반란에 직면하게 되자, 태프트는 니카라과에 다시 군대를 상륙시켜 이번에는 기존의 정부를 보호하도록 했던 것이다. 이후 미군은 니카라과에서 10년 이상이나 주둔하였다.

외교와 도덕성

우드로 윌슨은 국제 문제에 대해 상대적으로 적은 관심과 경험을 지닌 채 대통령에 취임하였다. 하지만 그는 범위와 비중 면에서 이전의 어느 대통령과 비교할 수 없을 정도의 국제적 도전에 직면하였다. 윌슨 외교의 가장 커다란 시험은 제1차 세계대전 이후까지는 일어나지 않았지만, 그가 그러한 시련에 대처하게 될 방식 중 상당 부분은 그의 취임 초 대외정책, 특히 라틴아메리카 문제를 다루는 데서 뚜렷이 나타났다.

1905년에 이미 도미니카 공화국의 재정 통제권을 장악한 미국은 1916년 도미니카인들이 자국을 미국의 실질적인 보호령으로 만들게 될지도 모를 조약의 수용을 거부하자 거기에 군사정부를 세웠다. 이후 군대의 점령은 8년이나 지속되었다. 윌슨은 도미니카 공화국과 히스파뇰라 섬을 공유하고 있는 아이티에 1915년 혁명을 진압하기 위해 해병대를 상륙시켰다. 이 혁명의 와중에서 폭도가 대중의 신망을 얻지 못한 대통령을 살해하기도 했다. 미군은 그 나라에 1934년까지 주둔하였고 미국 관리들은 1918년에 채택된 새로운 아이티 헌법을 기초하기도 하였다. 윌슨은 덴마크령 서인도제도가 독일의 수중에 들어갈지도 모른다는 우려가 들기 시작하자 그 식민지를 덴마크로부터 사들여 버진아일랜드(Virgin Island)로 다시 명명하였다. 그는 또한 유럽의 영향력이 니카라과에 미칠 가능성을 염려하여 니카라과 정부와 조약을 맺어 어느 나라도 그곳에 운하를 건설하지 못한다는 것을 보장받았고, 미국의 이해관계를 보호하기 위해 니카라과의 국내 문제에 간섭할 수 있는 권리를 획득하였다.

서반구에서의 미국의 역할에 대한 윌슨의 관점은 멕시코 문제에 대한 그의 처리 방식에서 가장 분명해지게 되었다. 미국의 사업가들은 여러 해 동안 부패한 독재자인 포르피리오 디아스(Porfirio Diaz)의 우호적인 후원하에 멕시코에서 거대한 경제적 실세로 등장하기에 이르렀다. 그러나 1910년 디아스 정부는 대중적인 지도자인 프란체스코 마데로(Francisco Madero)에 의해 전복되었다. 마데로는 민주적 개혁을 약속했지만 멕시코의 미국 기업에 대해서는 적대적으로 보였던 인물이었다. 미국의 승인과 더불어 마데로는 1913년 초 반동적인 장군인 빅토리아노 후에르타(Victoriano Huerta)에 의해 물러나게 되었다. 태프트 행정부는 임기를 마지막 몇 주 정도 남기고 새로운 후에르타 정권을 승인하고, 멕시코에서 미국의 투자를 위한 우호적인 환경이 회복된 것을 환영할 준비를 하였다. 그러나 그렇게 되기도 전에 새 정부는 마데로를 살해하였고 그 사이 윌슨도 취임하였다. 새 대통령 윌슨은 즉각적으로 후에르타의 '백정 정부'를 결코 인정하지 않을 것이라고 선언하였다.

이 문제는 여러 해를 끌었다. 윌슨은 처음에 단순히 후에르타의 승인을 거부함으로써 그 정권을 쓰러뜨리는 데 기여할 수 있을 것이고 이 정권에 반대하는 베누스티아노 까란짜(Venustiano Carranza)가 이끄는 입헌주의자(Constitutionalists)들에게 권력을 넘겨 줄 수 있을 것이라고 기대하였다. 그러나 후에르타가 미국 기업가들의 후원으로 1913년 10월 완전한 군사 독재를 확립하자 윌슨은 더욱 완강해지게 되었다. 그는 영국에게 후에르타에 대한 지원을 중지하도록 압력을 가하였다. 그런 다음 까란짜를 지원하기 위해 미군을 파견하겠다고 제의하였다. 까란짜는 그러한 미국과의 공개적인 제휴가 멕시코에서 자신의 대중적 지지를 잠식할 것이라는 사실을 자각하고 그 제안을 거절하였다. 하지만 그는 미국에서 무기를 구입할 수 있는 권리는 확보하였다.

1914년 4월 조그만 해난 사건이 윌슨에게 한층 공공연한 개입의 명분을 마련해 주었다. 그것은 후에르타 군대의 한 장교가 탐피코에서 좌초한 미국 군함 돌핀호(*U.S.S. Dolphin*)의 몇몇 미군 수병을 잠시 체포한 사건이었다. 수병들은 금방 풀려났으나 미군 제독은 그가 받은 사과가 미흡하다고 생각하여 후에르타의 군대가 공식적인 참회의 표시로서 성조기를 위해 21발의 예포를 쏠 것을 요구하였다. 멕시코인들은 이를 거부하였고 윌슨은 이 사소한 사건을 멕시코의 베라크루스 항을 점령하기 위한 구실로 이용하였다.

윌슨은 무혈 입성을 기대했으나, 베라크루스에서 멕시코 군대와 충돌함으로써 미군은 126명의 멕시코인을 사살하고 자군도 19명의 사상자를 내게 되었다. 전쟁 일보직전의 상태에서 윌슨은 출구를 모색하기 시작했다. 하지만 윌슨의 무력 행사는 까란짜 측의 입장을 강화하는 데는 도움이 되었다. 까란짜는 8월에 멕시코시티를 점령하고 후에르타로 하여금 멕시코를 떠나지 않으면 안 되게 만들었던 것이다. 드디어 위기는 끝난 것처럼 보였다.

그러나 윌슨은 아직도 이에 만족하지 않았다. 그는 까란짜가 새 정부 창건을 위한 미국의 지침을 받아들이지 않자 분노하였고 잠시 동안 또 다른 권력 갈망자인 판초 빌라(Pancho Villa)를 지원할 생각을 하기도 하였다. 이전에 까란짜의 부관이었던 판초 빌라는 이제 자체의 반군을 이끌고 있었다. 그러나 빌라의 군사력이 약화되자 윌슨은 그를 버리고 결국 1915년 10월 까란짜 정부에 대해 예비 승인을 허용하였다. 그러나 윌슨은 이 무렵 또 다른 위기를 만들어냈다. 빌라는 미국이 자신을 배신했다고 생각하고 화가 난 나머지 1916년 1월 멕시코 북부에서 16명의 미국 광산 기사를 붙잡아 사살하는 것으로 복수를 감행하였다. 두 달 후 그는 군사(또는 미국 정부가 이들을 부를 때 선호하던 호칭인 "산적들")를 이끌고 국경을 넘어 뉴멕시코 주의 콜럼버스로 진격해 17명의 미국인을 더 살해하였다. 그의 목적은 분명히 윌슨과 까란짜 사이의 관계를 동요시키고 그들 사이에 전쟁이 일어나도록 하는 것이었다. 그렇게 되면

판초 빌라와 그의 병사들: 이 사진을 찍을 때인 1913년 판초 빌라(왼쪽에서 두번째)는 아직 그를 멕시코의 민주주의를 위한 투사로 보았던 우드로 윌슨 정부와 우호적인 관계에 있었다. 3년 후 윌슨은 빌라를 "산적"으로 규정하고 그를 체포하기 위해 멕시코에 미군을 파병하였으나, 헛수고로 끝나고 말았다.

빌라는 기울어 가는 자신의 운을 회복시킬 기회를 갖게 될지 모른다고 생각했던 것이다.

윌슨은 까란짜 정부의 승낙을 받아 빌라를 추격하기 위해 존 퍼싱 (John J. Pershing) 장군으로 하여금 미국 토벌군을 이끌고 멕시코 국경을 넘어갈 것을 명령했다. 미군은 빌라를 발견하지 못했으나 오히려 까란짜의 군대와 두 차례에 걸친 볼썽사나운 소규모 접전을 벌여 40명의 멕시코인과 12명의 미군이 사망하고 말았다. 미국과 멕시코는 다시금 전쟁 일보직전의 상태에 서게 되었다. 그러나 최후의 순간에 윌슨이 물러섰다. 그는 멕시코로부터 미군을 조용히 철수시켰고 1917년 3월 결국 까란짜 정권을 공식적으로 승인하였다. 하지만 이 무렵 윌슨은 이미 주의를 다른 곳으로 돌리고 있었다. 즉 유럽 대륙과 궁극적으로는 세계의 많은 지역을 둘러싸고 벌어지게 될 한층 커다란 국제적 위기에 눈을 돌리고 있었던 것이다.

찾아보기

역자 약력

황혜성 (1권, 1장 ~ 5장 번역)
     서강대학교 사학과 졸업
     University of Hawaii at Manoa 사학과(석사, 박사)
     현재 한성대학교 사학과 교수
논문 「루이 하츠의 미국의 자유주의 전통에 관한 소고」
     「일차대전과 새로운 흑인」
     「신남부 백인의 소수집단 심리와 극단적 인종주의」
     「남북전쟁: 구남부 신화와 지역주의」
저서 *Booker T. Washington and W. E. B. Du Bois: A Study in Race Leadership, 1895~1915*
     『미국현대사』(공저)
역서 『미국 역사의 순환』(공역)
     『미국 문화의 이해』(공역)
     『미국의 노예제도, 미국의 자유』(공역)

조지형 (1권, 6장~11장 번역)
     서강대학교 사학과 졸업(학사, 석사)
     University of Illinois 사학과(박사)
     현재 이화여자대학교 사학과 교수
논문 「도미니크 라카프라의 텍스트 읽기와 포스트모더니즘의 역사 서술」
     「사법심사의 역사적 기원: Marbury v. Madison 사건 이전을 중심으로」
저서 『미국현대사』(공저)
     『오늘날의 역사학』(공저)
역서 『미국인의 사상과 문화』

이영효 (2권, 12장~16장 번역)
     서울대학교 사범대학 역사교육과 졸업
     University of Texas at Austin 역사교육과(석사, 박사)
     현재 광주대학교 평생교육과 교수
논문 「구남부의 경제와 사회구성」
     「베이컨 반란: 정치개혁인가, 인디언 약탈인가」
     「17세기 북미 뉴잉글랜드의 청교도와 인디언의 관계」
저서 『역사교육의 이론과 방법』(공저)

손세호(2권, 17장~22장 번역)
서강대학교 사학과(석사, 박사)
현재 평택대학교 미국학과 교수
논문 「에드워드 벨라미의 공화적 사회주의」
「19세기 말 미국 사회주의 사상의 성격」
역서 『서양문명의 역사』(공역)
『영화로 본 새로운 역사』(공역)

김연진(3권, 23장~28장 번역)
고려대학교 사학과
State University of New York at Albany 사학과(석사)
University of Illinois 사학과(박사)
현재 단국대학교 사학과 교수
논문 「백인 소수민족에 대한 새로운 접근」
「1960년대 미국내 백인 소수민족의 부활」
「호래쇼 얼저와 성공 신화」
저서 『미국현대사』(공저)

김덕호(3권, 29장~33장 번역)
State University of New York at Stony Brook 사학과(박사)
현재 한국기술교육대 교양교직계열 교수
논문 「미국 금주법과 위커쉠(Wickersham) 특별위원회」
「코카콜라 광고와 미국의 소비문화, 1886~1940」
「'빈곤과의 전쟁'을 통해서 본 1960년대 미국의 복지정책」

미국인의 역사 2

초판 발행   1998년 10월   2일
초판 3쇄   2001년 10월 20일

저 자   앨런 브링클리(Alan Brinkley)
역 자   황혜성 외 5인
펴낸이   朴琪鳳
펴낸곳   比峰出版社

주   소   서울 마포구 서교동 480-10 미리내B/D 3층
대표전화   3142-6551~5
팩시밀리   3142-6556
E-mail   beebooks@hitel.net
              bbongbooks@hanmail.net
Homepage   http://www.beebong.co.kr
등록번호   2-301(1980. 5. 23)

값 12,000원

ISBN 89-376-0233-4 94940

*역자와 합의하여 인지는 생략합니다.